主體實踐婚姻／家庭治療：
在關係和脈絡中共構主體性

楊連謙、董秀珠著

作者簡介

楊連謙

- 1986 年於中國醫藥學院醫學系畢業
- 1988 年服完兵役後任職台北市立聯合醫院（原台北市立療養院）
- 1992 年升任主治醫師
- 1994 年到美國費城兒童輔導中心（Philadelphia Child Guidance Center）受訓回來後於 1995 年 4 月 19 日成立家庭治療特別門診迄今
- 2006 年擔任華人伴侶與家族治療協會第一屆理事
- 現任台北市立聯合醫院松德院區精神科主治醫師、婚姻／家庭治療師

董秀珠

- 台灣大學社會工作系碩士
- 台北市立聯合醫院精神科社工師
- 美國費城兒童輔導中心受訓，返台後與楊連謙一起成立家庭治療特別門診迄今，期間也曾另組自己的治療團隊擔任督導
- 2006 年擔任華人伴侶與家族治療協會第一屆理事
- 現任台北市立聯合醫院松德院區精神科社工師、婚姻／家庭治療師

1

CONTENTS

目錄

	開　場	7
1	**主體實踐治療概說**	23
	全貌	23
	主體實踐治療之圖示	24
	我們對主體的界定	25
	知情意行關係脈絡	27
	知情意行的成熟轉化	31
	主體實踐取向的「病理」	32
	要如何促成主體實踐的狀態	40
	建構成長性關係所需的能力	41
2	**主體實踐治療的基本概念**	45
	治療	45
	個體、群體與主體	46
	脈絡	49
	密切關係的特徵	49
	實踐	51
	權力	51
	觀	52
	主體的成長轉化	52
	治療中主客體間的現象	53
	治療者在「看」家庭時發生了些什麼？	54
	密切關係中的兩主體之間	55
	改變	56
	症狀	59
	層次	61
	面向	62
	歷程	63
	方向	64

	階層	64
	觀點的抽屜	64
	非此即彼和兼容並蓄	65
3	**家庭治療歷程階段技術**	**69**
	前言	69
	使家庭參與	70
	認出問題	75
	促成改變	85
	結束治療	98
4	**實務層面的理念**	**103**
	治療理論為一開放系統	103
	對其他治療取向的看法	103
	治療系統	105
	治療者觀點的治療目標	106
	治療歷程	108
	準備案家進入家庭治療	110
	達成目標與獲取案家合作	116
	治療者與案家間權階關係的變化	117
	操控力	118
	治療中培植個案的主體性	120
	介入處遇	121
	蒐集資料	122
	要知道多少資料才開始介入處遇？	126
	加入及進入案家	129
	進入家庭要看什麼？	130
	矯治、拓展與蛻變	132
	改變的階段	133
	對症狀看法的演變	135
	單方還是雙／多方決定？	137
	在個案允諾改變之後	139
	面對病態	141
5	**治療者的運用自我**	**145**
	前言	145
	治療者的基本態度	146

治療者的努力　　　　　　　　　　　　　　147
治療者的圖　　　　　　　　　　　　　　　148
治療者的主動選擇　　　　　　　　　　　　155
治療者對問題的「心像」　　　　　　　　　160
治療者常用的意象　　　　　　　　　　　　161
家庭治療者介入處遇的基本互動圖式　　　　167

6　賦權使能的案例與歷程　　　　　　　　171

案例　　　　　　　　　　　　　　　　　　171
歷程　　　　　　　　　　　　　　　　　　184
開拓「知情意行及關係」各面向的「空間」　189
達成治療階段任務的歷程　　　　　　　　　194
個案的能力得以產生的原因　　　　　　　　197

7　主體實踐在婚姻治療的運用：
**　超越結構限制的自我反思與實踐**　　　　201

前言　　　　　　　　　　　　　　　　　　201
存在於婚姻生活脈絡中的結構限制　　　　　201
結構限制來源與婚姻困境　　　　　　　　　204

8　突破結構限制的自我反思與實踐
**　──以丈夫外遇衝擊下心理創傷妻子的婚姻治療爲例**　221

丈夫外遇妻子的心理創傷　　　　　　　　　221
突破結構限制與個人自我　　　　　　　　　222
妻子的復原歷程與婚姻治療技術　　　　　　226
結語　　　　　　　　　　　　　　　　　　241

9　衝突與暴力下的成長契機
**　──結構限制下的自我轉化與生活勝任**　　247

前言　　　　　　　　　　　　　　　　　　247
家暴於家庭治療的理論檢視　　　　　　　　248
突破限制與促進勝任的家庭治療實施　　　　251

10　關係的發展　　　　　　　　　　　　265

前言　　　　　　　　　　　　　　　　　　265
階層與成長模式　　　　　　　　　　　　　267
Wynne 的關係系統的漸成模式　　　　　　　268
成長關係　　　　　　　　　　　　　　　　270
三種關係的描述　　　　　　　　　　　　　271

關係發展失敗的情況與特徵　　　　　　　273

邁向成長關係所需的基本能力和三個軸向　274

結語　　　　　　　　　　　　　　　　　277

11　家庭治療中的詢問　　　　　　　　281

詢問　　　　　　　　　　　　　　　　　281

問句的形式　　　　　　　　　　　　　　285

詢問的原則　　　　　　　　　　　　　　294

詢問的技術　　　　　　　　　　　　　　304

結語　　　　　　　　　　　　　　　　　310

12　相關的理念　　　　　　　　　　313

前言　　　　　　　　　　　　　　　　　313

治療相關哲學概論　　　　　　　　　　　313

實在　　　　　　　　　　　　　　　　　315

發展關注的焦點　　　　　　　　　　　　317

認知發展的階段　　　　　　　　　　　　320

分化　　　　　　　　　　　　　　　　　321

創造雙贏　　　　　　　　　　　　　　　323

區分困難和問題　　　　　　　　　　　　325

一致的教養態度　　　　　　　　　　　　326

阻抗之死　　　　　　　　　　　　　　　330

成人依附形態：關於親近／疏離鬥爭的一些思考　336

13　相關技術　　　　　　　　　　347

重新框架　　　　　　　　　　　　　　　347

促成互動、使上演　　　　　　　　　　　350

形成治療目標　　　　　　　　　　　　　352

「加入」的例子　　　　　　　　　　　　354

形成具體可行的切入改變點　　　　　　　358

找回掌控權　　　　　　　　　　　　　　365

治療中的人稱代名詞　　　　　　　　　　368

過早揭露　　　　　　　　　　　　　　　372

衝突的處置　　　　　　　　　　　　　　374

肉搏戰　　　　　　　　　　　　　　　　375

處理互動模式之練習　　　　　　　　　　381

選擇性介入的例子　　　　　　　　　　　384

以整體意識來看「分裂」現象 385

這條路？那條路？ 388

由誰提供或產生方法？ 390

跳開 392

作業生效 393

同化（induction） 394

用家庭治療的內功來運用空椅 396

賦權使能的巧門 397

治療者應用反轉移的感受來走出困局 399

投降的策略運用 401

14 案例 407

夫妻協商親職 407

建構個案的情感的客體恆久性：家庭治療的策略 414

身體症狀在家庭系統中的功能：家庭治療的處遇 421

仙人掌 429

沉默的兒子 434

易怒的兒子 440

缺乏煞車裝置的孩子 442

勒索 446

張網 449

環境愈改善但卻愈悲慘的人 452

賦權使能的實例 456

附錄 你需要家庭治療嗎？ 471

關於家庭 471

危機與轉機 471

關於「症狀」 472

家庭治療能處理什麼問題呢？ 473

你來我們家庭治療門診之前要知道的事 473

家庭成員要如何善用這個治療時間呢？ 474

我要如何才能被轉介到家庭治療？ 474

費用問題 475

名詞索引 477

開　場

把話說清楚

這是一本整理我們團隊治療理念及經驗的書。寫這本書的初衷是想把我們的治療說清楚，讓讀者能夠了解，以便討論、累積及學習。

這本書是多年來我從每一次的演講、治療、督導、教學、寫作中慢慢累積起來的，所謂「主體實踐治療」（subject practice therapy）的理念逐漸成形；聽眾、個案、學習者和電腦螢幕都像是跟我對練的球友，幫助我一再汰粗存菁。這幾年來我寫寫停停，在向前走時並非有既定的理念，而且一再被手邊的工作打斷，例如，我寫〈婚姻治療中賦權使能的歷程——一病態嫉妒個案的經驗〉（楊連謙，2000）（@賦權使能的案例與歷程）的初衷，只是想把個案經驗整理出來，後來回首才發現，主體實踐的核心理念早已在那「燈火闌珊處」了。

近年來，愈來愈多來參與團隊的學習者（trainee）反應說，我們所做的跟書上所寫的結構和策略取向治療不太一樣。也有人問：「你們的治療跟個人心理治療有何不同？」我才驚覺原來我們已跟原來有許多不同，例如，現在我們有些個案做得很長（甚至長達兩、三年）、有些個案是一個人來，我們早已不太交代案家作業等，我們已超越「結構—策略」（我認為並非「脫離」，因為我認為我的骨子裡仍屬結構—策略取向，但的確有一大部分已相當不同），因為我們並不像早期的家庭治療理論那麼用力地「拒斥」[1]個人內在心理動力的部分，而注重「個體在人

---

[1]　早期的家庭治療理論大師未強調個體是有其時代背景的，但不要忘了他們都受過個別心理治療、心理分析，甚至催眠的訓練，我相信這些背景必定對他們的實務引起很大的影響。我們有屬於自己的專業成長歷程，必須做出判斷與決定，如充實某些個別心理治療的相關知識等，以豐富我們自身的治療理念。

際關係及社會脈絡中的心理機轉」。

　　想要把話說清楚，就難免說太多話，話一多就難有相互呼應的條理。因此，讀者可把這本書看成是雜記，蕪雜之處我會盡量刪減並多用註腳及參照連結（在這本書中「@」這個記號標明可相互參考的章節）的方式來插入增補。

　　我想「把話說清楚」的用意是想說服讀者「在專業的成長歷程中形成『自己的』治療理念」，成為一位實務研究者，在實務中發現問題並去解決它，並試著「把自己在做什麼，為什麼要這樣做」說清楚，從這裡累積出「自己的」理念。所以，我的用意並非要讀者接受某些具體的內容，而更想傳遞一種開放式的理論架構和後設（meta-）系統式的思維方式；也就是並非教你ABC，而是希望讀者能充分了解並掌握這一開放系統的治療理念。「開放」絕非漫無章法，而是像形成珍珠的過程般循序漸進，各種理念圍繞著核心思想、形成體系。

　　在我一再述說我們理念的過程中，曾有許多人的回應是「平凡無奇」、「某一點像是某甲說的，某一點看似某乙的觀點」、「本來就是這樣啊！只是沒人把這些東西湊在一起說」。確實，這本書少有我個人的「發明」，我只朝我所認為對／好的方向做連結與整合（並非僅是分析）。在寫這本書的過程中，常有奇遇，因為發現自己的許多想法竟然出現在其他作者的書中，所謂英雄所見略同，雖然有些部分他們已做了很深入的思考與探究，但也有某些部分，我們的論述應已超越他們的〔例如，社會學家Giddens（周素鳳譯，2001；趙旭東、方文譯，2002）撈過界到心理學所關切的親密、性別、自我認同等議題，在心理治療的部分，他必須借助其他治療者的經驗，而身為實務工作者的我們，掌握了比他更豐富多彩、來自個案的第一手資料〕。其實因資訊的發達，某些論述可能早已不知不覺地烙印在我們的（前／潛）意識中，我們很容易會從眾地或是形成意義地接受了「大家」認為對的訊息，並據以形成「我」所認為「對」或「好」的論述。這現象若站在「全人類」的層次

來看就更能理解；我們並不像自己所以為的那麼「獨」、「特」，我們有意識或無意識地承接了前人的遺產而身處「在這個特定的時空背景中全人類」的浪潮中。例如，不論你喜不喜歡，後現代思潮早就侵入我們生活的各個層面、社會結構的變遷絕不是一隻螳螂能擋，我們是在這個時代共同演出、共同作一場春秋大夢，同時也發出讚嘆，讚嘆著看似簡單的東西（如兩種性別形成的婚姻現象、父母子女四種角色衍生出複雜的家庭之舞、治療者和個案同處一室竟能發生那麼多狀況），可做出如此繁複的變奏。在這本書中，我所做的只是提出主體實踐的核心理念，並用這觀點消化許多既存的理論，如依附理論（@成人依附形態：關於親近／疏離鬥爭的一些思考）與技術，如空椅法（@用家庭治療的內功來運用空椅），讓它們重新排列，如此形成一個能夠一再增生的開放系統。其實，基於這樣的核心理念，每個讀者都能跟它互動，自己去填充它、滋養它，並在實踐中讚嘆它；雖然基於相同的理念，你形成的會跟我所形成的截然不同，或許生命本身就像煙火，在燃燒（自我實踐）中，每個人寫下不同的夜空。

9

　　有不少團隊參與者回應說我的督導太過強調技術。的確，我內心一直祕密地期盼學習者是懷抱「學會之後趕緊投身實務工作、去幫助更多個案」的願望來學習的。因為我深感「臨床上可處理的個案及議題太多，而實務工作者及其時間太少」的窘迫感（但弔詭的是沒去處理，好像也就真的沒有問題了[2]）；治療者的時間有限，而個案的問題是須耗時

2　在病房的工作經驗是，當團隊的人力一再因為成本考量而被緊縮時，例如，團隊中不再有心理師時，病人的行為問題就用生活管理來處理（不再使用較費人力及時間的心理治療），違規的行為能被規範（美其名為行為契約）就沒事，若無法被規範就以「病房結構不適合」為由，而請他離開。再如，當團隊人力困窘時，會把許多問題當作是「他們（家屬／或病人）應該自行處理的問題」，有時甚至連這問題本身都不會被提出呢！其實這現象在內外科病房早就發生了，當護士減少後，許多工作就轉嫁到護佐，乃到家屬、看護工甚至志工身上。因應此刪減醫院人事成本的「時代潮流」，專業人員會以「不要養成他們的依賴」甚至「要讓病人及家屬更有能力感」來合理化這樣的行為（而這又弔詭地與我

處理的，所以極須更多人力投入。因此，特別是在早年，我會強調家庭治療的「易學」及「速效」³，希望能引發學習者的興趣。當年 Minuchin 也是懷抱這樣的心情發明了結構取向家庭治療，並訓練高中學歷的學員投身社區工作，因為貧窮、毒癮、未成年生子等問題充斥當時的社會。環顧當今社會問題的嚴重程度並未稍減，而我們更遭遇家庭結構進一步崩解、少子老年化社會、外籍新娘及其子代的「新台灣人」、網路及專業關係⁴增生等問題。這些人類所面對嶄新議題的嚴重程度絕不亞於 Minuchin 當年，但是在我看來，在最根本處是人與人之間的問題，例如，外籍新娘問題挑戰著我們的種族及階級偏見，若能產生出解決這問題的能力，應會有助於解決島內原有的族群問題。

我的專業成長歷程

　　我從醫學院畢業服役兩年後（1988 年）就踏入台北市立療養院。在

10

們「讓案主更有能力」的目標是一致的，我們所訴求的「讓案主更有能力」是更大體制陰謀的一部分嗎？我們規避掉專業服務的天職了嗎？）。

3　一種新治療形式要在已存在的眾多治療形式中爭得一席之地，並爭取保險公司願意付費，用「速效」的說詞或許是有用的。老實說「易學」及「速效」也是我的親身經驗，「只要會抓耗子的貓，就是好貓」，不是嗎？當然這樣的理念曾／會引起相當大的爭議及討論，如家庭治療真的「易學」嗎？如何定義「有效」？更重要的爭辯則在於若世事如家庭治療者所相信，是環環相扣的，那麼「我們很難確知所做的介入會不會造成更大的災難」。有些學者如 Gregory Bateson 等人（1956）傾向於非介入（not-intervention）的立場，而 Jay Haley 則不然。

4　現代人一天當中花許多時間用網路、手機、視訊等與素昧平生的人打交道，這些前人所沒有的行為深刻影響人際關係並形塑嶄新的互動形態。現代人的人際關係中有一大部分是跟「專業」打交道，如保險理財專員、法律顧問、醫生、心理治療者等，顧客常會有任人宰割的感覺，這考驗專業倫理與和顧客之間的信任關係，基本上這信任乃建基在專業道德之上，這應也是現代社會的特有現象之一。心理諮商與治療等助人專業在現代社會中愈來愈不可或缺，因為現代人愈來愈不能跟親友訴苦，一方面大家都煩、都忙，一方面也會擔心有其他副作用，因此跟能保密、安全而且「互不相欠」的心理醫師談話的需求就應運而生。

住院醫師期間我曾廣泛參與家屬工作，如家屬衛教，以及陸續與多位社工合作主持多家屬團體（multiple family group）⁵，此時我也接觸到家庭治療。當時台灣中文的相關書籍並不多，吳就君老師的《家庭動力學》算是我家族治療方面的啓蒙書，而金觀濤與華國凡的《控制論和科學方法論》則是系統理論方面的入門書，而當時的主任陳喬琪醫師給予很多的鼓勵和很大的空間，讓市療的心理治療專業（蔡榮裕的精神分析、陳登義及湯華盛的團療等）得以萌芽。當時學習主要靠閱讀、翻譯、臨床討論與經驗整理，並曾和一些同仁組成讀書會。由於沒有「專家」或「大師」，主體的力量反而容易顯現。反觀當今學習者的困境是面對一大堆「前輩」、書籍和資訊，總覺自己不足，反而難能走出自己的路；你不可能成爲別人，而要成爲自己⁶。

我跟許多早期的家庭治療者一樣，對「住院中已穩定的精神病患回家後旋即變得不穩定」的現象感到困惑，前輩因此發展出家庭治療，而我也很興奮地投入，想在其中找到解答。結構和策略取向相通之處相當多，我認爲「改變」是兩者的核心理念，而這和道家思想的「易」有著跨時空的呼應。另外，策略取向實用主義精神的「不管黑貓、白貓，只要會抓耗子的就是好貓」和道家「無爲而治」的境界在我內形成「有爲／無爲」的辯證張力；當我們能夠同時了解此兩者時，就能悠遊於「介入／非介入」的各種治療法門，並從正／反跳躍到「合」的第三條路。

11

5　多家屬團體是治療者與多個病患家庭共同組成的團體。我曾嘗試過情緒支持、精神疾病教育、問題解決及系統等取向的團體。有些團體只有家屬參與，有些則家屬與患者一起參與。

6　所以，我常建議學習者要回到自身，常問自己：「我在做什麼？」「爲什麼要這麼做？」「這麼做是基於什麼理念？」「有沒有其他的理論在解決類似的問題？」「這麼做個案的反應如何？」「成效如何？」「有何『差異』？」由此累積自己的經驗、形成自己的論述，如此也才能從他人處學習。所以，在看這本書時，不要學我！但要自己思考、發揮每個人的特質與習性；拿我的素材做參考、跟我比對，如此，在你我的差異中，你將不會否定你自己，而能／會衍生出更豐富的內容。

我相信只要是人們認真提出的理念必有其道理與用處[7]。肯定這點，自然就可不拘泥而能靈活變化又能有所堅持。

　　1992 年升任主治醫師後，我就一直待在開放式的精神科積極復健病房（楊連謙、林怡利，1996）擔任督導醫師。住院的病友都遭受疾病對其本身功能毀損以及心理打擊，同時也要面對非常不利的社會生存環境；他們要作為「社會中的正常人[8]」有生物－心理－社會等多方面的困難。復健病房的主要工作就是塑造類似苗圃或溫室的環境，讓他們療傷、成長與茁壯，以便「嫁接」到他們將去的環境，所以我們會致力於改善家庭關係與互動，讓他們能安住而減少症狀的復發，並讓家庭成為他們進入社會的灘頭堡。因此，復健病房的治療者必須熟悉各種治療理念（精神分析、自體心理、客體關係、溝通分析、認知行為、理情、完形、婚姻／家庭治療等）及治療形式（個人、團體、婚姻／家庭、多家庭團體治療等），並與其他專業如社工師、心理師及復健治療者等合作；督導醫師的工作就是利用個別和團隊督導，讓學習者在專業成長的經驗中，個人人格也更臻成熟。

　　1994 年我和董秀珠一起到費城兒童輔導中心（Philadelphia Child Guidance Center）學習。回國後，在 1995 年 4 月 19 日和她成立週三家庭治療門診到現今。有幾年，秀珠另外在週五也成立團隊負責督導。在日

12

---

[7] 其實有沒有用取決於位置與觀點，如《莊子》中的「無用之用是謂大用」，端視我們站在哪個位置、用怎樣的觀點來看。

[8] 「正常」的觀念是社會建構的。社會整體風氣的改變不是那麼容易，因此，人們能做的是盡其在我地建構以自身為中心的環境。以我本人為例，我努力營造有利於病人成長的病房環境，希望能建立與維持病人和願意接納他們的人（醫療團隊成員以及照顧者、親友）之間的關係。個體是在這樣「局部」、「小眾」的「小社會」中成長，也較能對這小社會發揮影響。當然，這小社會會與大社會文化發生衝撞，例如，當我要支撐病房的醫療品質或家庭治療門診時，會遭受健保制度及整個醫療體系成本效益計算的限縮。主體會在面對這些危機與衝撞時所做的抉擇中湧現（emerge）出來，一如心靈似乎是在複雜的神經運作中湧現出來的。

常工作中我做督導的時間包括：⑴十年來週三家庭治療門診團隊早上看治療，下午討論及督導：這十年間陸續有不下兩百位專業人員及研究生曾經參與過我們團隊[9]。團隊運作基本上是隨著參與者的參與情況而做調整（「叩之以小者則小鳴」），有時會安排讀書會、講課、演練等，我們甚至曾嘗試用留言板網上討論來培訓新學習者，只是刻意而爲總是難能持久，散漫即興的形式或許是團隊持續的主因。本書有一部分是多年來爲團隊成員形成的講義；⑵住院醫師：因爲病房工作的輪替，每半年就會有兩位住院醫師接受督導（他們可參與週三門診及週四下午在病房進行類似週三門診的家庭治療督導）；⑶積極復健病房團隊的督導。

在復健病房的工作中，我已深信要治療個人必須將家庭或密切關係（@密切關係的特徵）的人納入，而我所找到的萬能鑰匙就是家庭治療理念。不論是處遇嚴重精神病或精神官能症患者的心理、行爲或關係問題，或是帶領治療團隊、建構病房以及督導，我都以家庭治療的理論爲底並融入各種治療理念來處理。我發現家庭治療與精神科復健的理念息息相通，而且符合醫療大環境（短期、有效、保險給付等）的需求。

在講求實效的現代社會中，治療也必須講求實效。解決問題時當然要考慮經濟原則，亦即「殺雞不用牛刀」、「力量要花在刀口上」、要「一石多鳥」。基於此，我們會主張「當個案能夠自己處理困難，也就是該結案的時候了」，在此會去分辨責任的歸屬（「是誰的責任？」及「每個人各該負什麼責任？」），以及要去評估「案家是否已有能力」，原則是讓每個人（包括治療者本人[10]）負起他能夠及該他負的責任（因此，這也屬於發生於治療關係範疇的人我分際／界限議題），例

13

9　在 2005 年中由於研究工作繁忙故停止招收學習者及下午的討論，團隊只剩一些能持久參與的治療者如呂宏曉、鄧淑娟和林美儀等人。最近我們團隊積極與社區社工連結，希望能把家庭治療理念融入高風險家庭的社會工作實務中。

10　在此，我們看到治療關係及親子關係的平行類比，兩者同樣要處理界限問題，只是在治療關係中，治療者是直接參與的主角之一，所以治療者面對在當下處理此議題，可作爲個案的表率。

如，起床是誰的責任，在這事件中母親要負哪些責任、母親如何評估孩子的能力，及如何讓孩子負起他該負的責任等議題。這些問題常常並沒有標準答案，而是情境決定的，也都不是誰說了算，而是要在互動、歷程及關係中去處理、相互決定的。正因為這互為主體性（inter-subjectivity）的特性，在治療及督導中，我學到「用力未必能解決問題，反而可能產生另一層次的問題」。如在「用力」的同時發生之「壓制」、「兇」或「不尊重」等，這些對關係的破壞性反而更大，而「用力」的善意，在此時卻被壓縮得必須用放大鏡才看得到（這歷程跟家庭「愈解愈結」的病理機轉是一致的，治療者用放大鏡看個案的善意是對治之道）。

從嚴重精神病人的家庭治療中學到，無可否認的，他們有一個原發的、一再發生問題的核心──疾病（應是生物體質性的，而非關係所能完全解釋），其症狀常以「重複發生」的形式出現，例如躁鬱症及精神分裂症的復發，這原發的狀態會造成次發的人際相互鎖死（interlocking）的關係模式，如病態依存（co-dependent）[11]、要求／疏離等。早期策略取向的理論家致力於打破這僵化復發的互動模式。我從這些治療經驗中體認到，「關係無個體則無法成立；關係是從，而個體才是主」、「問題解決雖可在諸多方面著力（@行為模式維持環），但根本之道在於促成主體性」。此外，發現治療不論促成個案心理或心靈上的進展有多大、他說得有多好，唯有當他展現在行動上、實踐在關係及生活中才能算數。要促成個案的行動與實踐，最大的挑戰來自處理精神分裂症患者的負性症狀（沒有活力、缺乏動機與意志）。在此我了解到意志與意願在治療中的重要性，因此提出主體實踐治療的理念，其主要的工作在於促成個案具體的行動（實踐），但同時也要知道「有為」的危險與「無為」的重要（關鍵在於增強個案的自主性，而非在他人操控下所產

---

[11]　讀者可參考邱紫穎譯（2004）的《走出病態互依的關係》。

生的行動）。所以，治療者常會爲了達成更大系統的「治」，以及避開一廂情願的、出自治療者的「有爲」（如前一段中督導「用力」的例子），而做出「無爲」的舉動；另外，「無爲」並不一定會得「治」，那麼，在「無爲而治」時，看似「無爲」的治療者做了些什麼而促成「治」？重點或許在、也或許不在於治療者做了什麼，而更在於個案感受到什麼。那麼，治療者如何「讓」個案經驗到與接受治療者所意圖傳達的？如何讓個案做到治療者所認爲重要的，諸如感知與反思等？在此我們面對了類似「你要自動自發！」的悖論（paradox）**12**（Watzlawick et al., 1967; 1974）處境，因爲既是「由治療者促成」就不是「自主」的。我能解套是因發覺「治療本身是一幫助個案建立主體性的歷程」。這建立主體性的歷程是一教育與引導的歷程，必須透過密切的語言交流及行爲互動（亦即言教與身教），其中最主要的部分是所有參與者的自我反思與密切互動。這樣的觀點是我經歷了「後現代」震撼之後形成的。

1990 年前後，家庭治療界颳起一陣後現代強風。後現代及女性主義學者，如 Hoffman（1985）等人，對我們原來奉行的結構及策略取向等傳統家庭治療理念提出強烈的質疑。他們主要質疑的是治療者介入處遇的權力的正當性，以及對性別與權力議題的忽視。這些質疑一時之間讓傳統家庭治療者亂了陣腳，Minuchin（1998）等人還出來筆戰。我們團隊也經歷此震撼，經過閱讀論戰與權力的相關文獻，以及在團隊中討論和細細思考之後，我做了些理念上的調整：(1)在權力方面：後現代學者似乎認爲握有及使用權力就是錯誤，於是努力去打破治療者的權威，如他們強調非介入、非知（not-knowing）及平權等。其實，我們認爲錯誤的應是「人」而非「權力」，是權力的濫用、誤用與該用而不好好用，

12　paradox 也有人翻成詭論。讀者可參閱夏林清及鄭村棋譯的《變》和陳信昭等譯的《悖論心理治療──用於個人、婚姻及家庭的理論與實務》。

而非擁有權力本身是問題，因此我變得不那麼猶豫或懼怕使用權力，但也更謹慎地使用權力。跟這相關的是，對於治療關係的任何教條，例如，「我們應該抱持非知的態度去跟案家接觸」，不論其內容對或不對，其由治療者片面、武斷宣示的對待形式本身即已未尊重對方。治療關係是治療者與案家兩造共同參與共構的，何種姿態或舉動能被接受，是雙方（非單方）決定的。(2)重新發現個人：傳統的家庭治療理論必須強調「關係」、「短期」及「有效」，來跟強調個人內在的個別心理治療理論區隔，才能在學術市場中殺出一條生路。似乎不只是我的錯覺而已，我們（及學習者）在剛開始學家庭治療時，總會對關係／內在心理有著二分法式的忠誠焦慮，似乎談系統就不應談到個人內在。我認為，這應是對家庭治療理論很嚴重的「誤讀」，在發現了這點之後，我轉而還給個人內在動力關係該有的重視；每個人的特質（如性別、個性等），不論是先天生物或後天社會文化賦予的，都重新被放到關係、脈絡系統中來看它們的交互影響。個人內在與人際關係連成一個更大的、主體間關係加上承載此關係的脈絡所組成的系統。

目前的我認為，「成長」可總括我的治療理念，它可含括以前我所遵奉的「改變」、「正向」及「力量」（strength）這些傳統家庭治療的核心理念，也認為即使是強調沒有唯一真理的後現代理念，也應會認可「促進（所有治療參與者）個體成長」的核心價值。

我們無法不繼續演化，所經過的路都是當時的真實，以後的我們也必定會與以前的我們不同，重要的是，我們肯定目前的理念並堅定地去實踐，但同時要留有修改的空間。專業成長過程中所學習、經歷、思考的都留下一些痕跡，並整合在目前我的治療理念中；沒有經過那些，就不會有目前的我。我的專業就在這樣的歷程中形塑了，你也要整理你的專業經驗。

家庭治療對我個人的意義

在我剛選擇家庭治療爲職志時，陳登義醫師問我：「家庭治療對你個人而言，意義是什麼？」當時的我認爲：「家庭治療只是一種在精神醫學界立足的工具、一種治療模式。」哪知十幾年來，陳醫師的問話像蠱一樣，每隔一段時間就會出來問一回，而我每回答案都不盡相同。這些年來，家庭治療理念愈來愈滲入我的生活，已成爲我生活的主要部分；在做任何事時，如看電影、看狗狗[13]、看社會現象時，都會聯想到與治療相關的理念。在治療中聚精會神面對案主時，比較容易實踐治療理念[14]，而要在日常生活中實踐就困難多了，我常汗顏地驚覺「又破功了！」但我確信「主體實踐，在關係脈絡中建構主體」是好的方向、是一種生活態度或信念、是生命困境的絕佳解決方案。

要如何學習家庭治療？

因爲這本書是關於家庭治療的教與學，最後，我必須談一下我的看法及經驗。我覺得要學的是「觀」（@觀）——看問題、看人及看世界的態度，而非僅是看法（內容）；你若問我怎麼做（行爲），我會告訴你（也就是這本書裡所寫的），但那終究是「我的」而非「你的」。所以，在學家庭治療時，技術及內容固然重要，但更重要的是後設信念的部分。

---

[13] 在此我要感激我們那已當天使的、毛茸茸的狗狗——瓜瓜。雖然看似我們在養她、她也依賴我們，但其實她讓我體驗到很多珍貴的情感經驗。我們在家庭治療門診成立前十幾天領養她，也是在她死後，我們團隊決定暫時不接受學習者；她陪伴我們十年，像我們的孩子。

[14] 因此我很慶幸選了這行，也很感激所有願意跟我會談的個案，在這些密切的關係中，我更了解自己、他人及世界。

要進入一門治療學派時，先要認真思索，在有限的生命中，我們真的要花時間學它嗎？爲什麼要學？要投注多少時間、心力，是要用生命去學，還是只是要走馬看花？（其實這兩極態度都無妨，重要的是自己要「認真思索、做出決定」，知道自己的定位）若我們眞要認真學它，就先要在現有資源中找到最佳的方案，有些人會找貼近自己個性的學派，有些人則會找挑戰自己個性的派別；有些人會想找長期「慢工出細活」的派別，而有些人會想找速效的。目前在台灣，Satir 學派已有相當的人脈和教材（林沈明瑩等譯，1998），結構取向方面也已急起直追，而其他學派如策略取向、溝通分析（TA; transactional analysis）（洪志美譯，1991）、完形、敘事治療等亦有譯著。學習者最好先挑選一門，學好那一門的基本功夫，最好不要在一知半解時，就急著拿其他學派的觀點來比較，甚至批評。要等到深入了解之後再與其他派別比較，才能觸類旁通而截長補短之效，這是學徒出師的過程。

　　每個人學習新事物的癖性是不同的，例如學電腦，有些人要弄得很清楚了才敢去碰，而有些人則完全不看書，光靠自己摸索。我認爲最佳的學習方式是既要看書（理論）又要做治療（實務），而做治療時最好要有資深督導或同儕一起看及討論（現場或錄影帶），並且去經驗觀察員、治療者及督導等三個角色位置。有些學習者很聰明地在升任治療者之後就不看較資淺的人做治療，我認爲如此是「聰明反被聰明誤」，喪失了很好的學習機會。

　　認知、情感、心念與意志，以及行動上的經驗都是進入眞知的「門」，要走哪個門會因人、事、時而異。在治療、學習或督導中，若知而後能行，就讓他知；若行而後能知，就讓他先有行動，從行動中獲得經驗知識，也就是「理論指導實踐，而實踐才得眞知」。

　　最近亦深感寫研究論文及教學對實務的影響很大（＠缺乏煞車裝置的孩子），因爲寫論文及教學會逼著你做出整理且將之言之成理，之後又可將形成的理論應用在其他個案上，並經由驗證或否證來加以修正。

雖說每個治療者的理論都是「整合」取向的，但同是「整合」卻又各自不同；對個人的（personal）及專業的（professional）經驗「理論化」[15]是很重要的工作，否則在被問到「為什麼要這麼做？」「為什麼不那麼做？」時，就會傻眼或自相矛盾。即使是對自以為理所當然的事，也要試著去陳述自己，讓他人了解；如此可能在尋常中看出學問，其實更重要的是，這個歷程是增強自我覺察能力及學習治療的最佳方法。

前面說「要學的是『觀』，看問題、看人及看世界的一種態度」，其實這只是一種方便的說法，真正的情況是在學習時，理念、情感、意向、行動等等主體的面向都會一再相互影響、修正。我們可以更有意識地練習看問題的方式，即先從治療中練習「戴上理論的眼鏡」或是「用放大鏡來看改變」，去看關係與互動中的訊息交流及順序，再延伸到日常生活中；我們也要一再起疑、反省、檢討，如此才能保持開放的態度而接受更多的可能性；其實起疑的目的乃在堅信，像是鑄劍需要槌打。別人不同意的論調正是他在幫你打鐵！孟子說：「盡信書不如無書。」當我們戴上某種眼鏡（採某種「觀」）的同時，也就會看不到某些東西，所以，保持質疑及多元觀點的態度就較不會自限而不自知。「在不疑之處起疑」較能做到「起疑在於堅信」，而對異於自己的論述才較能保持開放的態度。總之，我們（主體）要由觀察與反思得到真知，並化作行動（實踐）。

在督導經驗中，我認為自信、認真、抽象思考能力強及想要解決問題，是學習家庭治療很重要的能力。自信者能夠據理力爭，但也能接受他人的理念；認真者會願意接案，從實務中學習並累積經驗；抽象思考能力強的人比較容易去看到互動模式、歷程、階段等後設的層次，比較不會陷溺於個案的內容性資料中，而較能跳脫、抽離，甚至躍升到

19

[15] 「理論化」是一類似紮根理論（ground theory）的歷程：形成理論、在實務中檢證、再形成理論；類似的微觀歷程也發生在所有的介入處遇中（@介入處遇環）。

「合」的境界；想要解決案家的問題的人，態度會較積極[16]，積極地去看到並且與案家形塑可解決的問題（也避免去解決無法解決的問題）。或許更主要的原因是，有上述能力及態度的學習者較能在接近個案的同時又保持超然的第三隻眼，而容易與個案形成成長性關係。

本書的結構

「開場」已展開如前，陳述作者與家庭治療的淵源及基本態度。在接下來的十四章中，第一章開頭就說明主體實踐治療的核心理念：個體內在的知情意行，以及所處的脈絡，影響了個體間的關係；個體在關係中成長，在成長的歷程中要處理許多彼此的差異，這個體間的差異由關係的三軸向來描述。在第二章中則說明主體實踐治療的基本概念。雖然較為抽象，但它們是「理論的理論」，對治療實務，如諸多理論的整合與治療策略的產生，發揮靜默但決定性的影響。第三章是分階段講解治療歷程中，治療者所須具備的理念與技術，提供了治療介入處遇的基本架構。第三章之後進入實務部分。第四章提供一些實務層面的理念。第五章提供治療者運用自我的一些想法與做法。第六章由楊連謙提出一篇家庭治療的賦權使能（empowering）的案例及解析。第七至第九章則是由董秀珠附上案例，說明在家庭及婚姻中的自我在層層的結構限制中自我反思與實踐。第十章所提出的關係發展也是主體實踐的核心理念之一。第十一章談治療中的詢問；之後的第十二和十三章分別提出一些相關理念與治療技術，佐以案例討論說明。最後，第十四章則反之，以案例為主並加上理論說明。

再次不厭其煩地強調，這本書一如主體實踐理論本身，是一開放架

---

[16] 當然要看到「太積極」也會是問題。治療的目的在於讓個案主體能力更強，因此會避免因為「太積極」而戕害了個案的主體性。

構，兩位作者提出的並非已然成形的理論，未來有無限增添豐富的可能性。寫這本書對我們而言比較是呈現自身，畫下這個句點可以邁向超越及更深入的下一階段。我們無意要讀者「遵從」，但卻希望學習者能同意此一開放的精神，並在實務的工作中養成實務研究的習慣，形成自身獨特的理論，以更有效能地服務個案。最後，以此與所有走在這條「關係治療」[17] 道路上的朋友共勉之。

---

[17]　家庭治療理念能連結個人與組織（機構、社會資源），遊走於微視與巨視間，名之為「家庭（族）」或「婚姻（配偶／友伴）」都「太小看」它了，也並未道盡它的長處。雖明知此局限，這本書仍延用此名，實在因此名稱已廣為世人接受。斟酌良久之後，我認為「關係治療」應是最適合的詞。

參考文獻

吳就君譯著（1984）。家庭動力學。台北市：大洋。

周素鳳譯（2001）。親密關係的轉變：現代社會的性、愛、慾。台北市：巨流。

林沈明瑩等譯（1998）。薩提爾的家族治療模式。台北市：張老師。

邱紫穎譯（2004）。走出病態互依的關係。台北市：光點。

金觀濤、華國凡（1994）。控制論和科學方法論。台北市：谷風。

洪志美譯（1991）。人際溝通分析。台北市：桂冠。

夏林清、鄭村棋譯（1996）。變。台北市：張老師。

陳信昭等譯（2001）。悖論心理治療——用於個人、婚姻及家庭的理論與實務。台北市：五南。

楊連謙（2000）。婚姻治療中賦權使能的歷程——一病態嫉妒個案的經驗。應用心理研究，5，213-250。

楊連謙、林怡利（1996）。積極復健病房——以心理社會模式為架構的治療性環境。台北市立療養院 85 年年報，109-119。

趙旭東、方文譯（2002）。現代性與自我認同：晚期現代的自我與社會。台北市：左岸。

Bateson, G., Jackson, D. D., Haley, J., & Weakland, J. (1956). Towards a theory of schizophrenia. *Behavioral Science, 1,* 251-264.

Hoffman, L. (1985). Beyond power and control: Toward a "second order" family systems therapy. *Family Systems Medicine, 3* (4), 381-396.

Minuchin, S. (1998). Where is the family in narrative family therapy? *Journal of Marital and Family Therapy, 24* (4), 397-404.

Watzlawick, P., Beavin, J. H., & Jackson, D. D. (1967). *Pragmatics of human communication: A study of interactional patterns, pathologies and paradoxes.* New York: W. W. Norton.

Watzlawick, P., Weakland, J., & Fisch, R. (1974). *Change: Principles of problem formation and problem resolution.* New York: W. W. North & Company.

CHAPTER 1
主體實踐治療概說

全貌

　　主體實踐治療主要包括賦權使能（@賦權使能的案例與歷程）以及成長性關係發展（@關係的發展）等兩大概念。但究其根本，它主要關切「個體存活」此一現象的種種。個體在脈絡（@脈絡）中掙扎求存[18]。當人感到匱乏時，他爲了維持自身的生存與健康，必須向外界索求，以得到生理需求、安全需求、愛與歸屬需求，以及自尊的需求（Maslow，1991譯），此時他很容易就「自我中心」地以競爭、索求爲手段，以保全自身爲目的；反之，當個體愈成熟時，也就愈能看到且尊重他人的存在，而肯定彼此都是主體，此時個體能合作、施予、利他。個體常會在這兩類狀態間轉變，就像種子在環境惡劣時會緊緊裹著殼，而當環境合宜時就冒出芽來；治療者重要的工作是提供這合宜的環境，讓案家願意嘗試新的相處方式。

　　在人們的成長歷程中，會面對多種階層關係（親子、師生、夫妻、長官／部屬等），個體成長的任務之一即在於處理這些關係。理想的狀況是參與的雙方都能覺察所處的關係狀態與脈絡，而主體實踐治療即在於幫助個案處理這些關係，並在此關係中成長。主體實踐理念認爲主體性就是「能駕馭身處脈絡中的自己」，而治療的目的在於幫助案主們形

---

[18] Satir 所提出的生存神話、溝通分析（TA）所強調的生命腳本，以及其他理論都可作爲此方面的參考。

成更親密、分化與賦權使能的關係，達成此關係的策略是藉由自覺、自抉、自決來影響脈絡及關係，以自己的生命經驗來展現人生意義。此治療理念架構小至個體內在、大至人際社會；「知情意行」（@知情意行關係脈絡）的變化屬個人內在經驗，而關係與脈絡則較屬群體的經驗，但不論是大（巨觀）、是小（微視）都旨在助人成長。主體實踐治療所處遇的對象包括個人內在心理、人際關係及其脈絡，故在治療中要／可去促成：(1)案家個人內在層次，如知情意行改變；(2)個案之間的關係、互動模式、規則等改變；(3)案家脈絡的改變，如對社會價值觀影響的反思，以及居家生活的改變等。

　　主體實踐治療認為，治療系統由治療者、家庭成員、主體間的關係及治療的脈絡所組成；以認知、情感、意向及行動等部分來觀察主體，而主體間的訊息是往復影響、雙方都會經由覺察、抉擇與決定對訊息刻意或非刻意地加工（包括誤聽、扭曲或忽略等）相互影響；家人在密切關係中經由更自覺及反思，形成成長關係，而在情感連結（分化、個體化）、界限分際（群己關係）及權力階層等三關係軸向的問題中互相扶持走向成長之路。

主體實踐治療之圖示

　　圖 1-1 如下：
- 圓圈代表主體。
- 圈中以十字分成知情意行等四格，以知情意行表徵主體內在運作。
- 圈中的箭頭表徵知情意行的成熟與轉化。
- 兩個圓圈代表構成關係的雙方都是主體。建構成長關係，必須承認對方為主體，也尊重自己是主體。
- 連結兩個圈之間的箭頭線代表主體間的交流互動（互為主體性）、共構的關係。

- 兩個圈不等高也不同大小，以此來表示主體間的階層關係。密切關係常是階層關係，如親／子、師／徒、治療者／個案等；就像電池必須陰陽兩極、有電位差才能發出電來，關係有階層才能拉開成長所需的落差。
- 平行四邊形代表個體和群體所處的脈絡。有兩個平行四邊形，裡面的四邊形代表密切關係，而外面的是社會文化。
- 向上的箭頭表徵好的、向上提升的關係，雙方都得以成長。諸如，教學相長是好的師徒關係；父母在教養孩子的歷程中不僅經驗親職，也重溫童年成長的經驗；婚姻是夫妻對練的道場。壞的關係是宰制、令人窒息、情緒勒索的。
- 大箭頭的方向代表關係整體的方向是向上提升、有方向性的成長關係。

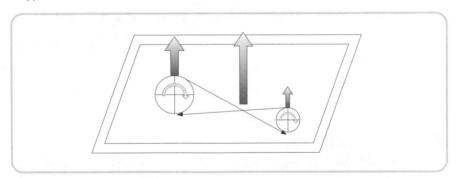

圖 1-1　主體實踐治療之圖示

25

我們對主體的界定

在本書中，我們無意對「主體」做嚴格、哲學式的界定[19]，但把它

---

[19]　其實，真正的原因是我並不想花功夫在這上面，因為哲學對於「主體」的辯證已多到不止汗牛充棟，有興趣的讀者可參考 Vollmer（2005）及蘇永明（2006）。

說清楚仍是必要。由於我們的工作是臨床實務，是處理實際存在的人及其與他人的關係，而人是有皮膚為界限與外物區隔的生物／個體，所以會接受某種程度的本體論的觀點，不管把它稱為「我思」或「此有」（Dasein），我們會認為有一個「東西」在處理「人」這個身體／有機體，因此，我們認為主體的第一個特徵是自發性與能動性。雖然他不是百分百的自由，但是在情境脈絡的某些條件下有有限的選擇權與決定權。誠如黑格爾的觀點，他認為「人的精神即是了解者與被了解者的統一」，所以主體同時是被觀察物和觀察者自身，它有觀察與反思的良能（天賦的能力）。主體有成長發展性：它是會生長、成熟、衰退的。主體成長的具體象徵是超越、「跨界」，青少年要跨出「家門」，而成年人要達成親密必須「失身」、放掉自我、投入更大的整體，也唯有放掉自我才能做到同理對方。主體的不定性：主體的狀態是流動複雜多變的，有時清明，有時則會被反射動作、習慣、情緒牽著跑，或是迫於無奈而「身不由己」，也就是明知該如何，但力不從心。雖說主體對於改變自己（非外界）有決定權，但也可能人云亦云（奴化、馴化、潛移默化、同化）地盲從而不自知；反之，當主體警覺地與他人真誠互動時，就是「臨在」。總之，我們所認為的主體特徵有：自發、能動性、覺察、反思、成長發展性和不定性。

以主體實踐理論的話來說，主體性就是做自己的主人，亦即更有意識、更覺知地在關係及脈絡中行動。主體是能動的，既與他人也與社會形塑共構，也就是它在關係及社會中形塑自我（主體性）；它以知情意行等四向度為進路來掌握主體（自身及他者）的內在，並在自身與他者間之密切關係的脈絡中互為主體地共構關係。個體的知情意行有其本身的成熟度（@知情意行的成熟轉化），但又常會被各種狀況影響，而無法充分發揮[20]，故須「時時勤拂拭，莫使惹塵埃」。

知情意行關係脈絡

在哲學或治療的文獻中，常以知情意行來涵蓋個人整體，讀者不妨留意，我並不想在此提出論證，而僅逕自提出此架構供讀者參考。

知情意行關係脈絡是我們用來看治療系統（＠治療系統）的地圖。用知情意行為向度來看個體，用關係向度來看兩個或多個體之間，包括治療者與個案的關係，而脈絡向度則是看參與者所處的時空情境。這「知情意行關係與脈絡」是工具，讀者若覺得好用或是用得慣就多用，不合用就丟掉或是修改它，你也可用前人已發展出的看個人整體的工具，如 Satir 的冰山、許多心理學大師提出的人格類型、溝通分析的PAC，甚至星座、命盤等。在用「知情意行」這工具時，我們不必太拘泥於去區分某現象是屬知情意行的哪一項，重要的是對在關係脈絡中的自身了然分明。以下列表 1-1 來說明這些向度。

當我們要看「關係」時，會得到兩類不同層次的資訊：一為以個體為本位描述的資訊，即「爸爸怎樣，孩子就怎樣」、「太太愈要求情感，先生就愈疏離」等；另一為以對偶（dyad）或多人團體為整體來描述的資訊，即「這是一個很嚴肅的家庭」、「夫妻之間互補」（complementary）、「旗鼓相當」（symmetric）等。此兩者必須兼顧，前者是元素層次，而後者是後設的集合層次，不同層次會看到不同風景。另外，我們也要注意，所描述的關係包不包括我們自身，如治療關係就包含我們自身，這時我們必須描述身為「元素」的、在治療中的我們自身，以

27

20　有許多情況會局限個人的覺知，明顯的如個人陷溺於自己的情緒，如焦慮、憤怒、恐懼等，或是掌握有限的資訊。例如，阿雄擔心太太會放棄他，把他轉到長期收容性醫院，但他以為只要自己會「賺錢」，太太就會歡迎他，殊不知太太最擔心的就是他想要「賺錢」，因為多年來他的努力都「生雞蛋無，放雞屎有」，太太早已不抱期待，反而覺得如果他能安分好好待在家裡，不要惹出那麼多事端來，她就能夠接受。沒能了解太太真正想法的阿雄，因擔心而做的努力反而適得其反。

表 1-1　知情意行關係脈絡

	指涉	說明	相關的治療取向或技術
知	知識、概念、觀點、理性、認識論	個體處理外界輸入的資訊，諸如加以歸類、並置、連結、比對等而形成知識。這些知識會影響個體對後來資訊的處理，而這也是形塑自我、婚姻及家庭圖像的歷程。 認知的發展歷程：是非不分、二元對立、多樣的真理、相對較好的真理。	認知行為治療、理情治療；轉念、改觀、重新框架、故事腳本。
情	感受、情緒、情感、感性	喜怒哀樂愛惡慾。個體因內外在刺激而產生激惹／平靜、安／危、喜／惡等原初的直覺感受，繼而加入過去的記憶與經驗，以及當下的聯想而產生種種內隱的感受和外顯的情緒表達。	理情治療、情緒焦點治療（emotion focused therapy）；同理、重新經驗情緒事件、接觸內隱及轉化外顯的情緒。
意	心向、動機、意志、再決定、願望	動心、起念、意向、堅志、發願、意義、理想。	動機式晤談（楊筱華，1995）；顯示苦像與樂景來引發個案的動機、立誓、發願。
行	行為、行動、實踐	盲動、衝動、打／逃與趨／避等反射動作、慣性反應、整合各方訊息之後樞形成心像或是具體行動，如行為策略或計畫。	行為及認知行為治療；在治療中練習以產生成功經驗、經由實踐（作業）產生新行為、養成習慣。

及在「集合」層次關係整體中「人在江湖」的我們。

　　若要與他人形成健康的關係，個體必須跨出重要的一步是「承認並視他人爲獨立的主體」。我們可以先想想看，多少關係問題是出在未將對象（或自己）視爲主體？嚴重的，如男人把女人當財物擺布與虐待、

表 1-1　知情意行關係脈絡　　　　　　　　　　　　　（續）

	指涉	說明	相關的治療取向或技術
關係	人我之間的交互影響	主體的各種情感投射，如期待、渴求、拒斥、迷戀等與對象的回應，交織成繁複的關係網；由權階（上下）、人我（你我）與情感（遠近）等三軸來看關係；互動模式、關係規則、主體間性（inter-subjectivity）、構配[21]（structural coupling）。	覺察「我」自身、同理「你」狀態、超脫到「他」位置來反思；角色扮演：換到新的關係位置而有不同體會[22]；以循環詰問（@循環詰問）來探知每個人的觀點與情感；挑戰關係的界定及其規則。
脈絡	性別意識、世代、文化、自然、社會等時間、空間因素	心理治療及健保／醫療體系；社會規制、成見、優勢論述；社會整體氣氛的樂觀與悲觀、經濟繁榮與蕭條、治世與亂世。	外在化、豐富（擴展或改變）觀點、挑戰社會成見、價值觀，以及諸如對性別、種族、宗教及生命等的態度。

父母將孩子的成就作爲自己的存在價值、「爲五斗米折腰」而出賣自己等，而較輕微的情況，如要求對方依照自己的意志行事、「讓對方覺得虧欠而感到必須回報」等，所有過度黏連與控制的關係都可能讓個體失去主體性。自我分化程度反映出人際界限的品質。身爲治療者，我們要隨時提醒自己不去強制、要求或操縱他人（老實說，權力的滋味讓別人

---

[21]　構配是智利的生物學家 Humberto Maturana 所提出的概念。他認爲將兩個生物體足夠的時間放在一起，他們的互動會納入重複的本質，而使他們傾向於互相一致（congruent）或彼此適應（accommodation），此過程稱之爲構配，也就是生物體的「習氣」（coherent identity）會互補而構配成一互動組織系統（@單方還是雙／多方決定？）。

[22]　唸研究所罹患躁鬱症的偉康，他把生活與交女友的挫折都怪罪父母早年不會去傾聽他的心情，只會要求他學業；父親只會跟他說理，而母親會把他的抱怨聽成指責。他分別在父母嚴厲和忽略的親職下長大，治療者指導父親試著站在「感性」而非「理性」的位置，母親站到「給予關照」而非「中箭落馬」的位置去「同理」偉康，並把他們養成這「站在不同位置的能力」說成不僅能增進親職效能，也能矯正他們自身被親職的經驗而得以進一步成長。

依順己意的感覺是很好的，但在密切關係中要「克己」與「節制」，關係才能得以提升，從利害提升到倫理與道德的層次）、要准許他人有不同的「知情意行」，並養成「從與他人的歧異中反思自身」的好習慣（也確認「對歧異的包容與認可能夠滋生豐富」的信念）。

知情意行之間也會互相影響，例如，「情」會讓我們對某些事物產生喜惡，而引起我們迎拒（「行」），但也可能在「意」的影響下改變「情」的態度，如良藥苦口，我們因知是良藥而願忍受藥的苦，甚至甘之如飴（當案家達成治療目標的意志愈堅定，就愈能堅持與忍受改變的苦）；再如，當個案接受「症狀的復發是對治療中所學習到的因應技巧的考試」時，就算復發，他也不會像先前般恐慌、氣惱，甚至絕望，反而可能用新的觀點來看復發而躍躍欲試呢！另外，如「思想、信仰、力量」，即由認知及意志產生行動；宗教家由大愛（情感）產生偉大的行動。

「情」是感受外界的雷達，「知」是航海圖，「意」是船長、是決定「行」的舵手。在頭部的「理」、腹部的「情」和手腳的「行」之間，若缺乏心「意」的整合，則無法發揮整體的力量。知情意行綜合形成個人整體的能力。臨床上要去觀察個案在哪一項能力上被卡住，而去打通關節，或是擅長哪一種能力而多加利用。例如，精神分裂病有所謂負性症狀，「喪失鬥志」是其中的一項。除了藥物造成嗜睡之外，負向症狀也是使病人生活懶散的因素之一。我已遇到不少病人對要求他動起來的人絕望地大吼：「我就是動不起來，你們根本都不了解我的痛苦」。在理智上，他知道必須動起來，他的手腳和情緒也都沒有問題，但是在「知」與「行」間就缺乏「意」的推動與堅持這個環節。其實，這種情況也不只見於精神分裂病患者，有位「知情行」都沒有問題的個案跟我說：「我動不起來，是因為我都先想：『做這有什麼意義？』我的答案都是『沒有！一切都是空，沒有存在的意義……』」當然，也有些個案有堅強的意志與決心，但因錯誤的認知、被情所迷惑，或是用了

不良的策略與行動，這樣也發揮不出好的功能（即所謂的冥頑不靈、剛愎自用）。總之，主體實踐治療的目的是讓個案做出源自正確的「知」與「情」所產生的「意」而起的「行動」，而這經過反思之後產生的新行動必須落實在日常生活中。

知情意行的成熟轉化

知（@認知發展的階段）、情、意、行、關係（@關係的發展）及脈絡每一向度，都是由原始粗糙進化至成熟圓融。

在「知」方面：認知的成熟度由低到高分別為：(1)「是非不分、黑白混淆」。(2)「非黑即白」的二元對立／互斥的真理。(3)「這也對、那也對」的多樣／並存的真理。(4)相對較好的真理，即相對性但經過主體的終極價值判斷。

在「情」方面：成熟度由低到高分別為：(1)原始的激惹（arousal）：這是接收器（眼、耳、鼻、舌、身）在接收外界的光、聲、嗅、味、觸等刺激之後產生經由神經脈衝傳導到較原始的腦部產生的激惹，此時個體隱約感到「有事發生」，但還分不清楚是什麼，至於事情是什麼，則端賴事後的判斷與詮釋。(2)基本的喜惡趨避：接著個體會反射性地判斷好壞喜惡，而做出趨避的行為反應，這部分與過去的經驗和學習有關，但個體常會做出不符合現實環境的判斷，臨床上常見的畏避、焦慮、恐慌，以及盤據型（preoccupied）不安全依附形態（@成人依附形態：關於親近／疏離鬥爭的一些思考）者對於照顧者表情或分離訊號的極度焦慮與過度解讀等都是這部分的問題。(3)基本焦慮／基本的信任與安全感：如 Karen D. Horney [23] 提出的神經質需求（neurotic needs），或

31

---

[23] Horney 認為人的行為基本動機並非原始性的衝動，而是出生後環境壓力的累積，逐漸形成基本焦慮，並受其所支配；她提出十個神經質需求，這些需求都是人們所需要的，只是神經質的人太過了。

如存在主義者所說的存在焦慮（existential anxiety）等都屬之。有些人只要環境未能配合他或是自己內心的空虛與不安，就會焦慮而意圖去支配他人或是環境。(4)底層內隱的情緒（如罪疚感、羞恥感、空虛與不安）常被潛抑規避而以矯飾外顯的情緒表現出來（此時個體表露在外在和內在的感受不一致，因此，治療者常會引導個案去接觸其內隱的情緒）。(5)堅實的情：如宗教家一本善念、意志決行的大愛。

在「意」方面：從最初始單薄到周延厚實：起心、動念、夢想、嚮往、理想，到立誓發願。

在「行」方面：從最初始到覺知的行動：由無意識的盲動、不隨意的反射動作、受限制的習慣性動作、有意識的行動、能顧慮自他及情境脈絡的反思式行動，到完全覺知的行動。

主體實踐取向的「病理」

32

主體實踐取向承續傳統家庭治療「在脈絡中看（症狀）行為」的理念，只是更加強調主體與關係不可分割的並存以及主體的能動性。關係是主體間狀態的呈現，並非任一參與者所能單方面決定，因此治療結果的不可預測是必然的，這也正是治療迷人之處——勇敢地進入未知的黑森林、生命中處處充滿驚喜。以下仍以「知情意行及關係脈絡」等向度來談「病理」。

知情意行的問題

我們認為當主體在其內的「知情意行」、其間的「關係」或所處的「脈絡」中卡住時，就產生苦的根源。所以，症狀可能源自個體內，例如，習慣性地對所遭遇的人事物做負向歸因、做自我指涉（self-reference）的聯想、固執於一偏之見等，是「知」的問題；憂鬱、易怒、情緒太衝動或高亢等，是「情」的問題；無聊、意志消沉、無法擺脫

「癮」等,是「意」的問題;太多或太少行動,如躁症或鬱症的狀態、干涉他人的行動、多餘重複的行動(如強迫症)等,是「行」的問題。這些向度之間配合不良亦會產生症狀,如Bowen所說的分化不佳的狀態是指個體無法用理智來釐清、駕馭情感,另如,空想者是理念(「知」)無法落實在「行」的問題。

關係的問題

傳統家庭治療擅長處理個體間關係層面的問題。討論關係,不能將參與關係的主體切割出來討論;關係是參與的主體在脈絡中互相對待所呈現出來的,而參與的主體間有著相互界定的身分角色。關係參與者間久而久之會形成頗為固定的互動模式,家庭治療理論中曾用多種方式描述動態的關係樣式,如上下相互對待、你追我跑、要求/退縮(demand/withdraw)、高功能/低功能、緊密/疏離等,也據此發展出相關的治療技術。這互動模式的形成是一些不可測的舉動或踩到地雷的可能性,在關係中,自動或被動地修剪掉的歷程;參與者會被某一規則綁縛在一起,兩人都失去自由度,例如,「甲要乙順從(甲要乙有一樣的看法、感受、意志或行動)/乙(因外在的懲罰或內在的恐懼、依賴、忠誠等而)順從甲」,此時他們共同遵奉的規則是順從。在依賴關係中,關係參與者對於任何關係的變動都可能會解讀成分離的威脅,他們強烈地覺得沒有對方就無法存活,因此不管有多痛苦,他們都要緊抓這關係,所以他們會抗拒變動,而使得此設計精良的「依賴關係」得以持續。

主體實踐治療的解決之道在於讓參與的雙方更平等、更自由,一方面要擴充角色經驗,即更扎實地體驗在上下位階、距離遠近及同仇敵愾/針鋒相對的位置經驗(@治療者與案家的位置與姿態),而同時顛覆僵化的關係規則,使參與此關係的雙方都更覺察、更自主、更有力量地去呵護、扶持、導正,而非管控、壓制或替對方做。對於僵化的互動模式,治療者致力於讓維續此關係的規則更有彈性,是採取「加一」而非

「減一」的態度，是肯定「有問題」的關係（如下例中的「父女」關係），而非「除之而後快」。這樣的結果會外顯在關係名稱變得更多樣，例如，有些夫妻間僵化地在任何場合都像「父女」，治療後他們除了原就熟練的「父女」關係之外，能有更多角色扮演；如像「夫妻」般親密、「朋友」般自在，甚至如「母子」般地被照顧。

有時治療者也以拋入對關係的不同詮釋來改變關係，例如，通常人們較會去責怪依賴的一方，與其要王太太不要太依賴，我們可以拋入「依賴是因她渴求先生如父母般照顧」的看法，治療者可順此框架去探索她對全能雙親的渴求，以及相應的、多年來積累的「求不得」的怨懟。治療者可進一步肯定這怨懟的情緒並不是問題（而是常見的、每個人內心都有的渴求），而問題可能是出在配偶太保護她、有「自己必須去滿足她的期待」的想法（如此，治療者把問題界定為王先生的「太保護她」，如此可由他做出改變，來改變此依賴的互動模式，他不一定要在事件或物質去滿足她，也可貼近她的情感與情緒，如怨懟與渴求等感受，來幫助她更成長）。若他們接受此框架時，或許也可看到「照顧者反而比依賴者有更大的問題」，因為照顧者壓抑、否認而沒能察覺內心的不滿，並將自己的渴望「行動化」（acting out）到她身上，「看到她幸福，就好像是自己幸福」，他看似堅強卻是隱藏起被拒的恐懼。如此，治療者肯定勇於表達的依賴者，她儼然教先生（被依賴者）表達需求的老師。此例乃藉著顛覆對關係原有的認定來達到鬆綁的效果，也可藉此讓先生了解，若要幫忙太太，只能陪伴、包容和分享（而舊有的滿足她的方式比較會造成「依賴」），並讓她能有機會學習如此對待他，學習對方的「能將脆弱的一面說出、跟對方分享」，如此才能「變成真正的強者」以及「能讓自己更完整與成長」。用這樣的角度來看「依賴關係」時，先生要感謝依賴者的「身教」才對！夫妻常是依如此奇特的計畫被配成雙，雙方因受不了對方的特質而來治療，但治療者卻看到，他們若能學會對方的特質，就能變得更完整與更成熟，問題在於他們偏

偏看不到或是不以爲然，甚至不屑，因爲配偶的特質正是他們自己最痛恨的！

　　要如何鞏固這關係的改變？要先處理其失去原有關係界定的懼怕，以及讓他們看清原本的眞實關係，而非一己渴求與期待的投射 [24]。

　　主體實踐治療用情感連結（遠／近）、界限分際（你／我）和權力階層（上／下）等三個軸向來看關係問題（表 1-2）；個體在處理這三個軸向的議題中邁向成熟（@關係的發展）。在眞實的關係中常同時混雜著這三軸向的問題，這些「軸向」跟「知情意行」一樣，只是幫助我們描述所遭遇的關係問題的工具而已，不必花太多的力氣去爭辯或區分是哪個軸向的問題。

表 1-2　三個關係軸向

軸向名稱	物理位置關係	相關議題	實務技術
權力階層	高低	公平、控制、宰制、暴力。	看出及重訂關係規則、上下相互對待的方式、賦權使能。
情感連結	遠近	親密、情感分化、情緒糾葛（enmeshment）、疏離、決裂。	情感表達與感知、情緒管理、感念恩情。
界限分際	涵蓋	群己及人他的分野、歸屬感、裙帶黨派、同志、同鄉、校友、同事、同國等。	在人我之間畫界，以處理分化的議題；在人我之外畫界，以形成「我們」的歸屬感。

---

[24]　有許多夫妻希望配偶像或完全不像自己的父母而渾然不覺，例如，有一位先生，不論太太怎麼保證，他就是不相信／不放心地問治療者說：「我眞的不用陪她去逛街嗎？我媽媽可是會爲此而（跟我爸）大發雷霆。」他把母親的特質投射在妻子身上。

權力階層的問題

權力階層是上下相互對待的問題。大至民主革命、階級鬥爭，小至老闆伙計、夫妻、手足、親子相互對待，都有權階的問題。儒家思想對於階層間（如君臣父子）的相互對待有很深刻的認識，也提出解決之道。所謂「仁」乃二人，也就是兩個人相處之道（而且這二是一上一下，儒家重視的「君臣父子」關係也正好是一上一下）。我們認為階層在兩人關係中是無法避免的，也是社會建構所必須。社會改革無法光是經由打破階層組織而獲致，而是要經由「參與者負起自己該負的責任，並與他人發生良好的關係」。這「良好的關係」，儒家提倡的是「仁」，而我們提出的是「成長性關係」。個體在此關係中的自覺與反思是根本重要的，在權力階層這軸向要體現的是賦權使能（讓對方有能力感）的關係。

權力的濫用或誤用造成許多問題。最嚴重而明顯的問題是暴力、宰制、欺凌，我們認為這是人，而不是權力本身的問題；有人用刀殺人，我們不會認為那是刀子的問題。這些施暴者憑藉權力及暴力遂行己志、侵犯他人。權力現象是遍在的，至於會不會產生「問題」，那就要看參與者之間的互動與認定了。以對偶關係為例，如果雙方「一個願打、一個願挨」，乃至如 SM（性虐待／被虐）的關係，或是有些夫妻倆都比較傳統，願意過著「男尊女卑、三從四德」的日了，這些是不是問題[25]？也有論者會認為結構及策略取向的家庭治療者「權力太大，其介入處遇太過粗暴」，而倡議治療者與個案間的平權、削減治療權力／暴力。我認為解決這權力與暴力觀念混淆的問題的方法是，要去問關係參與者的主觀感受。

不公平是權力關係衍生的另一問題。所謂公平並非表現在內容上的齊頭式平等，而是在權力關係中有充分表達的自由，並在經過討論與反

25　有時是旁觀者看不過去，如某些女性主義者會不顧對方的意願，致力於喚醒那些「屈從於父權制度過活」的女性。社會就在這樣的爭辯中蹣跚前行。

思之後「覺得」公平；所以，公平是多方統合之後感覺的問題，並非「相同、沒有差別」，而是對所參與關係的界定與對待是相互同意的，而且有「不玩」的自由（不能自由離開的關係，如幫派，就很可能是不公平的宰制性關係）。主體實踐治療對此公平議題的解決之道，在於提供充分討論此權力現象的場域，並藉由治療者對此權力現象的經驗，引導個案看到更多隱祕的、不合理的權力規則（這有如認知治療者幫助個案看到「非理性的信念」般）。

在僵化的上下關係中，下位者會傾向於找聯盟。父母中的弱者常會與子女形成結盟、共同對抗強者。這是權力階層關係衍生出來的互動問題，結構取向對此著墨甚多，可加參考，在此不多述。

情感連結的問題

成長常意味著與母體分離並與另一個體結合，成長是由一連串的分離與結合組成。Bowen 所提出的自我分化[26] 程度、Bowlby 等人的依附理論（@成人依附形態：關於親近－疏離鬥爭的一些思考），以及 Leslie Greenberg 所創的情緒焦點治療（emotion focused therapy）非常適用於處理此軸向的問題。關係參與者本身自我分化的成熟度是能否順利分化的重要條件；個體愈成熟（基本情感、信任及安全感愈足夠），與另一個體建立合宜關係（有點黏又不會太黏、有一體感又有自主空間）的過程也會愈順利。

成長是有方向性的。孩子要往自立、自主[27] 的方向成長。在處理分

37

---

[26] 自我分化是指人們區辨理智與情感歷程的能力。良好分化者並非沒有感情，而是在達成自我界定時，能不以失去表達自發情緒的能力為代價。父母將他們自己的分化不良「傳」給最易受影響的子女身上，如母親對小孩的過度保護、憐愛、擔心掛念等，這些情緒有可能大部分是源自母親的焦慮，而不是為了孩子實際上的需要，如此會造成孩子分化不佳，並影響孩子未來處理生活的能力。

[27] 常用的詞彙是「獨立」或「離家」，這兩者都太西方中產階級白人的價值觀或易引起誤解。「獨立」不見得是不依賴家人，尋求依附對象的關照是成長很重要的能力（Jude Cassidy, 2001），而「離家」亦應非離開家不可，而是離開這原生家庭的界限，與配偶形成親密關係／婚姻次系統。

化議題時，治療者對親子間關係狀態的了解是重要的，例如，比較多是親代離不開孩子，還是孩子黏著親代？孩子帶入異於親代的訊息會被如何對待，而孩子會如何因應此對待？阿全從小就知道母親因為曾被外省人欺負，而討厭他跟外省人交往，長大後他偏偏喜歡上外省籍女孩。他要堅持還是順從母親？小珍知道遭逢婚姻不幸的母親在情感上依賴她，在母親的心底反對她跟任何男孩交往，她要如何掙脫這忠誠的束縛？自我分化愈成熟的親代愈能鼓舞孩子往前邁進，父母／家是向外探索的灘頭堡，反之，父母可能處處擔心、設限，此時家成為避風港，甚至是囚禁公主的高塔。自我分化能力愈好的孩子愈能安於與父母不同。要超脫父母的禁制絕非易事，但從人類的歷史來看，「長江後浪推前浪」、「青出於藍、勝於藍」卻是常態！身為父母，既然期待孩子超越自己，那又何苦要處處規制孩子，或因自己的擔心「萬一」而處處嚇唬他，並美其名為「預先告知人心險惡」（似乎深恐萬一孩子受傷，會責怪他們不是「好父母」）呢？治療在無法確定是「個案狀況還不夠好，還是治療者太需要個案的依賴」而無法結案時，有一判斷原則，就是個案在經歷此關係之後，是變得更有能力，還是更膽怯、更裏足不前；是更有功能還是失功能？這檢視的原則也適用於親職的評量。

人我分際的問題

Maslow（1991 譯）曾將動機分成兩類，一為匱乏性動機（deficiency motivation），一為成長性動機（growth motivation）。當人們處在匱乏性動機狀態時，為了維持生存與健康，他必須向外界索求，以滿足各種需求，此時很容易就「自我中心」而與他人形成「工具性」的關係；唯有充分接納自己的匱乏性動機，才可能步入成長性動機的狀態，不再是工具性而是目的性的經驗，能夠以對方本來的樣子去認識，也能視對方為主體而相對待；能夠跟對方的「異」相處，而認為是對自己的冒犯與威脅。自我認同感足夠茁壯時，才更能與他人發展出好的界限，但自我認同要在夠滋養與安全感的關係中才較容易長出來。

自我認同感模糊時，在面對依附對象時會有被吞噬和失去自我的威脅，這時個案會以尋求距離來處理這過度的緊密，但即使有距離時，他們也感到無法離開對方而存活，兩人就在此兩端擺盪。長遠來看可能會有兩種變化，一為情緒距離逐漸消失成為「兩人對抗全世界」；二為「一追一跑」、「時近時遠」。

人存在的矛盾是：既要求歸屬感，又要自我認同，一直在群體與個體之間游移不定（@個體、群體與主體）。在尋求歸屬感時，我們會在「之外」築界；在尋求自我認同時，就會在「之間」畫線。

脈絡的問題

人們有各種與脈絡格格不入的狀況。有些不願意被社會馴化的人，堅持某些想法頻頻衝撞體制、文化禁忌等，而造成社會秩序的破壞或是觀念與風氣的改變（其實，也就是因為有這些鐵頭硬頸的異議份子，人類歷史才能不斷演化）；有些是被大環境壓得無法喘息或有志難伸的人，在極端的情境中也常能綻放不可思議的花朵，如屈原及 Vikotor Frankl[28]，後者在集中營中體悟存在的意義。我們面對群體與母體（@個體、群體與主體；@分化），一直都在做要順應、馴化或是反抗的抉擇，而類似地，受婚姻暴力的婦女也常要抉擇於「我要顧及家庭的名譽、維持婚姻的完整、孩子的安全（順應群體），還是要『活出自我』、『好好疼惜自己』（照顧個體）」。

39

---

[28] 1942 至 1945 年之間，Frankl 和他的父母、兄弟及妻兒都被囚禁在集中營裡，最後只有他一人生還。集中營的經驗一直烙印在他的心中，但他仍能以建設性的方式來運用這些經驗，繼續發揚他對生命的一份熱愛。Frankl 在未進入集中營之前，就已經在臨床上發展出存在治療理念，而集中營的經驗讓他更肯定存在治療理念的重要性，他更堅信「愛是人類所渴望最終極、最崇高的目標」，他也深信透過愛才能得到救贖；他也確信不論在任何環境下，人都有選擇的自由，能夠保持精神的自由與心靈的獨立，亦即，無論在任何環境中，人類都能選擇自己的態度及方式。Frankl 的一生可作為主體實踐者的典範，而主體更有意識地做選擇，也是我們理論所強調的。

個體在成長—脫離母體的歷程中，會經歷渴求（安全感、被尊重、被喜愛、掌控感等）與恐懼（違反社會道德／父母的約制）的鍛鍊[29]。人們在情感上，要從渴求他人給予肯定到自我肯定；在紀律上，要從他律到自律；要學會自我負責，並如實地看到自己、他人及所處的情境脈絡，不囿限於一己的情感或認知。不成熟個體的特徵是自戀、自我中心，無法了解別人的情緒感受，不知／無法／不願負起自己的責任，而一味地要求別人改變、要別人為他負責，另一特徵是「忘我」地拚命照顧別人。總之，不成熟的個體不是只有自己就是只顧別人，無法同時認知到自己及他人都是主體。

要如何促成主體實踐的狀態

個案在關係的權力階層、人我分際及情感連結等三個軸向上改善（更有彈性、更自由），以及主體實踐能力的增長是治療成功的指標。個案自身（或在治療者幫忙下）是怎樣成為主體實踐狀態，亦即能更有意識地行動，將理智、情感、意志落實在行動實踐上？這點還需要努力研究探索，目前只能做粗淺的描述與分享。

當人們的關注點斤斤計較於事務層面，反而遺漏了更重要的。例如，老張和他太太為任何事都能爭吵不休；他們只關注自己的輸贏而忽略了子女的感受，更遑論配偶的。他們的小女兒在談到「有次我生病時，學校要父母來帶我回家，結果爸媽互踢皮球」那時，痛哭失聲。另外一對夫妻，先生生氣地說：「為什麼要我改掉我們家的習慣，而要順著她，用她們家的習慣？」[30]當人們只從一己出發時，就無法看到對方、互動及整個脈絡，更無法看到當下事件對生命的啟發與意義，其實也看

29　學習（或說成長的過程）可說是一連串無可遁逃的胡蘿蔔與棒子的「社會化」歷程。

不到自己，這時也就無法不受自身習性的桎梏。當人們能夠跳出自身看事情時，就較能不被卡在非此即彼（@非此即彼和兼容並蓄）的零和觀點中。

但是，人們如何轉向內在、看到自身，又如何得到超越的意義體悟？目前我發現四種形式，即經由位階高低的問答（師徒問答、督導、心理治療等）、平等地交談（親密關係中的交流、敘事治療般地述說故事等）、非言語的互動（個案主動的觀察與感知、身教、潛移默化等）、省思（個案的內省、反思與感受；中文的「愛」字，不就是用心去感受），其實，更貼切的說法是經由外在互動刺激所引起的內在省思。

建構成長性關係所需的能力

建構成長性關係所需的能力（@關係的發展）列舉如下。作為治療者，讀者要思考我們自己要如何充實習得，以及要如何傳授此能力；前者事關自修與學習，而後者事關督導與治療。

知：充實知識與豐富人生歷練，擴充我們的觀點庫房，也才能夠通情達理（更有彈性、更包容）。藉由述說、書寫與思考等方式讓它們更有系統，形成「個人理論」（這些理論須一再被修正、重塑、翻新）。練習打破成見與非理性的認知，要養成獨立判斷的習慣，並常問自己「為什麼」。練習改觀與轉念，養成水平思考、抽象思考、圖畫式思考和整體思考的能力。

情：練習覺察與表露自己的情緒與感情，並清楚這些表面及內在情

41

30　治療者問他：「在你們教義中，對這個問題會怎麼說？」這問句的用意在於引他脫離「我」的本位（而跳到上帝／抽離的「他」位）來思考，之後，他能更宏觀地看到：「妳家」、「我家」、還有「我們家」，這個我們正在建立的家。這是治療者促進案主脫離自我本位的例子。

緒的轉化。方向是要向內看及更趨表裡一致。練習提升自身情感（同情、同理心）投射的關注點（＠主體的成長轉化），從專注於個人內在（修身）擴及家人（齊家）、親友，乃至社會大眾（治國、平天下）、萬物眾生（民胞物與）。方法是多停留及體驗自己感動的片刻，例如，在生活中或看電影所感受到的感動，並練習叫喚那「溫暖的善意與愛意」湧現，這是留住自己被愛的感受，反過來也要留意自己愛別人、不忍心等衝動。

意：知道自己的目的（自己要什麼？要成為什麼？），監看並修正投資（手段）與報酬的情況；明辨自己的堅持是「雖千萬人吾往矣」、一意孤行、剛愎自用，還是冥頑不靈，而自己的改變主張是「通權達變」、是「心悅誠服」，還是「隨波逐流」或壓抑著「迫於情勢」的委屈。

行：不斷養成更好的習慣、實踐、即知即行。在臨床實務中，Wynne 提出的關心照顧、溝通協商、協同解決問題等階段（＠ Wynne 的關係系統的漸成模式），都指出促進關係成長的良好行動。

覺知：這是形成成長性關係所需最核心的能力，在「我」位覺察自身之我思、我感、我行，去同理「你」位的狀態與流變，並超脫你我到「他」位來反思「在脈絡關係中的自我」。

情感連結：要多練習情緒的管理、情感表達與感知，其中「感知」在其他治療理論較少提及，但在宗教及日常生活的語言倒是很多[31]。近來，「感恩」已變成日常生活中的習慣用語了，這反映出它難能做到的可貴。溝通不僅是把事情說清楚、做出決定，更重要的是，懷抱想要了解對方的興趣而做出的詢問與聆聽，而「跟他說話」這動作本身是連結感情很重要的、實質的一步。女性較常有「要我說出來你才做，代表你

---

[31] 諸如「感恩圖報」、「一飯千金」、「食人一口、還人一斗」之類的，隨時記得與感念別人的善意對待。

根本不是眞心了解我」，而男性較常有「不用多說，妳應該知道」等迷思，這些都是感知的阻礙，要對彼此的「知情意行」做更全面性的表達與了解。藉由表達、溝通、協商、共同做某事等培養感情與默契。

界限分際：多練習與他人合作，以形成「我們」的感覺；討論與重新界定關係；在黏密的關係中開創個人的時空，也更覺察地形成親密關係，這部分不能要求「一次努力就從此過著快樂幸福的日子」，而只能在每個當下的互動中去做、去累積。

權力階層：練習協商權力與關係規則；多看出對方的優點、予以肯定與鼓勵，使對方有能力感；清楚扮演自己的位置角色（不在其位不謀其政），並體會在各種關係中的角色扮演；在專業學習的過程中分別去體會及扮演督導、治療者、個案及觀察者等四種角色，是很重要的練習。

在督導關係及治療關係中要求自己與讓對方做到是兩回事。教導與說明讓對方在理智上知，或是確定對方是否知道是第一步；接著要確定對方的意向與意願，以及對方是否樂於接受或是卡在某些情緒上；確定意願及情緒狀態之後才用各種「技術」讓對方做到，並在此歷程中修正介入處遇的方式。督導／治療者自身曾經經歷，或思考某些學習者／個案在成長關係中所遭遇的困難是必要的。大體而言，前者要引領後者在關係中成長；有時引領不來，而必須讓後者親身經歷（此時前者能做的是等待、陪伴、查核與認證 [32]），才能在如此的關係中克服困難獲致成長。這督導及治療關係的「酬償」是督導／治療者在學習者／個案的經驗中所學習到的一切。

---

[32]　認證指的是當學習者對自身的某些經驗有疑惑時，督導可確認他們是否經歷某種經驗，或已純熟於某些理念及技術。

參考文獻

馬斯洛原著（1991）。動機與人格。台北市：結構群。

楊筱華（1995）。動機式晤談法：如何克服成癮行為戒除前的心理衝突。台北市：心理。

蘇永明（2006）。主體的爭議與教育：以現代和後現代哲學為範圍。台北市：心理。

Cassidy, J. (2001). Truth, lies, and intimacy: An attachment perspective. *Attachment & Human Development, 3,* 121-155.

Vollmer, F. (2005).The narrative self. *Journal for the Theory of Social Behaviour, 35* (2), 189-205.

CHAPTER 2
主體實踐治療的基本概念

治療

　　社會／文化界定治療為由治療專業幫助受苦的案主；以家庭治療而言，即由治療專業來幫助受苦的案家。治療是治療者在治療歷程中，試圖藉由直接（促使個案改變）或間接（促使他人、人際關係、互動模式、家庭結構改變）的方式來消除症狀行為，並促使家庭成員更有彈性、更成熟、更有能力地去處理症狀問題及人生階段任務。治療技術就是治療者在此一歷程中影響個案的方式。治療有其目標，故治療是有方向性的；主體實踐治療是要讓案家每個成員都更能在群己關係中實踐自我，也就是拓展覺察知情意行、關係與脈絡的經驗，體現主體在其人生中的意義。

　　在主體實踐治療中，我們習慣用知、情、意、行等向度來描述主體，注重主體與主體間的互動關係和所處的脈絡；個案、案家成員及治療者都是主體；主體們共同建構治療。故主體實踐治療強調主體的能動性，幫助個案與他者在關係及脈絡中共構親密、分化、賦權及合作的成長性關係。

　　在成長的歷程中，難免會產生相當多個人內在／人際關係／社群脈絡間的問題，治療者要幫助個案「自覺」：覺察本身的知情意行與他者的關係及其所處的脈絡；「自抉」：選擇要接收、反應或忽略訊息（如內容、非口語、後設及情境訊息等）的哪些部分（@治療者的主動選擇）；「自決」：決定行動的目標與策略，並負起責任。

治療者協助個案在群己關係脈絡中自我實踐。實踐些什麼呢？拓展內、外在的經驗並完成自我價值。內在經驗指的是「知情意行」等方面的經驗，而外在經驗則是與他人的關係和在脈絡中的互動，而自我價值完成是指成就在群體中個人更好的成長與發展，以及塑造自身生命的意義。

在治療中，包括治療者在內的所有參與者以不同角色和位置共構治療。但在本書中，會側重治療者的位置、權力與角色；認為治療者只能盡可能地神入（empathy）個案，但無法完全了解個案（或代替個案發言）。治療者的工作之一是要盡量促使被壓制、邊緣化的部分發聲（讓他被聽到），以促成個案內在或案家成員間進一步的整合與演化。在治療歷程中使個案更有能力感（賦權使能），是時時刻刻都在進行的工作。

個體、群體與主體

小時候常看到「青年創造時代，時代創造青年」的標語，多年之後卻拿這八股來作為講解「主體實踐治療」的例子，實在是始料未及。

人自降生以來即為社會的一份子，必定會／要與他者發生關係，故可說「人是社會（群體）的產物」，但從另一方面來看，人又為獨立自主的生物，常想人定勝天、活出自己；社會要求個人獻身，而人從自己的角度，則會希望社會能給他較多的自由、舒適和支持。這群、己衝突的存在，並不只是要為群還是為己，如此二選一簡單的抉擇，其實此兩者（群與己）是一根本無法約簡的整體，是兩種邏輯上互為矛盾的特性之融合；在此兩者交互拉扯的影響下，就形成了「人」特殊的個性（章英華、丁庭宇譯，1986，頁21）。

活著，面對外界（自然與社會）難免會興起「個人的力量這麼渺小，真能影響社會、改變社會（創造時代）嗎？」的疑問。若答案為

否，則未免太小看了個人的力量，因為事在人為，而有太多的例子，個人的作為確能影響社會風氣、扭轉局勢，但這麼想，並非我們就要跳到另一個極端而狂妄。

在本書中，「個體」、「主體」與「人們」這幾個詞在某些地方是混用的，只是「主體」較被用來指能更覺知、更有意識地行動、追求主體性並負起自己責任的人，也就是能做自己主人的人（＠主體）。雖然，「自主」可能終究是幻覺，而「主體」一詞誠如傅柯的定義，具有雙重意義，既是「『藉由控制與依賴而成為受他人支配的主體；同時也是一種以自覺或自我認識來連結於他們自己的認同』……自我認識乃是權力的策略和效果，從而使人們將社會控制內化」（朱元鴻等譯，1994，頁 74）。傳統的家庭治療理念早就強調互動中人們互為因果的現象，在密切關聯的互動中主體到底有多大的「自主」權，也就如「人在江湖，有多少由得了自己」？

主體的狀態是流動複雜多變的。有時清明，有時則會被反射動作、習慣、情緒等牽著跑或是迫於無奈地「身不由己」、明知該如何但力不從心。雖說主體對於改變自己（非外界）有選擇及決定權，但也可能人云亦云（奴化、馴化、潛移默化、同化）地盲從而不自知。因此，要厚植主體性，就要練習覺察內在（知情意行）及外在（成見、社會規制、價值觀、意識形態、性別印象、社會角色等）經驗，並加以檢視（起疑、反省、思辨、討論）及實踐（在此難免會想到「博學、審問、慎思、明辨、篤行」可作為指導原則）。我們能夠（也只能）在每一個當下（時空點）對自己經驗詮釋並做選擇，而這些詮釋及選擇會受群體（關係脈絡）及個體（知情意行）諸多層面因素所影響，因為我們自身必定會承受群體對此詮釋及選擇的壓力，因此，我們的詮釋及選擇絕對不會是全然自由的。主體的理想狀況是能達到「從心所欲不踰矩」的地步，這裡面包括主體的自律（自我修養、克制、管束），也會經由反思而顧及整體脈絡的情勢。

個體處於群體及脈絡中，會依其特質（包括個性、能力及缺陷、疾病等）在成長歷程中與群體一再互相形塑，個體身受「群的規制」及「己的實現」兩個不同方向力量的拉扯，而相互「構配」（structural coupling）、共同建構出關係與脈絡；在此歷程中，個體會採「自我技術」[33]（蔡采秀譯，1998，頁 187-188），來影響他們自己的身體、靈魂、思想和行為，以便能形塑和轉化自己。人們的行動受到過去經驗的圍限及未來想望的牽引，也受到低層野心的慫恿和高層理想的召喚，主體即是在此過去／未來、野心／理想的當下「夾層」中的具體呈現。

　　人的行為會受他人及情境脈絡影響，但個人常有最終的決定權（如果夠自覺而能自抉與自決的話）。有些個案會有類似的覺悟：「我認為環境是無法影響個人的，主要還是看個人。從小家人打牌、說連串的髒話，但我認為那些是不好的，我根本就不去學它。」主體只能在當下做改變，也唯有如此才能影響未來；回顧過去及堅定未來的願景，都有助於在當下做改變。個體愈能「自持」（清楚狀況、堅定自己的態度）就愈不會受他人狀態的勾動而隨之起舞，反而愈能帶動相處的氣氛（他就成為引領風騷、帶動風俗厚薄、站在時代浪潮前頭的人物）。在「構配」的歷程中兩主體的影響力是不等的，其所持的論述會相互競爭，當甲模式被形成的同時，乙模式就受到壓抑；因此，主體愈能自持就愈能決定自己及關係、脈絡的方向，否則也就只能隨波逐流被環境擺布。

　　群體有大小與密疏之別。群體／社會相對而言是大（macro）而抽象的，其改變的速度較慢，而個體是小（micro）而具體的，其改變的速度較快；大的社會層面的概念，如性別意識等，如何（被）落實在人們生

---

[33] 傅柯後來認為，《瘋狂與文明》、《診所的誕生》等研究，只是在處理「我們社會中管人藝術的其中一個層面」，是西方文明中主體和主體性形成過程的一面，必須同等考量自我的道德構成和轉化核心的「自我技術」。「自我技術」的概念所指的是個體用以影響他們自己的身體、靈魂、思想與行為，以便能形成和轉化自己的工具。

活言行互動中，是社會學者相當感興趣的，而我認為家庭治療的實務知識正能作為此微視與巨視、個體與群體之間的橋樑。

主體實踐理念對外在（關係及社會脈絡）的看法是，主體身處其中，勢必與其發生持續的相互影響，如果我們夠堅定且持續（自持）地實踐理念，相信會在平凡中堆砌出偉大的。

脈絡

脈絡就是空間（宇乃上下四方）與時間（宙是古往今來）；在此脈絡中可分為兩種環境，即自然與社會，前者是由生物及無生物等上帝的創造物所組成，而後者則是由累世的人類創造累積而成的，如制度與文化。或許並非歷史或社會自身，而是我們對它（歷史事件或社會）的詮釋影響我們；我的詮釋又會與他人的詮釋互動，產生競逐、合併、打壓與禁制等作用，而形成主流「正確」與非主流（甚至消失的）論述。

個體是既被動地身處脈絡中受其影響，又主動地影響脈絡；主體可在每個時間點依據當下的脈絡做選擇，以做出行動，但他又必定會受脈絡（他人的共識）的影響，所以人們無法全然自由、毫無章法。個體在與脈絡的形塑中，會形成其對待外界的存活姿態，即生命腳本與慣常反應等，這些會外顯為個體的風格與品味。所以，不論是內在的學習或外在的實踐都與承載其生命經驗的脈絡不可分離。

49

密切關係的特徵

人際關係依訊息交換量的「濃度」可大致區分為黏稠、密切、日常、斷絕及稀疏關係等五種。黏稠關係是指已達病態程度的連結，在此關係中無法容下異見，幾乎沒有個人的空間，如共享妄想（shared delusion）[34]和情感連結異常緊密的糾葛（enmeshment）關係，例如，臨床

上常見被疾病綁在一起的雙人組，母親哭女兒就泣，兩人形影不離、情感共振；日常關係如親友、同事等，雖常見面聊天，但不會有太多的自我揭露與內心交流；稀疏關係如同車或同旅行團等暫時聚合的人際關係；斷絕關係則是雙方有隱藏的情感連結但不願／不能接觸。主體實踐治療特別注重密切關係，認爲密切關係對人們的影響最大，也最有可能發展爲成長性關係，值得人們費心營造。

　　密切關係的特徵爲：(1)交換的訊息要夠多：若是兩人認識很久，但交換的訊息量不夠多，可能並不足以形成密切關係，再如一廂情願的單戀也因爲兩造間沒有足夠的交換量，而不算是密切關係。(2)接觸的時間要夠長、夠持續。(3)有相當堅實的基礎：母子關係有其生物「天性」的基礎，再加上長時間「一把屎、一把尿」的共同生活的心理社會因素，而建構成相當穩固的關係；婚姻關係是雙方基於自由戀愛或其他社會條件彼此做出承諾而結合，有其宗教、道德、社會及法律契約的關係；治療關係則是基於專業信任、契約及治療目的所形成的專業關係。(4)密切關係是人與人之間的關係（並非人與物），因爲雙方都是能動的主體。雙方都是主體，就如你踢一隻死狗時，你可依據物理定律算出「用多少力氣、往哪個方向踢，牠會移動多少距離；但是如果你踢的是一隻活生生的狗，那麼牠會嚎叫夾尾而逃，還是咬你褲管，可得看牠的脾氣！正因爲這無法預測的因素，更豐富了人際間互動的活性與創造性。至於關係要「向上發展或是向下沉淪」，就得看參與者們而定了。(5)在密切關係中通常並無絕對的是非對錯，所謂「清官難斷家務事」正是因爲此連串循環因果互動的特性，例如，孩子間的爭吵，小明說：「是她先動手。」小芳說：「是他先推我。」小明說：「是她先罵我！」小芳說：「是他先瞪我。」或如夫妻吵架常見的「要不是你……，我就不會

---

34 在 DSM-IV 中，297.3 Shared Psychotic Disorder （Folie a' Deux）是指有妄想症狀的某甲影響親密關係中的乙，使其產生相似內容的妄想症狀。例如，妻子有被害妄想，先生也產生類似的症狀，深信妻子的症狀內容而一起對抗外人。

……」；在密切關係中容易造成代罪羔羊的現象，也很容易形成「共犯結構」，因爲參與者們有共同利益，要大義滅親，談何容易？也正因此，密切團體較是靠倫理，而非法律維持秩序，這呼應「法不入家門」的觀念由來。(6)密切關係有其整體的目的，例如，師徒的目的在於教學，治療者與個案的關係在於治療，親子關係在養大成人，婚姻關係則在於共組家庭、繁衍後代等；密切關係是成長、養成主體性的修練場所。(7)密切關係的規則會是競爭零和的你多我少，還是合作雙贏的唇齒相依，端視參與者的用心！

在家庭治療的場域中，同時發生親子、夫妻、治療及督導等四種密切關係。

實踐

實踐是指將在治療歷程中習得的認知觀點、情緒經驗、決心及行動等，具體呈現在治療中、家庭內或組織社會中。此實踐可以是相當隱微的心動，也可以是具體、持續的行動，甚至是帶動眾人的社會運動。

權力

權力是參與者在互動、交流中呈現出來的現象，而且必須放在脈絡中來談〔讀者可參考〈家庭權力關係〉（楊連謙，2002）〕。基於權力現象的必然存在，我們認爲治療者最好採取不去否認（denial）的態度，也唯有如此，才能更加審慎地使用權力，並保留討論與共同修訂關係規則的空間，因爲治療關係中治療者對個案的優勢權力是無所不在的，治療者必須敏感於權力關係及己身所居的角色地位，爲了要達到更平權的狀態，一定要承認且看到它的存在，否認是無法獲致平權的；一面堅稱治療者與個案平權，一面「擁有」治療的專業知識、施行治療者的特

權，諸如對治療理論、治療結構、治療存續，甚至如何進行（如個案該如何、說些什麼話等）等等的決定權，是相當危險的。

治療的一開始，治療者與案家的權階差距是很大的，治療者必須主導治療的結構與歷程，並在此治療歷程中讓治療關係趨向平權；治療是一賦權使能的歷程（@賦權使能的案例與歷程）。

觀

觀是一種看法、一種詮釋，如人觀與世界觀分別是指「我們看人及世界的方式」。這裡強調「一種」是指出有「他種」存在，這歧異標示出互相學習的可能性。「觀」是我們安身立命的依憑，靜默地引導我們的思感言行，同時它也是一種限制，讓我們養成慣性；治療者必須對此覺察。主體實踐治療的理念有部分是承繼結構取向家庭治療，他們早就強調「要在脈絡中看症狀行為」，但主體實踐理念則進一步主張要看到個體與脈絡在歷程中的相互影響。

案家的故事常是「各執一詞」的，從中我們能看到真實的「多面向性」，每個人因不同的特質、成長經驗與所處的位置（如手足雖在同一家庭有相同的父母，但因不同的出生序而有相當不同的成長經驗，這出生序也是一種「位置」），而對事情有不同的觀點（不同的說法、不同的故事），也依此觀點而互動，甚至發生衝突。治療者何其有幸，能諦聽這麼多版本的故事，而更接近整合出整體實相，同時也看到每個人在其生活及生命中的真誠努力與欺罔。

主體的成長轉化

主體是有成長潛能的，就像草木滋生一般地自然，只是有時會被卡住。主體隨著成熟的歷程，其內在力量投注的關注點會逐漸擴大，從一

52

己擴及家人、親友到社會大眾,甚至更進一步地打破自我而返樸歸真。
這旅程也像植物生長,從土地中汲取養分,生莖長葉、開花結果到利益
眾生,最終化爲泥土的過程。

　　個體在演進轉化的歷程中,必定會面對許多壓力與阻礙(這是轉化
所必須),而能推陳出新,進而形成形形色色繁複的形態樣貌。有些形
態樣貌會取得優勢而成爲主流,而有些會被邊陲化,但從整體來看,這
些都是人類在演化之旅中的嘗試及豐富的資產(在另一個時空,或許某
些樣貌將成爲主流)。職是,「異(不同)」與「易(演變、變化)」
是必定的、必須的、值得慶讚的。主體實踐理念相信演化的方向是趨於
繁複,而人是往成長的方向發展的,是本著「人類精神創造動力」
(Bourdier 發明的用語)(高宣揚,2002)往日新月異前人所未觸及的
方向前進的,所以每個人都會長出自己的獨特性,就像每片樹葉伸向自
己的一片天空,這是人類長江後浪推前浪、一代代更新超越的歷程。故
主體實踐取向相信生命經驗本身即是意義,而此意義是要自己努力去
做、去發現、去論述、去創造或賦予的。

53

治療中主客體間的現象

　　生物體必須透過感覺器官與外界接觸,間接地透過神經細胞的脈衝
及大腦的整合來理解外界的訊息並對外界做反應。這些感官是了解外界
的媒介,但也是觀察者與所觀察對象之間無法跨越的障蔽;我們無法完
全了解實相,也無法完全了解別的個體。在治療中,每個個體都無可避
免地會站在自己的位置上看,也受到自身感官器官的限制。當我們較清
明時,就較能察覺每個個體(包括自己)的狀態;反之,就會依習性或
反射做反應。

　　治療者是治療系統的一部分,他無法完全自外於治療。所以,治療
者是他處遇對象的一部分,他所施行的處遇也會影響到自己。在治療

中，主、客體間的分野並非絕對的。治療者與其所持理論與技術間交互建構，他會依個案的狀況從其已然習得的治療理論與技術中蒐尋適用的，並在施行處遇之後修正所持的理論與技術，在此一來一往中一步步地形成自身獨特的經驗。治療者的理念體系愈是開放、包容，就愈有機會修正、成長。

治療者在「看」家庭時發生了些什麼？

「看」是往外看的，此現象涉及觀察者與所觀察的對象。因爲人們必須經過神經脈衝及腦的轉譯才能「看到」外界，就此定義而言，人們是無法如實感知外在對象的。治療者常須往內看[35]，才能「看到」（了解）個案的狀態，而這也就是「運用自身爲治療工具」（@治療者的運用自我）的原理，亦即治療者要能盡量不篩選所接收的訊息（保持一種浮動性的關注，即 scanning 的狀態），但又能迅速地挑選其中的訊息加以整合、回應給個案。治療者要清楚區分哪些訊息是來自個案的、哪些是屬於自己的，而哪些是雙方共同建構產生，或是透過自己的努力在個案身上調發出來的。

治療者常會戴著「理論」、「經驗」，甚至「心情」的眼鏡來看家庭，可能會只看到自己想要看的，如當治療者被激怒時，他可能會明明看到那是起因於個案的脆弱，但仍無法去包容與做較好的回應。這樣的偏頗已在許多地方被提及，諸如，研究常因實驗者的熱切期待而出現好結果；「自我驗證預言」，當我們專看支持假設的證據，就眞的美（惡）夢成眞；正向框架、肯定、鼓勵等也常能促成正向結果。人們本來就有「尋求意義」、從雜亂中看出意義的傾向，例如，心理學中的實

35 如此是相信「人同此心，心同此理」，人心內有其相同共通的部分，透過將心比心的過程，人們才能了解他人、與他人及神連結，而能不孤伶伶地存在於宇宙中。

驗顯示，人們會「自動」補上某些不連貫的線條，而自以為看到的是完整的圖形；再如，當意義產生時，我們就會安定下來，因為人們在不確定時會感到不安，而常會合理化自己的行為。確實，這樣的天性或能力是要避免或是可以善加利用的，而最重要的是治療者要隨時提醒自己是戴著眼鏡的，如果能夠遮蔽陽光，那很好，要是會掉進陰溝，那可糟。自己要覺察，不要怪眼鏡。

密切關係中的兩主體之間

　　家庭成員的角色與地位各不相同。性別、權力位階與世代，是觀察家庭時基本且重要的變項。兩個主體之間會相互界定，形成如父／子、夫／妻、男／女、強／弱、貧／富、照顧者／被照顧者、醫者／患者、追求者／遠離者等對偶角色關係。主體在位置上的角色並非完全操之在我 [36]，必會受他人或社會環境的界定所限制，而被賦予權力、權利、義務與責任。這人我之間的相對位置有部分是基於先前人類活動的文化遺產，如風俗、法律等所「預先」賦予的，但個體絕非完全被動接受的，他也主動參與選擇要接受哪些「遺產」在自己的關係脈絡中，也會主動地相互界定關係。當此對偶關係的規則底定時，雙方都感到「存在」（被接受與認可），但弔詭地當此角色定型時，又會感到被角色約束與淹沒而覺得主體「不存在」。兩主體間的界定不合時，常會發生衝突。

　　「正視及承認對方也是主體」能減少許多傷害與衝突，如此建構的關係會是較少操控及玩「心理遊戲」的。可想想多少罪惡是假借愛及自

55

---

[36]　也非完全不操之在我。人們對於自己所能操持的部分，以及那些不能操控部分的態度與拿捏，在主體實踐時是很重要的，所謂「盡人事，聽天命」。另外，在關係中「自己能操控」的量並非固定的，某些部分要看對方是否「願意」讓你操控；在脈絡中有某些部分，小如治療關係，大至局勢與天命，都非單方面，甚至主體們所能操控的，所謂「謀事在人，成事在天」。

由等之名而生？在家庭中有多少父母是用「為你好」來行操縱之實？承認對方是不折不扣的主體，就較能尊重對方的決定、空間、好惡與特點；同樣的，尊重自己的主體性時，就較能面對自己的情緒、負起該負的責任，較能適切地扮演角色。在人際相處中，尊重自己的主體性、承認對方是主體，以及學會與「異己」相處是成長分化很重要的一步。

改變

在治療歷程中，治療者試圖促成所欲的改變（@常用的成長與改變的隱喻；@促成改變）。改變是指個人內在（認知、情感、意向、行動）、人際關係模式或是脈絡（如性別、文化、社會、道德等的規制或看法）等，能更鬆動、更有彈性、更有能力、更成熟。在認知方面，主體能改觀轉念，即接受新觀點、形成新的框架及新的人生腳本；在情感方面，能更同情或同理對方，能更接觸自己內隱的情緒、駕馭或轉化外顯的情緒；在意向方面，能更有意願離苦得樂（@改變的階段）、覺察心動、豐富想望、立定志向；在行動方面，創造成功經驗，像滾雪球般產生源源不絕的行動，能舉一反三解決問題，以及更進一步養成習慣；在關係方面，能看到相互綁縛的不自由，改變相處態度或模式而得以解脫，並轉化為成長關係（@關係的發展）；在脈絡方面，能重新詮釋社會文化的約制。

早期家庭治療者積極促成個案改變的姿態，遭受後現代及女性主義家庭治療學派的大加撻伐，因為他們擔心和質疑權力的誤用與濫用。主體實踐治療認為，治療者和個案雙方都參與治療也都是形成治療系統的主體，雙方（@單方還是雙／多方決定？）都有權力與能力去影響治療的走向及所呈現的內容[37]，這也解釋了「達成治療目標的路徑千萬條，常非治療者所能預先規劃、設定」的現象，因為案家在改變的歷程中自會有其貢獻。治療者能藉由間接影響或直接邀請案家行動來促成改變，

而任一案家成員之知情意行、關係、脈絡改變都可能（但並不一定會）促成所欲的效果。通常個案對於治療（大）目標及階段性（小）目標愈清楚，個案就愈知道要怎麼去（達成目標），並能靠自己的腳走向目標。只是當個案能力不足，即個案在知情意行關係及脈絡等面向僵化、受限時，治療者要先解放其束縛或扶植其力量。在此多主體的互動歷程中，治療者要貢獻其專業知識與技能（但要對權力議題及成見更審慎與敏感[38]）；如果治療者提供夠有彈性、能容下個案不同意見的空間時，個案也就能更自由地表達並影響治療者。

　　雖然，主體實踐治療者較注重後設而非內容層次，因為內容千變萬化，若能整理出規則或結構，則能畢其功於一役，個案也能舉一反三，學通之後自力達成目標，但是在介入處遇時則常要順著個案的內容性資料做出。也就是說，治療者的介入處遇會視個案所拋出的內容、哪些人參與治療、個人的特質等而定[39]。若個案無法接受治療者的處遇，就要適可而止、繞道而行。治療者要有夠多達成目標的錦囊妙計，這考驗治

57

---

[37] 在治療的脈絡中，治療者和個案的權力關係並非平等，唯有靠治療者的自覺、自律與自我反思（願意察納「異」見），才能避免權力的誤用與濫用。主體實踐治療主張在治療中處理此權力關係本身的議題，一方面治療者要致力於關係的權階轉化、去賦權個案使其更有能力；一方面要更有意識地實踐「人，生而平等」的成長性關係，也就是 Satir 模式中的成長模式。

[38] 許多現象，諸如要求治療者中立、平等、客觀、不施權、不介入等「理想」是不可能達到的，若要強求符合則難免自欺欺人，還不如承認「不可能達成」的現實（如此並非就不往這些方向邁進，只是不能過度「潔癖」），而更審慎地處理它。

[39] 在給出建議或交代作業時，治療者常要先自問：「個案會如何接我們所拋出的說法？」例如，對於小珊（她二十五歲，母親一直要她「妳還年輕，忘掉過去的傷痛，走出去」，然七年已過，她還是裹足不前），治療者拋入「獨立／依賴」的框架，想促小珊獨立、建立其自主性。督導指出，母親已努力激勵她七年尚且沒有成功，那麼請問：「你認為小珊會如何接這獨立／依賴的框架？何妨採用她自己在先前說出的『我沒有自信心』，而提出『幫助她重拾自信』的框架？」這兩個框架最大的不同點在於前者是治療者給出的，而後者是個案提出的，其實在實務上，可能不論採哪個框架，治療者所做的介入處遇會相當類似，但小珊的接受度可能會決定治療成功與否。

療者的問題解決能力，這同時也是操控力的表現（＠操控力），切莫強人所難，例如，治療者與其硬是要求不擅長表達情感的父親在妻兒面前表露情緒等（男人較不擅長表達情感有其生物因素，學者發現男女的腦大有不同[40]呢！但是若男人想要學習表達情感，那又另當別論），不如先轉向其他面向，如認知面向：「你知不知道太太的辛苦？」或行動面向：「你以前在追太太時，會怎樣表達你對她的感激？」或「你曾送花給她嗎？」等，待有機會或是當個案愈願接受此挑戰時，再回到要求他「在妻兒面前表露情緒」的議題。當然，如果個案能接受，就打鐵趁熱、多拓展些（＠知情意行關係脈絡）；同樣的，在其他的情況下，治療者也可決定隨順個案的方向。

治療中常會努力促成行動上的改變，因為行為是最具體、最易評估、最不容忽視，也是最容易操作的面向。若治療者能將行為所表徵的內涵與其他面向（知情意等）做良好的連結時，行為將不僅僅是行為，而能代表知情意的整體，如此更能有深度與廣度。

治療促成較深層的改變是人生觀框架的改變。人生觀的框架會反映在哲學的根本問題「人生的意義是什麼」上。有時治療能讓個案形塑人生意義，用更抽離（跳脫出狹窄的自我）、更宏觀、更整體的觀點來看經驗，協助個案去改變或形成其人生意義的論述，例如，「你希望自己的墓誌銘會寫些什麼？」「如果把這段經驗放在你的整個生命中來看，你的看法會有何不同？」「你認為神是怎樣的用意，要你遭受這樣的打擊？」「你六十歲（或臨終）時，對這件事的評語會是什麼？」「雖然現在的你很難接受先生外遇這件事，但有些人會勸你×××，他們是怎麼看的？那你的觀點又是怎麼形成的？採取怎樣的觀點你會比較好過些？」

---

[40] 可參考廖世德譯（1994）的《性與權力——身心政治的剖析》頁187-201，及洪蘭譯（2006）的《腦內乾坤——男女有別，其來有自》。

58

　　治療者工作的對象是「人」，故要評估的是「人」有沒有改變，即使是施力於改變關係或情境脈絡時，其評估的對象仍是「『人』在關係脈絡中的改變」。個案因陷入僵化（如相互鎖住的互動、頑固的認知、強烈的情緒等）與限制（生病或缺陷）（@矯治、拓展與蛻變）而來求治，治療者要去解放其束縛並扶植其力量。治療者要隨時評估個案的狀態與能力，並依其主體能力的狀態調整介入的力道與姿態（@家庭治療者介入處遇的基本互動圖式；@肉搏戰）。

症狀

　　我們可以從生物、心理、對偶關係、家庭、家族及社會等層次來看症狀（@身體症狀在家庭系統中的功能：家庭治療的處遇），例如，感冒是身體的病，但它會影響個人心理，也會引起關係層次的變化（如他人的關心或甚至造成父母的衝突），同時它也涉及醫療體系層面的問題，而當許多人同時感冒時，也可能會演變為社會問題。

　　我們也可以從結構、功能及改變等三種角度來看症狀，並形成處理的策略。若著重症狀及缺陷（結構），我們可用醫療模式（medical model）的策略矯正或祛除症狀；若注重活力（功能）的部分，我們可用中醫「固元保本」的策略，來支持及增強個案的能力；若強調因緣聚合消散的變遷（變化是常態）的觀點，那麼我們對症狀可以因勢利導，甚至躍升到意義[41]的層次，把症狀當成人生的試煉。

　　當「一個人被認定為有病」時，他會在這系統中接受相應的對待，即病人角色的責任與義務等。系統因這個認定而能從症狀的混亂中重獲秩序，但是也可能形成「代罪羔羊」[42]，即當這個人生病反而對整個系

59

---

[41]　人生的體悟是非常私人的經驗。如果是外人講，聽起來會像是風涼話，但若是聽到經歷寒徹骨的風霜之後綻開花朵的人說出時，你會深刻感動。

統有好處時，系統會「需要他生病」。有些「症狀」有明顯的家庭功能（@對症狀看法的演變），如解決系統問題的功能。例如，當小孩生病，父母照顧他，兩人也就不吵架了（即迂迴衝突）；再如，弟弟一直輕視患躁鬱症的姊姊「無法維持工作」，這雖然引起衝突，但她為賭一口氣而維持住工作；另外，大家耳熟能詳的「次發性獲得」（secondary gain）也可視為個人層次的「症狀功能」，它解決患者個人的問題，如肚子痛就不用去上學等。不論有無明顯的「症狀功能」，症狀本身對系統造成很大的影響，如它會吸引其他成員的關注而成為系統的情緒樞紐。所以，治療者要常自問：「症狀已經如何幫助個案（或案家）適應？」但是，要更小心的是，不要把症狀都往這「症狀功能」方面解釋，或許更好的說法是，最好不要往這方面的解釋，因為：(1)這症狀功能是「潛意識」，而非意識的刻意運作，雖然很多被認定病人後來能意識到，甚至運用自如；(2)治療者如何看是一回事，而要如何跟案家說、運用到治療中是另一回事；(3)有時症狀與功能不見得有直接的因果關係，「兩件事情（症狀與功能）就是這樣（獨立地）發生了」。

釋放被認定病人的病人角色，並非否定他的症狀及行為。辨明此點是很重要的。「症狀」是家庭之所以來治療的外顯原因，治療者必須鎖定這症狀本身，以及圍繞此症狀所衍生的關係問題。首先，治療者要認出被認定病人的底層需求，治療者常可自問：「他要的是什麼？」「他用症狀想說什麼？」等等，並探詢這隱含於症狀中的需求是否為其他家人歡迎。另外，治療者要將此症狀行為所衍生的關係系統化，也就是澄

---

42 被認定病人到底有沒有「病」？「病」完全是社會建構？在醫院工作的經驗，我很難否認「精神病」生物性致因的存在。所以，我比較是採並存、聯集的態度，即生理—心理—社會等因素交互影響的觀點，在治療上會採多管齊下，但總以增強個案的主體性為最核心的考量，也就是採「當個案能自主地因應焦慮或幻聽等症狀時，可減少藥量」的態度，幫助個案從外求、他助轉為內求、自助。相較於重型精神病的實存性，輕型精神病，如創傷後症候群、焦慮、拒學等問題就有較大的心理—社會因素的比重。

清症狀是如何造成家庭成員間的黨同伐異、合縱連橫，治療者可探詢「他的困難（害怕）在哪？」「其他人是如何因應的？」「症狀和相處困難間的關係為何？」等。在探詢的過程中，治療者除了要仔細觀察家人的反應，也要把對對方的「要求」、「渴求」、「期待」等標定為關係、相處的問題。如此，將「個人的症狀」轉為「家人的關係」問題，並邀請相關的人一起來處理。

治療者不必要去說服家庭：「症狀並不重要。」「我們的目標不在於病人的症狀。」或「並不是病人出了問題，而是你們家人間的溝通不良……」治療者反而必須「表現」得比他們更關切症狀，因為症狀是案家的邀請函也是醫病間的契約；症狀是了解家庭互動之鑰。治療者必須「鎖定症狀及圍繞此症狀所衍生的關係」，如此做的目的在於消除症狀行為。其實，「表現得比家人更關切症狀」有另一隱藏的用意，就是如此做鋪陳了日後更積極施行悖論處遇的可能性。

要釋放病人角色，有時治療者要去「卡位」，卡在症狀在系統裡功能的位置上，幫助被認定病人「不用症狀就能達成症狀功能」，如當治療者「讓家人參與到治療中來」的要求，正好符合病人心底「促使家人團圓」的冀求時，有了治療，個案就不必再用症狀行為來促成闔家團圓了。

61

層次

要養成用多層次的觀點來看事情的習慣。成長是朝向複雜，也就是更多元的方向演化的。看一件事的觀點夠多時，才可不被圍限，也就像孔子所說「毋意，毋必，毋固，毋我」中的毋必（單一觀點），尤其是在與他人意見衝突時，我們能否跳到對方的觀點，清楚自己的觀點，以及想到還有異於你我的第三種觀點；事件的意義常是人們自己所賦予的，擴充我們「可能的觀點」的數目將可更接近客觀，而且正因為觀點

是我們自己所賦予的，我們也就能有意識地更換觀點，做觀點的主人而非被觀點所圍限。

　　臨床上討論病人的精神症狀時，常聽到有人問：「到底是（DSM Diagnostic and Statistical Manual for Mental Disorder）第一軸（精神疾病）還是第二軸（人格特質、防衛機轉）的問題？」其實，如此分軸是採向度的（dimensional），而非類別的（categorical）的觀點；是兼容並蓄（both and）、並存聯集的（＠非此即彼和兼容並蓄），是程度上的差異，而非非此即彼（either or）、水火不容、交集的。我們要同時用第一及第二軸來看問題（其實是要用五軸做整體描述的）。

　　有許多現成的「多層次觀點」的模式，在治療中我們可多加利用。如精神科常用的生物／心理／社會／靈性（bio-psycho-social-spiritual）；以人數來劃分，如個人（內在）／對偶關係（人際）／小眾（家庭、組織）／大眾（群體）；內容／後設；元素／集合；話語／文法等等。

62

面向

　　層次有由小而大或由低而高的次序感，而面向則有互不隸屬但各部分能組合成一整體的意味。本書中常用的「知情意行關係脈絡」可作為「面向」的例子，其中前四者是主體本身的狀態，而後兩者是主體所處的狀態。

　　在專業養成的過程中，我們已經學過相當多理論（即看問題的觀點），也有分別用多種理論來看同一問題的經驗，如個案討論會。臨床上常見「公說公有理、婆說婆有理」的現象，我們正好能用此來練習試著進入不同的觀點，以及跳脫出來比較或整合自己的觀點而不被困住。面對諸多不同面向的論述，我們要將它們統一、連結起來，形成一種相互包含的嶄新論述。找到衝突雙方間的同意點是很重要的，例如，一個

要煮鹹、一個要煮淡的夫妻,他們的共同點是都想把菜做得好吃;再如吵得不可開交的夫妻,或許他們都想要維持婚姻,都不願帶給孩子壞影響等等。這同意點也就是合作的起點(@形成治療目標)。

歷程

歷程是在一段時間中某物生滅的過程,礦物會成住壞空、植物會生住異滅、動物會生老病死;歷程的重要參數是時間、是不可逆的。個人生命階段及家庭生命週期是歷程、整個療程也是歷程,甚至單次的治療也是歷程,一個回合的互動也是歷程。

演化是歷程,它是演變、變易的過程。演化的方向是朝著更複雜、多樣及去中心(多中心)化的方向,不斷地超越翻新,雖然不一定是青出於藍「勝」於藍,最少是「異」於藍,因為生存的脈絡(先前世代的累積)不同了,後人總是踩著前人的肩膀再往前邁,同樣的現象可從各種歷史(如哲學史、藝術史)的範式(paradigm)更迭中看到,每當前一朝代的樣式瀕臨山窮水盡時,就有劃時代的範式推陳出新,此歷程是後浪推前浪、生生不息的(這裡面埋藏著一個殘酷的事實,那就是不隨著潮流更新改變,就會被淘汰)。主體與其脈絡間會不斷地互動與創新,生命自會尋找其出路!

當演化的進程受阻時,則呈現出僵化、異化、物化的狀態,此時會產生症狀、陷入重複的模式(輪迴)。人們會感到窒息、抑鬱、積怨、沒有新鮮感、死氣沉沉、看不到未來。

在治療中,我們同時會經驗到許多層次與面向的「歷程」。「階段」是歷程中人為設定的路標,從後前階段相異的地物風貌中,就隱然可見轉化變遷的軌跡。家庭治療相當注重過渡期(transition),過渡期是暫時的、不穩定的、可能前進或退回的中間產物,它標示著變化正在發生,也是變化的關鍵點。

方向

　　演化朝向更繁複、更多樣的方向，而治療則朝向目標推進。治療者對個案工作的方向是先向內，再由內而外；先內省、覺察、選擇，再決定及付諸實踐；先自助再人助及助人、先自立再立人；先有完整的我，即較好的自我功能（ego function），才能超越或解構到超我或無我。

　　治療者並非要將自己的方向強加在個案身上，而是要跟個案一起去形成。問題並非治療者能或不能將自己的價值觀加在個案的身上，而是要在一個歷程中去敲門推銷、去評估、去鼓舞、去建立個案改變的意願、去促成改變的發生。治療者要協助個案趨吉避凶、離苦得樂，以及看到改變必得付出的代價。

階層

64

　　權力是階層的核心議題，如親／子、長官／下屬、治療者／個案等，都是權階的例子，上下位間的落差就是權力。換了位置就會換腦袋是必然的，要用「心」來處理這兩種位置的落差。治療者要盡量去體會、增加對各種位置的了解（如性別、階層、角色等），並用在治療中促進此兩種位置上的人的溝通。治療中可試著讓他們交換位置，來感受對方在該位置上的感受，並協助他們協商出第三條路。治療本身就是治療者處理權力議題的身教，他要避免權力的濫用及誤用所造成的遺憾，以及促成成長關係（@關係的發展）。

觀點的抽屜

　　對於同一棵樹，哲學家、藝術家、生物學家、樵夫……每個人看到

的都不同。我們可試著用多層次、多向度以及歷程觀點去看某一件事，例如，我們可分別用生物、心理、社會的觀點來對病人做整合陳述（for-mulation）。

當我們配備了多層次、多向度及歷程的觀點之後，就可將外界現象依各種特性放在不同的內在抽屜中，例如話的內容、說話時的脈絡（人事時地），或說話時的情緒（他是如何說的）、用什麼語言、是站在怎樣的位置立場或角色說的？以及其立場的意涵是同情、贊成或反對？我們愈能用多觀點、多向度以及歷程的觀點來看人與事，就愈能看到整體，而我們也就更自由，更能做到不做價值判斷。

非此即彼和兼容並蓄

非此即彼（either or）的相反是兼容並蓄（both and），兩者是看待差異的不同態度。

我們說出的話，像劍，將一混沌的整體劃開分成陰／陽、是／非、彼／此，常會讓對方陷於「選邊站」、「不是同意（和我一國／順從／一鼻孔出氣）、就是不同意」的處境。因為治療者在治療關係中的權威，我們的話對案家而言是很有影響力的，他們須花很大的力氣掙扎於要不要順從，所以我們說話不可不慎，以免陷個案於不必要的困境中（如果這困境是治療中有意識的設計，那就另當別論）。從另類觀點來看，公然違抗治療者的個案是相當難能可貴的，我們應該學會去賞識而非打壓才好。

治療者說出的話若是旗幟鮮明，就比較會招致攻訐與挑戰。並非這攻訐與挑戰不好，或是必須避免，只是若這攻訐與挑戰對達成治療目標並無幫助或甚至有礙時，就要避免。當我們說：「你何不 A」、「我贊同 A」、「你去做 A」時，我們已指出 A，而壓抑了 B 或 C 等的可能性。當我們說：「你去做 A」時，我們的自由度降低成就只有「你去做

A」這一條路（＠操控力），此時對方的自由度相對地變大，他能服從、不服從、置若罔聞、巧妙地轉移話題、顧左右而言他等等。這時「你（治療者）抓不住他（個案）！」許多父母對違抗的孩子的挫折感也是源自他們比小孩更不自由，也難怪父母的話在小孩聽起來像唸經或舊唱片。相反的，如果處於「你可以做這，也可做那，也可不做……」的狀態時，治療者是非常自由的。例如，臨床上當個案因精神病症狀而不穩定時，團隊的討論中常會聽到：「要加藥，還是要用談的方式來處理他的妄想症狀？」實務上的思考是盡我所能（但要以對彼傷害最少的方式）來幫助他脫離痛苦。如此，會是既可先用這也可先用那，甚至兩者並用的方式，但不論先用哪種方式都會著力「讓個案學會處理他因妄想所造成的痛苦」，包括用藥物、靠己力，當然也包括請求他人幫助（用拐杖並不會斲喪主體性）。其實，當個案有意識地做選擇時，不管選擇哪種方式，都是好的。

再如，對於個案的症狀行為，治療者以「既能了解你症狀行為的意圖與情緒，又指出有更好的方式能達成你的意圖」，而傳達出「反對你的症狀行為」的訊息，這也是「兼容並蓄」的表達方式的例子。兼容並蓄的表達方式並非鄉愿，而是在回應時：(1)將訊息分解成相當多的部分（如知情意行、關係、脈絡）；(2)對「想法、情緒、意圖」等部分表達了解、同理，或試圖去了解的意願，但最少暫時接受「你有你的道理」而能暫時擱置爭議；(3)指出新行為的方向、以修正舊的。同樣的，治療者「既能了解個案改變的困難及不改變的『好處』，又指出改變的『好處』」也是「兼容並蓄」方式的一種表達。如此，治療者不必落入「你要改變」的單一立場，而可稍微抽離出來。當我們能同時看到正反的更多面向，以及圍繞此症狀行為更多層面的訊息時，就能比較不魯莽、蠻幹。

當治療者與個案間能夠談改變及不改變的種種（如代價、利弊、擔心、害怕），而治療者能有空間接納、了解，甚至能表達對個案無法改

變的情況的了解，並肯定他在維持（或達到）這「已然」狀態的努力及辛苦，進而指出個案「未能達到的目標的期待」（這也是「兼容並蓄」表達方式的例子）。治療者對「已然」的肯定，有助於促成「錦上添花」、「由小而大」的改變（@滾雪球／正性回饋），這會比花力氣在促成「未然」、「無中生有」的改變要來得容易。例如，王太太在治療中抱怨無法管束小明，也談到她和先生管教方式的不同，她較寬而能說理，先生較嚴而能堅持。其實，小明在先前的治療中已有明確的進展（他已能了解父母的想法，而不再吵著要買機車），但母親仍一直要求醫師開「能夠讓小明聽話的藥」。此時，治療者可把所看到已然發生的回饋給母親，讓他們看到已有的進展：「妳是否發現，你們（父母）已成功地合作讓小明在某某方面進步了？」「你們已經做得夠好、夠辛苦的了，堅持你們已經做的，應能有更好的進展。」「處理小明的問題，你們才是專家，你們成功地展現了父母間一嚴一寬的合作之道。」（@一致的教養態度）「你們要不要問問小明，他是怎麼會進步的？你們做了些什麼？」夫妻間常會因非此即彼、太寬或太嚴而爭執，但治療者看到嚴與寬的底層是希望小孩好的意圖，這時就可指出一個新方向——合作，來達成案家極欲達到的目標。

67

參考文獻

朱元鴻等譯（1994）。後現代理論：批判的質疑。台北市：巨流。

洪蘭譯（2006）。腦內乾坤——男女有別，其來有自。台北市：遠流。

高宣揚（2002）。布爾迪厄。台北市：生智。

章英華、丁庭宇譯（1986）。權力的遊戲。台北市：桂冠。

楊連謙（2002）。家庭權力關係。諮商與輔導月刊，204，26-32。

廖世德譯（1994）。性與權力——身心政治的剖析。台北市：自立晚報。

蔡采秀譯（1998）。傅柯。台北市：巨流。

CHAPTER 3

家庭治療歷程階段技術

前言

　　本篇的主體乃譯自 Tomm 和 Wright （1979）絕佳的、整合當時治療學派理念的文章。值得提醒的是，1979 年該文發表當時的顯學是傳統的家庭治療理念，此乃相對於「後現代主義家庭治療」（@介入處遇）而言，所以原文中可瞥見結構、策略、溝通及行為等家庭治療取向的影子。

　　以下把家庭治療歷程分為使家庭參與、認出問題、促進改變和結束治療等四個階段，依此階段列出治療者應具備的理念和實踐此理念的做法。

　　理念是指治療者賦予所感知訊息的意義，或是將先前所習得的知識應用於特定的治療情境的過程。所以它有兩部分：一為對當下關係脈絡訊息的感知，而另一是整合已有的知識，並試圖應用在當下的治療情境中。實踐則是指治療者將理念經設計與鋪陳而用行動落實在治療中。

　　以下雖然是順著治療的進程來寫的，但在實務上，治療者會因家庭的反應而在這四個階段中進進退退；我們盡可能以合邏輯的方式順序列出，但在實際的治療過程中則要發揮創意、絕不可拘泥。有經驗的治療者常會同時運用多種策略及技巧，而特定的技巧在不同的情境中也可發揮不同的功效；充分了解與掌握每一階段的任務才是重點。

使家庭參與

與案家共同形成來治療的理由

A. 理念	B. 實踐
1. 對系統理論的了解，亦即，在家庭的情境脈絡中來了解個人的行為；系統中任何一個人的改變將會影響其他人；家庭整體會試圖維持衡定等等。	1. 向家庭成員解釋邀他們一起來治療的理由。例如，「為了要知道其他家人是如何看待問題，以及受到怎樣的影響，我愈了解這些，就愈能幫助你們解決所帶來的問題」；「能看到你們一家人是如何因應困難的，這有助於讓我更了解你們的情況」。
2. 了解「個人是在家庭的密切關係中成長的，在成長的歷程中是一定會遭遇到危機與困難的，人們乃藉著處理這些危機與困難而得以茁壯成長」，亦即，成長是必然的，而困厄也是。	2. 認出、肯定和支持家庭過去及現在所做的努力及其辛苦，不論他們的努力是否成功；亦可問他們在此經驗中學到什麼？對某人（或成長）多了解了些什麼等。
3. 了解「治療者要積極加入家庭，與家庭建立『治療者─家庭系統』，才有可能造成改變」。	3. 在會談中懷著對案家所遭遇問題及其處境的好奇心去了解他們，並與他們建立密切的關係，以及提供及展現清楚、有效的溝通模式；有時禮貌或技巧地打斷不適切的溝通是必須的。

A．理念	B．實踐
4. 了解「治療者的角色乃在於增強家庭運用本身資源來解決問題的能力，較不是幫他解決問題」，亦即「治療者—家庭系統」是暫時性的，治療必須朝向結案進行，而非形成家庭和治療者間互相依賴的狀態；在治療歷程中要賦權給個案，使他們有能力。	4. 治療者要促進和增強家庭自身的問題解決技巧和能力，要避免貶抑他們能力的情況，治療者可說：「其實我做父母也不比你們來得成功，我們一起來討論看看曾經用過的方法哪邊出錯了（或是看看有沒有新的方法）。」「我的工作是幫助你們，讓你們更有效地處理你們的問題。」在治療歷程中要看出並肯定「已然」發生的，鼓舞其邁向未知的勇氣。

與案家建立正向的關係

A．理念	B．實踐
1. 了解「刻意地認出每個家庭成員的想法、立場、情緒、意圖，與曾經有過的行為，可讓他們更快地參與治療中」。	1. 經由與每個家庭成員直接的互動，讓他們感受到你對他們的善意與包容，以及你了解他的想法和立場。
2. 認出家庭成員進入治療的不確定感和不知要怎樣表現才算恰當的焦慮。	2. 提供治療的相關介紹（@附錄：你需要家庭治療嗎？），並得到他們對錄影、團隊觀察等特定程序的同意。治療者可用案家問問題的時機，示範如何澄清問題、清楚溝通、設定界限等。
3. 了解「治療者的問句，暗示著治療進行的『規則』，治療者最好要心口一致」。	3. 例如，治療者問：「上次治療後，你們過得怎樣？」暗示著開放式的回答，若問：「症狀有何改善？」則暗示著要回答「已有改善」的部分。若治療者期待得到明確的答案，最好要問明確的問題；若無法得到明確的答案，則要避免因失望而怪怨個案防衛、不願回答等，反而要反思自己的問句是否適切有效，如果是，那麼這困境可能正標示著案家的「問題」所在。

（續）

A．理念	B．實踐
4. 了解「同理、溫暖和真誠能增強人際關係」。	4. 用敏感、一致和溫暖的態度與家庭成員接觸。支持和肯定必須基於真實（已然發生）的事件和行動，切勿流於隨口說說的空話。
5. 識別出家庭成員來治療所承受的壓力及隱藏的情緒。求助可能被視為個人的失敗，而這挫敗感可能造成情緒混亂。	5. 詢問家庭來治療的心情，提供支持和避免去指責、怪怨或說出可能引起他們罪疚感的話。例如，可向他們說：「來治療對你們而言是很不容易的事／是很大的挑戰。」「來這邊有什麼感受？會不會覺得很丟臉（很失敗）？」而不是質問說：「所以，你們有很大的問題，是不是？」
6. 了解「加入（joining）、了解各個家庭成員，以及獲得其信任的技術」。	6. 能聽懂家庭成員真正的感受、所想表達的，以及所想要（渴求）的。萬能鑰匙是每個人都需要的被肯定、被關愛、被喜歡、被需要和有掌控感。治療者最難的是放掉對個案的掌控，而讓他們有掌控感。

治療者展現專業能力

A．理念	B．實踐
1. 認出每個家庭成員認知及情感發展的情況，例如，小孩較能了解肢體語言及敏感於關係及情緒的變化，治療者就要多用孩子能了解的方式跟他溝通，因此，也可考慮使用遊戲、繪畫、說故事及音樂等媒介。要說家庭成員能懂的話。	1. 要顧慮對方的認知層次，說他聽得懂的話。對小孩說話時，不妨多用動作、表情和聲調。
2. 認出家庭在溝通時所使用的習慣用語，例如，有些家庭能接受「心情不好」，但絕不容許「生氣」。	2. 用家庭所使用的表意用語（最好要用完全同樣的字句），如此能讓個案覺得你了解他們，至於由治療者帶入的新字或新觀念，可在關係更好之後再引入。

（續）

A. 理念	B. 實踐
3. 對於家庭的「能夠信任治療者、並讓他進入家庭來了解及做介入處遇」表達激賞與肯定。因為這需要家庭對治療者有極大的信任才能做到。 註：治療者在學習的過程中要擴展自己對負向情緒的忍受度，以及增強處理的能力；治療者要留意覺察自己面對負向情緒的感受與動作（如坐不住、發抖、喉頭乾、冒冷汗等）。	3. 藉著能容許及處理強烈情緒來展現包容的能力；若治療者能夠接受和處理個案所表達出來的情緒，將有助於促進更多的揭露。
4. 讓家庭了解「一般社會中『不允許表露負向情緒』的規則，在治療室中並不適用」。 註：家庭治療者對家庭的「阻抗」表達欣賞、了解、肯定與接受，這態度與個別心理治療者不同，兩者有其背後的理念支撐；讀者在比較兩者中應會有豐富的收穫。	4. 治療者的正向框架負向情緒，能傳達對其行為的肯定，例如，「他能夠說出對你們的生氣，真是勇敢；這總比悶著不說、你們做父母的也不了解好；他說出來我們才有機會了解他。」「他先前忍住不跟你們說，正因他在乎你們的感受。」讓家庭了解不同場合有不同規則，治療室像人際關係研究室或遊樂場。治療者要肯定他們適應此場合的努力及區辨不同場合規則的能力。
5. 若成員規避可能造成家人困窘的揭露時，治療者要認出家庭忠誠的功能。例如，小孩被教導不要在外人面前說某些事情。	5. 治療者要傳達對家庭忠誠的尊重，但要向他們解釋，有些詢問對治療而言是必要的。可向家庭說：「你們愈能容許我進入，可能我就愈能幫得上忙。」
6. 若發現個案在討論某些敏感話題時能顧慮人際界限，要表達肯定及欣賞，例如，「你們（夫妻）會顧及孩子，能夠不在他們面前吵架，這點做得很好，也是很重要的」。	6. 以在適當的次系統中探索特定的議題，來尊重適切的人際界限。如「我們待會兒在談到夫妻（非父母）時，再談那個話題。」
7. 了解「某家庭成員過早或過多的自我揭露，可能會讓某些成員不願繼續治療」。	7. 打斷過多或不適切的揭露和暫時地支持家庭所慣用的防衛技巧。

維持治療者和家庭的合作關係

A. 理念	B. 實踐
1. 肯定家庭對治療的期待和目標，要和家庭達成明確共識。	1. 與家庭達成「對何特定問題要進行幾次治療」的明確契約；有時會用「明確的模糊」，如「讓我們先決定進行十次，隨時可提出協商，若我們雙方都同意時，即可提前或延後結案。」
2. 對所有「與症狀相關的成員」能來參加治療表達肯定與激賞，因為他們的參加有助於治療的持續和症狀的改善。通常男性較不願意來治療，對於勉為其難來參與治療的男性常要特別嘉許他。另外，如果有祖父母同住，則必須了解他們在決策過程中所扮演的角色，以決定是否要力邀他們前來參與治療。	2. 在治療中盡量邀請「與症狀相關的成員」前來參與治療，例如，教導太太以「你的參與治療會很有幫忙」，而非「你要來接受治療」來邀請未參與治療的丈夫。若失敗時，治療者可考慮親自邀請先生；即使他未能到治療室中來，也可以用各種方式如電話、信件等邀請其參與。此外，在治療中亦可用空椅法（@用家庭治療的內功來運用空椅）或關係問句（@家庭治療中的詢問）等探討其關係。
3. 識別出每個家庭成員的參與程度，以及了解他要的是什麼、他有多受苦等。	3. 強化家庭成員參與的意願。有時治療者可能需要花些時間與個人連結。
4. 認出成員對特定治療處遇的負向反應。例如，他們或許不習慣「表演」或「太多情感」的處遇方式，若個案對某些話會有過度反應，如覺得不受重視，治療者必須去處理這負向反應，否則可能會危及治療關係與結構。	4. 去了解、化解個案的負向情緒，但也要有足夠的堅持；治療者要不卑不亢，既能同理個案，又能堅定立場與進行協商；治療者要對個案澄清自己的意圖和負起疏忽的責任，如「現在我了解，當我說那些話時，你感到被傷害。當時我希望傳達的是⋯⋯」
5. 認出治療者自己在治療中所犯的錯誤。 註：治療者必須對自己的極限和「禁區」（碰到就會爆炸或引起反射動作）有足夠的覺察，知道如何能避免妨礙治療效果。	5. 在時機合適時，承認治療上的錯誤和對他們道歉。

（續）

A．理念	B．實踐
6.治療者必須知道「當治療關係危險時，要主動接觸家庭成員，修補關係或治療結構」的必要性。治療者有效處理與個案的負向關係常也是治療的一大突破。	6.若合適時，治療者可用各種方式如電話、信函、家訪或找人傳話等，主動與家庭連繫。

認出問題

闡明所呈現的問題

A.理念	B.實踐
1.治療者要用心去聽家庭對問題的各種看法，不要被成見或是「經驗」矇蔽了。	1.積極傾聽家庭所關切、想要的，問開放式的問句，並去探索不太明白的部分。
2.了解「得到對於問題完整和確實的本質及其發展」的重要性。在探索時，治療者必須在「想要得到」及「用自己的理論來解讀」的衝動與「順著個案的需求」之間拿捏。	2.得到問題行為和事件順序精確的描述，善用跟隨（tracking）的技巧。
3.在賦予特定行為意義時，了解「澄清這些行為發生時的情境脈絡」的重要性。亦即，在問題事件清楚的來龍去脈中，常能呈現出有意義的家庭動力。例如，母親強調「她（女兒）都聽別人的，都不聽我的」，治療者可去了解此特定行為發生的人事時地物、好發情境、前因後果等，或是在關係層次引發互動（enactment），或是去了解其他人的反應等，這些都可進一步了解母女間的動力。	3.詢問圍繞著問題行為的互動和發生的情境脈絡，以及其他人的行為反應。例如，「問題行為出現時，通常會發生什麼事？」「爸爸會怎麼反應？」等。

75

（續）

A.理念	B.實踐
4. 認明「訊息的多樣來源有助於了解問題」。家庭成員常已準備好說出自己的或糾正他人的陳述，尤其是在邀請之下。	4. 鼓勵家人的參與；促進他們分享對於問題行為的認知和經驗。例如，「請你多說些你是如何看待這個問題的？」「你同意他剛才所說的嗎？有什麼修正或補充？」
5. 利用現有的訊息來形成對問題暫時性的假設。	5. 治療者說出自己所了解到的，與家庭成員比對以得到正確的回饋。
6. 重新檢視已得到的資料並得到家庭成員的回饋，來釐清問題的核心本質。	6. 對問題行為做整合陳述，以得到家庭成員的認證。
7. 開始把從每個家庭成員處得到對問題的概念，重整為家庭系統的問題。例如，家庭可能因共同關注此問題，因避免了系統的改變，而維持了家庭穩定，然而這卻也維持了問題行為。	7. 認出家庭其他部分的問題，並探索當下問題可能有的系統功能。例如，在〈賦權使能的案例與歷程〉中的案例，妻子的嫉妒妄想與她個人的更年期和女兒將要離家都有關聯，在探索時治療者要「擴創」，把症狀發生的情境與脈絡呈現出來；在脈絡中看症狀行為將看出更豐富的意涵。
8. 對家庭所呈現的問題形成整體的圖像（@治療者對問題的「心像」）及相應的場域、策略與技術。常用情感連結、界限分際及階力階層等三個關係發展的軸向來描述此圖像。	8. 要經由溝通、討論、協商、共創等步驟來讓家庭成員了解與接受此圖像，讓他們也能用此來理解他們的困境、處遇目標、治療的進展與努力方向。須知治療成功主要來自家庭成員的行動，而較少是來自治療者的推動。

抓住當下的過程

A. 理念	B. 實踐
1. 了解「會談一開始的少許內容，對治療者後來對問題的認知會有很大的影響」。了解「差之毫釐，失之千里」、「在演化的過程中，初始狀態對未來的影響很大」。	1. 第一印象常有重要影響。這不是單方面的，治療者對案家的印象，案家對治療者的印象，亦對後續的治療有很大的影響，其實更重要的是，治療者在一開始就保持用正向的心念來應對案家；大家可留心觀察「正向造成更多正向、負向激盪出更大的負向」的現象。除了治療者與案家之間，治療者也要留意案家成員甲所發出的訊息對於乙的影響，例如，要避免某成員過早、過多的揭露，或是過於負向的情緒與言論。
2. 了解「問題行為的某些向度可能會呈現在當下的互動歷程中」，正如團體治療理論中所說的「團體是社會的縮影」，個案的特質會以具體而微的方式呈現在團體中；要了解巨視現象和微觀互動間的平行類比，例如，「父親替孩子說話」這行動可被視為父親「保護」、「小看」孩子，或「未尊重孩子的主體性（界限）」。至於要採取哪個，則要視其症狀行為是什麼、發生此行為的脈絡，以及他們能否接受此框架而定。 注意：具體的行為總可用多種角度來詮釋；依據不同的詮釋，治療者可有不同的介入處遇策略。	2. 在當下的溝通和互動的規則中去觀察足資詮釋問題行為的「證據」，以找出其平行類比的關聯性，而形成對問題或是對成員人格與行為模式的暫時性假設。

（續）

A. 理念	B. 實踐
3.認出當下的某些行為來支持（或否定）先前對問題的暫時性假設。 注意：不要光是相信言語的內容，更要觀察非語言的訊息。	3.在適切的時機，對會談中所觀察到的行為證據做評論，以證實或澄清問題的本質。例如，「我能看到你所說的──這小孩是想要獲得你的注意。就像現在，他也一直想要得到你的注意。」
4.在當下過程中看出家庭尚未認出的問題事件。 注意：這部分就是治療者能加入家庭系統的新訊息。	4.在適切的時機邀請他們對治療者所觀察到的事件做評論，如此可能促使他們產生新觀點，例如，「我發現每當你們爭執時，小丁就試圖打斷你們，你們同意我的觀察嗎？在家也是如此嗎？」
5.治療者必須選取並聚焦於有助於促進治療的點。 註：這事關治療者的直覺，治療者要抓住個案，維持某種緊張、興奮、好奇等情緒張力，就像看好看的電影或小說的心情；如果他們興奮地發覺先前所不了解的、看到先前所沒看到的，會有所感動，而不是冷飯重炒時，他們會對治療抱持興趣；如果他們看到有朝治療目標推進時，他們會更	5.以明確而聚焦的方式詢問。 注意：絕非無禮或不顧後果，而是要在「開暖氣」（支持與保護）的情況下，讓他們自己脫下濕衣服；要在有技巧地鋪陳之下，讓他自己脫，而非粗暴地剝光衣服。
6.認出「刻意或無意的偏離主題」；家庭可能會規避某些議題。 註：規避不想談的、太悲傷的、尚不適宜談的議題是人之常情；指出他們的偏離主題並不是要指責或是「抓到證據」要他們承認、改過，而是好奇地看他們對此是否有所覺察、讓他們了解這與他們所帶來的問題間的關聯，並幫助他們克服。	6.重新聚焦：若有必要，可把他們模糊議題或改變話題的情況標定出來。例如，對父母說：「我注意到，每當我們談到你們的衝突時，你們就會把小孩牽扯進來。讓我們試試看，只談你們兩人之間的事。」

（續）

A．理念	B．實踐
7. 認出成員自發的新行為或重要而有助於將會談導到更深層次的新揭露。 注意：既要鎖定治療主題及歷程，又要能偏離到更有助於治療的議題；既要聚焦，又要到其他更深層次的議題，其實說穿了仍是以達到治療目標為原則，而能隨機應變。	7. 在適當的時機，轉變話題去探索在會談過程中出現的更重要的新面向。是否轉到其他的議題，事關直覺、品味與美感。要熟知理念與技術，但不能執著；同樣的，要覺察自己在治療中在做些什麼，但仍要以個案為主。
8. 在家庭對過去事件的描述中，認出可能對現在行為有持續影響的部分。 注意：對病史做例行詳盡的詢問是耗時，而且可能無法對當下的問題行為提供太多資料。要訓練自己在某些重要議題之處停留，圍繞著這議題豐富它，讓它立體化與深刻化；讓自己看見時讓成員也看見，接著可以形成共同的目標。	8. 在特定議題和問題的情境脈絡中，探詢相關的歷史性資料，但要避免冗長的訪問，而是要幫助他們做更好的整理；說出沒機會跟別人說出、積壓在心中的話；或是機伶、一針見血地問出讓個案感到「我以前怎沒這樣想過」，而有所感觸與體悟的問句。例如，「你提到孩子的反應和你弟弟類似。在哪些方面類似？」
9. 在成員的語言及非語言訊息中認出其間的差異，如蘊涵情感或情緒意味的訊息常標誌著「宜在此處鑿井」。了解「從差異產生更大的差異」的意思。	9. 在適切時，進一步釐清其語言、非語言的真實涵義。例如，探查語調中透露出來的挫折感的來源，即使在會談的語言訊息中並未出現挫折的內容。
10. 認出每一個介入處置帶給家庭的衝擊，及其反應，要持續監測之。	10. 了解和處理成員對治療處遇的反應，如「你似乎對於我剛才所說的感到訝異。」「我用這樣的方式問你，你會不會感到困擾？」
11. 認出家庭成員給治療者的衝擊。例如，當治療者對某家庭成員有強烈的情緒反應時，必須考慮「被同化」（@同化）、被投射性認同（projective identification）及反轉移（counter-transference）的可能性。	11. 善加利用治療者的感受，去認出系統的歷程並更有活力地建構會談。例如，治療者的挫折可被用來更聚焦地面對困難的部分；家庭成員也可能深刻地感受到此挫折，可將之揭露並帶領家庭成員討論之。

（續）

A. 理念	B. 實踐
12. 認出治療者被家庭規則和不適切的信念「吸入」（同化）的經驗。「吸入」指的是被拉進維持系統平衡的規則或家庭信念系統中而動彈不得。「被吸入」可能的跡象是治療停滯不前，治療者可能會感到挫折，甚至在治療中只是無能地虛應故事。	12. 避免被有問題的規則和信念吸入，避免去順應家庭的「可能會阻滯治療進展的期待」（例如，先生提出下次太太不要來，因為太太來只會造成爭吵。先生的請求有可能是「可能會阻滯治療進展的期待」）。可以試著將思緒從互動中抽離出來，更注意當下的過程。在必要時，暫時地離開會談室或和督導討論，以躲開吸入的力量。

認出及探索人際的問題

A. 理念	B. 實踐
1. 了解「在會談時家庭成員的互動中能看出他們未被識別出的關係問題。」	1. 允許家庭成員間自發性的互動，或刻意地去激發出來，而不是維持絕對以治療者為主軸的談話。例如，對太太說：「去問先生，他對妳剛才所說的有什麼看法？」而非治療者問先生說：「你對她所說的有什麼看法？」
2. 認出能掌管（regulate）家庭成員間自發互動的特定行為（信號）。例如，當太太提出會引起爭執的話題時，先生把頭轉開，她就停止說話。	2. 在適當的時機對此規則做評論，或邀請成員對這些信號做澄清。例如，「我注意到，當妳問先生時，他把頭轉開……這對妳有什麼影響？」
3. 認出掌管家庭規則的行為和特定事件間的關聯，做出問題行為互動順序的假設。例如，太太提出會引起爭執的話題，先生把頭轉開，太太糾正孩子發出噪音，先生笑。	3. 詢問相關的互動順序，尋找前因及後果間重要的關聯。例如，對先生說：「當你把頭轉開時，發生了什麼事？」「你是說每當太太好像要責怪你時，你就把頭轉開？」

（續）

A.理念	B.實踐
4. 以三角過程的概念來看互動順序。亦即，「兩人間有壓力時，常會拉入第三者」，讓他站在自己這邊，使自己顯得更合法或有理。	4. 觀察支持或否定三角過程的、重複出現的行為模式。 注意：有時這第三者會主動地參與此過程，而把焦點拉到他身上，例如，孩子主動參與、拉入已離婚的父母。
5. 以投射性認同、反射按鈕等概念來看密切關係中兩人間的互動歷程。	5. 將此電光火石般的、反射式的互動放慢速度、分解，讓他們看到那些被對方的投射引出的情緒或動作。先讓他們察覺「又來了」，再讓他們有意識地做出不同於慣常的反應。
6. 以循環回饋的圖式來構念重複出現的互動模式。亦即，行為溝通和相互控制的回饋環是家庭系統的組成中很重要的面向。	6. 觀察家庭支持及否定互動模式的行為或去澄清之。例如，太太挫折、責怪先生；先生覺得罪疚，結果退縮；太太更覺得挫折……這樣的循環持續著。
7. 用人際互動或次系統的界限來看家庭的生命事件。	7. 從家庭的生活事件中，澄清問題行為發生的地點、本質和家庭內、外的張力，如個人未言明的規則、臥房的安排、哪種訊息會與誰分享、做決定時自主的程度等。
8. 家庭成員間底層的情緒牽扯，可能可以解釋許多互動模式。亦即，治療者以人際間「深層家庭結構」的概念來看問題，或會畫出底層依附或疏離的家庭圖像。	8. 觀察家庭成員間，支持和否定誰跟誰一國（聯盟或結盟）的行為。例如，如果母子坐在一起互動密切，父親則遠遠地獨坐一旁，則可假設母子結盟排開父親。
9. 認出一些能明顯反映出妨礙個人成長和結構改變的家庭規則的行為。規則是人際系統組織的要素，它形成互動模式，也使成員習焉不察。	9. 觀察家庭成員間，支持和否定家庭規則與迷思（myth）的行為。例如，家庭的行為似乎遵循「我們不能面質父親」的規則，儘管家庭成員可能永遠不會明確說出。

81

（續）

A. 理念	B. 實踐
10. 形成對個案家庭信念體系的概念，包括維續著不適切的行為模式的迷思。家庭的信念體系可發揮類似個人防衛機轉保護的功能，以維持系統衡定，但同時也妨礙改變。	10. 促進成員分享家庭的信念體系，來證實或修正治療者的假設。例如，「父親在你們家中有崇高的地位和威權嗎？」「在他面前不能表達你們的意見？」「是你們誤會他，還是他就是不許你們表達自己的意見？」「你們小時如此，現在他仍然如此嗎？」

澄清個人的問題

A. 理念	B. 實踐
1. 了解「每個成員對問題的認知和揭露意願的程度是有差別的」。	1. 以「允許個案有不同的覺知和情境考量」的態度，來直接詢問個案是如何看待問題，由此開始去探索個人的問題。
2. 了解「家人畢竟已長久相處，每個人對其他人的問題都已有許多了解（與誤解）」。可多問他們每個人對於具體互動或關係的「知情意行」，如此可避免評價，但可促成他們相互比對而產生新的了解與意義，亦即循環詰問（circular questioning）的技術。	2. 激起家人分享他們對某個人問題的觀點。
3. 當邀請其他家人來評論個人的問題時，要認出激起反感、怪怨或指責等危險。	3. 在探詢其他家人對他問題的感知時，要尋求個人的同意，在太過指責時，治療者要加以打斷；治療者的用意絕非傷害，他必須保護每個成員，"do no harm"仍是重要的原則。

82

（續）

A. 理念	B. 實踐
4. 整合個人的行為、認知和情緒的資料，來整合陳述其內在心理的問題。例如，當個體面對某主題時，恐懼感被激起，這主題就被規避了，而非試圖去克服它。如此這規避的機轉，使得恐懼與此議題互相關聯的狀態被維持，甚至被增強。	4. 以家人能懂的方式整合陳述個人的問題，並得到他們的回饋。例如，「她常發脾氣的問題，是因為她害怕告訴你她的感受，也怕自己失控。於是她選擇自己承受，而沒學會要如何處理。但是她愈不說出來、愈害怕失控，反而愈會發脾氣。」
5. 要留意「將某問題標定成個人的，或是要他們做過多的揭露，所可能造成的危險」。例如，治療者可能增強個案不適切的信念體系或造成更大的阻抗。	5. 在弄清楚家庭整體的發展程度和潛在的危險之前，不要太早去探索個人的問題。治療者必須選擇要在個人或是在哪個次系統中探索，亦即治療者要構設舞台（staging）與設計場景。

整合所做的評估

83

A. 理念	B. 實踐
1. 整體的評估要包括家庭的力量、資源和弱點；誰最可能改變、誰的改變最能造成問題解決、誰最合作、要如何跟每個人合作、困難何在等等。要了解「愛之適足以害之」的道理，學會在互動及溝通中傳達關愛，而非一頭熱地閉門造車。	1. 把資源看作問題發生脈絡的一部分。治療常要「就地取材」，利用現有的資源加以轉化。有時解決問題的方式正是問題形成的原因，此時就要借力使力，使他們的力量用在能解決問題之處；治療者要促成家庭成員間的合作，而非抵消或造成問題。
2. 了解「在特定的問題中可能同時有身體、心理和人際層次等多種因素同時參與」。	2. 以多因素、多層次的架構來探索，以得到家庭整體的完整評估。

（續）

A. 理念	B. 實踐
3. 了解「要用一個診斷來解釋所有的問題不是太過簡化，就是太過抽象或武斷。問題理得愈清楚，就愈能聚焦、找到對的處理方式」。	3. 看到問題的諸多面貌，而非緊守單一診斷。這些問題或有其輕重緩急之分，有時必須先處理甲問題才可能處理乙問題，有時則此時處理甲問題，彼時再處理乙問題，最後在整體上水到渠成。
4. 了解「有些問題只能逐漸展開，在治療進展到某地步或已促成某些改變時，才有辦法得到澄清」。	4. 以目前所了解的層次來界定及整合問題，在得到更多資料時再重新界定。
5. 小心地區辨是個人或人際的問題，同時維持著在此兩者之間模糊地帶的覺察。家庭治療者必須先學會個別心理治療、團體治療、認知行為治療與理情治療等。	5. 以「在當下過程中指出『個體特質和互動問題乃同時發生』」來幫助家庭認出問題的相互關聯。例如，治療者對太太和先生說：「雖然妳（太太）在自我肯定方面有困難，而你（先生）則是太求完美，你們（對兩人）要求／退縮（demand/withdraw）的互動模式，就我們剛才所看到的，會互相增強。」
6. 了解「看待問題的架構和態度會影響接續的治療處遇」。例如，將問題界定為人際問題，就暗示了在人際的層次中做介入。	6. 對問題要用操作性的定義及可驗證的假設的方式做整合陳述。操作性的定義及可驗證的假設揭示了達成目標的階梯。如此治療者及個案會有方向感，個案也可用己力爬行，而同時這些也都暗示著達成目標的可能性。
7. 了解「人際問題比個人內在的問題具體，它較看得見、摸得著，也因此，更能去評估特定介入處遇的效果。」	7. 有時用關係來重新界定個人內在的問題，可增加治療改變的著力點，例如，個人自信心的問題，若放在人際系統中處理，可由他者的反應中給予個案回饋，或是提供不同的觀點等。

84

（續）

A. 理念	B. 實踐
8. 區辨影響個體行為的生理、心理、家庭、組織和社會等層次的問題。 註：同一特質在每一層次中可看到類似及迥異的面貌，而每一層次間也會互相影響。	8. 列舉每個成員在每個層次對問題有影響的因素，例如，母親：嚴重的糖尿病；女兒：擔心功課被當掉；父親：失業六個月。
9. 區辨同時出現在人際系統中不同層次的結構、功能和發展問題。亦即，結構問題包括家庭組成和界限方面相關的議題；功能問題則包括表達／溝通和日常生活操作方面的議題。	9. 在最適當的系統層次（整個家庭系統、婚姻次系統、親子次系統或社區等更大的系統）列舉及記錄人際問題。例如，整個家庭系統的問題：(1)單親家庭（結構）；(2)隱藏的家庭規則——「不准哭」（功能）；(3)長子在兩年前突然離家（發展）。
10. 時常重新檢視問題的清單，選擇有實效和家庭可接受的治療焦點。	10. 與家庭一起形成主要治療目標和設計處遇計畫。

85

促成改變

打破不適切的互動模式

A. 理念	B. 實踐
1. 從家庭的能力和先前解決問題的努力，來評估家庭改變的能力。 注意：可能會要從他們對治療介入的反應來得到較確定的評估，亦即，從他們在治療中的行動來評估。	1. 要避免使用家庭能力不及的方法。這是反治療的，因為治療者將不合現實的期待放在家庭的身上。

（續）

A.理念	B.實踐
2. 了解「在欲促成改變時，得到某些『與症狀問題相關的成員』（通常是父母）的支持的重要性」。	2. 讓至少一位「與症狀問題相關的成員」了解及同意做改變時，才去激發改變。
3. 在會談中若出現不適切的互動模式時，要把它標定出來。	3. 打破不適切的行為模式和控制當下的互動。亦即，在治療中有「停止有問題的互動模式」的經驗之後，家庭才有可能將它概化到治療之外。
4. 了解「改變人們的結構，關係互動模式就被打斷了」。 注意：個人身體的方向和空間位置是在維持或改變互動模式時很強的因素；身分（認同）感改變、互動模式也會隨之改變。	4. 用改變空間或心理位置的方式來重新建構互動模式。例如，「向先生（而非向兒子）說……」「請你們兩人換座位，這樣爸爸可坐在你們（母子）之間，感受看看有什麼不同。」「試試看，用二十五歲的方式來跟爸爸講話……很好！頭抬起來，坐直，來個男人跟男人間的談話。」
5. 了解「促進互斥的行為能有效對治問題行為」，就像肌肉放鬆的原理：「你放鬆就無法焦慮」；你利他，就不會光看到自己。	5. 指導家庭成員做出與不適切模式不同的行為。例如，「平常你（甲）是怎麼說服他『你是真的愛他（乙）的』，現在說說看，讓我了解。」如此，治療者可讓甲在要求下及乙的指正下做出不適切行為（如甲說他愛乙，但是用責怪的方式）。當然，通常甲會做出適切的行為，治療者可糾正他、要他出現「平常的行為」，稍後再讓乙回饋，若甲出現適切行為時，乙的感受如何。
6. 承認「明確地要求或停止某些行為的指令，尤其對小孩子是必須的」。	6. 教導家庭成員去澄清對其他人行為上的期待；如果無法做出時，可以示範給他們看。例如，「現在告訴你的孩子，你期待他們要怎麼做。如果他們不依，你通常是怎麼處理的，現在做，讓我了解。」

（續）

A.理念	B.實踐
7. 了解「具體地表達生氣可能建設性地抑制問題行為或減弱不適切的聯盟」。 注意：人與事要分開，對行為批評，最好同時加上對其意圖的肯定，絕對要避免人格的毀傷。很少人立志要做壞人的，而人都是想要成長的。	7. 在適當的時機，促進成員適切地表達生氣，以打斷對方重複出現的行為。
8. 認出「個案對介入頑強的阻抗，可評估悖論處遇的可行性」。例如，開給違抗青少年「症狀處方」（即他的不良行為），來形成「治療性的連結」，例如，因為三歲小孩還不會用言語表達生氣，他只會用打的，所以每當你生氣時，你就用打的，那麼我就了解你是在生氣。	8. 在謹慎選擇的情境下，以「開立症狀處方」來控制不適切的互動。例如，為了避免爭吵對孩子的不良影響，你們夫妻要互相提醒，吵架時要到不會有不良影響的地方去吵（跟他們討論後，可能形成操場、海邊或是賓館）；或是形成「吵架時間」，由孩子當主持人，好好地抒發情緒以維持心理衛生 [43]。
9. 認出「某些不適切的互動模式是相當頑固的，有時需要用請成員離開，或以到其他房間的方式來加以分開」。治療者要構設舞台及決定成員的距離。	9. 指示某些家庭成員暫時離開會談室。如果他不願意，治療者也可與合作的成員一起離開治療室，或是讓他們到單向鏡後，部分參與治療。

87

---

[43] 如楊連謙、董秀珠之《結構──策略取向家庭治療》第八章案例八「貓頭鷹之歌」，頁 441-443，治療者促進案家形成「抱怨時間」。

澄清問題的影響

A.理念	B.實踐
1.了解「當家庭成員對不適切行為模式有清楚而立即的覺察時，他們會更有能力改變」。	1.要家庭描述當下過程中所發生的問題行為，增強他們對問題行為的覺察。例如，「現在發生了什麼事？」……「對！很好！還有呢？」
2.認出「家庭成員無法描述的不適切互動模式」。	2.以說出詳實的互動過程和詢問家庭對此行為順序和模式的了解，來標定家庭的互動模式。
3.了解「將問題置於未來，能促進個案看到不欲的後果」。	3.以「如果問題持續，十年後會如何？」「要是你死了，你想他在你的靈堂前會說些什麼？」「五年後會有何變化？」等，來刺激家庭成員對未來的後果做反應。
4.了解「個人必須先認出和接受自己在問題模式維續中所扮演的角色，之後才可能開始改變」。例如，當成員無法了解自己在問題模式中的責任時，會反映在他對事件行為順序的「斷句」（punctuation） [44] 的概念中。他將只會看到片面的因果關係，常常只會看到「你如何、如何」而非「你如何，我就如何」，更非「我們怎會一直演同樣的戲碼？」。	4.以「探索自己行為對其他成員的認知、情感及行為所造成的衝擊」，讓每個成員去評價自己對問題產生及維持的貢獻。例如，「當你把頭轉開她時，發生了什麼事？」或用揣度他人的詢問法，如「當你把頭轉開時，你認為她的感受如何？」稍後也可促成互動：「你何不問問她？」之後再互相比較差異，以促成更大的差異。

---

[44] 「斷句」請參見《結構—策略取向家庭治療》，頁143、172、206、212。有一個老笑話跟斷句有關：有位善心的員外在一個下雨天收留了一位出外人。員外原本打算天氣好轉就打發他走，沒想到老天爺一下雨卻不肯停，於是故意寫了張「下雨天留客天天留我不留」的紙條放在桌上，想讓出外人看了感到不好意思而自行告別。員外的原意是：「下雨，天留客；天留，我不留！」或「下雨天留客，天留我不留！」但沒想到由於沒有加標點符號反被將了一軍，出外人把它標點成「下雨天，留客天，留我不？留！」

（續）

A.理念	B.實踐
5. 認出「家庭成員逃避自己對問題行爲的覺察或責任」。 注意：有些人必須經過治療者多次利用在治療中發生的實際情況來加以說明，他才會了解而願意做改變。	5. 詢問家庭成員他們自己行爲的後果。例如，「你明白你的行爲對她造成的影響嗎？」「你希望讓她有這樣的感受嗎？」「那麼，你會怎麼辦？」
6. 了解「個人在感到接受和支持時，會較願意改變」。亦即，「一湯匙的糖，有助於把藥吞下」以及「北風與太陽」[45] 的故事。	6. 在直接面質前後，盡可能提供語言或非語言的支持。例如，「三明治技巧」：「你是夠聰明的，應該能看到你愈嚴格管教，她（女兒）就愈逃開，我們來重新看看你們母女的關係，你似乎沒看到女兒是多麼想要得到你的關心與肯定。」

89

---

[45] 有一天，北風和太陽相遇，兩人打賭。北風提議說：「我們各顯神通，誰能讓路上的行人先把衣服脫下來，誰就贏。」

太陽說：「好，你先！」

於是北風施展威力，颳起強風。路上行人紛紛把衣服拉得更緊。最後，北風無可奈何，只好說：「我承認沒有辦法了，太陽，換你。」

於是，太陽就大顯身手。刹那間陽光普照，行人們覺得熱，便一件又一件地脫下衣服。北風俯首認輸。

這段故事的啓示是，待人處事不是給人壓力、逼迫，就能成功；疾言厲色或者使用暴力，是無法令人心服口服的，反而是要給人溫暖，才能使人心悅誠服，才是最終的勝利者。

改變情感的阻斷

A. 理念	B. 實踐
1. 了解「情緒對行為的影響。情緒會產生、增強、維續或阻斷行為」。	1. 協助個案表達和澄清情緒，並讓其了解「情緒在行為模式的維續上扮演的角色」。
2. 了解「某些抑制問題行為的負向情緒有促進適應功能的潛力，可被應用於增強內在的控制」。例如，羞恥、罪疚感或擔心、恐懼等負向情緒，可被用來阻斷不欲之行為。	2. 有時激起個案對特定行為的羞恥、罪疚或恐懼感，可阻斷問題行為。 注意：有時也會用激起適切的情緒來移除不適切的防衛；有時也可激起合乎現實的行為後果來處理情緒，例如，「如果你再打她，她可能真的會跑掉。」
3. 認出在適應不良的行為模式中個案的情緒。這些情緒常阻斷問題解決和改變，但也常標記著可進一步探索之衝突議題。	3. 以鼓勵公開討論混亂的情緒、肯定他們的覺察、澄清脈絡因素和提供支持等方式，來移除不適切的情感阻斷。例如，指明他們情緒反應的證據，有時也可分享治療者自己當下的反應。
4. 了解「識別出特定情緒狀態，將允許更進一步去分化和做更深層次的介入」。	4. 鼓勵家庭成員更加反觀自身和提供替代性的方式（例如讓其選擇），讓其說出特定的情緒經驗。例如，「這讓你覺得羞恥、罪疚，還是非常驚訝？」
5. 認出「對改變的恐懼是常見的阻礙」。	5. 以「把不適切和不合乎現實的恐懼感去敏感化」的觀點，去探索個案預期中最壞的後果。例如，「當你開始去做，最壞的情況會如何？」「最壞的情況發生的機會有幾成？」

90

（續）

A.理念	B.實踐
6. 了解「公開表達潛藏的憤怒，澄清挫折的來源，比光是宣洩來得有效」。其他常用的處理情緒的方式有：「用覺察來看著情緒的來龍去脈、前因後果，並用理智去駕馭及管理情緒」、「轉向內，看看自己哪裡受傷，以及受到怎樣的傷」、「協助個案說出其『內言』（inner voices）」等。	6. 在促進隱藏的憤怒明顯表達出來之後，要將這外射的面向縮短，並以探索底層的挫折感來讓個案反觀自身。例如，「看起來你相當生氣和受苦。我想，如果我處於你的情況下也會如此感受。但是，到底是什麼讓你覺得這麼挫折？」「當時你的內心是怎麼說的？是說他不尊重我，還是他不喜歡我，還是什麼？」
7. 了解「經由哭泣來表達哀傷是適當的，它比表達生氣對其他家庭成員造成較少的損傷」。	7. 讓公開哭泣合法化，哭泣是對失落的健康反應方式。但要區辨是因心痛、難過而哭，還是意在控制他人。
8. 認出「家庭成員在揭露敏感議題、情緒和思想時的脆弱」，以及「可激起正向情緒的機會」。 注意：這是治療的關鍵時刻；可將此揭露標定為勇敢與真誠接觸，來作為建構相互間情感或信任的基礎。即使接觸的動作笨拙，仍要肯定他在關係中已跨出有如阿姆斯壯的一步。	8. 動員家人以言語或非語言的方式去肯定和支持；如果他們做不到或不願意做，可示範。例如，最理想的狀況是暗示家人自發地以非語言反應。或用更明顯的方式：「你一定感到想要安慰她，趁現在去做」或「現在不是對她（曾經做過的事情）生氣的時候，而是要看到她現在的真誠與開放。我相信你也能看到這一點。要這麼開放是很困難的，你是否也有些感動？」
9. 認出「壓力太大時，家庭成員漸增的阻抗、行為的失序、覺察變得狹窄，以及認知功能退化；案家會變得沒有空間與失去彈性。」	9. 當壓力太大或失序時，讓治療的腳步慢下來、提供支持，也要幫助其他成員降低對治療進展的期待。

（續）

A.理念	B.實踐
10. 了解「可經由讓個案經驗此時此刻的情緒，而得到相關的資料」。亦即，經由接觸當下的情緒而得的資料常比口頭「客觀」的報告更真確。	10. 當情感被激起時，引出相關的過去經驗。例如，如果家庭成員哭了，治療者在哭泣和哀傷停止之前問他：「在你開始哭時，你想到（或感到）些什麼？」「是什麼觸動了你？」等等，讓他在情緒中泡久一點。

啟動認知的重新建構

A.理念	B.實踐
1. 了解「每個人會發展出指引其行為的世界觀」。 注意：個體可能並不覺察指引其行為模式的信念。	1. 鼓勵個案用語言揭露相關的世界觀和家庭信念。例如，舉出並聚焦在治療中發生的具體事例，從其中引出相關的信念。
2. 認出單純因為無法覺知訊息或缺乏相關訊息的整合而造成的「單純的混亂」（simple confusion）。亦即，有時個案就是沒想過、沒學過、不知道、不會，治療者不要太快地認定為「阻抗」或「裝傻」。	2. 以重複某些重點來澄清事件，並小心地將觀念和事件加以連結，幫助個案了解。
3. 認出對人際感知的扭曲與差異，了解核對的重要性。有些長久共同居住的人，對於對方會有反射式的解讀，有時會相當扭曲，但卻自以為是；畢竟在日常溝通中並不常核對，再者有些人標榜「默契」，視核對為默契不足或失禮。	3. 多用「他人─認知」的問句來指導家庭成員互動、澄清人際間的誤解。例如，與其向先生說：「你的觀點是？」不如問太太：「你認為他如何看待這事件？」或對先生：「你認為太太認為你的看法是？」「直接問他看看！」

（續）

A.理念	B.實踐
4. 認出抑制建設性行為產生的反應，和妨礙問題解決的信念體系、情緒、意向及行動等。	4. 詢問顯然有問題的信念、價值觀、目標等，促使家庭討論和重新評估。
5. 認出非理性的信念、不合現實的期待，以及不成熟的價值觀。 注意：如果治療者能指出有助於矯正的內容和淡化責難，可將家人的批判轉為建設性的功用。	5. 挑戰不當的觀念、激起個人聽取不同觀點的意願，而能修正自己的觀點。例如，教個案使用澄清負向的問句：「我哪兒說錯了？」「你所說的『不成熟』指的是什麼？」
6. 認出伴隨「改變」的情緒反應，例如，鬆了一口氣或是會談氣氛改變等。	6. 要認出改變的發生，並比較改變前後的差異，來鞏固好不容易發生的改變，並讓改變持續發生或是核對惡化的肇因。
7. 善用詩、幽默、譬喻、寓言、故事等素材，來促進對新觀念的了解。	7. 運用隱喻、笑容、誇張及悖論的陳述等，來澄清和強調有助目標達成的觀念。例如，對因擔心小孩生病而異常潔癖的母親，治療者說：「怎麼不把孩子放在無菌室？」（治療者要詳細說出自己提出此意見的理由，重要的是不讓它聽來像諷刺，而是真的站在他們的立場想）母親說：「不行，因為孩子必須接觸些髒東西才會長出抗體。」由此，治療者跟母親談要讓孩子暴露在「髒空氣」中的量，「妳要保護他到幾歲？是當孩子上高中、國小還是幼稚園？」「目前他一天有八小時在安親班，妳在家裡的保護措施有多大功效？」等等。

93

（續）

A. 理念	B. 實踐
8. 了解「新訊息的注入（治療系統）或將原有的想法重組是得到新的了解所必須」。 注意：我們視治療系統爲開放系統，亦不避諱治療者主動帶入訊息（後現代治療理念並不贊成此舉）。治療者必須謹慎處理所帶入訊息的過程，留意家庭成員的接受狀態。	8. 提供適切的新訊息和重新整理舊材料，以發展出更有助於治療目標達成的認知。
9. 了解「通常可以用重新框架的方式，重新建構負向信念」。 注意：暴露在新的框架之下，其他成員也可能改變他們的感知，而這新的架構成爲在家中可討論的題目。	9. 在可能時，將原有負向、有問題的觀念，用更正向和建設性的名詞來重新框架。例如，「你父母生氣的原因，並非他們不關心，而是太關心你，而對可能會發生的事太擔心了」。
10. 必須了解「有些目標是永遠都無法用直接的努力去達成的」。	10. 指導家庭成員反映基本的事實和生命中的矛盾，來引導家庭向更有建設性的方向努力。例如，「尊敬是無法用命令來取得的，但可能贏得。」「青少年的責任感不能用嚴加控制，但可在明智的自由中發展出來」。
11. 了解「用更高一層的邏輯形式來看議題，是可能超越困境／雙重束縛的」。例如，將個人的問題提升到互動的層次，將可減少責怪和罪疚的副作用。聚焦於矛盾本身，就可從兩相悖反的力量中超脫出來。	11. 以不同的概念層次描述和界定相關議題，來刺激家庭得到新的了解。例如，對太太說：「你抱怨而他遠離。」然後對先生說：「你遠離而她抱怨。」對兩人說：「誰先開始似乎並不重要，你們兩人現在都在惡性循環之中，因爲圓圈並沒有開始的一點，而抱怨、責怪和罪疚感似乎也於事無補。你們看到這些，接下來要怎麼辦？」

（續）

A.理念	B.實踐
12.認出個人反觀自身和經由重複討論來改變舊有信念的必要。亦即，新社會現實的建立需要時間，是要經過一次次的思考和討論慢慢建立的。 註：維持兩造持續對話是很重要的。	12.鼓勵家庭成員對新觀念做進一步的思考，以達到有現實基礎的共識。視家庭成員的興趣和知識水準而定，或可提供他們閱讀的材料。
13.有些信念在改變成形之前，需要多次演練。	13.鼓勵家庭成員在治療之外勇於嘗試新做法，或指導他們在治療中就嘗試新行為。在治療室中可用角色反轉、家庭雕塑和完形的一些技巧。

借助外在的機緣與力量

A.理念	B.實踐
1.了解學習理論的基本原則。當有效的增強和可欲的行為發生時要認出，並予以肯定。	1.在治療的任何時間，運用操作（operant）原則，施行社會增強來強化適應行為，也鼓勵家庭成員這麼做。
2.了解「個體在自發的情況下去做，比在指令之下去做，能有較多的滿足感。肯定已然發生的行為會比激勵未發生的行為來得有效。」	2.讓每個家庭成員去認出、認同新行為，也支持建設性的建議。
3.認出家庭成員的猶豫或無法看到自己建設性的改變。	3.激發家庭成員接受建議的意願，也邀請其他家人的建議。 注意：肯定在互動中能夠「接受」和「同意」他人，並將之標定為一種與他人相處難能可貴的「能力」。
4.在建立家庭所欲的改變方向時，要重新檢視他們改變的過程，和目前此家庭及個人發展的階段。	4.教導家庭實踐改變。

（續）

A.理念	B.實踐
5. 參酌家庭成員間的深層情感和人際界限來形成改變的概念。亦即，做出「更健康」的家庭深層結構的假設，並重新檢視「家庭圖」來形成治療目標。	5. 在會談中，以教導互動的步驟、改變角色位置和重新調整次系統等方式，來引介適切的行為改變。
6. 將新互動模式概念化，此模式要能互相增強和能取代舊有模式。	6. 幫助家庭成員協商和做出行為改變；在適當的時機，教導他在會談中就表現出新行為。
7. 認出家庭成員對於執行新行為的猶豫。	7. 當某甲猶豫於表現出新行為時，可用把注意力放在行為接受者身上的方式，讓甲做出新行為。例如，「現在向她表達你真的是關心她的，我要看看她的反應。」
8. 了解「家庭成員處於中度的危機感時，常較能接受改變」。	8. 在需要時，重新聚焦於先前就有或潛在的衝突事件以激發改變的意願。
9. 了解「當家庭成員願意參與，而同時也有些危機感時，較能發生關係的改變」。	9. 要讓個案承受某種程度的焦慮，以增強或減輕所經驗到的危機，治療者可藉著面質和支持等來調節個案所承受的焦慮度。例如，「大致上，你很不合理，卻又頑固得像頭牛，然而，儘管太太很痛苦，但她仍願意努力改善互動，你要不要把握這機會改善婚姻關係？」
10. 要認出「家庭成員以更建設性或能解決問題的態度與他人互動」這改變的契機。 注意：若在家中的互動多為負向時，需要讓他們先在治療中有正向的經驗。	10. 當適應的家庭互動模式產生時，治療者就要減少對互動的控制和介入。亦即，在建設性互動能夠發生時，治療者必須抽身、減少干預，讓它自然發生。

（續）

A.理念	B.實踐
11. 了解「在有建設性互動時，給對方明確的回饋，這會造成更多改變」。	11. 引發對正向經驗的口語表達，以及對建設性事件相互回饋。例如，「去問出她對你的改變的真正感受。」
12. 新行為需要刻意而行，也需要在治療之外多加演練，才能養成習慣（持續做出新行為）。	12. 交代合乎實際和具體的行為作業。尋求他們在特定的時間內執行作業的承諾。
13. 對正向結果的期待能增強繼續做出新行為的承諾。	13. 以促進「家人間的互動來澄清對未來適應改變的結果」，來激發他們的期待。例如，「問出她的感受，以及如果你對她少些責怪、多些支持來照顧孩子，她會有何改變？」

在需要時動員外在的資源

A.理念	B.實踐
1. 要認出治療阻滯（未達預期的進展）。	1. 公開承認沒有進展，並探索可能的因素。可能來自家庭內、外，甚至治療師本身的因素。
2. 認出並動員家庭的社交網絡所能給予的支持，或去處理妨礙改變的影響力。例如，單親家庭可能缺乏外界的支持，必須在治療早期即認出此點，以免治療者被吸入變成其基本資源，以致無法結案。	2. 教導家庭成員運用外在資源。在必要時要家庭邀請親朋來參與治療。例如，與原生家庭的會談常能相當戲劇性地澄清某些問題，並得到解決某些問題的新資料。關係衝突愈大時，兩造的故事差異常就愈大。
3. 治療師要認出家庭或成員毫無理由地退步或治療者失去對治療過程的掌握，以及進展未如預期等狀況。	3. 尋求督導、諮商、協同治療或考慮轉案。治療者並非一定要什麼問題都能處理；治療者常會被拱到萬能的位置，這常造成個案退化。

（續）

A.理念	B.實踐
4. 當個案需要家庭治療之外的訊息和其他專業或機構的資源時要認出來。	4. 謹慎判斷和轉介家庭成員到其他專業，以得到適切的治療。例如，抗精神病藥物、個人心理治療、孩子的早期療育、住院和社會補助等。
5. 認出自殺和他傷、他殺等暴力發生的危險性，尤其是當家庭成員間有「相互激起更高張憤怒」的互動模式時。	5. 直接談論危險發生的可能性的擔心，一起評估嚴重性和動員其他專業或原有的資源來提供適切的控制及支持。
6. 思考多專業共同參與治療的議題，並認出因缺乏溝通或不當的競爭而造成的問題。	6. 主動與共同處理個案的其他專業接觸，必要時安排共同討論（但必須包括家庭）。

結束治療

98

評估家庭對結案的準備

A.理念	B.實踐
1. 要認出結束治療的訊息或跡象。有兩大類，一為過早的中輟，一為已達成治療目標或對進展已滿意。結束治療的跡象，如遲到、關係張力低、無積極目標與治療師個人的接觸增加（關心治療師本人或對治療相關的問題好奇，而非沉浸在自身的問題）、感謝治療帶來的進展等。	1. 探索家庭成員提出結案的理由及其過程。區辨個案的好轉是想要「脫身」，還是真的已有改善。
2. 反映治療的進展、認出哪些問題持續存在，而哪些目標尚未達成。	2. 重新檢視家庭的問題和目標，如果找到新的目標可重新設定治療契約。

（續）

A.理念	B.實踐
3. 了解「當促使家庭來治療的危機解除時，家庭成員的意願會減退」。	3. 若治療者認為還不適宜結案，他可指出未解決的問題和強調接續治療的好處，如發展更好的人際關係和問題解決的技巧等，來鼓勵個案繼續治療。
4. 認出那些特別會造成家庭惡化的問題和在進展時反而會造成過早中輟的情況，例如，太太成長太快，先生不適應，此時可能產生系統危機而拉回。 注意：在某些情況下，如在虐待陰影下的小孩，可能要動員法律權威一起處理。	4. 在有適當理由時，強烈地鼓勵家庭重新考慮他們結束治療的想法，也可動員最能預見繼續治療好處的人出面勸說。
5. 認出「治療結束已成定局」和「進一步的改變已不太可能」的情況。	5. 接受家庭的結案和尊重他們如此做的權力，即使治療者並不同意，也不要給予壓力或抱持偏見。當「孤臣無力以回天」時，不如祝福他們，如此最少保有再見面的機會。

99

準備結案

A.理念	B.實踐
1. 認出治療目標的達成或家庭已有足夠的解決問題的技巧，有能力自行達成目標。	1. 當問題已解決或已有很好的進展時，刺激家庭重新檢視問題的情況，並要他們考慮結案。
2. 了解「當家庭認為治療已成功，和當新的行為模式已鞏固，是他們自己的努力生效時，他們在結案時會更有自信」。 註：治療者要將治療的成功歸功於家庭。	2. 詢問家庭成員，在進展中所做的努力，並拉長治療的間隔。有時會問：「你們每個人必須怎麼做，才能讓老問題重新出現？」以此引出他們對問題的形成更明確的陳述。

（續）

A.理念	B.實踐
3. 認出某些家庭成員在結案時的猶豫或遲疑。有時案家會在將結案時提出新的問題。	3. 鼓勵個案揭露對於結案的害怕和引出其他家人的支持。例如，「如果我們現在就結束治療，你認為會發生什麼事？」「對於他的擔心，你認為要怎麼辦？」治療者以澄清新冒出來的問題來促成改變。 注意：治療者必須準備好真正要結案，因為如果新問題冒出，而治療者又繼續治療，此時治療者所做的和面質他們的將互相牴觸。有時面質不見得是好的方式，若能進一步肯定或鼓勵他們運用已習得的技巧來試著自行解決問題或許更好；另外也可問「為什麼是現在？」的問句，由此引出他們之所以在治療將結束之際提出新問題潛藏的動機。處理這些問題是完整治療的一部分。
4. 承認有些家庭儘管治者療者費了九牛二虎之力也可能沒什麼改變。	4. 澄清治療者的極限而開始討論結案，在清楚讓個案了解「他們是想要達成治療目的的，但或許存在某些不明因素的影響以致治療無法如預期般進展，待這些因素更清楚時，我們或可重啟治療。」
5. 認出治療持續反而不利的情況、存在隱微的妨礙改變的行動，或家庭旨在尋求更多的支持，而非真的要解決問題的情形。例如，太太向男性治療者，而非先生尋求支持；有些人來治療是想找父母或是情人，若無法解套或將這樣的情況轉化為治療的動力時，則宜轉案或結案。	5. 跟案家討論治療者「治療持續反而不利」的觀點及「不利於治療目標達成」的行動，探討在此行為底層的情緒；把當下出現的「家庭不適切的依賴」現象當作澄清及討論的題目。

對治療進展做整合陳述

A.理念	B.實踐
1. 了解「治療的衝擊會在結案之後仍持續。如果治療有建設性地結束的話，家庭成員會更能接受其他專業人員的治療。」	1. 重新檢視未解決的問題，以建議未來改變的方向和以正向的方式對治療做結論。 注意：結束前有負向的互動，會留給家庭與治療者間不必要的事件和未完成的感覺。
2. 認出家庭成員其實已做了許多建設性的努力來解決問題。	2. 不論具體的改變有無發生，結束時要對家庭成員正向的努力和建設性的意圖做總結。
3. 了解「正式結案的重要性，正式結案是完成契約的一部分」。	3. 可能的話，最好以面對面的方式來討論治療的結束；有時可用電話或信函來追蹤。
4. 了解「家庭成員給治療者進入其家庭生活隱私的允許和提供幫助的機會」。	4. 對家庭的開放和給予治療者與他們一起工作來解決問題的機會表達個人的感激。
5. 建立若再遇危機時的求助管道，如電話或門診。	5. 留給家庭開放式的邀請。

參考文獻

翁樹澍、王大維譯（1999）。家族治療理論與技術。台北市：揚智。

Tomm, K., & Wright, L. (1979). Training in family therapy: Perceptual, conceptual and executive skills. *Family Process*, *18* (2), 227-250.

CHAPTER 4
實務層面的理念

治療理論為一開放系統

在說明某派治療理論時，說明者總是要強調彼此的差異，如此才能顯出自身的獨特，也才夠稱得上是一家之言；在這麼做時，總難免要標榜自家的特點，甚至要批評其他派別不夠完備的地方。主體實踐治療理論是一開放系統，因此，它可融合其他的理論或理念加以善用。主體實踐治療有幾個核心理念（如賦權使能及關係發展）、一些常用的治療策略（如兼容並蓄、治療者運用自我等），和許多核心的治療技術（如肯定、重新框架、討論規則等）。愈具體的部分，如技術層次，就愈難具體！因為家庭是主體，並沒有固定的治療格式或不變的處方可依循，每位治療者都可以充分發揮其已然習得的治療取向，適切地用在當下的個案，有意識地走出自己獨特的歷程。這樣說法，點明家庭是活的、治療者也是活的，其不足之處在於它並未把「這理論是活的」的特點描述出來。讀者可以想像它（主體實踐理念）像一隻變形蟲，會選擇、吞噬、消化、排泄，總體而言，就是成長，而且它不僅關注個體，也關注群體（家庭）的成長發展。

對其他治療取向的看法

主體實踐治療理念視其他取向的家庭治療、個別心理治療及其他形式的治療（如舞蹈治療）為廣義的心理治療，都是這心理治療整體的一

部分。每種取向都看到實相的一部分，也對某群個案在某特定情境下特別有效，故都值得尊重與學習。雖然在理論取向相互競爭的過程中，有些取向會因各種因素（如宣傳、易學、解釋力強等優勢或時代的因緣際會等）而排擠、合併或取代對方。

　　所有治療取向的共同目的是「治療」，亦即消除個案的症狀與痛苦、復原（回到未發病之初）、促進健康或提升超越。對某種治療取向在理論整體中所占一席之地的了解，如它的基本理念是強調醫療模式的消除症狀與痛苦、心理模式的洞識了解、成長模式的發展改變、社會觀點的促進健康與適應，還是靈修觀點的提升超越；它最擅長處理何種病人、它是以治療何種病人起家[46]、它會用何種技術等，就可將之用作我們自身及專業成長的肥沃土壤，只是有時我們須多加些沙或少澆些水。在我們自身及專業成長的歷程中去整合它，以形成自己的風格。要點在於清楚我們是在何種情境脈絡下、會在何種醫療環境下面對何種個案、用什麼理念、處理什麼問題，以及為什麼要選擇用此理念技術？也就是，我們在學習每種治療理念或模式時都要問：問題是什麼？它是如何產生的？所要／能解決的問題是什麼（不是所有問題都能解決的、有些代價是必須付出或承受的）？它會如何去矯治（治療策略與技術）？它背後的理論與其世界觀、人觀、價值觀是什麼？例如，個別心理治療視問題為源自早年經驗的潛抑情結，家庭治療理念把重心放在關係的改變，而主體實踐治療則認為，問題出在主體的知、情、意、行、關係及脈絡中卡住而產生痛苦，只要主體更有彈性與空間，就能經由主體、關係或脈絡的改變而減除痛苦／得以成長。

　　這些哲學、理論、理念、策略、技術等層次間是相互交錯影響的。故各治療可能發展出類似的技術，也可能由近似的理論出發而發展出迥

---

[46]　時代和症狀表現間的相互關係是很值得深入研究的問題，這也與治療理論的產生息息相關。佛洛伊德時代的病人，讓他看到性的壓抑（這與當時保守的社會氣氛很有關係）；客體關係理論家從處理邊緣型人格疾患處得到很多啟發。

異的技術。當我們對治療理念純熟之後，就可有目的地移植／嫁接／扦插／發明他種治療理念的技術，而不拘泥自限（但絕非恣意亂爲、毫無章法）。

治療系統

　　治療系統乃由個案及治療者次系統因治療目標而結合，在一歷程中共構而成。對於案家及治療者而言，這治療系統是比原屬系統更大的系統，因爲案家成員及治療者都是活的個體，成員間在此歷程中循環互動、互相形塑、共創共構，雙方都無法完全掌控治療系統。這系統是專業關係人爲形成的、它受組成成員不同影響很大 [47]，它是一歷程，故無法重新來過，也無法重複驗證。

　　個案次系統的成員包括所有被症狀行爲所捲入者，如轉介者、子女、原生家庭、親友等。對於症狀行爲，治療者要去了解它的本質（它如何重複發生？在哪些人面前常發生？他們如何因應？爲何此時來求治？系統功能爲何？如何被維續？），也要去了解案家與症狀行爲相關的知情意行關係與脈絡，並與案家形成解決問題的著力點與步驟。所謂「著力點」是在治療室中就可做出的具體改變，而這改變將帶動更大的改變以達成治療目標；換言之，達成治療目標具體而微的圖像以及階段步驟。個案 [48] 愈能明白這「著力點」與治療目標之間的關聯，他們就愈

105

---

[47]　來治療的成員可能不同，這不同有時與治療歷程有相當大的關聯，可能較是成員不同影響治療的內容及進展，也可能治療的進展影響成員的出席。前者的例子是有一家庭每次來的成員都不一樣，治療者事前的準備常用不上，治療內容無法有效累積；後者的例子是個案感受到治療內容的威脅而不參與，另外例如夫妻間的衝突已解決得差不多，他們帶孩子到治療中來。

[48]　個案在明白這「著力點」之前，要經歷從「抱怨者」轉變成對家庭的症狀行爲的「探索者」、「研究者」、「改革者」，例如，在面對改變／不改變的僵局時，可引導他們去探索這僵局本身。

能更自發、更踏實地朝目標邁進。

治療者次系統的組成，包括治療者（治療者本人的特質、個人發展與所處的家庭生命週期階段等）、團隊、社會體系（如健保、醫療、社政、諮商、心理治療、學界）等，也都影響此次系統。當然，治療者所本的治療理論與理念對治療次系統有直接的影響。

「治療」相應於疾病、症狀而產生，治療者的天職是要解決個案所帶來的問題並助其成長。治療的成敗端視個案有無解脫與成長，治療者本人的成長是他自己的課題，這並非治療系統的目的；治療者的成就感不該在個案身上尋求，否則會陷溺於病態依存（co-dependent）（即依賴病人的依賴）的關係中而無法自拔。這樣的關係並無法讓個案長出主體性；換句話說，面對個案時，治療者的心念應是「要如何幫助他」，而不該是更了解自己 [49]（認真的治療者在治療中絕對會有後者這一部分的收穫，但寧可把它看作是副作用，切莫本末倒置）。

治療者觀點的治療目標

雖然前面強調要站在案家的立場與案家形成目標，但老實說，治療者是有治療者觀點的治療目標的（@治療者對問題的「心像」），例如，當我們認為「如果父親能讓女兒知道他的心情，或許有助於改變她的行為（治療目標）」，這「使父親讓女兒知道他的心情」就成為治療者的階段目標（拾階而上可臻治療目標）。一旦這個圖像也讓個案明瞭了，治療者就可透過各種方式促成此階段目標，諸如促成他去經驗到「他向女兒說出」或是「即使未用言語說出，女兒也能了解他的心

---

[49] 這人我關係是互相滲透、糾雜、很難截然切割的。要強調的是，治療者對自身在治療系統脈絡中的反思與覺察是重要的，此時專注點要放在個案的利益和當下的治療關係及自身的狀態，而非把注意力放在自己的成長主題中，甚至汲取治療系統的養分來處理自己本身的成長議題。

情」、憶起他以前「被了解」（不一定是被女兒了解，也可是重要他人）的經驗、他去了解別人心情的經驗、探詢他不讓女兒知道他心情的因素等等。簡言之，就是抓緊「他讓她了解」這主題，甚至將之單純化為「了解」的經驗，或是加以變形，如主從置換的「了解」／「被了解」，或是主受格置換的被他人（如母親）了解，或改寫主動被動的「他促成某人被了解或他本身被了解」的經驗等等。

主體實踐治療者有一不變的治療目標，即「促進個案自我覺察、增進實踐的能力」，此目標是原則性而非內容性的，如何將治療策略，諸如打破僵化互動等與治療目標勾連，並讓個案明瞭，是很重要的工作。我們常是據此（而不僅是案家所提出內容性目標）來評估治療的進展，以拒學為例，我們不僅以個案有沒去上學來評估治療成功，更以他是否更「能」在脈絡（家庭及學校）中掌控自己的行為，亦即個案的主體狀態，來作為評值對象。

在達成目標時，我們並不拘用哪派的理論（@對其他治療取向的看法），因此在實踐主體實踐治療時，可據此整合我們所學過的眾多理論，同時也整合我們自身的經驗。我們期待自己「多思考些實務，而少思考些理論」，因為我們對案家的好轉較有興趣，而較不重對「科學」知識的了解；我們對流變不已的關係較感興趣，並不期待能有大一統的理論來含括我們的臨床經驗。實務經驗遠比理論豐富、靈活，若用理論來圍限實務的豐富，是相當可惜且不智的。例如，當我們看到「母親愈不放手，兒子愈走不出去」這互動模式時，我們堅持：「這就是結構取向所說的『情感糾葛』，應該要堅持聚焦於處理此議題。」如果這堅持只是因為書上如是說，或老師是這樣教我們的話，是不夠的。我們要知道，自己是可以選擇遵從他們的指導，也可選擇質疑為什麼一定非得如此；其實更先決的是，要從眼前這家庭的資料中得到支持或是否證，甚至形成針對此個案獨特的論述（不能照書養孩子）。如果我們得到藉由「讓母親能更安心或許就能讓孩子嘗試自主而達到治療目標」，而去單

107

獨處理母親（此時可能會用到許多個別心理治療的理論技術），我們為什麼要只因這是「個別心理治療的理念」而不用它？

　　當我們依據治療者的目標累積足夠的實務經驗後，可更清楚地辨明，何時我們會取徑內在心理，何時會處理系統的互動與關係，何時會用社會學或後現代的理念來處理問題。當我們這樣做時，主體是活的，理論是死的。

治療歷程

　　我們將治療分為參與、認出問題、促成改變和結束等階段（@家庭治療歷程階段技術）。在治療歷程中，治療者一如化學反應中的催化劑：加入個案系統、形成治療系統、促成改變、脫離個案系統；在改變的歷程中，治療者是參與其中的，個案的一舉一動與治療者的存在（甚至不在[50]）息息相關。

(一)參與階段：乃指「建立和維持家庭與治療者間有意義的工作關係」的過程。在剛開始接觸時，案家踏入陌生的治療系統，治療者必須迎接、引介，並和他們形成「治療結構」的契約，此契約乃基於雙方付出某些代價（如時間、心力、費用等），治療者提供專業來滿足案家需求[51]，至於治療目標則是後來才共同建構的。

(二)認出問題階段：基本上這是「持續不輟的評估歷程」，治療者主要的工作是「去了解」。它不僅包括澄清當下所呈現的問題，還要認出家庭其他次系統的問題，以及問題間的關聯。這些問題的了解不僅發生

---

[50]　可能是實質的不在，如請假，或是沒能跟上個案的腳步（pacing）、貼近個案的狀態等，個案可能會生氣或失望。在一來一往的互動中，情緒的起落流變是相當複雜快速的。

[51]　這案家的需求當然不是照單全收，而是治療系統的產物，即治療者與案家協商共構而產生出來的。

在治療者內在，也要呈現出來讓案家確認。藉著問題被形塑，在進入「促成改變階段」之前，治療者會和案家形成「藉治療達成改變」的承諾，此承諾乃雙方在了解更具體的問題及欲達成的效果、處遇策略、步驟與可能付出的代價之後所做出的。在探索問題的歷程中，治療工作會觸及家庭成員面對問題的態度；家庭成員較佳的態度是改變自己而非改變他人 [52]，亦即藉由自身的改變來改變對方、關係和脈絡；但有時很難形成得這麼完美，而形成較含混的「改變相處的關係」。

(三) 促成改變階段：這階段是治療的主要部分，此改變包括改變個別成員知情意行的能力、案家人際互動模式，以及案家所處脈絡等三層面。

(四) 結束階段：是以「允許、祝福案家增強其問題解決能力和鼓勵家庭維持新結構」的態度，來結束治療關係的過程。對進展不佳的個案，會與之一起檢視治療目標、找出進展不如預期的因素，重新開始、轉案或結案。

治療者必須清楚掌握個案的狀態是在哪一階段，他常須跟隨個案的階段狀態再加以引導改變。例如，母親不滿意治療者，而堅持要跟在單向鏡後的督導會談。面對此狀況，治療者建議與母親一起重溫她先前遇過的治療者，想藉此處理母親對權威的行為模式。然而督導認為，母親做此要求是「治療結構」不穩定的信號，此時治療者的首要之務應在於維護「治療結構」、重新獲取她的合作，重要的是當下的治療關係而非案母的行為模式（而且，此時談論她的行為模式，是會有批評她、認為是她的問題的意味）。在此同時，要去了解母親做此請求的想法、同理母親對孩子的用心

52　有些個案會相當執著地認為「被要求改變自己」，就等於是「（承認或被說成）是自己的錯」，他無法接受並會執意地認為「是他的錯，為什麼要我改變？」治療者要在一歷程中處理這樣的態度，最好不要一翻兩瞪眼地攤牌，可以慢慢地讓他看到，他這「信念」正使這問題難解，而讓他受苦更深，問他：「這結要怎麼解？」或是去探討「是非對錯的判斷」的價值觀是如何被養成的，這對他的人生或他們關係的影響，或是這判斷和關係品質、家庭功能等哪個比較重要？堅持會否因小失大？

與挫折感、看到治療已然有的進展，甚至要直接談母親與治療者間的信任危機，以及是否繼續治療等問題；而若重溫她與其他治療者的行為模式，可能並未回應／貼近她此刻的心情及需求。一般而言，維持治療結構優先於處理個案本身（如行為模式）或帶來的（如治療目標）議題。

準備案家進入家庭治療

　　案家準備（prepare）好進入治療的程度與其效果有正相關；案家有愈好的準備，就愈能利用治療、愈能承受治療的張力與挫折，也就愈不容易中輟治療。這「準備」是指幫助案家進入、利用治療。讓案家了解家庭治療是如何進行的、治療能處理哪些問題、對他們能有何幫忙、他們要如何參與治療、案家及治療者所要負的責任及義務等。這些「準備」包括介紹家庭治療的結構（如時間、次數）、所要付出的代價（如時間、請假、金錢）及治療的形式（如錄影、治療團隊、對講機）等。我們會有單張簡介（@附錄：你需要家庭治療嗎？）給案家，這些看似簡單易懂但常非治療者稍作說明，案家就能明白或接受。而且因為剛開始治療時，案家會急切地想讓治療者了解他們的心情及苦惱，所以治療者常常並沒有太多機會能好好地讓他們了解，所以，以上提的都只是原則與方向，實務上絕難面面俱到或是準備就緒再進入治療，往往必須與案家在治療歷程中邊走邊準備，並常要在治療中就地取材，以實際發生的事例從個案的經驗出發，來讓他了解並與之共同構成治療的結構、方向與目標。在邊走邊準備的過程中，治療者必須貼近他們的狀態、了解，並盡量符合案家的需求與期待（@治療歷程）。

　　當案家踏入治療室時，改變其實已然發生（@沉默的兒子），因為「他們來了！」[53]他們為了來到治療室常會需要做很大的動員、克服許多「阻抗」，甚至是被症狀嚇壞或相當擔心才來到治療室。因此，這「來到治療室」已是家庭打破原有平衡的第一步。每個家庭成員的意願

狀態不一；有些人是被動或抗拒來的，而有些會顯得非常熱心投入，有些則是抱著觀望、姑且一試，或甚至是最後機會的心態。了解每個人的動機狀況是重要的。治療者對各種參與態度會有不同的因應方式[54]。

案家來治療時的狀態是如何呢？他們可能有：⑴強烈的羞恥感：「我們怎會淪落到來看精神科？」「要是讓其他人知道我們看精神科，他們會怎麼看我們？」甚至有的父母還擔心「會不會影響到孩子交女朋友？」；⑵不安：許多家庭是第一次到精神醫療系統中，對於各種看診流程都不熟悉，會感到諸多不便，而且有相當多個案是輾轉轉介才來到我們的門診，在求助過程中已累積相當挫折，此時可能會不敢抱太大期望，碰到一些些的不便就感到被排斥、打退堂鼓，心想：「我們還沒那麼糟，對吧！」當然，也有些案家會投射過高的期待在治療者身上，在不滿意時可能會想「他們虛有其名」，而假以時日有些人會做出較貼近真實的調整：「我想你們也不是神仙……」；有些個案會「出考題」來測試治療者的「功力」（「他是不是真的關心我？」「他有沒有辦法處理我的問題？」「可以把自己交託給他嗎？」）或是一再比較：「你們是怎樣，某治療者是怎樣」等，這些是邁向治療目標之路上的障礙[55]（@

111

---

[53] 案家的狀態常是從關係中的某人不知／不願／不能來，轉變到能來到治療，跟專業的陌生人建立關係，這轉變標示著改變已然發生。但這些改變是否足以影響到主訴問題的解決（治療目標的達成）？這有一部分是要看治療者如何詮釋（並讓案家接受）這改變而定；其實，此兩者可能是兩回事，但若從力量的觀點來看，這轉變最少標示著案家有協調及迎向挑戰或排除一些困難來到治療的能力。若這些能力被增強，或許有利於達成治療目標。力量常已存在，端視有沒有被看到及利用！當然，並不一定要堅守在這裡「開礦」，隨著治療內容及歷程，其他地方可能礦藏更豐富或更容易開採。

[54] 這因應方式有可能是習慣性的、被情境引發的，也有可能是刻意的、治療性的舉動。治療者與成員間的關係最好是後者，也就是以個案的利益為念，為達成治療目標而做出的舉動。要做出這樣的舉動，必須對治療系統及自身的行動了然，並且明辨各個舉動的出發點（發心、初衷），盡量減少自我欺矇的成分。其實，只要是經過有意識地觀察自己而做出的行為，如「嗯哼」、沉默等，都可能是很好的治療舉動。

阻抗之死）；(3)門診的規定及設施造成的不便，如時間及交通上的問題；候診室其他精神病患的狀態，如喊叫及怪異動作等，也常使他們感到害怕；有團隊在看、還會錄影，他們除了會擔心隱私及保密的問題之外，也會有心理上的反應，如「我們會不會表現太差，沒有面子？」「你們是不是在做實驗？」有些個案甚至會直接對單向鏡後的團隊說話[56]；(4)不確定感：「我們真的來對地方了嗎？」「治療者真的能了解我們、幫助我們嗎？」「治療者說是家人相處的問題，為什麼不是病人的問題？為什麼他所說的跟別的治療者不一樣？我該相信他嗎？」

　　要處理案家來治療時的狀態，治療者要思考：(1)營造治療環境；(2)如何界定「好」；以及(3)展現專業能力。營造治療環境是治療者的責任；治療者要讓案家覺得安全與信任，而願意把弱及壞的一面呈現出來，並勇於面對問題。治療者要鼓動家庭改變（做新的嘗試、談問題等等）的意願，把這樣的情形標定為「好」；而若他們不能如此做到時，也標定成「好」，因為他們能勇於反映他們的真實情況。治療者也要敏感於案家不想碰觸的部分謹慎處理[57]。

55　面對這堵牆，我們可以把它拆了或是越過它繼續往前，或是也許牆上有個門，這障礙本身就是到達治療目標的捷徑。

56　有些個案會刻意表現好，想得到團隊的讚美；有些個案會用肢體語言（背對單向鏡等）或直接表達對於被觀察的憤怒（在進入治療時他們是同意的，但此時個案顯示自己的委屈，以及對「公權力」的無力感）；有些個案會比較不信任治療者而轉向鏡後的督導。

57　視情況和治療歷程而定。有時會像姜太公釣魚，坐著等等看；有時會在此做個記號，表明我知道這邊有你還不想談的東西，你可決定現在或在你願意談時談或是根本不談；有時會表明「你並不需要談那讓你不安或恥於開口的事的細節，我只要知道你感到哪一類的情緒，你是如何處理的；我對你這個人的狀態比較有興趣」；有時會去敲敲門、邀請看看；有時會直搗黃龍，如對有自殺可能性的個案，他又無法直接談出時：「在像你這樣的處境中，許多個案都會想到要一了百了，你曾有這樣的想法嗎？」再如，「你們吵得這麼厲害，有沒有過認真地打算離婚的念頭？」或是「他發脾氣，最嚴重時曾經怎樣？」「他是否曾經打你？」直接碰觸最壞的情況，有時這會讓個案感到深層的同理，而能說出無法跟外人說的話。

在進入治療之後，治療者囿於自己的狀況，如對爭吵的容忍度、談某些禁忌話題的安適程度、自己的道德判斷與政治立場等，都會有意無意地與案家形成可談什麼話題、能忍受多強的情緒張力的「默契」（未言明的規則）；這治療者本身的「框框」會影響個案談出或隱藏某些話題（當然，個案也有自己的「框框」）。平時，治療者就要習於自省反思、努力增加自己的彈性，閱讀正反兩面的相關論述是很好的方法。必要（覺得打破有助於促成改變、成長或達成治療目標）時，治療者要打破或擴展與個案已然建構的關係規則（若非必要則不要畫蛇添足），這部分沒有標準答案，只能臨場判斷，並不斷反思檢討或找人討論。當治療者能這麼做時，他的專業能力、包容力、彈性、深度與廣度自然而然地呈現在案家面前，更增加他們對治療的信心，而不會覺得白來。

初次會面，案家的問題及意願未明，此時要評估最佳的治療方式組合（個別心理治療、團療、藥物等）為何、需要哪些成員參與等，而做出治療計畫。家庭治療可能是單一的治療形式，也可能扮演合作或輔助的角色[58]。至於眼前這案家是否適於施行家庭治療？我們評估的是：最有利於促成治療目標的關鍵人物是否能出席、他們的問題是否適用家庭治療的技術，也就是達成治療目標的可能性。

若家庭治療適合案家需要，治療者不見得要強烈要求，最好是先盡量溝通及告知，讓案家能充分了解之後再做決定。要他們考慮，是否願意花這樣的時間及心力來處理家人所遭遇的問題。有時只有來接觸的人願意，而其他人則態度不明甚至反對。此時治療者要決定接案、不接案或暫不決定。若決定接案，家庭治療理論已發展出許多替代性的處理方

113

---

[58] 我們有不少個案同時參與其他治療，如團體心理治療、個別心理治療、催眠治療等。有些治療者相當反對並行，特別是與個別心理治療，因為在最基本的理念（關係／內在、現在／過去、如何／為什麼、整體／分析）上兩者相牴觸，個案會不知所從，效果也可能相互抵消；另一個反對的理由是他們占用了太多的社會資源。我們團隊並未堅持要他們「選一邊」而是抱著隨緣的態度。對此現象我還在累積經驗，尚未做整理及分析，故無特別意見。

式來處理成員不願來治療的情況，如「一個人的家庭治療」及「悖論信函」[59]等。其實以主體實踐治療而言，關係只是所有（知情意行、關係、脈絡）能處理的向度之一，治療者要評估的是經由這位願意來的人改變，是否能達到他的目標。若不適合接案則予轉案。折衷的方式是，進行一段時間之後，再決定是否正式進入治療，如等待先生願意來時再開始。

有時來求助的個案不願家人一起來門診：「爸媽他們不可能來的，他們一點都不關心我。」「我想先自我成長。」「是我自己的問題，為什麼要他們來？」有時成員都來了，但並不適合進入治療，例如，夫妻間爭吵太激烈，而且有一方不願進入治療，或是一方堅持要離婚，一方不肯，無法妥協出共同的目標。

治療者要去了解家庭成員的期待與目標。案家通常不是希望達到理想狀態，就是希望病人改變[60]或問題（如疾病、症狀行為、壓力事件）消失；他們常是期待治療者來改變他人，而非改變自己。當治療者得知案家的理想目標之後，治療者要試著把重心放回人們自身，鼓動他們以改變自己來促成他人或系統的改變：「從你們剛才的敘述中可看出你們之間很密切地相互影響，而且也都很能引起對方反應，你願意自己做些改變來改變他嗎？」或是要他們擬出做法：「那麼，你會做些什麼來使他改變？」「你真的想改變嗎？改變是會造成許多不便的，讓我們先想清楚再行動。」「就從現在（或離開治療室）開始，你具體的第一步會從哪跨出？」「看起來你的方法效果不好，如果我有辦法，你會願意試試看嗎？」（此時，一定要個案非常想要嘗試，治療者才能把辦法教

114

59　請參考《結構 —— 策略取向家庭治療》頁 298-300。
60　策略取向治療認為此現象是家庭的一種「要改變，但不要改變我」的悖論。家庭要求改變的同時也傳達了如下訊息：(1)幫助我們維持原狀；(2)幫助我們去掉症狀，但不要改變任何其他的事物；(3)幫助我們處理被認定病人，但不要管我們其他人。悖論之處就在於從家庭中消除症狀，但不要改變症狀賴以持續的家庭（系統）本身（Weeks & L'Abate, 1982）。

他，否則常會僅止於談談，而無法實踐）。為了增加促成實踐的機率，治療者可限定期限，如「就這個禮拜中，你試一次就好了，不是要你一輩子都要這麼做，給我跟你一個禮拜的時間，你仔細觀察做了之後的效果，下次我們來仔細談談。」

除了直接要求個案為自己負起責任或鼓動他們做行為改變之外，治療者也能致力為他們找到改變的動機，這動機可能是為了他們的婚姻、他們的孩子、他們的……，總之是他們的共同關切。例如，確定夫妻是否希望維持婚姻（目標），而學習更好的相處之道（手段）；確定夫妻是否願意為了孩子（不讓孩子受到他們吵架的壞影響）（目標），而願意參與治療、一起處理衝突（手段）。再如，夫妻理念不合，治療者可肯定他們各自從原生家庭習得的方式努力撐起這個家，以前都能成功，而現在可能是因為孩子長大了（或其他的情境改變了），他們遭遇挫折，而這正是他們現在來此求治的主因，問他們：「是否願意一起找出讓雙方更感舒適的、撐起這個家的方式？」再如，張氏夫妻對女兒的行為處置不一致，先生對女兒過度保護，並（可能非意識層面地）「暗中破壞」太太所要求的「我們的協議不用讓女兒知道」的承諾。治療者要張太太表現得比女兒還需要先生的照顧，給她的理由是要太太「幫助」先生能對女兒說出「她是我太太，我要照顧她」。治療者此舉的目標是要打破父女之間的結盟，但他強調夫妻間的合作，對他們說：「你們愈是能共同處理女兒的行為問題，女兒就愈能有獨立成長的空間，獨立並非就是不去管她，反而在這個階段幫助女兒獨立是你們最大的任務。」

另一個增強動機的方式是認出並增強他們的痛苦點，這個痛苦點常不見得就是他們所訴說的症狀行為或情緒層面，而是他們被卡在進退不得的狀態。例如，鍾先生曾有外遇，自陳目前已與外遇斷絕關係，並且願意盡一切努力來維持婚姻；太太對先生的外遇仍感痛苦，無法信任先生。在治療者詢問下，她很不乾脆地承認她仍願意維持這婚姻。鍾太太

115

的痛苦是明顯的，而先生也陷入「依也不是，不依也不是」的困境；他依，太太仍不相信他；他不依，她會陷入狂怒。他們像麻花糖似地痛苦扭在一起，他們的痛苦深植在他們的相處間。在時機成熟時，治療者可要他們決定試著改變或不要改變，但在他們能完全了解及認出這「互相鎖住的互動系統」之前，治療者宜盡量促進他們改變的意願[61]：「你們或許可想想若這樣的狀態持續下去，五年或十年之後的情況會是如何？」「你們好苦，或許我們可以一起試著找出解決之道。」或者也可畫出理想的圖像，「當這些問題解決之後，你會從何處看出問題已解決？」「你會做哪些現在無法做的事？」等等。如果他們不願或不能改變，治療者最後可說：「或許你們所找到的已是最佳方案了，你們可否想要如何接受這必然的苦。」「正如先生所說的，每個人都是不同的個體，都有不同的看法與做法，但是，是你們夫妻在相處，你們要如何共同處理你們之間的歧異，好讓你們的相處能更順利些？」

達成目標與獲取案家合作

獲取案家的合作是治療成功的重要條件。我們並不排斥有時可出奇制勝地，刻意藉由個案的違抗、不合作來達到治療的目的（悖論介入），但我們更樂見個案有意識地去達到目的（主體實踐）。要達成治療目標，常要處理案家對改變（放棄自己習慣的行為模式，邁入未知）的擔心。獲取合作的原則是，提供案家想要的關愛、安全、肯定、尊重、了解、同理、掌控感，以及治療者的專業知識與經驗。在獲取案家合作之後，才能「借力使力」地引領他們一起達成目標，改變與成長。

個案對治療的意願可有幾個層次（@治療歷程），治療者必須清楚

---

[61] 以鋪陳治療性雙重束縛，請參考楊連謙、董秀珠（1997）《結構 —— 策略取向家庭治療》頁215-217。

知道個案是處在哪個層次。第一層是個案對治療結構的承諾：他們願意接受透過治療來處理他們的問題，包括治療時間、錄影、花費等；第二層是對治療承諾：個案願在治療中嘗試、冒險、經驗、學習，與治療者一起處理帶來的問題，共同為達成目標而努力；第三層是案家對他們自己的生活承諾：願意在家庭（非治療情境）中合作，家人自己（已不包括治療者）解決問題。要從第二層轉到第三層，常會需要在治療者的協助下，藉由在治療中達成小目標的小成功來累積自信，讓案家有信心跨出達成更大目標的下一步；或是覺察、感受或經驗到更大的彈性、空間或可能性，而更有自信與能力感。第四層是個案對自身存在的承諾：進入「在關係脈絡中成長、主體實踐」的狀態。

在進入工作期之後，治療者常要與個案一起評值進展的情況，並修正目標或方向。若能找到「一石多鳥」的介入策略，個案自然愈願合作，也愈能維續治療結構，治療也就愈有可能成功。這「一石多鳥」指的是找到能同時碰觸到更多層次和處理更多問題的介入策略，這考驗治療者及團隊解決問題的創意。例如，妻子一直要求先生事業成功，然而先生在社會的競爭能力較差，此時與其繼續「工作不穩定」的循環，不如勸先生趁此事業的空檔，好好補足親職及兩性相處能力，能更勝任身為人父及人夫的角色。

並非所有個案的狀態都會步入第四層，也並非一定要步入這層才能達成治療目標，但無疑的，步入此層時，個案已裝上馬達，能自動自發地成長，對往後的問題將有較好的應變能力。第四層個案的特徵是他們能反思、覺察自己所處關係脈絡，並自我負責地改變自己來改變關係，也就是主體實踐的狀態。

治療者與案家間權階關係的變化

在治療的關係脈絡中，至少在一開始，治療者的權階是比個案高

的，因為案家帶著困難尋求協助，進入以治療者為主的治療脈絡（即使場域發生在個案的家庭，如由社工到府服務，也仍是以專家為主）。因為社會賦予治療者專家身分，而且治療者擁有專業知識與經驗，所謂「知識就是力量」、「聞道有先後，術業有專攻」，這知識或專業權力的差距是社會分工的必要現象；專家擁有集體知識，而個案有他個人獨到的生命（及生病）經驗的知識，此乃分屬集體與個體兩個不同層次的知識。我們強調專家知識（視治療者為主體）並不必然貶抑個案為主體的知識，所有的治療者不都從個案身上學習！所以，在治療初始，在助人和求助的向度上，治療者的權階高於個案，而對治療相關的規定有較高的權力，例如治療時間、收費等的規定，而如治療者所採用的治療取向更是個案難能置喙的（例如，治療者執行「與個案完全平等」的理念，這動作本身就很專斷、個案根本沒有置喙的餘地，不是嗎？）。由上可見，在治療相關知識上，雙方的差距不啻天壤。此外，在人與人相互對待的向度上，治療者也是權階較高的，因為他提供了個案所需求的（提供者是高位），他付出關愛、耐心、同情與悲憫，以及「讓」個案有掌控感。在治療的歷程中，治療者要在知情意行等方面讓個案更有彈性與空間（@賦權使能的案例與歷程），最後達成自由與平權的狀態離開治療。在此歷程中，治療者要負責引導，但此引導要用案家阻抗較小的方式為之，常是用跟隨來領導（leading by following）的方式；治療者要與案家建立好的、合作的關係，並且要敏感於案家的感受與權力的使用。

操控力

依據《家庭心理學和家庭治療字典》（Sauber et al., 1993），操控力[62]（maneuverability）是指「儘管遭遇障礙和限制，治療者去行動的能力。在治療進行中，治療者從某一進路（approach）轉換到另一進路可

能是必須的」，此時即考驗治療者的操控力，他在狹窄之處仍能游刃有餘地轉圜、工作的能力。

如果治療的司機是治療者，操控力乃指治療者掌握方向盤的能力，更確切地說是掌握車是否朝向目標的能力；達到目標時最理想的狀態是案家已學會開車，所以在治療歷程中，治療者必須放手讓他們自己開開看。亦即治療者可能顯著地扮演司機，或是隱微地扮演導引的角色（治療者如渠道，讓水－個案的能力－自主地流出來），至於要用多顯著或多隱微的姿態，端視治療者對個案主體性能力狀態的評估（@進出）。

治療是治療者在掌控，這掌控並非用粗暴（是指專斷、操縱、勒索、強制對方服從）的方式來行使。粗暴常會引起反彈和折損治療者的威信，而這威信是治療者影響力的基礎。雖然有時治療者的粗魯或無力感，可能會引起案家的同仇敵愾或同情，如此反而讓案家產生有力感，基本上這樣的歪打正著、種瓜得豆是要非常審慎爲之的。操控與操縱（manipulate）是不同的。

治療者與個案操控訊息的不同層次（@訊息的層次）。在治療歷程中，治療者常要主導談論的話題或在遭遇困難時衝出重圍、力挽狂瀾，但又不失之粗暴。有時讓個案「自己掌控方向盤」是很重要的，尤其是在治療中、末期或是遇到瓶頸時；治療者放手，常能看到更多、更眞實，對後續治療很重要的資料。

治療者有操控力呈現在他更有彈性與自由度，所謂「有容乃大」，這與剛愎專斷是截然不同的。治療者要時時審度自己內心最細微的情緒與心的出發點；在最細微之處去看雙方是否處於零和的權力角力，「要對方遵從我，否則我會受傷或暴怒」。若是處於權力角力時，就要「踩煞車、放開油門、掉轉車頭」（東山講堂黃勝常老師語）、放掉控制。

119

62　操控力在 Fisch R., Weakland J. H. 和 Segal, L.（1982）的 *The Tactics of Change*（第二章頁 21-51），我已整理在《結構——策略取向家庭治療》（第七章第三節頁 269-270）。

治療者的操控力與個案的自主性，乍看之下是相悖的，但其實不然。因為，治療是治療者憑藉個案所交託的權力，在一歷程中讓個案更有主體性，在這句話裡面的時間／歷程及目的因素，讓治療者的操控力與個案的自主性不相斥。

治療中培植個案的主體性

治療的對象是人，治療很重要的工作是賦權使能（empowering）[63]，也就是培植人管理自己（成為主體）的能力。我認為治療者承認「無法強迫個體成長」，也就是承認對方的主體性是很重要的一步，因為在最根本處，是主體本身在決定要不要以及要如何改變。當兩主體間有了彼此承認主體性的空間之後，對方的主體性才可能成長。在這樣的工作中，治療者只能（其實也是最佳的選擇）提供個案成長的環境與條件並去促進之、導引之。

要如何促進與引導呢？引發動機的萬能鑰匙是「成長」。人活著都希望自己長大、更好、更真善美，而症狀的苦是源自個案成長的阻滯。治療者可用說之以理、動之以情、誘之以利、激之以氣等方式，來增強其「擺脫症狀、克服困難而得以成長」的動機。有時可視症狀行為是成長歷程中遭遇困難而喪失鬥志的一種呈現，治療者協助個案澄清及面對困難，並拋棄飲鴆止渴（症狀行為模式的惡性循環）的習慣。在治療關係中有兩條線交錯進行，一為治療者在使力，可從後面推（引發動機，使其避凶離苦），以及從前面拉（揭示理想，使想趨吉得樂）；另一條線是將推動的力量轉移到個案，讓其學會肯定自己、堅定自己的方向。

---

[63] 有人譯為充能，但我認為 empower 有兩個分解動作，先是「賦權」，由他人賦予，再是「使能」，由自己產生能力；從被動到主動，從外求到內求，這也和我「裝上馬達」的比喻不謀而合。用 empowering 而非 empowerment 則是強調其「現在進行」而非靜止的狀態。這由甲點燃乙的薪火相傳的意象，也正是成長性關係具體而微的圖像。

常要先了解個案目前是以什麼態度和方法在處理問題，並問「你要的是什麼？」「你缺什麼？」「你的願景？」「什麼令你受苦？」「你怕什麼？」「困難何在？」等問題。一旦個案能看到自己的苦厄及願景，就可能增強其改變的意願；如此從心動到行動（@心動到行動圖），從由治療者促成變成是出自他本身意願的行動，最後使之養成習慣。我常用「在個案身上裝上馬達」來描述，也就是個案能自覺、自決、自抉、自發、自主地去做。當然，在密切的兩人互動中，也可把馬達裝在甲身上，來帶動乙，以達成治療目標（雖然這並非最佳的解決，但能讓他們發揮起碼的功能，綁在一起的兩人還可繼續存活）。

介入處遇

介入處遇或可定義為在治療中治療者有意識地進行意圖達成目標的干預。主體實踐治療所處遇的對象包括：(1)個人內在層次如知情意行；(2)個案之間的關係、互動模式、規則等；及(3)所處情境脈絡如居家環境、社會資源等。治療者促成此三者的改變以達成治療目標。

經過審慎評估，盡己（包括團隊）所知、所能形成當時的最佳方案，再去執行及評估效果（@介入處遇環）。我們難能找到萬無一失、十全十美的方案，與其去找，倒不如把介入及修正看作持續不斷進行的過程，做了處遇之後，可做轉圜或修正，重要的是覺察自己的處遇以及戒慎恐懼，不要犯太魯莽或太明顯的錯誤。

對問題的介入處遇有三種進路：順治療法、逆治療法及後現代治療法。前兩者是傳統（現代主義）家庭治療的進路。順治療法是針對問題努力攻堅、疏通等，它的基調是「我（治療者）幫你改變」，一般而言，增進個案間的了解與溝通、情感表達及自我覺察的能力、促成洞識（insight）、修正行為等都屬之；逆治療法是指悖論技術[64]其原型之一是「以不要改變來促成改變」，如開立症狀處方[65]、「不變的處方」、

預期復發等，這些都旨在逆向操作、顛覆僵化的互動模式。逆治療法常需要順治療法所累積的治療關係才能順利施行。後現代治療法乃傳統家庭治療理念經過後現代理念、女性主義、批判論、建構論等洗禮之後，發展出來對權力及性別更敏感的治療理念，如敘事治療（narrative therapy）（易之新譯，2000）、Steve de Shazer 的尋解導向（solution focused）治療（何曾成、朱志強，1999）、Goolishian 及 Anderson 的合作語言系統（collaborative language systems approach）取向等，他們並非針對問題的成因去解決，而是從問題的狀態朝向解決的狀態方向走。例如，他們會用「外在化」的技術，把症狀擬人化、強調它對主體的壞影響，並將它說成是欺壓而非保護主體（這樣的說法跟視症狀為有其系統功能、把症狀說成「好的、有幫助的」大為不同），促使家庭成員團結以對抗外在的症狀，如此摧毀或改造症狀，讓主體從症狀的論述中自由出來；後現代治療也會藉由說不同的或用不同的說法來說故事，藉此改變症狀的建構。後現代治療強調不去形成「症狀的故事」，而是發展出新的、「非病」的故事。治療者若能靈活運用此三類介入處遇的技術，將能有更大的自由度（＠操控力）與治療效能。

蒐集資料

　　治療者在治療的過程中積極地蒐集資料。若說案家所有資料組成集

---

64 請參看楊連謙和董秀珠（1997）中的悖論治療，及陳信昭等譯（2001），在此不詳述。

65 開立症狀處方（prescribe the symptom）是策略取向悖論治療的原型之一，意指用來袪除症狀的處方正是症狀本身。通常是治療者在與個案形成足夠的信任（個案相信治療者是真心且有能力幫他解除症狀）之後，治療者所開立的處方是要個案去做出症狀。奧妙之處在於當「個案去做出症狀」時，他是有意識地做出原本該是「無意識或無法自控」的症狀；所以，症狀必須消失或是他必須會控制它或症狀不再是煩惱。讀者可參考楊連謙和董秀珠的《結構──策略取向家庭治療》，頁 249-321。

合 A，治療者所據以形成整合陳述的資料絕對會小於此集合。不同治療者面對同一個案會有不同的整合陳述是必然的（因而會做出不同的介入處遇）。但是，在討論個案時，我們竟常在私密的內心一角抱持著大家要有一致的看法與做法的「妄想」！

　　治療者進入個案的主觀世界時，是相當積極的，根據自己的經驗與直覺，一再地形成假設、進行驗證與修正或推翻自己的假設（＠介入處遇環）；他也相當樂觀與正向，常要看到個案所忽略的正向面（＠重新框架）。有人會質疑，這會不會是治療者一廂情願的觀點。確實，無可避免地在這新形成的治療系統中，會有很多新資訊是治療者帶入的，重要的是，對於這「輸出」的謹慎與對個案狀態的敏感；隨時進行多種觀點間的辯證，以及監測個案的反應與回饋。治療者是相當「務實」的，一切以有沒有改變[66]、是否有助於達成治療目標為評估的標準。例如，當治療者重新架構兒子的反抗為宣告自主的舉動時，案家漸漸接受了治療者的觀點，於是親子間相互對待的情緒及行為改變了，而原來求治的問題也就消失了。我們並不是那麼在乎這觀點是否來自治療者。又如，一位中年單身女性因「對鄰居的關門聲敏感，並且伴隨心跳加快的症狀而想逃離家門」的症狀來求診。在了解伴隨症狀的相關細節之後，治療者決定去了解個案的背景，所得的家庭圖是，個案排行老四，目前個案與老邁的父母三個人住在一起，而其他五個兄弟姊妹都已成家，且其中三個手足住在國外。這時，要是你是治療者，你會根據這些資料問什麼樣的問題？當我問：「妳是什麼時候決定要留在家裡照顧年邁的父母親的？」她頓時泣不成聲，接著，更多的資料從她口中流出。原來她一直資助與她年齡相近、近三年來罹患重病失去謀生能力的妹妹。接著，我心中浮現：「為什麼是她獨自在承受呢？」於是我接著一一問：「其他

123

66　改變指的是在知情意行等各方面是否變得更有彈性、關係是否改善、對方是否更能反思自己與脈絡間的互動，並做出更清楚與明智的決定等。

的手足及朋友知道嗎？」「他們怎麼說？」等等。如此對於「懼怕關門聲、想逃離家門」的症狀，在治療者心中浮現的是：「我不想被關在這家裡，我要出去（結婚）！」於是，她「姿色、學歷都不錯，但穿著卻有點破舊」的呈現能用新的解釋貫穿，即她處於最受忽視的排行，可能變成最討好或最自我犧牲（照顧父母）的一位，而她「把所有的積蓄都給了妹妹」和她刻意樸素、不吸引人的打扮，同時「促成」她留在父母身旁、不願或不能離家的理由。這去留的衝突和無法自我實現是她痛苦的來源。

在這樣探索個案生命故事的路徑中，個案的情緒及曾經做過的努力會指示我們是否走對了路。例如，在問：「其他的手足知道嗎？」時，個案的回答是她曾找過他們談妹妹的困難，如此我們知道了個案曾尋求此外援，也知道了手足的反應，所以我們又得到更進一步的資料。這些都有助於形成更貼近真實的處遇方式。

治療者在面對個案時，常像個解決數學題的學生或是生命故事的偵探，我們無暇蒐集巨細靡遺的資料，而是一如打蛇隨棍上般，從與資料的互滲[67]中找到切入點（@形成具體可行的切入改變點）。所以，我們要的是一位有效能的治療者，因為大到治療結構的維持與治療的成敗，小至每個問句的鋪陳，都是治療者要負責。

在這探索及解決個案問題的路途上，每個治療者走的路會有所不同，所以，我們不必也不能用「哪一條路才是對的」來質疑別的治療者（討論是歡迎的，因為那樣能有更寬廣的視野，但若要分出「你錯我對」的討論，就省下這樣的唇舌吧！觀看其他治療者做治療對於學習治療是很有幫助的，因你可看到別條路上的花朵。）

大多數個案是在問題夠苦惱時才會前來尋求專業協助，他們常會困

124

67　生命主題、互動結構等會在不同的生活事件中一再重現，故從任一具代表性的事件中進入常可窺見生命的一斑——從一粒沙中可窺見宇宙！

在愈解愈結的困境中，或是覺得他們的問題是獨一無二且無解的。這時，治療者蒐集資料及形成介入處遇的方法時，要能不被他們「無解」的論述說服。如果治療者真的相信「無解」（@同化），可能就要盡快承認無法幫助他而轉案或尋求外援（找督導或同儕討論，或找別的治療者一起看這個案或是重看治療錄影帶）[68]。在這裡要強調的是，治療者要不被個案的問題或解決方法所說服，以致無法動彈，在探詢的過程中要去聽他們的困境，並深切感受他們進退不得之苦，但要形成與個案「不同」的解決方法，可以是「另起爐灶」，也可「順藤摸瓜」，即順著他們的解決方法，但稍做修改，例如，要案家「再堅持久一點」或是「除此之外或可多做些……」再如，夫妻以吵架來解決問題，治療者可肯定吵架的必要性，所以設計在「不同」的地點或時間讓他們大吵一架；又如，對於那些吵架用說理、數落等理智方式的人，治療者要他用非理性的方式來吵：「哪有人吵架還要那麼講理，掣手掣腳的，這樣一點都不盡興，無法達到吵架宣洩情緒的效果（難怪你們的問題沒有解決）。」如此，個案不會忐忑於應不應該，甚至責備自己怎麼會發脾氣，而吵架這「失控」的壞行為成了他們刻意的行為。於是，不論是「他們學會控制它，而不會懼怕那失控的狂暴」或是「我很想去吵，但奇怪的是竟然沒有脾氣了」，都達到治療效果（這也是悖論治療的例子）。

125

治療者在形成介入處遇之前，要看到「可解決的問題」，這時，治療者本身的經驗或「方法庫」（這可從多看案例學得）就很重要了；錦囊妙計愈多，就愈不怕碰到困難，這也是團隊的討論能很有貢獻之處。治療者的積極態度也會顯現在這一點上，他在治療的歷程中會一再地遇

---

[68] 治療中常會遇到這樣的情境，把這此時此地的僵局呈現出來是處理的方式之一，例如，治療者先坦誠地跟個案談他所了解的困局，再與他一起面對討論這困局。有時可用類似「投降」（@投降的策略運用）或「反轉」的技術，先備妥一解決方案，再邀請個案做最後一搏。

到困難，一再地解決困難，奮鬥不懈，而這也就是「操控力」（@操控力）的眞正精神。

要知道多少資料才開始介入處遇？

在做治療時，要蒐集到多少資料你才會開始介入處遇[69]呢？和許多相關治療問題的答案一樣：因治療者及治療取向而異。但是，其實這個問題也能有一明確但主觀的答案，那就是「當你覺得蒐集到的資料已足以做處遇時」。

每種治療學派、每位治療者對此問題都抱持不同的態度。有些治療者會要求若非十拿九穩、絕不輕舉妄動，也盡量不去「打擾」個案的內心流動，以求得到對問題本質不受治療者污染的純粹了解，「不做詮釋則已，一做要一針見血」。有些治療者會採取持續衝撞的策略，邊介入處遇、邊在互動中做出關係的評估。當然，這和界定問題的基本假設是息息相關的，前者視症狀爲靜態、實體、在個案內的，而後者則是動態、流動、在關係中的。不論如何，每位治療者在實務上非得做抉擇不可。或許不論採哪一種取徑更重要的是，維持回饋機制，時時檢視修正。

「當你覺得資料已足以做處遇時」，這句話暗示有先天的條件限制，即治療者必須清楚自己是依據什麼取向、在做什麼，並計畫要如何做，除了預估可能的結果及後果之外，也要有能力收拾這些後果。治療者必須對於在每個當下做（與不做）的後果負完全責任。這是一個非常嚴格的要求。這時，治療者必須盡己所能地覺察「治療者－個案」這系統（這系統包括個案以及治療者的現在及過去、治療者和個案一起經歷

---

[69]　此處的介入處遇是指治療者在通盤了解系統之後，爲了達成主要的治療目標所做的有策略且目標明確的處遇，是整個治療歷程中的主要戰役。

的歷程以及共處的情境和包括治療室內、外的時空脈絡）。

「當你覺得資料已足以做處遇時」的答案就是「端賴治療者的自覺」。這可分三方面來精進：(1)要加強自我檢視的能力（我位／內觀／覺察）；(2)要能神入個案的狀態（你位／同理／反移情）；(3)要能檢視治療歷程及關係脈絡（他位／關係動力／反思）。要如何增強這些能力呢？自修（看書、看錄影帶、看逐字稿）、與督導討論、請他人一起看治療、做研究分析互動歷程，以及多去體會治療者、觀察者及督導等位置的經驗。

治療者要「更快而有效地推進治療」，就必須先熟悉、累積各種個案類型的經驗，當然，要隨時提醒自己這些經驗的積累是來自其他而非眼前這位個案。我們用來看個案的心中的地圖，只是工具而非真實！既是工具，我們也可同時用好幾張地圖來看待同一個個案，這時只有哪一個工具用得較順手、較有助於解決問題的差別而已。換句話說，無效的就把它擱置，換另一種；主體是選擇工具的人。

治療者要視介入處遇為一歷程，類似老鷹經由回饋，步步修正，最後抓到奔跑中的獵物的過程，它是一再修正方向與目標方位，而非要求一舉中的（@介入處遇環）。例如，若某個案治療的目的在於解決他因生活壓力而一再重複出現的自殺行為。我心中的地圖是，這行為是他因應生活壓力的方式，這行為之一再出現，可能是有「部分成效」，類似「好不了但又死不掉」，而形成持續發生的迴路，或是此行為有其系統功能（@對症狀看法的演變）。如果我把「因應生活事件」和「減少自殺行為」當目標時，我會覺得相當無力，因為我覺得無法改變此生活事件（例如缺錢或過去的經驗），也很難要他不要有自殺行為（發動此行為的決定權在於個案），這些都會減少治療者的自由度（@操控力）。所以，我不選擇它們作為處遇的施力點，而會繼續去尋找。後來發現個案心情低落之前會覺得生氣但不敢說出來，我心中發出「啊！」一聲，「這個我會處理。」所以我從這一點開始介入。介入處遇可能會是有其

127

階段步驟的，例如，將調適憤怒劃分成幾個步驟，第一步是個案先在治療中學會發出情緒，重點在於「在治療者安排」之下，其實這也是種「症狀處方」。第二步是學會不發出來。第三步才是漸漸調整到收發自如。這三步驟有一共通的主軸，那就是增強個案的自我控制能力。另一個支持要個案學會處理情緒的、隱藏的暫時假設是，「當他學會表達情緒，自殺的行為就無用武之地了」（待此目標達成時，要看問題是否得以解決，若否，要再找到新的目標）。如前面所描述的，在形成此處遇的過程中，我經歷了恍然大悟的「啊！」的感覺，當時想到書上不是也提到情緒低落的個案常有隱藏的生氣嗎？這旁證也支持我做此處遇。

　　上例試圖描述我做出處遇的「內在歷程」。要注意的是，這個處遇的目標（生氣）要與原先要處遇的問題（自殺）有關，也要能說服案家或被他們接受。像上例中自殺與生氣的關聯是個案自己說出來的，而非治療者硬加給他的。治療者可順著他的說法形成整合陳述來說服個案：「你擔心拒絕會得罪別人，但接受又覺得很委屈，只好把氣憋在心裡，因此而心情低落，最後只能把氣發在自己身上。所以，發出脾氣是解決問題的方法之一。事實證明你是有發脾氣的能力的，但我們要學的是去練習駕馭它，因為你擔心的是它的狂暴及後來所發生的後果。」

　　在前述關於介入處遇、治療理念等的討論中，我有一貫的循環性思考，即介入、一再地評估、一再地修正、一再再地介入。這樣的循環有積極的意義，它呈現的是積極面對問題的治療者。除了上述介入處遇時治療者的狀態之外，有一必須注意的條件是「個案準備好了嗎？」治療者要隨時評估個案的狀態，太急或是太慢都不好，要能跟隨個案的腳步。

　　在治療者覺得資料已足夠而開始介入處遇時，治療者的姿態會有一改變，會變得較高且主動積極；同樣，的當案家有較好的認知和意願時，他們甚至會鬥志昂然，這時治療者反而要開始鋪陳處理萬一失敗的失落挫折感，如用打預防針（預期復發、進三步退兩步等）及穩紮穩打

（呷緊弄破碗，即欲速則不達）等策略。

加入及進入案家

　　雖然以治療室而言，治療者是主人，他要招呼個案讓他們安坐。幫助案家安坐，最重要的工作是讓他們有方向感，這也是一種能掌控的感覺（@準備案家進入治療），另一點是藉由治療者的態度和專業能力贏得他們的信任。在案家能夠安坐之後要「主客易位」，治療者扮演客人進入家庭。

　　進入家庭最重要的技術就是「加入」[70]。加入是指治療者與個案接觸、交談、與家庭中的每個人做連結、了解他們；治療者要溫柔但敏銳。此時，治療者的工作比較是積極聆聽與適時發問，個案若急於知道你的答案時，常要戒急用忍地回說：「讓我對某某議題再多了解一點之後再回答你。」而且常要個案真的願意聽時，才說出自己的建議，以避免過早的評斷與限制了某些話題。營造關係是進入案家很重要的工作，並非一進入就要施展我們「有力的介入技術」。要如人類學家般地低調地進入田野，隨時保持警覺、避免不適切的打擾，但又要得到有效的資料。要得到的資料包括：(1)個案是怎樣的一個人、他是如何活到現在的、他生命故事的主題等；(2)他們對治療的看法、對問題的界定、對世界及所處情境的看法？他們要的是什麼？(3)他們曾經用過什麼方式處理問題？問題如何得以維續？每個參與者所扮演的角色與貢獻？圍繞著問題的互動模式？每個人的狀態如何？誰最焦慮、誰最有力量、誰最有能力改變、誰與誰的連結較好、誰與誰在哪些議題上衝突、他們的觀點及面對衝突的因應方式各是如何等等。

129

---

[70]　請參考楊連謙和董秀珠（1997）頁 177-178，及劉瓊瑛譯（1999）頁 45-76。

進入家庭要看什麼？

個人部分

- 人格及性格特質。
- 個人生命階段[71]及議題。
- 因應困難的模式及其彈性。
- 與特定他人（如父、母、權威、朋友等）關係的基調（距離、方向、品質等，如依附關係）。
- 核心的渴求或信念，如「我不聽話就會被打」「吃得苦中苦，方為人上人」「我不成功，別人就不會喜歡我」「我從小就被欺負到大」等，成長中基於脆弱而發展出的與重要他人相處的腳本、存活姿態與策略、依附形態（＠成人依附形態：關於親近／疏離鬥爭的一些思考）等。
- 這樣性格的人會看重什麼（吃哪一套）？講理、吃軟不吃硬、動之以情、服從權威、好叛逆、虛張聲勢⋯⋯？他會引得人們用什麼方式或態度來對待他？
- 個性的成熟度。
- 與治療者間的關係：合作度、與治療者接觸、連結的方式等。

關係及互動模式

- 兩人間：
  相對位置：距離、高低、方向等。

---

[71] 個人生命階段，例如，Eric Ericson 的社會心理的發展階段，讀者可輕易在心理學的書中找到，如周怜利譯（2000）。

互動的量：接觸的時間長短、說話多少、對對方了解的程度等。在關係中，類似訊息量的積累會造成一些改變，如三人成虎、嘮叨會使善意變質等。

互動的質：陰／陽、強／弱、高／低、大／小、幫助者／病弱者、急驚風／慢郎中、草蜢／雞公、追求者／逃跑者、高功能者／失功能者、給／取、施／受、借／還等。

不良的關係：在治療中較常看到兩人間「近」所產生的問題，結構派常描述為糾葛（enmeshment）。最常看到的是某些家人會想要更親近（對現有的關係距離不滿意），而有些人則是想要改變關係的本質，而也有人是苦於不得解脫，想要掙脫關係。以下將「近」的關係分成兩類，之下再分成陽性及陰性：

1. 宰制：侵入（intrusiveness）與控制
   陽性宰制：命令、威脅、強制、懲罰、漠視等。
   陰性宰制：引發罪疚、不忍等，讓對方認為是自己主動要做的。

2. 親近（closeness）
   陰性親近／感性：照顧（caregiving）、親密、分享、合作、傾聽、同理、陪伴等。

陽性親近／理性：一起去做某事、教導引領等。

關係規則：兩人間的互動是互相引致與反思性的。個體的慣習與當下的選擇會影響互動的進行，而有時雙方的舞步會因各種因素影響而各說各話，無法產生可理解的對話，而雞同鴨講、胡言亂語。兩人間可能會對脈絡及規則的定義衝突，但磨合之後雙方會形成互動的慣習而形式化，較好的情況是雙方對於關係的界定能在現有的基礎上一再升級、翻新、在關係中探索與改變，亦即關係發展（@關係的發

展）。

多人間：加害者－犧牲者－拯救者、迂迴衝突、代罪羔羊、陰謀支援
　　　　等。也要注意重複的互動順序，如當母親訴說陳年往事－女
　　　　兒開始打岔－父親制止女兒－母親停止訴說，以及重複出現
　　　　的生命主題，如一再地被背叛或熱臉貼冷屁股。

家庭部分

* 族譜圖、結構圖、生態圖、關係圖：年齡、性別、出生序、稱謂（角
  色）、權力階層、職業、學歷、重大疾病、死亡原因、婚姻狀態等。
* 家庭生命週期。
* 聯盟、結盟、界限、分化、規則、壓力、代罪羔羊、家風、家訓（價
  值觀）及家庭氣氛等。
* 家庭內在與外在系統間的連結及其規則，如是否容易接觸及接受外界
  訊息、視外人為敵意的或友善的。

矯治、拓展與蛻變

　　案家帶來問題、疾病或缺陷要治療者「矯治」。我們可用多層次
（@層次）的整體觀（holistic）來看它：(1)個體的生物、生理層次：帶
症狀者的病或缺陷；(2)個體的心理層次：帶症狀者人格、心理、行為問
題；(3)家庭、組織等密切關係（@密切關係的特徵）之系統層次：互
動、關係、規則；(4)社會、文化層次：禁忌、偏見、規制；(5)心靈、宗
教層次：超越、意義。我們認為問題會或多或少碰觸到每一層面，但首
先要看他們抱持怎樣的觀點，我們要用怎樣的觀點跟他們連結，然後帶
動改變。在此強調的是，我們並不否認「疾病及缺陷」的層次，因為疾
病及缺陷不見得全是由互動及關係造成，改善關係亦不能解決所有疾病
的問題，我們寧可看作不同的層次或向度，如此疾病及互動兩者能夠共

存，而將疾病或缺陷放在個體、關係及脈絡中，形成對個案以疾病（或缺陷）爲中心的整合陳述，並側重於他們是如何面對、因應、對治、適應或與之共處。

個案的改變有三個層次：(1)矯治：專注於表淺的症狀行爲，與案家形成符合醫療模式的目標，即除掉缺陷；(2)拓展：著力於知情意行關係與脈絡等面向，增加其彈性以促成相處模式及互動結構的改變，其實，這些也是修復或擴充自我功能使個人有更佳的社會適應；(3)蛻變或轉化：是「自我」從一種狀態轉化成另一種狀態。它不見得是棄絕、斬斷，而是「變成」、變得不一樣了；當事過境遷那些困擾的問題將失去盤踞的魔力，而先前所堅持的、現在已索然無味。

基本上前兩個層次主體關注的方向是向外的，是要修復建構（治療／復健／教育學習）「我」這個機器，是改變；後者則會跳脫出此一與症狀問題直接對應的「正／反」而超越到「合」，是轉化。亦即，它是整頓「我」這個機器本身，讓它脫胎換骨，做意識、意義或邏輯層次的轉化（如後現代治療，其注重重構經驗的意義與豐富生命的故事），甚至在心靈的層次是要打破「我」，而走向超個人心理學或是宗教的無我。

133

改變的階段

要改變

案家來治療是希望能改變。在改變的關口，個案可能充滿恐懼，因爲他並不確知新局的樂而先要承受與舊狀態的撕裂。若要促成改變，治療者要增強個案對舊苦的感知，對新樂的想望，承受改變陣痛的意志，以及堅定實踐的信念；對新局的期盼愈強，就愈能承受改變的陣痛，甚至甘之如飴。

案家常已嘗試過許多解決舊苦的方案，只是並未奏效 [72]，甚至反而衍生出更多問題，例如，「愈解愈結」地攀援蔓生。這是因為未釐清苦的來源。苦的來源有二：一為問題本身；一為衝突猶豫，無法做出取捨決定。此二者常連袂出現，未看清楚問題及其對自己（及家庭）成長的危害，就無法產生更大的勇氣而猶豫反覆、疲累挫折。

　　「未看清楚問題」是很奇怪的現象，很值得提出審視一番。多年來，李太太總覺得她都是放棄自己的意見順著先生，因而呼喊著說：「我要自主！」但先生總說：「我有給妳自主啊！我有找妳討論，有沒有？妳的意見我（認為好的）也有接受，有沒有？我也會堅持我認為對的。」奇怪的是，太太已嚷了那麼久、那麼大聲，先生就是不懂「她怎麼會感到沒有自主？她到底在抱怨些什麼？我有讓她表達意見啊！」從太太的角度來看，這位先生打壓太太的主見（主體性）而不自知，因為他認為「只有我認為對的才是對的」，沒看清「對」不是唯一、絕對，而是多元的。例如，我們一直被灌輸要像勤儉的螞蟻，而不要像成天唱歌的蚱蜢，難道蚱蜢一無可取？

134

不改變

　　其實，在這舊苦的循環中打滾確實也可能會感受到「苦中之樂」：那已養成的因循怠惰（習慣熟悉）、那「我有在努力改革」的自我安慰、那「革命尚未（完全）成功，同志仍須（用舊方法）努力」的自勉，以及那「你能保證新的會比舊的好」的合理懷疑。這些因循、擔心、猶豫、懷疑都緣自未能看清這舊苦與新樂而做出決斷：跳過去、決定不跳（接受）或是掉頭去玩別的，這些都比陀螺似地空轉好，除非我們是把人生的意義定在「呈現此『陀螺空轉，不得超脫』的狀態」。

---

[72] 案家未奏效的原因有很多，有時治療者必須拆掉重建，有時則只要局部改建即可，亦即順著個案的解決方案，做些簡單的修改，可能也就有效了。

促成改變

　　若要促成改變，治療者要讓案家感受到你知道他們的苦、肯定他們的意圖與努力、承認改變的困難，要了解遇到挫折不改變的想法或不改變的好處（對此雖表達了解，但要提供不同的方式來得到「症狀功能」的好處。例如，孩子吵架，父母聚合在一起處理他，這「父母聚合」滿足了孩子的安全感。此時，一方面，治療者的卡位來促成父母合作處理小孩的問題，取代了孩子的症狀功能；另一方面，治療者卡位之後，要助他邁向成長之路、學習新的待人處世的方式（新觀點、新情緒、新行動等）。

　　治療者一路從讓其心動到在治療者的幫助下做出小小的改變行動，再從行動養成習慣與新的互動模式；同時，也致力於讓個案所處的環境（包括人文環境及自然環境）改變為有助於新行為產生的環境，以及讓個案從他助轉為自力達成目標。

　　在實務中促成改變的原則可參考（@滾雪球／正性回饋），要留意及反映個案知情意行關係及其狀態細微的變化，並在與先前對照中看到差異，再細究其改變的用心、所做的努力及改變的經驗歷程等。

對症狀看法的演變

　　要談對症狀的看法，必定觸及治療所本的哲學（@治療相關哲學概論）理念及其所衍生的策略與技術。

　　個別心理治療認為症狀源自過去未能解決的遭遇，治療的方式是要把它揭露出來或藉由重新去經驗它來造成改變，所以心理分析會去分析個案所說出的內容，企圖從中尋解，治療者像是偵探抽絲剝繭探尋病源，這樣的思維模式比較接近醫療模式和現代主義實證模式（用證明或否證來探求終極真理）。

早期的家庭治療理論並不認為症狀源自過去，而較集中焦點在此時此刻，認為問題呈現在當下，經由當下的溝通、互動模式或關係改變即能解決問題，不見得要回溯過去。治療者較著重家庭整體關係後設層次的"how"和"what"，而較不重內容性的"why"。

　　早期的家庭治療理論雖尊奉 Bertalanffy 的一般系統理論，認為症狀行為是循環互動共同構成的，但在骨子裡處遇的想法仍難脫現代主義，也就是治療者抱持一「正確」的圖像，試圖去「矯治」出了差錯的案家，像 Satir 認為是家庭溝通出了問題，Minuchin 認為是家庭結構出了差錯，策略取向則認為是解決問題的方式造成問題等等。Miermont（1995, p. 390t）整理出家庭治療理論對症狀看法的三個層次：線性因果、循環因果與系統因果。(1)線性因果：視症狀僅是個案所經驗到的問題，病因造成症狀，就像病毒感染造成感冒，只要除去病因就能回復健康；(2)循環因果：視症狀為傳遞關係的訊息，病因和症狀是互為因果、相互影響的，例如，母親的嘮叨和孩子的反抗之間互相激盪；(3)系統因果：視症狀為系統功能的解決方案，它既是症狀也是致因，同時又是系統的解決方案，這也就是所謂「症狀功能」。

　　初學家庭治療的人常對「症狀功能」的說法感到濃厚興趣。在此要強調的是「症狀在系統中的功能」只是一種治療者的觀點或詮釋，不見得是被認定病人意識層面的運作，而較常是「副作用」。例如，社會衝突有增強群體內個體的自我身分感、自主意識、分離感和凝聚力的功能；將藥癮者視為「病人」而非罪犯，產生了相關的專業知識與商業利益蓬勃發展的功能；「母餵子食（哺食）」是養育行為，但從人類整體的角度來看時，這「哺食」表徵著人類的繁衍功能；當孩子哭就有糖吃，他很容易就被制約（學習）了；更複雜些，當孩子嘔吐，父母就停止爭吵，孩子很可能在父母爭吵時就吐了，看起來會像是他學會用吐來停止父母的爭吵。

　　相對於「現代主義」家庭治療（如結構、策略取向、Satir 及 Bowen

等），後現代家庭治療（@介入處遇）認為症狀是參與者間或與社會建構出來的，既然它是建構出來的，人們就可以藉由重新詮釋及述說故事來改變這建構、改變症狀。主體實踐治療則認為，症狀是多種力量（例如，趨／避、群體／個體、本我／超我、男／女、強／弱、給／取等）糾結的呈現，它是諸多因素因緣際會的產物，人們不見得能了解其因果、功能或意義。個案或案家是在知情意行或關係中卡住了，而在主體化（個體成長與自我負責）或界限分際、權力階層、情感連結等關係軸向上出了問題（@主體實踐取向的「病理」）。症狀會造成帶症狀者或是與他親密的他人痛苦；被認定病人的特徵是「無根」，他無法或不願擔負起自己的責任，常會要求別人改變、要別人為他負責，而有一相反的極端是拚命討好、照顧別人而失去自我。

單方還是雙／多方決定？

　　Humberto Maturana [73] 提出「結構決定系統」、「構配」（structural coupling）的概念，認為生物體的功能受限於神經系統所能執行的範圍，因此，生物體的知覺受限於其在知覺歷程當時的內在狀態與過去經驗；學習只能在此「內在狀態與過去經驗」，亦即在「結構決定系統」（Chubb,1990; Dell, 1982; Pocock, 1995）的限制內嘗試對新情境進行調整。他認為環境確能激擾生物體，但無法強迫他，此機體的反應完全依其內在結構而決定。有學者幽默地比喻「如果你踢死狗，牠的反應會遵循物理定律；但若你踢活狗，牠會依其內在結構而反應」（Chubb,

137

---

[73] 智利的生物學家 Humberto Maturana 提出結構－決定（structure-determined）認識論。認為生物體有其界限（boundary）和內在組織（internal organization）；生物體在界限內是自主（autonomous）且自我衍生的（autopoietic），亦即，生物體在界限內會持續地生產（create）和自我維續（perpetuate）；生物體是自給自足的神經單位（neural unit）。

1990）。每個機體都有其特異的「習氣」（coherent identity）（亦即其內在結構的整合性表現）。當兩個生物體在一起一段足夠的時間，生物體會將重複的互動整合入其內在本質中，而互相調適（accommodation）、傾向於一致（congruent），此過程即為「構配」。生物體會依其「習氣」而與外在的觀察者及社會相互形塑、「構配」彼此，而組成如婚姻、家庭或治療等互動組織系統。

循著這樣的觀點，會認為人是不可能客觀地覺知這世界的，而且每個人因有其不同的心理及生理因素，而會有不同的「實在」版本。這樣的推論會挑戰現代科學有一固定真理或實在，並可以被客觀發現的說法。正因此，Maturana 的理論常被引為後現代家庭治療的理論基礎。他批判並揮別那些指導現代社會、歷史、政治，以及個體理論的主流目標與預設；放棄「生命系統可被客觀觀察、研究及從外部改變」的假設；而把觀察者置於被觀察的環境脈絡中，不再提供答案，而是和家庭一起尋找意義、重新論述。

138

這樣的觀點也和某些治療理念的主張一致，如「沒有人可以使別人有任何感受，人無法啟動或關閉另一個人的感受……每一個人都是自己開啟和關閉這些感受……就一個負責的人而言，自己的感受、思緒、態度和經驗都是自己要負責的。……我們常被灌輸一種想法，認為自己的感受和思想是別人行為和刺激的產物。其實，感受是個體內在生理現象的表現，是從人裡面產生出來的。雖然可以複製別人的思想，卻是個人內心選擇複製這些思想……」人們會錯誤地認為：「『我們是別人行為的受害者』……要別人為我們的感受負責」、「最困難的一點就是了解人不可能傷害其他人的感受……受傷感覺的生理機制在當事人的身體裡……我們要為自己的知覺和解釋負責，刺傷自己的武器正是這些知覺和解釋，所以毫無理由為受傷的感覺譴責別人」（易之新，2005，頁64）。

前面所述「內在結構決定」的觀點，把問題及其解決的責任都放在

個體／內在。但這似乎不宜無限上綱，其「適用」的範圍是觀點、詮釋、意義等細微層次的對象，對於更粗糙實質的對待，如虐待，以及外在自然之物（動、植、礦）及人文等人類集體建構的共識，則很難全由個體內在決定，否則會陷入類似阿Ｑ精神勝利法之譏。內在結構決定的觀點也和傳統家庭治療互為因果、相互引致的概念是不同的，後者會強調互動、關係，以及脈絡對個體的影響。或許兩者並不違背，在感受、關係等細微層面的究竟處是由個／主體決定的，但從外在滲入的影響卻也是巨大的，在個體不那麼清明覺察時，內在決定的素質會受各種內外在身體心情環境等因素影響（此時會是雙方或多方面決定的）；個體要努力的是辨明及突破自我觀念的惰習與綁縛，這也正是主體實踐治療致力的方向。

再者，在與另一個體互動及構配的過程中，個體的決定應會受他者狀態及接續傳遞訊息的影響，那麼，在互為主體的脈絡中，個體有多少百分比是內在結構決定的？「我決定接受你的決定」，這是誰的決定？

139

在個案允諾改變之後

在個案已有心向及理想目標，而說要改變時，治療者不能認為如此就搭上直達車邁向成功，而要繼續讓個案積蓄能量（蓄勢待發）以產生心態、觀念上的變化（雖尚未落實在行動上），但等那春雷降臨，潛藏著已變化了的就能破土而出。

「蓄勢」有內外兩個方向。向內是治療者幫助個案動員其他的內在資源，如看到正向的自己，喜歡、欣賞自己；看到自己的能力；感受到自己的情緒，尤其是看到自己受制於負向情緒的苦。然後想要改變的意志才會更堅定，才會去動員知情意行關係等等一切力量來促成改變，去擺脫這僵化的、自動的、被制約了的互動模式，或是找到（或創造）成功的經驗[74]。向外是治療者調發其關愛、欣賞、感激、憐憫他人，如配

偶、孩子、父母等的心，或是讓個案學會同理對方的狀態，而非被引發慣習的、本位的反應。

　　治療者在轉動個案的態度時，常會遇到各種特色的個案，如特別「好說理」、「鑽牛角尖」、「固執」、「暴躁」、「多疑」等，這些特色常妨礙個案的轉變。這些「缺陷」同時也可重新框架（@重新框架）成資源，如「理智」、「求完美」、「堅持」、「熱情」、「謹慎」等，而非我們要對抗、消滅的敵人；我們可思考要如何利用這些特質，要知道雖然這些特質使他們吃足苦頭，但也常是他們賴以生存的憑藉。以完美主義者為例，可對個案說：「你的問題在於還不夠完美、不夠努力，你要更加努力去達到完美才是。完美是要能夠接受不完美，當你能接受不完美，你就完美了，最難的就是接受不完美。繼續努力！」也可繼續說：「問題是出在『責求』而非『完美』；並不是要放掉對完美的追求，而是要處理這『責求』的態度，必須請你的『理智』出來判斷這『責求』的態度是否合理。」

140

　　「現在已是時候了，你們該視這種（舊狀態的）困難為挑戰⋯⋯

　　「你們選擇了那冒險，因為它是最適合你們自己個人的價值完成的那一種。在為你們自己調解許多觀念和矛盾時，你們也替許多別人領路。」[75]

　　形成治療策略時，要考慮「處理什麼問題最容易達成怎樣的效果？」「用什麼方向？」「要誰改變、要跟誰說話，或要他做出怎樣的行動？」等。例如，姊姊抱怨：「怎麼問，他（弟弟）就是不回應。」依據此描述，治療者可形成「姊讓弟回應」的階段目標，此時要思考：

---

[74]　個人的經驗庫中一定有成功、溫暖、被賦權使能的經驗，只是他常視而不見，或認為「那不算」、「那是應該的」，而拒絕讓自己去感受及經驗。當個案願意改變舊的心理習慣、用不同的視角從自己內在經驗中尋求力量時，就已成功一半了；個案的態度從被動地抱怨外界，轉成主動地從內在尋求力量。治療的困難常在如何讓個案願意轉向，去看、去接受、去相信。

[75]　《神奇之道》王季慶譯（1998）。頁57，台北：方智。

要從姊或／及弟著手；要利用他們的哪些資源，如姊的關心或弟的固執；要從哪一點切入，如他們所遭遇的壓力、心情無助、溝通困難等，以肯定、加油鼓勵或引發罪疚感等方式來達到所欲的結果。

治療者可從介入過程中評估參與者的狀況（能力、是否接受治療者的意見、因應策略等），也可從評估中得到治療策略的靈感；治療舉動是經一再評估而持續修正的（@介入處遇環）。基本上，治療者要賦予每個成員能力，亦即讓觀念及情緒更有彈性，而有更強的意願付諸行動，在脈絡之中改變相處的關係及模式。但在治療中要解開個案間糾雜的連結，常要藉助有步驟、有目標的治療舉動才能達成。在治療中常要找出改變的「開關」，闖過一關又一關來達到核心問題（這闖關的過程就是治療策略布局）。在治療歷程中，治療者常會找出一個或多個主要的施力對象，經由他的改變來帶動治療目標的達成。做此思考時當然要合乎經濟原則，通常治療者會評估個案的能力及促成其改變的難易。例如，目標在於促成個案與父母之間有更好的分化。若促成個案改變的可能性夠大（如能力好、父母能聽他說話而調整自己等），治療者會先以其為施力對象。若是成效不彰，則要檢討介入策略技巧，也可考慮換施力對象，諸如，讓父親改變說教的態度、學會肯定個案或對個案的行為設定限制等，或是讓母親來協助父子相處等。當然，治療目標還是「個案與父母有更好的分化」，只是走不同的路到羅馬！

面對病態

專業的訓練使我們能非常敏感地觀察到個案的「病態」，如「不一致」、「矛盾」、「阻抗」、「操控」、「作態」等等。我們甚至會拿著「診斷準則」或是精神病理學（psychopathology）的放大鏡仔細地去尋找「病態」之處（這或許有減輕我們自己面對不確定時的焦慮，或是增強我們的稱職感的效果）。這些「病態」不是被解讀成「病」、

141

「壞」就是「瘋」，簡言之就是「不可理喻」，因爲無法理解，所以他們乃「非我族類」而該被矯治、消滅、放逐、監禁、邊緣化（@矯治、拓展與蛻變）。

這「病態」的解釋因爲符合社會的界定，所以能讓我們感到心安。其實不只是我們，對於家屬，甚至某些「被認定病人」本身而言也是如此。當某種標籤被接受時，人們會據此標籤形成互動及生活的模式。這現象類似於經過成年禮的洗練之後，青年阿明得到「大人」的身分，而大家也把他「當作大人」來看待（如被允許抽菸），並由此相互形塑阿明的言行及身爲大人的生活。

家庭治療的理念較不強調「病態」的部分，而強調成長的能力（@對症狀看法的演變）。但是，從臨床經驗中我們學到，「病態」的部分是會影響成長能力的發揮。例如，建國一直無法度過母親去世的悲傷，他心中怪怨父親，認爲母親的死與父親的疏於照顧有關，然而這樣的怪怨無法明言，於是化作要維持母親尙在時的擺設的堅持。父親對於建國的堅持採取教導他「要看現在及未來，不要執著於過去」的姿態，而無法貼近建國內心的傷痛。當父子衝突大時，建國因其狂亂的行爲而被帶來住院。直到治療者問他：「你要花多少時間來堅持？」他回答：「三十年。」於是他放下對父親的期待，生活也就回到一般社會所認爲二十五歲的人該走的路、找到工作以及交女友上。所以，我們並不能天眞到，不理會「病態」而完全去看能力的部分。

如果我們能體察到自己面對這些「病態」現象時的心情，或許能擴展我們面對它的態度。我們可能會相當憤怒，因爲它阻抗、操控……是跟我們「想要治好他們」的意志作對的；我們可能會挫折，因爲花了許多力氣，個案還是堅持用他們的方式；我們也可能會「見獵心喜」，因爲這正是該做介入處遇之處；我們也可能感到困惑，因爲不能理解。我們如何看這些「病態」現象及其心情，會決定我們的對待、做法；我們可能會試著去提醒他、糾正他、面質他，或是去更了解他。

　　有一種想法是：「事出必有因」，若我們抱著這種信念，將會帶著好奇心去更了解他們為什麼會如此，於是我們可以了解更多個人內在及關係情境的訊息，也就是去發現「有哪些系統因素維持著此『病態』行為？」如此我們將能以更寬容甚至慈悲的心去看到系統正正反反的力量，及他們是如何被局限或相互綑綁的，也能思考系統中改變的力量何在？目前的狀態是否就是他們的最佳狀態？他們若依治療目標改變真的會更好？後現代治療的想法是「從現狀出發，朝所欲的目標建構」，這樣的想法並不去問形成症狀的源由、因素與看法，而是要多做能邁向更好未來的舉動（何曾成、朱志強，1999）。主體實踐治療者會去經驗與個案共同建構成長性關係的互動經驗。

參考文獻

王季慶譯（1998）。**神奇之道**。台北市：方智。

何曾成、朱志強（1999）。**尋解導向治療：於社會工作的應用**。香港：八方。

周怜利譯（2000）。**Erikson 老年研究報告**。台北市：張老師。

易之新譯（2000）。**敘事治療：解構並重寫生命的故事**。台北市：張老師。

易之新譯（2005）。**關係花園**。台北市：心靈工坊。

翁樹澍、王大維譯（1999）。**家族治療理論與技術**。台北市：揚智。

陳信昭等譯（2001）。**悖論心理治療——用於個人、婚姻及家庭的理論與實務**。台北市：五南。

楊連謙、董秀珠（1997）。**結構——策略取向家庭治療**。台北市：心理。

劉瓊瑛譯（1999）。**結構派家族治療技術**。台北市：心理。

Chubb, H. (1990). Looking at systems as process. *Family Process*, *29*, 169-175.

Dell, P. F. (1982). Beyond homeostasis: Toward a concept of coherence. *Family Process*, *21*, 21-41.

Fisch, R.,Weakland, J. H., & Segal, L. (1982). *The tactics of change: doing therapy briefly*. San Francisco: Jossey-Bass Inc.

Miermont, J. (1995). *The dictionary of family therapy.* UK: Blackwell Publishers Ltd.

Pocock, D. (1995). Searching for a better story: Harnessing modern and post-modern positions in family therapy. *Journal of Family Therapy, 17*, 149-173.

Sauber, S. R., L'Abate, L., Weeks, G. R., & Buchanan, W. L. (1993). *The dictionary of family psychology and family therapy* (2nd edition). California: SAGE Publications, Inc.

Weeks, G. R., & L'Abate, L. (1982). *Paradoxical psychotherapy: Theory and practice with individuals, couples, and families.* New York: Brunner/Mazel.

CHAPTER 5
治療者的運用自我

前言

　　治療者用自己（包括團隊及整個治療情境）為工具，在治療歷程中促成個案改變。治療者的工具包括自己無意間流露的氣質、習氣與身教等，這些傳遞著治療者的觀念（@觀），如人觀、價值觀及世界觀等。其中與治療相關的有二：一為對症狀行為的看法（@對症狀看法的演變），一為對人性的相信。前者諸如讓父母了解暴食是女兒處理壓力的方法、讓父母教會玩火柴的孩子安全地玩、讓男友知道她用小刀割腕意在感覺到存在而非自殺等，而後者是相信人類有讓自己變得更好的基本驅力。這力量有兩個方向：一為向內保存自身的力量，人們不願改變常是因為熟悉、可掌控的安全感，即是此一力量的展現之一；一為向外發展自身的力量，人們會在生存環境中學習、調適、開創、上進。此兩力量的目的都在於「利於生存」，就像是種子，在外在條件不利時它會自我保全，而在條件適合時則破殼而出，向外伸展。由此推知支持性環境的構建是重要的，特別是對遭受成長困境的人而言，而治療本身就是支持性環境。

　　雖然治療者的信念會自然流露，但有時為了治療目標的達成，治療者可更刻意地採取某些姿態及與家庭的相對位置（@治療者與案家的位置與姿態）來傳達他的信念。治療者在每一當刻都在決定要說或不說、要怎麼說、對方會如何感受及要如何回應等。這些取決於治療者感受到些什麼，決定要如何詮釋這訊息，要選擇哪些訊息回應等。雖然有些歷

程中的動作是自動化、被制約的，但就像呼吸一般，當我們把注意力放在呼吸的動作上時，就可把主導權拿回來；我們可以更有意識地處理及選擇訊息；當訊息還不夠明確時，我們可以讓自己去了解、去維持與個案接觸、去鋪陳、去反映（reflection）等，這些都能延緩我們的反射動作，而能更理智、更覺察地悠遊在互動的海洋中。

治療者在許多層次與環狀結構（@治療者的圖）中遊走，而其心意在於達成治療目的。

治療者的基本態度

一般而言，治療者面對人生的態度是「非批判、積極、正向的」（@正向）。一再釐清這些概念是必要的，在這麼做時，必須將「人事」放到脈絡中思考，這就像我們不可拘泥地要求佛經或聖經所說的話一定得「放諸四海皆準」，祂們在說法時是因人、因時、因地制宜的。

「非批判」並非沒有是非好壞。個案及治療者都會有是非好壞的判斷，要看他執取的強度如何（有多堅持、認真，能否被挑戰或笑談它），以及純度如何（能否接受有好有壞、「此一時、彼一時」等）。治療者在對個案工作時，最好不要固執自己的價值觀，並盡量能採相對的標準（多用「最好不要」，少用「絕對不可」）。當我們陷入嚴重的價值衝突時，也要想辦法化負債為資產，例如，把此造成價值衝突的議題或是「價值衝突」本身拋入治療當作議題來談，不要淪為意氣之爭。

當個案執著於某觀念是好（或壞）時，治療者要去了解：它好在哪？是何時或如何得到這觀念？誰反對（它引發何種互動）？以及個案所處的狀態等等；治療者的工作是去了解，非必要時不必直接挑戰個案的信念，除非它跟症狀的消除有很大關係。

積極並非魯莽、衝動、說很多話、替個案想或做很多，或是忙著介入處遇（@強力介入系統的危險性）；正向亦非老是看光明面、鄉愿、

一味地鼓勵、不能責罵、總是要說個案喜歡聽的話、不能說他得了病，或批評其個性或行為。

治療者的責任是隨順個案的需求與狀態，盡可能幫助個案看到機會（可能性）與風險，讓個案有更多、更好的選擇。治療者要有足夠的耐心，要有「並非『我說了，他就應該清楚了』」的心理準備。專家要讓專業資訊更透明，並願意讓個案了解，不只是公布或告知而已，要像個好推銷員去積極地引介，能明白個案的需求與困惑，也要清楚了解自己的專業資訊，並且要在確定個案充分了解之後才要求他們做決定。

在實務上，專家是有其局限（並非全能）的，是要在考慮現實狀況下「盡可能地提供夠好（good-enough）」的服務。強調這點是因為許多治療者會因「我無法提供『最好的』」而裹足不前、不敢接案，也有些治療者拚命提供個案「最好的」，而未考慮「現實」。其實，有時並非提供愈多就是愈好（成長是需要些許挫折與挑戰的！這也與治療者和個案間的界限議題有關），至於是否我們所「盡可能地提供夠好的」就已「夠好」、就對個案有幫助？這點是要隨時檢視、評估的。在此自我檢視的歷程中，會累積出我們自己獨到的實務經驗，因為在此「盡可能地」的歷程中，治療者要決定花多少時間、如何說、如何讓個案了解、在什麼時間點做出雙方同意的決定等等。

此「積極引介」的基本態度及相應的處遇策略可應用在準備個案運用專業資源時（@準備案家進入家庭治療），如家庭治療、肌肉放鬆訓練、進入醫療體系或疾病藥物的相關資訊等，此精神也可微視地用在介入處遇和與個案的互動中。

治療者的努力

治療者最基本也最重要的工作是提供一個時空，讓案家在其中展開他們的故事（@主體的成長轉化）。對此時空更具體的說法是「治療結

147

構」。心理治療理論中有許多規則（如治療時間、請假規定、保密、轉案、非暴力契約等），其用意就在於撐開這時空，以增加治療目標達成的可能性。

光是提供安全的、物理性的時空，或許並不足以促成改變與成長，治療者的在場／參與，是這時空中重要的心理及關係因素。除了前面所強調的默默身教之外，治療者在這時空中積極作為，諸如構設舞台（staging）、形成場景等，也是促成改變的重要因素。積極作為的治療者像是導演及劇作家，讓治療室中的人產生新的、有意義的互動；他會幫助個案去看、去聽、去談；他會鼓舞個案探索未知的勇氣、讓個案正視差異並視歧異為豐富人生的禮物，進而練習放掉掌控。治療者會先努力讓個案有能力感，再讓個案產生自力、規訓自己及處理關係。

治療者的圖

治療者的圖，也就是所有他會進出的「可能性空間」，例如，當心中有治療系統的圖時，治療者就可進出個案次系統、治療者次系統，及治療系統的各個層面。有了圖，會能有更宏觀的視野、會知道自己或個案身在何處、會能活動自如、會知有哪些密室可以開啟、會能了然而有信心。治療者愈熟悉這些圖，就愈能做個稱職的嚮導，而能贏得個案的信服、形成良好的治療關係。以下列舉描述我常用的心中地圖。

表裡轉化的層次圖

事件、話語、情緒、認知、動作等每個現象都是多層次、可用多角度來看它的。雖然話語或文字能傳達較明確的內容，但相對的，明確會減損其豐富性。以情緒為例，例如，在走吊橋時心中激起強烈的感受，在我們說出「害怕」時，也就減損了其他如興奮、緊張、擔心等情緒，以及所勾起的過往回憶和當下因為有人在看、不能顯露出膽怯，而要趕

鴨子上架等更複雜的時間及人際因素。另外，各種複雜的情緒雖然同時
存在，就像在後台有各種角色的演員，在一個時間常只有少數的演員能
在舞台上聚光燈下，例如，盛怒的個案指控醫師未開立原廠藥給他。這
時個案的憤怒上台，如果我們以火氣相待，此憤怒將不肯下台，但是若
我們接觸他的憤怒：「看起來你很憤怒，你是覺得沒有受到好的照顧
嗎？」「如果是，是你內在怎樣的心情讓你這麼生氣？」如此可以把
「委屈感」的角色給請上舞台。以上描述的是轉化情緒——「接觸內隱
的情緒、轉化外顯的情緒」的做法。

　　有助我們理解這表裡情緒的諺語相當多，例如「見笑（內隱的恥）
轉生氣（外顯的怒）」、「由愛生恨」、「愛之深、責之切」等等，不
要只停滯在外顯情緒，要幫助個案看到、接觸、表達其內隱的情緒，讓
個案經驗此一情緒轉化的歷程，因為治療的目的之一是要讓個案更能處
理自己的感受、情感與情緒。

　　治療者要視個案情況，選擇對待個案的姿態（@治療者與案家的位
置與姿態）；有時也要刻意選擇所使用的語言，例如，有些抽象思考能
力尚不夠成熟的個案會慣於使用「具象的語言」。例如，當大寶生氣
時，他會說「我要殺你！」[76] 甚至還會經由投射機轉而顛倒主詞和受詞，
例如，小珍喜歡阿強，但她會說成怕阿強會強暴她。

　　有時也可從甲向度轉到乙向度，不一定要在情緒的向度中轉化，而
是例如，由「情」轉「行」的「知恥近乎勇」，當個案感到非常羞恥
時，我們可以引導他勇敢地去面對，而做出道歉的行動；「化悲慟為力
量」也是由「情」轉「行」的例子。而如要要求完美的人「接受自己的
不完美或刻意做出不夠完美的舉動」來達到完美，則是由「理」轉

149

----

[76]　對於大寶所說的，在臨床上要先做出危險評估（他化為行動的可能性），再去
　　幫助大寶接觸自己的情緒，教他如何識出、標定，並用適切的方式表達他所感
　　受到的強烈情緒，之後將此標定為學習，因為學習暗示著變得更好、更成熟；
　　一般人都會樂於接受這成長與學習的框架。

「行」的例子，治療者可跟個案說：「對你而言，八十分就是一百分，而一百分反而只有五十分，所以要刻意、更努力地去接受自己的不完美或不要做得太好，來讓自己臻於完美。」看倌可看出這裡面的弔詭吧！治療者要他「更加努力」，這與一般人要他「不要太要求完美」的反應不同，治療者是順著他的個性更進一步要求他。另外，治療者的「接受自己的不完美才是完美，因為他的要求完美本身是不完美的」，會讓他困惑、頓悟。

當我們把所有人格的可能性[77]視為整體時，我們可將那些不熟悉或不喜歡的人格特質視為有待拓展與體驗的方向，因為每種既存的人格都應有其長處，而且每個人都擁有全方位特質的潛能，只是我們習慣用其中一些，而疏於練習另外那些。這些我們慣用的特質形塑了我們的人格、人際相處模式、人生腳本。當個案樂意面對轉化的挑戰時，治療也就有了介入的空間，因為治療介入是乘著個案的意願而起飛的。

互動中關注焦點的層次圖

夫妻互相指責時，他們的關注焦點常先是話語內容層面的「你錯我對」，若他們能看到「或許你也有道理」時，他們的關注焦點已從對立轉到能站在對方的立場，此時他們的情緒也將變得不一樣；若他們能看到「你怎樣，我就怎樣；而我怎樣，你就怎樣」，以及「我們一再重演這老戲碼」時，他們的關注點已提升到互動模式的層次；若他們能看到「成長經驗的影響」時，他們是進入成長的脈絡中來看問題；當他們看到「社會文化價值」而反省某些信念、規條、性別角色、婚姻圖像時，

---

[77] 已有許多學者及民間智慧嘗試將人格分型，如 DSM 診斷系統中的人格疾患類型、星座、九柱圖（吳振能等譯，1991）、紫微斗數等，這些都是人格或行為模式所有可能性所組成整體（集合）的一部分（元素）。個體通常擅長使用一些，而排斥另一些模式，例如，內向的人就不喜歡用外向的方式處世，喜歡追求新鮮刺激的人就無法忍受單調不變的生活。

他們是進入人文脈絡層次來看問題；若個案能看到「他會那樣都是因爲我都這樣」，甚至「他那樣，能幫我改變、成長，放掉堅持」，這是他們能轉到主體內在經驗。隨著此關注焦點層次的變化，個體的情緒狀態也會隨之變化。在此必須強調的是，這些層次雖有表淺與深層之別，但並非深廣或是個人內在的層次就比較好，或在治療時非得要談到社會脈絡或主體內在的層次不可。好壞的判準應是「彈性」，鬆掉他們習慣的看問題層次，而去體驗較不熟悉的層次，讓他們能有更多層次的觀點，由此能有助於主體性的成熟。

行為模式維持環

　　一再重現的互動模式包含前置因素（遠因及近因）[a]、觸發因素[b]、維持因素[c]（其產物回饋並維續其持續發生）。此互動模式本身乃由特定的行爲依某種順序組成（行爲順序[d]），而這些行爲是由許多人共同參與[e]，在共處的脈絡[f]中互相引致（循環因果）所構成。此互動模式可能會有其系統功能[g]（@對症狀看法的演變、@身體症狀在家庭系統中的功能：家庭治療的處遇）。另外，若能提供不同的途徑[h]而能獲得更好的結果（如不用哭鬧就能有糖吃），或是讓個案看清楚他爲症狀行爲所付出的代價[i]，個案或會放棄症狀行爲而建立新的行爲模式。另外，也可不去探討行爲成因，而是從症狀行爲本身著手改變，如改變對此行爲的評價、觀點或賦予意義[j]，亦可改變其症狀行爲模式。這 a 到 j 都可成爲治療處遇的切入點（如圖 5-1）。此外，也可參考後現代家庭治療理念（@介入處遇）看待症狀的方式，引導個案往他想要或有力量的解決狀態改變，即如尋解導向治療的「奇蹟問句」（@家庭治療中的詢問）或敘事治療說不同的或是用不同的方式說故事。

介入處遇環

　　治療者在介入（圖 5-2）時會一再地蒐集資料、形成假設、進行介

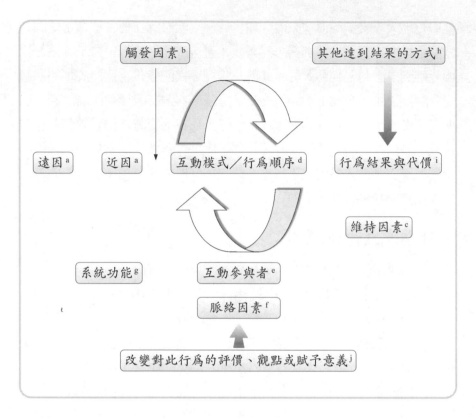

圖 5-1　行為模式維持環

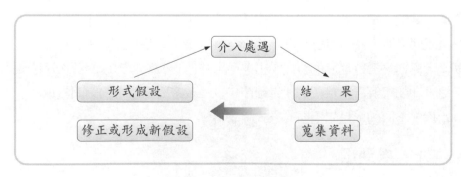

圖 5-2　介入處遇環

入處遇，再蒐集介入處遇回饋的資料、再形成新的或修正的假設、再形成介入處遇。介入處遇和評估是時刻發生的。

治療者要清楚自己所做的介入處遇是基於如何的假設，最好能形成自己對個案有系統的論述，如此能在與他人討論的同時加以修改。

進出

1. 治療者要隨時在個案、治療者及治療系統中進出，有時要融入家庭的故事與氣氛中，而有時要「靈魂出竅」看到包括治療者自身的治療系統的整體互動模式，例如，假想自己在單向鏡後會如何描述治療室中發生的一切。對（你的／我的、相對的立場與看法、治療者與個案的角色衝突）、同向（治療者採用個案的方向來看事情）及垂直（不相對也不同向的、在場但客觀地像主持人、司儀或交通指揮）等位置立場，以及依個案主體能力由低到高，治療者介入的姿態有「去轉變」（治療者涉入努力去改變個案）、「撫慰」（治療者涉入去支持個案）、「反映」（努力涉入的程度更減少些僅予反映）、「護持」（治療者僅臨在，以非語言支持）、「斷離」（治療者以不在來支持個案）等處遇方式。治療者必須隨治療需要而調整位置立場姿態（@治療者與案家的位置與姿態）。另外，也要考慮採取何種介入舉動模式（@家庭治療者介入處遇的基本互動圖式）。

2. 在成長歷程的對偶互動關係中，我們跳著「覺察自我－同理對象－反觀自身」的三步舞邁向成長：(1)覺察自我：覺察自己的認知、情感、意向、行動等方面的狀態，並且也能在自我內的各種角色立場間轉換與對辯，例如，「『理性的我』會如何規勸『感性的我』？」(2)同理對象：設身處地以對方的立場去體會其心境與感受；與(3)反觀自身：超越參與的雙方而觀察全局，看到雙方的關係、互動模式及所處脈絡，並從反觀自身中產生意義。這「人我三步舞」不僅僅是同理心的養成，還多了身處脈絡中的反思。

153

治療關係在治療歷程中進退變動

治療關係，即個案與治療者在治療歷程中和治療階段任務（@家庭治療歷程階段技術）契合的程度。治療者要敏感於治療關係的變化及治療結構能否維持？治療者是否「抓得住個案」？案家是否有足夠的興趣、動機與想要改變的張力？是否知道進展的路？是否覺得是往目標的方向推進？當察覺到個案對治療失望、對治療者失去信心及信任、雙方的目標歧異、想要中輟治療等訊息時，都是治療者必須回過頭來修補治療關係、揭露其中隱藏的情緒或認知、再確定或再協商治療目標，以及開始談論治療本身議題的時候。我認為治療結構議題常須優先處理。

心動到行動圖

心動促成行動。心為什麼會想動？因為想要離苦得樂。心動能否促成行動端視心（意願）的堅決程度；認知、情感、情緒及行為等都會影響這心願的堅定程度。鼓舞及建立個案的意願以產生行動有多種頻道，有些人可動之以情，有些要說之以理，有些要誘之以利，有些知而後能行，有些行而後產生新的認知。人們常從行動結果的回饋來修正自己的行動，並養成正確行動的習慣。

從心動到行動的路徑為察覺心向、產生動機、增強意願、做出行動、養成習慣，讓個案能自覺、自決、自抉、自主地去做。只要建立好意願，加上有效的行動，則已邁向成功之道。

行為增強回饋環（@滾雪球／正性回饋）

識別出新的知情意行關係的發生——指出來讓個案明確知道——肯定已然發生的——促使其再發生——鞏固維續其發生——建立個案自我肯定的機制——養成習慣。在給予肯定的同時，讓個案知道這麼做對他的好處或讓他自己產生意義；先由治療者促使個案產生新行為，再指導

他人（如父母）去讓個案產生新行為，或是肯定個案好的意圖或是行為，再讓個案學會自己發動新行為，並自我肯定。

個案的覺察——表達力

治療者會去促進個案對自己經驗的覺察，例如，問個案「是否聽說過？」「曾否想過？」「有無可能是這樣？怎麼不會是那樣？」「你是站在怎樣的立場位置這麼說？」「可曾想過有怎樣的可能？」「有看到某現象嗎？」「是否曾感受到？」「是否願試著（學習）表達？」等等，把我們的觀察或更寬廣的可能性，經由對個案主體經驗的好奇心帶進個案。這樣的詢問方式對於不太會表達的青少年常會有很大的幫助，因為藉此可幫助他們整理及表達自己的情緒經驗。

治療者的主動選擇

在治療中治療者隨時要覺察自己所處的諸多可能性空間，並要決定自己的位置姿態及回應方式。

回應個案的訊息

語言層次

我們可以從言語表達的內容中選擇素材、加工，回應給個案，以達成治療目的：(1)澄清：「聽起來你有些怕怕的，但我不太能了解，你能再多說些嗎？」(2)比較：「就你的角度來看，爸爸和媽媽的反應有什麼相同和不同的地方？」(3)並置：把兩個訊息放在一起讓個案看，期能產生新的意義：「聽了爸爸說他父親的故事，再想想你跟爸爸之間的事，你有什麼想法？」(4)重新框架：可提供新的框架來看內容「他愈在意就愈氣，也就代表他愈是關心，所以你看他有多生氣，就可了解他是多關心你！」(5)隱喻：「聽起來你們母女倆互相綁在一起，我好奇的是，是

誰離不開誰？」有時我們也可不去理會內容，而選擇其他如非語言和歷程層次來做介入處遇。

非語言層次

我們可從內容的層次跳開，而選擇非語言層次中的情緒、動作、姿態與立場等做回應，特別當發現重複出現的行為（如打岔）、強調的語氣、強烈的潛藏情緒或特別有意義的意象時。例如，「當你說這段話的時候，聲音變得有點沙啞，那時你感到什麼？」「有好幾次了，我提到爸爸時，你就把話題岔開，可否談談那時是怎麼了？」（@家庭治療中的詢問）

歷程層次

治療者也可選擇回應歷程層次的訊息，尤其是與治療進程階段或治療結構很有關係時，例如，問「why now?」：「這事件已有兩年了，是什麼因素讓你們在這個時候來求診？」「她的惡化不知和我上次提出要結案有何關聯？」再如「治療似乎沒有進展，讓我們一起來看看，我們是否偏離目標、遭遇怎樣的困難？」

編劇：舞台與場景

除了針對訊息做反應之外，治療者也要決定所要回應的對象與內容。這有點像編劇及導演的工作，把舞台架起來，決定哪些人參與、演什麼主題、場景和腳本等。例如，夫妻吵架，治療者要決定是否要讓孩子參與、孩子要不要成為夫妻對話中的主角、要誰對誰說些什麼話等等。治療者可以要先生談論太太、說他自己，或者即使孩子不在場也可問他：「如果你的孩子坐在這裡，你會對他說些什麼？」或是「你認為孩子會坐哪個位置？」問完先生，也可問太太同樣的問題。在他們回應訊息的差異中，夫妻可以聽到彼此的差異點和共同點，這可助他們更整體地來看問題（@循環詰問）。若要引發他們之間的互動時，台詞務必簡單，但要能夠把壓抑的情緒或觀點表現出來，例如，向母親說：「趁

現在，當妳在罵他時，把心中對他（孩子）的擔心說出來讓他了解。」
或是有時治療者也可先得到她的答案，再一字一句地要她向孩子說出，
「現在跟他說：『阿全！看到你全身髒兮兮的，我好心疼。』」

治療者與案家的位置與姿態

　　基於治療的需要，治療者會決定自己跟案家（或某特定個案）的距
離遠近、權階高低、看問題的方向（相對、同向、垂直）與姿態（去轉
變、撫慰、反映、護持及斷離）。治療者要有意識地運用這些位置、姿
態，以及對家庭介入處遇的行動模式（@家庭治療者介入處遇的基本互
動圖式）來達成治療目的[78]。

　　距離是指心的距離，愈是感同身受即是愈近；遠的情況是假想自己
飛到天花板上，或是在單向鏡後面看治療室中這些人發生了什麼事，諸
如「為什麼」及「是如何」被卡住等。對於能力較差、情緒激動、固執
且無助的個案宜多用近距離，待其較緩和而覺得「我們是一國的」時，
再稍稍回到較「相對」的位置，試著轉化其情緒或擴展其認知。在劃清
治療者與案家間的界限或是要促進成員間溝通時，治療者宜採取較遠的
距離，可在個案需要幫忙引導時再親身進入。當個案能力較佳時，可用
直接、面對「你－我」的方式溝通；對於能力較差的個案則要多用「我
們」、「一起」、「試試看」等字眼。治療者常要跳離（@進出），從
內容層次抽離出來，覺察當下治療系統所發生的，並從當下所發生的整
理出包括自身在內的互動模式；用更抽離、更整體的觀點來看，以產生
意義，尤其是在治療卡住時，治療者必須採遠距好好地看卡住的地方。

　　在權階方面，我們要尊重案家的權力結構，並對權力的使用敏感而
謹慎。治療起效主要是賦權使能，在治療歷程中讓個案有能力感、能掌
控自己。問題並不在於治療者與個案間是否「應該」平權，因為「應

157

---

[78]　請參考《結構——策略取向家庭治療》頁 167-170。

該」是未來而非當下，問題在於個案及治療者是否承認並接受當下的關係狀態。治療初始，個案必須面對與治療者實際上的權階差距，即角色、位置及責任的不同；任何未貼近治療歷程階段的關係期待，例如，治療者據其「人是獨立自主」的理念，而視尚未能具備獨立自主能力的個案為自主的人，再如個案否定其「求助」的角色，而對治療者頤指氣使，都已背離理想的治療脈絡 [79]，都是值得優先處理的結構議題。在治療歷程中，隨著個案主體性的增加，他能慢慢脫離低位的角色位置，並學習與人平權相處，以及去經驗這賦權使能的歷程。在治療關係不錯時，治療者用高姿態能順利施行治療技術、推進治療；對沒有自信的個案，治療者常需要用較低的姿態，多用肯定及鼓勵，讓其更敢於表達。當然，若用高姿態會有效果時，可不妨使用，但要檢討「長遠來看是否有助個案主體性的建立」。

在看問題的方向方面，「同向」指的是跟個案站在同一方向看事情，例如，案母對兒子的不願意吃藥很焦慮，而要求治療者要求他吃藥，此時治療者可說：「妳很希望我去說服孩子，但不知在妳身邊，誰最了解妳對這孩子很強的期待及挫折感？」或是「讓我們討論看看，除了我去要求他之外，有什麼其他辦法？」「垂直」的例子為，有時治療者要不被捲入個案的衝突，如先生不願意來治療，而太太要他來，此時治療者可在自己與他們之間劃清界限說：「這是你們兩人之間要先解決的，你們是否先在此討論一下？」當我們在用「同向」看問題時，是一起承擔情緒或是責任，而「垂直」則是劃清界限，讓他們扛起責任並引發互動。「相對」則是「你－我」面對面的姿態，如「你認為那些聲音是來自神明，如果你問我，從我們醫學的立場，我會認為那是幻聽的症

---

[79] 應視此背離為警訊，而去面對處理，將治療引導回「正道」。必須說清楚的是，這「正道」並非有固定標準，重點是「當下」如何處理這個案當下展現的內容，來達成增加個案主體能力及助其成長的治療目標；治療中談論的內容可能回到原先設定的方向，也可能轉到新的方向。

狀，而且藥物會有助於消除它；既然你已去求過神明，那你願不願意試試看藥物？」雖然表面上看起來是「相對」，但其實關係中流動著給與取、喊價、賞臉及說服等，故「相對」常是爲交換做準備。

治療者的姿態（圖 5-3）要視個案的主體能力狀態調整。當個案能力很差時，治療者要「親身進入」去挑戰其卡住的部分，讓其自主性有機會能展現出來，這是「去轉變」的姿態；若個案能力稍好，治療者只要「添加爐火」去撫慰個案讓其情緒轉化，隨後個案就會有能力自己解決問題，這是「撫慰」的姿態；若個案能力狀況更好，治療者只要標定並反映他的情緒，讓個案看到，他就能處理自己的情緒，並致力解決問題，這是「反映」的姿態；若個案能力更好時，他幾乎已能自主處理自身的情緒與問題，治療者似乎什麼都不用做，只是看著、聽著、陪著，如低垂雙目的佛像，看著個案情緒自然轉化，這是「護持」的姿態；當個案的能力更好時，可能會需要治療者堅持砍斷個案的依賴，讓他用自己的腳站立，有時治療者可「不在」，而個案就能「敬神如神在」地實踐治療中所學習到的，而能自行處理，這是「斷離」的姿態。上述五種治療者的姿態由低而高、由近而遠，治療者要隨時看看自己是／要用哪

159

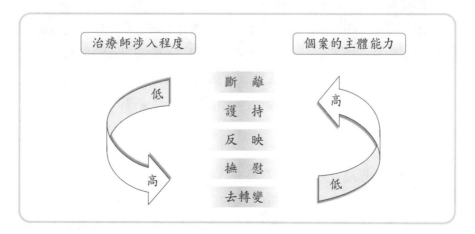

圖 5-3　治療者的姿態

種姿態面對個案。

治療者對問題的「心像」

　　治療者會對案家「到底出了什麼問題」及「變成怎樣會更好」形成「心像」，這「心像」可能是結構或互動模式的改變，或是讓某場景及對話發生，例如，促成「使母親去安慰兒子所受的委屈」「使父親去祝福他」「讓兒子了解父親的用心」「讓她用感激的心來看其經驗」等發生。治療者相信一旦促成此「心像」，將能有效地「鬆動」、「融化」他們之間頑強的互動模式，而有助於治療目標的達成。

　　此「心像」是治療者經由對案家深刻的了解，再加上直覺與經驗而形成，此「心像」是由治療者的心向、意圖、企圖心等一組「有方向的意志力」所促動，它可說是治療者的治療目標的具象化。有此心像之後，治療者要在相當注重個案的狀態與意願下，去引導與影響個案，與之形塑、建構達成此心像的策略步驟。在此過程中，治療者必須要能抓住個案的意願，也要以個案的利益為主要考量，若任一方覺得有些遲疑，則要多加思考或提出討論。

　　治療者本身的狀態是很重要的因素，若他覺得悲觀絕望，就較會看到無望的訊息，接下來的治療也就會走向絕境而看不到出路；反之，若治療者過度樂觀，就可能會感受不到個案的痛苦，而失去與個案的共振，也就失去彼此的合作。治療者要相當留心自己的狀態，要盡量減少外界所帶進來的負向情緒的影響。

　　有此「心像」後，治療者會特別留心有助於達成此「心像」的訊息，他會選擇性地覺知、理解及整理這些訊息，並形成心念與行動，再與個案協商而形成治療的策略與步驟。例如，假設治療某夫妻的「心像」是夫妻經由共同做某件事而增進彼此間的合作，治療者就會留意及運用出現在治療中的相關訊息，例如說他們煩惱孩子的問題或是計畫旅

行，就會利用此爲議題來促成他們之間的合作。達成此「心像」的過程並不一定是工筆般有秩序地描繪，有時也會寫意地左一筆、右一筆，但合起來就促成了；有時會像是繞山而上，每次似乎回到原點，但卻已達到不同的高度；有時會在疑無路時柳暗花明；當然有時會誤判形勢，誤以爲已達成，或是眞正已達成但未有預期的效果。不論如何，治療是有其方向及目的的，盯住目標，我們就較能知道是怎麼一路走來的。

當有些較深層的「心像」，如告解／寬恕、誤會冰釋、親密接觸、愛意與感激等被促成時，會有相當大量的情感湧出，那是塵封已久，甚至不敢奢望的期待達成的片刻，感動的氣氛籠罩，像是久旱逢甘霖。一旦促成這一刻，接下來治療的工作重心會轉成要讓這一刻能重複發生，不論是善用作業讓個案在眞實生活中實踐、在治療中重複提及增強，或是讓個案在需要時能使此經驗重現[80]。例如，促成個案了解「父親嚴厲口氣的背後是他無限的關愛」，之後，治療者先是：(1)常去提及，讓個案熟習父親的「嚴厲口氣」＝「關愛」，除加強此兩者的連結之外；(2)也加強個案內化父親關愛的心像；以及(3)去建立喚起此心像的能力，例如，建立與此心像關聯的紀念品（照片、項鍊等），能睹物生情。讓他愈能與嚴厲的父親相處，甚至在需要的時候能自己喚起此心像而感受到父親的關愛。

161

治療者常用的意象

治療者的意象是對治療中某些狀態的詮釋或對其理解的模式。與前述的心像比較，意象較是來自專業的經驗知識，而心像則較來自個案的故事。

---

[80] 這像是小孩在成長階段中的客體永久性（object permanence），即使媽媽不在眼前，他也確信媽媽是在某處（＠建構個案的情感的客體恆久性）。

常用的成長與改變的隱喻

1. 直線：我們常用直線來標示成長，在線上加上箭頭標示時間點，表示
   其有階段性及方向性。成長意味著改變，而改變就可區分舊新、死
   生、苦樂、凶吉、地獄與天堂。當然，這改變也隱含時間的變遷，過
   去／現在／未來；已然／未然。此意象意涵「改變不可能不發生」
   （改變是必然的），也可據以肯定已然的努力，期待未然的驚喜。

2. 過渡：在這舊／新之間的過渡階段最是玄妙。它像是化學反應中不穩
   定的中間產物，可能會退回原處，也可能會邁入新的境界，治療者可
   幫助個案挺過黎明前的黑暗；不經寒徹骨的風霜，怎得梅花撲鼻香？
   要捱過這風霜也是過渡。過渡正是孕育與生產的過程，而此子宮又有
   包容、滋養和溫暖的意味。用此意象時，改變的痛苦被視為必經，而
   且有「生產性」、是可期待的喜事。過渡也有擺渡者渡河欲達彼岸的
   意象，此意象有接引、得到救贖的意味。

3. 階梯：有時我們會用階梯的意象形成「階段論」，以「後階段乃奠基
   於前階段」來肯定已然發生的前階段，例如，孩子還小時父母必須處
   處替他做，但是現在孩子已長大，就必須改變對待規則，讓他學會管
   理自己。用這樣的態度看問題，就可不否定前階段、過河拆橋，而是
   感激前一階段的貢獻，只是在跨入下一階段時，必須改變。這樣的意
   象也能讓個案清楚目標並非一蹴可幾，也就較能忍受不確定或挫折感
   （@改變的階段）。

4. 盤旋爬升：有時我們會用像是上山盤旋爬升的螺旋狀的意象。在繞過
   一圈之後，看似沒有進步，但高度（視界）確已改變。有時個案雖一
   再發生類似的行為，但若在「大同」中，治療者可看到「小異」時，
   最少能讓自己更有耐心，也能用這些「小異」促成更大的不同。例
   如，個案可能仍然做出同樣的行為，但是他的覺察力已提升，他想要
   控制自己行為的意願更堅定了，這些觀察都是很值得回饋給個案，予

以肯定的。

5. 轉進：有時成長的路徑是曲折往復的，例如，要讓心急於只容成功不許失敗的人，不要因一時的失敗而灰心喪志，此時要說服他進三退二，或是跳遠必先屈膝，如此讓他更能包容失敗，而邁向成功；如此做，能有肯定後退的作用及吸取失敗的經驗的功能；這也是「失敗為成功之母」的道理，而有助於包容他的急躁，以免壞事。

常用的家庭與婚姻的隱喻

我們常會以「在同一條船上」的隱喻來看家庭。若個案能接受時，治療者可用「他們是因緣相聚合（如佛教所說的前世修來），一起來學習或完成他們的生命任務」的意象。這樣的觀點隱含「困難正是學習的契機」，如此治療者能將苦難、爭執、挫折等被認為負向而要排之後快的東西，重新框架為認真地活著，並感動於他們對生命的努力與付出。

我們也常用「撐起家庭的兩根柱子」的隱喻。在管教孩子或其他事，夫妻不見得是要一致的（@一致的教養態度），但必須相挺，互相信任、支持、溝通與協同解決問題，不要在孩子面前批評配偶。做到上述這些，正好就是夫妻間建構成長關係的體現，而這體現也正是給子女最好的兩性相處的榜樣。

163

滾雪球／正性回饋

我們常「肯定小小的改變，促成更大改變」，也就是 Bateson 所說的「從差異中造成更大的差異」的「滾雪球」的正性回饋。在促成行為改變時，首先要增益的能力是：⑴留意：要想到去看，才會看到；⑵去看：要知道要看什麼，否則常會看不到；⑶看到：要有看到改變（差異）的能力，要從個案的報告內容中找出，或從與先前的狀態比對之下看到差異及進展；有時要用顯微鏡去看，看到小小的「知情意行關係脈絡」等各方面的改變；常要留意行為底層隱藏的正向意圖（用心），例

如，師長的批評隱藏著要我進步的期望、外遇是婚姻關係惡化的警報（或外遇是尋求自我的努力，或是重新構建婚姻關係的機會等）；(4)反映：治療者反映所看到的好的改變；光是治療者看到是不夠的，必須也讓個案看到，因為「百聞不如一見，看到才會相信」；(5)增強：治療者看到才有辦法去增強細微的改變；(6)鞏固：肯定、讚賞、恭賀，問他：「你是怎麼做（想）到的？！」讓個案更願意繼續「滾雪球」。

有幾個很好用的原則：(1)「從小有到大有」比「從無到有」容易，同樣道理，從看到「已然有的」著手，會比花大力氣去促成「未曾發生的」來得容易。馴獸師常會去觀察動物自然發生的行為，抓住時機予以增強，這會比引導地做出新的動作來得容易。(2)太陽勝過北風。要對方聽進自己「厲色」中說出的「疾言」是困難的，通常如此只是得到對方「不受教」的證明，其實自己也深感挫折；我們常要創造一個溫暖與包容的關係環境，讓個案像蚌一般願意自動伸出斧足。(3)肯定與鼓勵。肯定是針對案家已然做到的、明確的行為加以肯定。這「肯定」的分解動作包括：識別出此已然發生的具體行為、將之標定出來、給予正向的訊息。肯定比較像是從個案的下面去支撐他，這會使他有「有能力」的感覺。在做肯定時，也傳達出對此行為繼續發生的期待。人們的困難在於對別人的缺點一目了然，但對好行為則不是視若無睹就是視為理所當然，或是「有眼無嘴」有看到，但因沒有「說好話」的習慣而吝於表達。鼓勵與肯定不同，它傳達對已然或未發生的模糊期待，常只是模糊的「做得很好」、「加油」之類的 [81]。稱職的治療者甚至常要能去重新框架並肯定個案的「負面特質」，例如，個案的不聽從與當面挑戰代表他有主見，並且能據理力爭！個案有欲求、有反應，治療就較能找到著力點。(4)從量變到質變。與行為治療的原則「要從實質的酬賞轉變成社

---

[81] 有些書上會認為鼓勵沒效，這或許是指對於促成標的的新行為無效，臨床上發現，鼓勵對於改善治療關係及增強個案意願是有效果的。

會性的酬賞，從較可預期的酬賞轉變成較隨機出現的回饋」類似，在得到某種程度的進步之後，要去更新進步的定義、指出接續進步的方向。這麼做並非旨在否定原先的做法，反而是更進一步地肯定它，如爬階梯般。例如，當母親能夠「放手」之後，要她進一步能做到「放心」，此時並非否定她先前的不能放手，反而是肯定之前的不放手是爲現在放心奠定基礎，而現階段任務已達成，要跨入下一階段。

正向

傳統家庭治療理念，如 Satir 主張要看力量（strength）而非缺陷（deficit）與心理病理，而策略派提出正向意涵（positive connotation）及正向框架。我也常用「半杯水」[82] 或是「賣米粉與賣雨傘」[83] 的故事爲例，來讓個案了解正向思考。但是，如果我們認爲，正向就是「要往好處看」或「要看事情的光明面」是不足的，我們要非常小心地、持續去辯證「正向」是什麼？

在內容層面，我們很容易看到壞／好、缺陷／力量等非黑即白的二分，但有時我們說個案是壞孩子，對他而言反而是深度的了解；有時罵個案一頓，反而更促進他成長（「文王一怒而安天下」）；有時說個案發生了精神分裂症，反而讓案家鬆了一口氣，而能更積極地去面對疾病（如去了解病的治療、預後、藥物的種種；有明確的敵人，就沒時間擔心焦慮了）；有時治療者自以爲正向，但個案並不以爲然，而有時個案會一時無法接受，但日後才悟通。正向並不僅是以內容來看，有部分是取決於治療者的整體態度，而另一部分或許最終還是要由個案來判定。

165

---

[82] 你可因看到空的一半而悲觀，或是看到滿的一半而樂觀，類似的故事頗多，像是爬山，有人因前面是上坡而喪氣，而有人想到的是下山時的快樂。

[83] 賣雨傘與米粉的故事：有個母親有兩個兒子，一個賣米粉，一個賣雨傘；晴天她擔心賣雨傘的兒子沒生意，雨天她擔心賣米粉的兒子，不論晴雨她都不開心，直到有人提醒她怎不反過來想。

這現象與「同理」類似，治療者力求「同理」，但最終要問個案的感受，有時當下立即的感受還說不得準，而要經過一段時間的醞釀與發酵。

強調正向、善、成長並非就否定負向及惡的存在，而「正向」不全是「負向」的反面，它不是非黑即白的二元對立，而是同時含攝正與負（反）的「合」的方向，是跳脫出這對立內容的、積極成長的方向，亦即，「正向」就是堅信「個體會希望自己是好的、有力量的、長大的」，所以，凡是符合個案成長所需的雨水、陽光，甚至剪枝都是正向的。這麼說來，重點並不在「雨水、陽光或剪枝」，而是在於「符合」對象的成長需求呢！所以，正向就是引導個案向成長的方向（＠發展關注的焦點），即人格及個性更成熟、更社會適應的方向，其實通常也就是治療目標的方向。例如，治療者要避免落入教條式的「打孩子就是錯的」的二元內容的思考，而是會超越「打／不打、好／壞」的內容層面，去強調親代助子成長的意圖及成效，會去談論若是打了，事後要如何處理，若是不打，又會如何處理，來幫助孩子在事件中得到成長。

並存

主體可用多元觀點來看外界的現象，而現象本身也是以複雜、交錯的相貌存在的，亦即看似矛盾的情緒或是觀點常是並存的，例如，可憐之人的可惡之處、一個人的優點常也是他的缺點；再如，我們常較容易看到對方的行為，如「他利用我」，而較不容易看到自己的討好、膽怯，或「樂於」被他利用的一面。也就是說，通常參與者對於促成此關係模式多少有其貢獻，也正因此，在此對偶互動中的參與者是能夠去改變它（改變自己、對方或是關係本身，包括斷絕關係）的。

表裡（或如完形理論所說的形與景）是相互依存的，如太極圖的陰陽相抱、互為因果（循環因果）、禍福相倚、高是由低處累積起的。個體是多重角色集於一身的，例如，人常同時是父親，也是孩子，孩子常

教會父親如何做個父親；在工作組織中，幾乎每個人都是別人的下屬，也是某些人的上司；受害者搖身一變成爲加害者等等。

平行相似

看到兩者間的類比關係，如「麻雀雖小，五臟俱全」；再如在團體治療的理論中常說的「團體是社會的縮影」，人們在社會中的行爲會具體而微地呈現在團體的互動中。這從兩事物中看到相似處的抽象思考的能力是很重要的，如此能把內容層次的訊息做許多變化的運用。例如，祖代與父親和父親及孩子這兩代的父子關係相比，會發現其間有許多有趣的相似及相異之處，如當孩子發現父親也曾向他的父親爭取自主時，他們會對父親有更完整的認識。

家庭治療者介入處遇的基本互動圖式

以下介紹家庭治療者介入家庭的互動圖式（schema）（圖 5-4 至圖 5-7）。

167

居間

治療者投身處理溝通不良的家庭成員，治療者扮演橋樑的角色，或像是車軸狀地分別與家庭成員互動。治療者分別對成員詢問、支持、面質、澄清、詮釋等，以促其更清楚地訴說自己、讓自己被在場的人（治療者及其他家人甚至自己）了解。「居間」乃治療者掌控全局，可讓衝突不致太過強烈，常用於形成治療結構的階段，但若太常用則會變成以治療者爲核心，由他推動治療而個案樂得輕鬆（主體能力並未獲增長）的情況。

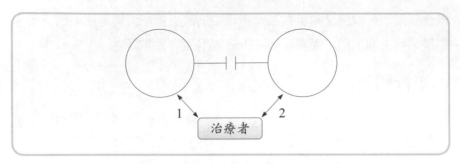

圖 5-4　居間

促成互動

治療者促進個案排除困難與對方互動，如表達、協商等。有些家人之間內蘊熱情，但卻被層冰隔開，這冰可能是誤解、失望或是觀念隔閡，以至於無法直接、真誠地溝通。治療者常會用「你跟他說」或「你告訴他」的句型來促其跟對方說話，例如，「你剛跟我說得很好，他現正坐在這裡，你直接告訴他。」治療者常也要像花蝴蝶般輪流促甲向乙及促乙向甲說話，這有以示公平之效。

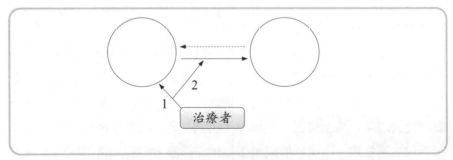

圖 5-5　促成互動

親身進入

此型介入在於調節（增強、緩解、修飾）家庭已然有的互動，讓個

案從經驗中學習，並將新習得的互動方式擴展到其他人。治療者肯定（成員在互動中的洞察力、敏感度、智慧及勇氣）、反映或帶入治療者的建議或觀察。治療者直接進入他們的戰火中，向太太說：「妳聽不出來先生的關心嗎？」或是向先生說：「你看不出太太的愛嗎？」

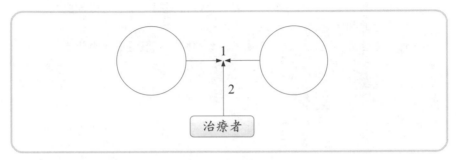

圖 5-6　親身進入

分憂

　　此型式個案之間溝通並不暢通，通常是由甲發動，希望治療者跟他站在一起替他「分憂」，例如，由治療者來替她要求乙。例如，母親：「醫師，你叫他吃藥，他最聽醫師的話，都不聽我的話。」也可由治療者發動，如對母親：「我們一起去了解妳的孩子是怎麼想的，他的感受是什麼？」

169

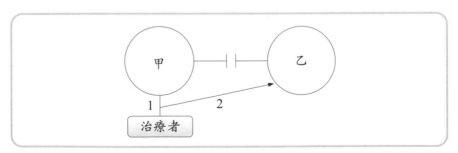

圖 5-7　分憂

參考文獻

吳振能、傅世良、陳營生譯（1991）。性格型態——心理取向的九種人格分類。台北市：遠流。

楊連謙、董秀珠（1997）。結構——策略取向家庭治療。台北市：心理。

CHAPTER 6
賦權使能的案例與歷程

　　下面的案例及歷程分析曾以〈婚姻治療中賦權使能的歷程：一病態嫉妒個案的經驗〉爲題目發表在《應用心理研究》（楊連謙，2000），用來說明賦權使能及治療者的主動選擇。因爲此案例是一般門診的個案，故治療次系統只有治療者一個人，並未有治療團隊參與而且也未錄影。所以，下面的描述是根據當次治療完畢時的紀錄及病歷而寫成，盡量呈現會談的眞實歷程及轉折要點。呈現時所用的記號解說如下：例如【1-5】是指第一次治療的第五個轉折要點，之後做治療描述及相應的解析，解析是指治療者對會談的一些觀察、想法或治療處遇的解釋。

案例

第一次門診

	治療描述	解析
【1-1】	何氏夫婦是在小女兒催促之下來門診的，因爲母親不願意來治療，最後是以「公平」來說服她，即父母兩人都掛號，母親才答應來。	個案次系統中，小女兒是促成治療的主要人物，且他們家似乎有「公平」的規則，在「公平」的原則下，太太才願意就診。小女兒似乎承接了系統的壓力，而促成父母來就診。

（續）

	治療描述	解析
【1-2】	小女兒與父母一起進入會談室。雖然小女兒能提供很詳盡的資料，但治療者將她安置在較周邊的位置，主要是與夫妻談。	這安置包括要小女兒坐在較邊遠的位置，也不讓她太介入，替父母做太多的說明。 這樣的安排即在處理代間界限，將子代與親代劃開。 由小女兒對父母知之甚詳，可見他們間的界限通透；也發現她是父母間的橋樑，而父母之間交流很少。
【1-3】	治療者開始蒐集資料以了解其問題的本質、互動順序和關係脈絡，同時也觀察他們的情緒狀態。	太太因被半強迫地帶來門診，生氣著不願說話，先生則相當懊惱，不知要怎麼辦。女兒最願意說話，但治療者基於少讓她捲入父母次系統間的事務、階層、代間界限，以及要觀察夫妻間的互動的考量，治療者盡量直接詢問夫妻。
【1-4】	治療者分別問夫妻：「你們來這的問題是什麼？」先生替太太說出的主要問題是：「一年來她強烈懷疑他有外遇，夫妻間爭吵相當激烈，她曾兩次試圖自殺」，先生為自己提出的主要問題是：「希望藉治療控制自己的情緒，因為他已經有好幾次情緒失控，這讓他覺得害怕。」	太太的主訴是先生代替她說的，在他的用語中顯示他並非用指責，而是用相當自省的方式。 在詢問主要問題時，治療者要聽出他們在「知、情、意、行及關係、脈絡」等各方面的狀態。 治療者要讓他們覺得來治療能得到幫助及被了解，以此增強他們的信任及參與治療的意願。

（續）

	治療描述	解析
【1-5】	治療者分別詢問他們對於問題致因的看法。先生懷疑是「太太年屆更年期，荷爾蒙失調」，太太仍沉默不語。	在問及夫妻對問題的看法時，治療者強調會聽每個人說。太太的態度顯示對治療的參與及信任感不夠。這時，「太太的被動」拉起治療存亡的警報，治療者必須先處理這治療結構的問題。
【1-6】	治療者同理她：「妳已受苦一年多了，甚至曾為了這痛苦自殺兩次，而現在又被他們帶來這裡，想必妳非常難過及不情願。」	治療者以同理太太的處境來促進其說出看法，以此試圖化解她的情緒及獲得她的合作。這些都是接觸階段很重要的工作，如此做也展現治療者的同理能力，讓她覺得被了解。治療者是從先前所得的內容資料中選擇出她的痛苦點，「已受苦一年多」與「自殺兩次」來同理她。
【1-7】	太太開始說先生外遇的事，而治療者在這過程中，一邊澄清症狀及互動的細節，一邊則一再肯定她的能力，如自我覺察、願意說出自己的看法、能清楚述說等等。	個案次系統的情緒壓力很大，被認定病人本身也承受很大壓力，因為他們常不被其他人了解及贊同，故常會因投訴無門而關起門，但是當他們找到有人願意聽時，常能化冰。而這也正是能讓被認定病人願意繼續來治療的主因。治療者先前的同理奏效了，接續的肯定與鼓勵是要讓她能繼續用說，而非一如她初進入診間時，用沉默來表達自己的情緒。

（續）

	治療描述	解析
【1-7】		後來知道她在家裡也常沉默，女兒及先生常不知要如何跟她說話，而這又更增個案次系統的壓力，而治療者的處理方式是——示範，同時也傳達出問題是有希望解決的。家人很難用治療者所示範的方式（位置與姿態）跟個案說話，自有其很複雜的情感、歷史及習慣因素梗阻其間，但這正是治療者要引領他們跨越之處。
【1-8】	太太是根據東西的移動及鑰匙的失而復得等，來「證明」先生有外遇，在進一步澄清時，她也說不出自己為什麼會如此相信，她就是「相信」。她一再地檢查及尋找證據，也一再地向先生盤問及求證。此時，治療者轉向先生詢問其對於太太盤查的反應。他大部分時間是隱忍、盡量配合，以減少讓她起懷疑心的可能，但在無法忍受時則會逃開，當逃不開時則會發生暴怒，暴怒之後他又很害怕、後悔（他的主訴問題）。	在這些內容中，治療者要試圖做出精神病理、家庭互動與結構的診斷。她的推論過程明顯地不合邏輯，此證據支持妄想的診斷。同時，也清楚地看到僵化的、互相鎖住（inter-locking）的互動模式。
【1-9】	治療者順勢詢問還有哪些人住在一起，其他人對於夫妻爭吵的反應如何？小女兒說出她在家裡的經驗，她想要去勸架，但覺得相當無助。	如此治療者能了解更大的系統及每個個案次系統成員的經驗及觀點，也發現小女兒在情感上支持父親，並在情緒上會捲入父母的爭戰中。

（續）

	治療描述	解析
【1-10】	在了解家庭圖時，發現他們家四個子女都是大學以上的學歷，目前只有小女兒仍在身邊，其他不是已婚就是在國外。	親代在家庭生命階段中面臨小孩離巢的壓力。在治療中，子女的高成就可被用來支持親代的用心培養子代，由此也理解他們的價值觀。
【1-11】	進一步探詢發病的時間，發現母親的發病與小女兒有男友，將論及婚嫁有時間上的相關。女兒也自發地說出她面對交男友的問題，心中總放不下父母而猶豫於結婚。	小女兒所承受的系統壓力得到更進一步的佐證；此證據支持系統的壓力對症狀的產生是有貢獻的，而此也暗示了症狀功能的假設，即症狀將系統往「向心」（Combrinck-Graham, 1985）的方向拉。治療者的整合陳述設為：當親代能共同處理此症狀問題時，女兒即可放心地離家。以系統的觀點來看，治療乃治療者取代女兒的位置，讓她放心地離去；其實女兒把父母帶來治療，不就有這樣的用意？
【1-12】	治療者開始促成夫妻的合作。先澄清他們對婚姻的期望：「你們之間發生這麼多令你們不舒服的事，將來你們要不要生活在一起？我會分別問你們兩人的看法，先生你的看法如何？」	先澄清治療的方向，是要維持婚姻，還是離婚？治療者先問先生乃刻意抬高先生的位階（治療者視他為「一家之主」），但也以「我也會問妳」來傳達不會忽視太太之意。
【1-13】	先生說願意生活在一起，而太太則回答：「不敢期望。」治療者繼續澄清她的語意。太太說出：「如果可以的話，我當然希望和先生生活在一起。」	治療者不太快地認為自己已了解她「不敢期望」的真正意思。當夫妻有了維持婚姻的共同方向，接著只要解決根本的困難就可達到目標了。於是先去了解困難是什麼。

175

（續）

	治療描述	解析
【1-14】	太太相當自發地開始訴說她嫁到何家的辛苦，對待婆婆的盡心盡力，而先生否定她對何家的貢獻等；此時先生生氣且挫折地說：「討錯人了。」此引起他們的一陣爭吵。	太太能自發地說出訊息，顯示她已對治療情境感到較安適了，或許對治療的信任度也增加了。治療者也很訝異地發現，太太其實更在意的是結婚多年來「未獲肯定」的感受。治療者認為，這樣的議題比病態嫉妒來得有人情味。在此也看到婆媳先生三角議題，此議題的衝突延後爆發或許是因為當時太太為了和諧與養育小孩（目前小孩已有很好的成就、離家，她的犧牲已有成果，但埋藏的「怨」卻浮現了），而「選擇」委曲求全地做個好媳婦；也有可能是現在她變得（空巢、更年等）沒有安全感，而向先生索求。當年先生與原生家庭（母親）的連結強過與核心家庭（太太）的，似乎現在仍是如此，這也是太太「怨」的來源之一。對於「症狀為什麼會現在發生？」的疑問，用家庭生命週期的觀點似乎能提供很好的解答。他們面臨家庭生命階段的轉變，亦即，將要面對小孩離家後，夫妻兩人更密切相處的壓力；此時太太的失落及感到不值得的「怨」浮現，她用「病態嫉妒」的訴求來驗證先生的關心，但先生無法有效地撫慰她的感受及滿足她親密感的需求，於是愈來愈多舊怨浮現，夫妻間的關係遂愈來愈惡化。

（續）

	治療描述	解析
【1-15】	治療者問他們在家時的爭執也是類似如此發生的嗎？當太太覺得心情不好時，提出嫉妒或過去的事，先生就生氣。他們說是。	個案次系統確認互動模式。
【1-16】	治療者向他們說：「你們對對方都抱著很高的期待，想要更好地生活在一起。」	治療者將「不滿意」說成「想要更好」是一種重新框架，也是順著他們仍想要繼續生活在一起的方向。
【1-17】	治療者再分別詢問他們：「要如何生活在一起？」及對彼此的期望。然後讓他們跟對方說出自己的期望。起先他們很難向對方說話，這時女兒想出來幫助父母，但治療者堅持女兒「置身事外」，在引導及促進下，夫妻終於能對話。	「要如何生活在一起」乃順著先前的方向繼續澄清，形成更為具體的內容。「讓他們跟對方說出自己的期望」是藉著引發互動來觀察夫妻之間的關係。在治療者的促進之下，他們終於能做到。
【1-18】	治療者強調他們共同生活的意願及肯定他們多年來對這個家的貢獻，尤其是共同培養了四個優秀的孩子。接著說明他們（包括小女兒）所面對人生階段的問題，目前只剩最小的女兒在家，而她正面對要離家的抉擇。他們間的問題處理得愈好，就愈能幫助女兒離家獨立，如此完成身為父母的責任。	治療者作整合陳述（formulation），將問題的重心轉移到是整個家庭的議題，而非被認定病人個人的問題。先肯定夫妻共同的成就，再邀請他們在這個家庭生命階段繼續扮演「好父母」，並指出解決問題的方向是「幫助女兒離家獨立」，並以「完成身為父母的責任」來增強他們解決自己問題的意願。

（續）

	治療描述	解析
【1-19】	治療者拋出整合陳述之後，邀請他們回應，再次核對他們對治療的期望。他們同意治療者所提出的方向。	治療者以跟他們平等及邀請的姿態來引發討論、確定治療方向，以及他們參與治療的意願。
【1-20】	治療者和夫妻討論藥物。向太太解釋是讓心情穩定、較不會心情不好的藥，太太能接受，也與先生討論藥物問題。最後，分別給予他們藥物，太太是抗鬱劑（百憂解20mg／天）及抗焦慮藥，而先生是抗焦慮藥。	治療者分別跟夫妻討論藥物問題並開藥，是治療者分別與他們建立關係，並暗示治療者是「公平」對待他們的。此點是在回應【治療 1-1】中所知道的、他們家的「公平」原則。

第二次門診

門診是每週一次，這次只有夫妻來，女兒沒來。

	治療	解析
【2-1】	從他們的神情及詢問他們狀態時得知，他們的狀況都較改善了。他們兩人都努力克制不發脾氣。先生的失眠及情緒控制已有改善，而太太也未有因東西被移位而懷疑的現象。	治療者的加入個案次系統常會造成類似個別心理治療中所描述的「轉移性改善」，或許因為他們的情緒有了宣洩的地方；或許因為來看診本身代表原先舊系統的平衡已瀕臨失控，而接受治療這動作本身即有「喊停」的警訊效果；或許是他們想要向治療者證明「情況並沒有那麼糟」，他們尚可控制（就算是如此，也是因他們有能力做到，是值得肯定的）。

（續）

	治療	解析
【2-2】	治療者肯定他們相當努力在改善他們的相處，並詢問他們：「你們是怎麼做到的？先生現在用『努力克制』可克制得那麼好，這是來治療之前所做不到的，這一個禮拜在克制上有什麼不一樣？而妳也能不因東西被移動而懷疑先生外遇。」	治療者並不直接面質他們「以前做不到爲什麼現在就可做到？」也不抛出「努力克制是沒有用的」的悲觀看法，而是肯定他們的「努力」，並邀請他們從「差異」中看到更多的「差異」。
【2-3】	治療者詢問太太：「上次治療中聽到她所說對於多年來對婆婆和先生的不滿，是不是還影響現在與家人的相處？」太太提出更多家裡的事，如子女的不諒解、他們比較愛先生，以及以前的婆媳問題。	在夫妻表面上衝突減少時，更要不規避先前她曾提出的衝突點。這麼做一方面在於讓治療更深化，一方面也可展現治療者對衝突的容忍程度，並作爲面對及處理衝突的示範。在太太說出更多家庭內的事時，要去肯定太太更能說出自己被忽略的感受。另外，她已不談嫉妒的事情，此或許再次反映出在【解析 1-14】中所發現的，「夫妻間除『病態嫉妒』之外尚有其他衝突」，而「病態嫉妒」或許只是冰山的一角。
【2-4】	先生認爲有時子女要買東西給她，是她自己說不要的，而如果眞的沒買給她，她又在意。太太表示「子女主動買禮物是心意的問題」。	先生反駁太太，可能是他更能說出自己的意見，也可能是他一向就能如此，也有可能在此議題上他已受許多苦了。若有機會，治療者可去澄清。在此看到類似「你要自動自發地去做……」的雙重束縛模式，而此模式多少造成她覺得不受重視的「怨」，也造成子女的無所適從。

179

（續）

	治療	解析
【2-5】	治療者將外遇問題與小孩買禮物給父親而沒給母親的事件平行並置：「太太對先生情感的需求亦是如此，很難直接說出口。」	治療者主動提出「外遇」的主題，這是他們的主訴，並將事件平行並置，看出太太的模式。
【2-6】	治療者要夫妻練習，太太向先生要求，而先生向太太表達關心，並要太太評分。第一次練習太太評為 0 分，第二次 50 分。	向他們說明這麼做與治療目標的關聯。做完之後肯定兩次間的不同及進步。
【2-7】	在肯定他們更能溝通之後，要他們談「外遇」問題，此時他們又吵了起來。	治療者仍鎖定「外遇」的主題，要他們就此主題做練習。
【2-8】	治療者肯定他們已學會忍耐的方式，來讓雙方不吵，就像這個禮拜；但希望他們學會更多的方式來處理心裡的不舒服。	對於他們固有的模式或能力，治療者並不需要去貶抑，反而要去肯定，用「好上加好」的態度，要他們更進一步。
【2-9】	治療者向先生說：「一如太太的不說出口而覺得被忽略，他對自己的需求亦是如此，這是你們默默關心對方的表現，但現在要不要談談自己的需求？」	將太太和先生的模式並置，並重新框架他們的模式為「默默關心對方」。太太懂得要先生關心，先生在這部分「不及格」，所以要先生談談自己的需求。如此做在於平衡夫妻間的需求，以免一味地要求單方面做改變；雙方都可給予和要求，如此就有了豐富的互動。
【2-10】	先生說出「我需要多一點空間」。最後，重新定義他們之間關係要改變的方向是從「忍耐、忍讓」到「原諒、諒解及給對方空間」，並重申他們的目標是找到更好地生活在一起的方式。這要他們回去思考。	治療者肯定先生能向太太說出自己的需求。治療者讓個案回去「思考」，這種「思考」形式的作業是他們一定會做到的；治療者以此連結下次會談，亦即，下次會談可由此開始，而從這次到下次會談之間用這指令連結。

第三次門診

	治療	解析
【3-1】	在本次門診之前，女兒透露一兩年來母親根據別人的手勢、表情來判定他人對她不好。	這些說明支持症狀已達妄想程度，而治療者決定在門診中再次澄清症狀，並考慮抗精神病藥物的使用。小女兒打電話的動作，顯示她雖沒來門診，但仍相當關注父母的狀態，也仍受其影響。
【3-2】	他們在家發生劇烈衝突，先生情緒失控半夜跑出去，也發生身體不適，太太頗擔心，傷心地哭了。治療者肯定她關心先生。	這樣的發展可能是因上次治療中鼓勵先生表達需求，當先生更能為自己爭取，系統舊有的平衡被打破。
【3-3】	先生生氣地說出：「我哪裡對不起妳，我在生活上已做出180度的改變。我準時下班、放棄了許多社交生活，甚至上班時也不敢輕易離座，怕妳打電話來。」治療者肯定先生能清楚地說出自己的苦及更懂得為自己爭取及表達，並重新框架先生的「跑出去」是要求「空間」和「不願造成雙方激烈衝突」。	
【3-4】	治療者反映他們的關係：「你們倆綁得很緊，雙方都沒有空間。」太太生氣地指責說：「這都是他造成的」，但治療者指出，「當妳看到先生生病時也急得哭了，妳要不要告訴先生妳當時的感受？」太太說出她有多擔心後，先生也說出他一直努力避免衝突，因為他擔心太太自殺、擔心會失去她。雙方的情緒終能達成和解的狀態。	治療者對於太太的指控先生：「這都是他造成的」，選擇反映其底層情緒的急與氣，而非字面上的意義。

181

（續）

	治療	解析
【3-5】	治療者再澄清主要問題，即嫉妒的問題，在細細地「跟隨」下，太太是用「直覺」來感受到先生有外遇，而她當時就是如此相信。	更確定她的嫉妒已達妄想程度，故考慮加上抗精神病藥物。
【3-6】	此時治療者依據先生的說法，重申上次治療中所說的諒解與空間，問太太：「對於上次要你們想的『找到更好地生活在一起的方式』，不知妳聽了剛剛先生的說法，妳有什麼想法？希望多給他一點點空間來更好地生活在一起嗎？如果先生現在是180度，他只要變成179度就好。」太太答應，治療者要他們討論「那多出的1度的空間指的是要做到什麼」，他們討論出「讓先生早上出去慢跑一小時」。治療者再確定他們的協議，並鼓勵太太，要是她很難做到要趁現在提出來，她頗堅定地說她能做到，讓先生去晨跑，先生聽了相當高興。	夫妻能就問題討論並達成協議，合作於「更好地生活在一起」。
【3-7】	治療者問他們是否願意做其他的嘗試及努力來「更好地生活在一起？」他們願意，於是治療者提出作業：先生要故意動三樣東西，看太太能否發現。	悖論作業，要他們面對他們行為的荒謬，而非一味地忍耐。
【3-8】	跟太太討論開立低劑量的抗精神病藥物。太太同意。	

第四次門診

	治療	解析
【4-1】	他們顯得神采奕奕，關係完全改觀了。他們有做作業，先生恢復原來的晨跑。治療者用以前她會不放心的種種情況去問她，現在她為什麼可以放心了呢？治療者也去了解他們做作業的細節，如時間、藏的物件、太太如何去發覺等。太太發現兩樣，但她對作業的反應是：「無聊，我才不要去注意他的一舉一動。」	作業達到預期的「荒謬」的效果。太太覺得較輕鬆、不憂鬱也不疑心了。
【4-2】	治療者向他們說：「對於你們的改變我很好奇，從你們做作業的情況，我看不出來為什麼會有改善的效果，你們認為怎麼會有這樣的改善，你們是怎麼做到的？一定是做了些什麼沒有向我說的。」	把功勞歸給他們，認為改變是他們的努力所致，而「一定是做了些什麼沒有向我說的」，乃暗示他們可有私密的空間與聯盟。
【4-3】	先生述說在這個禮拜中他出現許多身體的不適，治療者肯定先生愈來愈能說出自己的需求，而太太對於先生身體的變化所受到的影響是「不忍心再煩先生」。治療者將他們說這段話時的甜蜜反映給他們，並指出夫妻關係改變成更能互相照顧。	先生的身體狀態，也可能是促成改變的原因之一。
【4-4】	最後，要太太繼續去檢查先生並表示「你們復發的機會很大」，而「復發正是你們練習給對方空間的機會。」	開立預期復發的悖論處遇。

後續追蹤

幾個月之內，先生的身體恢復了，社交活動也增加了。三個月時，太太的妄想仍持續存在，但是未再有症狀行為出現，且與先生互相對待的方式改變了，在討論後停用抗精神病藥。一年及兩年的追蹤，何太太都沒再有嫉妒妄想的行為，夫婦倆共同參與的活動變多了。

歷程

治療是賦權使能的歷程。個案來求治時是處於低能力狀態，在與症狀相關的「知情意行及關係」等面向是「凍結」的，表現出來的是固執的觀點、負向的情緒、缺乏合作的意願、重複而無效的行為，及僵化的互動模式。

治療是經由治療者的參與，在達成治療目標的歷程中，使個案重獲解決自己問題的能力，亦即自我覺察、產生新觀點（知）、同理對方（情）、自主（意）及自決（行）等方面的能力。

治療者經由在與個案的互動中做主動選擇，開拓個案內在結構「知情意行關係」等面向的「空間」，來完成治療階段任務及治療目標。

治療者的主動選擇

治療者的積極參與是賦權使能歷程所必需，也是婚姻與家庭治療最大的特色。治療者會比個案能做較好的選擇，因為治療者較不會陷入個案「知情意行及關係」等面向的僵化互動中，他擁有更多的資訊、知識與經驗，所以更有評估治療及個案系統狀態的能力。

治療者的主動選擇[84]（@第五章的治療者的主動選擇）展現在治療系統的每個層次中：(1)在治療者與個案的訊息交換層次中，治療者會對訊息加以選擇，並決定要如何回應及回應個案訊息的哪個層面；(2)在關

係層次中，治療者會選擇誰向誰及如何說些什麼話，以促進相互了解與情感交流；(3)在意圖調整家庭結構時，他會決定要哪些人參與治療、座位擺設及要先跟誰說話等；(4)在治療歷程階段中，治療者會決定要處理議題、主題與互動模式的優先順序，以及要採取何種涉入個案的姿態與位置（@治療者與案家的位置與姿態、@家庭治療者介入處遇的基本互動圖式），並調整相互間的權力階層關係。

接下來，從治療內容的分析中來檢視治療者如何在這些方面做主動選擇。

對訊息層次的主動選擇

在治療的訊息交流中，每個個體都會對訊息的不同層次，如語言內容、非語言（情緒、態度等）、後設（關係、規則、信念等）、情境脈絡（當下的及成長背景的）等，選擇接收與回應。治療者在此訊息交流的歷程中擁有較大的優勢，他會依其所欲達成的目的來對個案訊息中的不同層次做選擇及回應以影響個案，而達成治療效果或傳遞某些理念。

185

(1)擷取內容中的某部分做回應：在個案訴說的諸多內容中，治療者會選擇他認為值得進一步探索的部分加以回應，如此將會談的內容導向或停留在他想要談的內容。這樣的決定在治療中隨處可見，治療者以此與個案連結、蒐集資料、鋪陳介入及控制治療時間等。例如，治療者重述個案話語中的「自殺兩次」，來讓個案多談談自殺；【1-18】治療者為了要強調夫妻的共同處，故肯定夫妻「共同培養了四個優秀的孩子」，埋下「他們要協助小女兒離家」框架的伏筆；【2-2】治療者用「你們是怎麼做到的？」與「這一週在克制上有什麼不一樣？」而將治療導向肯定個案能力的方向。

(2)回應個案訊息內容中相同或相異的部分：治療者可強調夫妻訊息中相

84　這篇文章比第五章之「治療者的主動選擇」完成得早，後者可能在理念上較周延，但這部分我決定予以保留，是考慮到有治療實例可用以解說。請讀者諒解這兩部分的重複。

同的部分，如【1-18】治療者：「『你們』都很用心在子女的教養上」及「在你們婚姻的早年雖然碰到許多的困難，但是……『一起』撐過來了」，如此來肯定夫妻的合作及鞏固夫妻關係。同理，若治療中想要促成分化時，則要強調其相異之處，如「『你』的看法是……而『他』認爲……」（＠家庭治療中的人稱代名詞）

(3)將兩訊息並置來做回應：治療者將不同時空的訊息內容平行並置，讓個案了解其行爲模式，如【2-5】治療者將外遇問題與小孩買禮物給父親而沒給母親的事件平行並置：「太太對先生情感的需求亦是如此，很難直接說出口。」【2-9】治療者將太太和先生的模式並置，並重新框架他們的模式爲「默默關心對方」，而向先生說：「一如太太的不說出口而覺得被忽略，他對自己的需求亦是如此，這是你們默默關心對方的表現，但現在要不要說說自己的需求？」

(4)回應個案訊息內容中不明確的部分：【1-13】治療者邀請妻澄清「不敢期望」的語意，這樣能探觸不太敢說出的情緒；治療者對個案的訊息做整理之後，進一步澄清或核對，如【1-15】治療者整理出個案的互動模式並問他們是否如此，這樣讓他們更能認知及覺察自己的狀態。

(5)回應個案的情緒：這樣的做法常可相當有效地同理個案，如【1-6】治療者同理妻的苦；【3-4】對於太太對先生的指責，治療者選擇去反映其深層的情緒，而非表層的生氣，回應以「當妳看到……妳要不要告訴他，妳的感受？」這也可用在引導會談方向，如【3-2】對於妻傷心及擔心地哭了，治療者並非選擇朝個人內在情緒來安慰她，而是朝夫妻關係的方向「妳很關心他」，如此做是在同理其底層的情緒，並導向談論夫妻關係。

(6)回應非語言或後設層次：【1-7】在妻訴說時，治療者肯定她自我覺察、能清楚訴說等能力；【2-5】治療者將兩事件平行並置，看出妻的行爲模式；【3-3】治療者肯定夫訴說的能力及敢於爲自己爭取及表

達。

(7)回應「正向意圖」：如【2-2】治療者選擇肯定他們的努力（態度），
　而不是他們的做法（內容）。

(8)將訊息重新框架：【1-16】治療者將「不滿意」的心情重新框架爲「對
　對方抱著很高的期待，想要更好地生活在一起」；【2-9】治療者將
　「說不出口」重新框架爲「默默關心對方」；【3-3】治療者重新框架
　夫以跑出去來要求「空間」和「不願造成雙方激烈衝突」。

　　從上面的例子中可看出，治療者在訊息層次中主動選擇的用意，有
些旨在鋪陳治療，如引導治療方向、澄清語意等；有些旨在建構賦權使
能的先決條件，如同理情緒、肯定等；有些則是賦權使能，如增進個案
覺察及表達等能力。

對參與者的選擇

　　治療者要決定哪些人參與、要先跟誰說話，以及座位的安排等，這
些做法藉由構設治療的舞台、場景、台詞等，來調整家庭結構。例如，
將小女兒安置在較周邊的位置，主要與父母談；在父母很難互相說話
時，女兒會想出來幫助父母，治療者堅持小女兒「置身事外」。

187

議題與主題的選擇與處遇

　　家庭事件有其心理、社會、歷史及個人成長背景等因素，治療者要
選擇談何議題，以及決定優先順序與處理的範疇。議題是指在治療中出
現的話題，而主題則是與治療目標直接相關的議題，例如，妻提及以前
與婆婆和先生相處的問題（議題），治療者並未在此內容上做太多著
墨，而選擇將焦點置於當下的夫妻互動（主題）；例如，在父母報告他
們爭吵的情況時，治療者用問「那時小女兒做何反應？」而將焦點轉
到，小女兒來探索系統中其他人的互動模式，再如用問「發病前後家裡
發生了哪些事？」來詢問發病當時系統所承受的壓力。

治療者對於某些主題的堅持常是突破阻抗、促使治療進展的原因，如治療者主動探觸妻的「不滿」、堅持談「外遇」問題、堅持問出答案，這些做法一方面能讓個案面對問題，一方面可展現治療者能夠且願意面對處理這些情緒事件。

　　在治療中，治療者能用隱喻或主題來貫穿家人間的相處問題，並形成解決之道，例如，「你們之間是相互關心太多，而非太少的問題；母親關心兒子太多，所以才會一再叮嚀；先生關心太太很多，才會忍住自己的性子，不跟太太衝突；兒子關心父母太多，才會一再做出些行為來試探父母，因為他不敢貿然變得更自主。」

　　治療者在議題及主題上做選擇，有助於使治療走向更具建設性的方向並促成進展，這能增強個案參與治療的意願，並使個案更覺得有希望、信心與願意做改變。

互動模式的選擇與處遇

　　治療者要決定如何處理在治療歷程中出現的互動模式。有些互動模式是最近情緒的累積，如【1-3 及 1-7】妻的沉默，治療者【1-6 及 1-7】以同理及肯定來化解其沉默；有些是在治療歷程中發生的，如【3-2】治療者將妻的哭泣重新框架成「關心」，將夫的「跑出去」重述為「要求空間」，讓個案經歷正向的情緒經驗，而促成改變；有些互動模式與主訴問題直接相關，治療者在當下即做處置，如【1-8】中的「查與防」及「忍、逃或爆發」，【1-14 及 15】中的夫妻吵架，【1-17】中「當父母很難對話時，女兒會想幫助父母」，及【2-4】中妻很難說出自己需求，而又累積「怨」的模式。

治療者涉入個案程度的姿態

　　治療者要依個案的能力狀態與治療階段，調整涉入個案的姿態（＠治療者的基本態度、＠治療者與案家的位置與姿態、＠家庭治療者介入

處遇的基本互動圖式）。依涉入的程度可分成下面幾種：自身投入、介入引導及肯定、從旁指揮、示範和抽離。自身投入是治療者以自身貼近個案立場去同理、安慰、認可等；介入引導及肯定是治療者站在與個案較近，但有一些距離的立場，來引導個案用不同的方式來互動、肯定其行為的正向意圖等；從旁指揮是治療者站在個案之外去指揮；示範則是治療者的身教，讓個案從中學習；抽離則是治療者以不發出指令，讓出空間並等待個案發生新行為。

　　由上述可見，治療者在與個案的互動中，對訊息的各種層次、參與者、議題、主題、互動模式及涉入的位置姿態等方面做主動選擇。這些主動選擇開拓了個案在「知情意行關係」等面向的空間，以及達成治療階段任務。以下分別探討之。

開拓「知情意行及關係」各面向的「空間」

　　治療者抱著賦權使能的信念積極參與並涉入個案，來開拓「知情意行及關係」等各面向的「空間」。這「涉入」與「空間」乍看之下似乎矛盾，但當我們以「歷程」的觀點來看待時，即可發覺這「涉入」是營造「空間」所必需；治療者涉入個案程度的姿態，是依賦權使能及達成治療目標而轉變的。

在認知方面

1. 帶入能涵蓋個案觀點的框架：個案夫妻在「外遇」及「病」的觀點上南轅北轍，治療者必須與所有個案成員一起形成他們能接受的觀點架構，如此治療才可能有效進行。如對於夫妻的主訴問題【1-4】及所認為的致因【1-5】，治療者的處遇是向夫解釋生理、心理、家庭、社會等因素的相互影響，並在後續的治療中，帶入下列能包含個案觀點的框架：

(1)家庭互動及關係的框架：【1-18】將問題轉成是整個家庭（系統）的議題，而非被認定病人個人的問題；【1-14及1-15】讓夫妻看到他們的互動模式造成關係的惡化；【2-4】妻「你要自動自發地去做⋯⋯」的雙重束縛模式，造成她覺得不受重視的「怨」。當個案接受此關係及互動的框架時，會把「病」看作冰山的一角，而更能致力於關係的改善。

(2)家庭生命週期的框架：如【1-10】面臨小孩離巢的壓力，【1-18】面對家庭生命階段的轉變。

(3)家庭結構的框架：如【1-2】治療者將女兒安置在較周邊的位置，主要與夫妻談，如此的安排即在處理代間界限，將子代與親代劃開；【1-9】可讓小女兒看到她在情感上支持父親，並在情緒上會捲入父母的爭戰中。

以上是治療者帶入治療理念框架，以形成可被個案接受的觀點。

2. 經加工而產生的新觀點：

(1)擴展視角：【1-9】詢問系統中其他人的反應，以擴展個案的視角。

(2)重新框架：治療者拋入不同的觀點來解讀個案說出的內容。

(3)悖論處遇：治療中也用悖論處遇來讓個案產生新的觀點，如【治療3-7】的悖論作業，而在【治療4-1】中太太的反應是：「無聊，我才不要去注意他的一舉一動。」如此成功地讓太太對於「查與防」的行為模式產生不同的觀點，而她的情緒也隨之轉變。

(4)反映：治療者將所感知的意象（@治療者常用的意象）反映出來，如【3-4】中治療者反映夫妻間的關係：「你們倆綁得很緊，雙方都沒有空間」。

(5)平行並置：如【2-5, 2-9】將訊息平行並置，以產生新意義。

3. 從旁引導或指揮的位置

(1)引發互動：治療者可在引發互動時，要求個案發出某訊息或用某方式來發出，如【1-17】要他們向對方說期待。

(2)循環詰問（＠循環詰問）：治療者可用分別詢問個案同一問題，來讓他們比對彼此觀點的異同並產生新的觀點，如【1-5, 1-12, 1-17】。

上述呈現治療者採各種涉入姿態及治療技術，來讓個案的認知更有彈性。

在情緒方面

雖然Mason等人（1991）及D'Onofrio（1992）認為教育是賦權使能主要的工具，但 Chandler（1991）則發現情緒支持是最相關的變項（引自Rodwell, 1996）。故治療者必須使個案的情緒狀態轉化成願意接受治療者訊息的狀態。

1. 貼近同理及支持：當個案陷溺於憤怒、沮喪等情緒，而會影響到治療的持續時，治療者可能會決定自身投入去處理，如【1-6】，轉化個案的情緒，使其不會阻礙治療的進程。

2. 宣洩情緒：如【2-3】。

3. 增強對情緒狀態的覺察：治療者反映自己的感受，來助個案覺察自己的情緒狀態，如【3-4】治療者反映個案底層的情緒，治療者對於太太的指控先生：「這都是他造成的」選擇反映其底層的擔心；【4-3】治療者反映夫妻的狀態，治療者將太太說「不忍心再煩先生」這段話時的甜蜜反映給他們，並指出夫妻關係已改變成更能互相照顧。治療者也促其向對方表達看法或情緒，以助個案互相了解及讓個案自己來處理關係問題。

4. 鼓勵及肯定情緒表達：當個案更能說出自己的情緒時，治療者肯定他的改變，如【1-7】。欲鼓勵向配偶說出，常先選擇去表達正向的情緒，如期待與善意，如【2-6】要個案面對衝突點，【2-7】要他們談「外遇」。

5. 勇於碰觸衝突點：欲達成目標須打破舊的平衡，個案對於脫離舊平衡

191

狀態會相當焦慮，有時會「粉飾太平」，所以治療者要在他們能力狀態許可時，勇於碰觸衝突點、引發並處理衝突來打破舊平衡，並讓他們經歷成功經驗、促成本質上的改變，如【2-3, 2-5, 2-7】主動探觸「不滿」及「外遇」。

從上述可見，治療者處理個案的情緒乃循序漸進，從同理及支持去增強個案參與治療的意願，進而協助他們宣洩情緒及練習表達以增進相互了解，到最後能勇敢地去碰觸、解決問題。

在意願方面

意願是賦權使能及達成治療目標歷程中最核心的變項。意願的產生來自脫離過去痛苦的欲求及看到未來的希望，而找到當下的著力點則能產生改變的力量。治療者用了許多方式來引發個案的動機與改變的意願，如【1-6】讓個案認知到當下處境的苦；【1-18】找到夫妻共同的關注點；【1-12】貼近個案的期待；【1-17, 3-6】找到可能達成的具體目標。

在此歷程中，治療者必須一再識別出個案的善意與能力、肯定已然有的進展、協助他們完成治療者的指令及作業，讓他們嘗受到成功的經驗，而有信心做進一步的冒險嘗試。

在行為方面

1. 肯定行為的正向意圖及鼓勵、識出，並肯定新行為的產生：治療者必須有識出個案行為正向意圖及新行為的能力。如果新行為尚未發生，要肯定其正向意圖並鼓勵之，若是新行為已發生，則要將它識別、標定出來，並由治療者自身或是引導其他人來肯定它，並藉由回饋造成「滾雪球」的效應，如【1-7, 2-2】。

2. 表達自己內在狀態：清楚表達自己內在狀態是改善關係及自我負責的第一步。治療者常努力促使個案表達，如【1-6】治療者同理妻，促成

【1-7】她能開始說話；【1-17】在治療者的促進之下，夫妻向對方說出自己的期望；【2-6】治療者要妻向夫要求，而夫向妻表達關心；【2-7】在做完【2-6】的練習後，要他們談「外遇」；【2-9】治療者要夫說出自己的需求。

3. 協商：協商的動作隱含對對方主體性的尊重與平等的關係。治療者常與個案協商、促成個案間的協商，並邀請他們為自己做承諾及承擔自己行為的結果，如【1-19, 3-6, 3-7, 3-8】。

4. 示範：治療者處理事件的態度與方式，常默默地發揮影響力，這是社會學習的效果，如【1-19, 1-20】；治療者對於衝突與情緒強度的忍受度及其處理，是讓個案學習到不見得要規避衝突的示範，如【2-3, 3-3, 3-4】。

在關係方面

在關係方面，可分成個案間及與治療者間的關係兩方面討論。個案間的情感交流、表達、合作、溝通、協商等已敘述於前，在此將重點放在治療者如何調整家庭結構及鬆動僵化互動模式，讓個案在相處上有更大的空間。在治療者與個案間關係的討論方面，注重關係本質與權力階層；前者是賦權使能的先決條件，而後者的調整可讓出空間，使個案的能力得以發揮出來。

1. 個案間的關係

(1)調整代間結構：如【1-2, 1-17】治療者決定將女兒從父母爭執中劃開，將治療聚焦於夫妻關係。

(2)鞏固夫妻次系統：治療者以「共同的關切點」及目標來將夫妻「綁住」，接著促成其協商、合作、情感交流，並讓夫妻之間有更好的分化；在【3-2】的夫妻衝突中，治療者讓妻說出她有多擔心【3-4】後，夫也說出他擔心會失去她，雙方的情緒終能達成和解的狀態。

(3)悖論處遇：如【3-7】。

2. 治療者與個案間的關係

　　⑴建立信任關係：治療者讓成員覺得被了解，以及展現其專業能力是建立信任關係最主要的工作，如【1-6】治療者去同理妻；【1-14, 3-2 至 3-4】中治療者成功處理衝突，並將治療轉向更有建設性的方向。

　　⑵建立尊重關係：治療者與成員建立「我－你」的關係，如【1-5, 1-12, 1-17】中治療者對同一議題分別詢問他們，或【1-20】中治療者分別跟夫妻討論，並要他們為自己說話，此舉傳達對他們主體性的尊重。

　　⑶建立平等關係：治療者要敏感於與個案，以及個案之間位階的關係。隨著治療進程，治療者與個案間的階層關係是從一高一低，轉變成更平等；開始時多用強勢介入，之後待個案狀況不那麼困窘時，則用從旁、不介入或將功勞歸給個案的方式，讓他們更有能力。在此過程中，要避免讓個案持續處於低能力的狀態，更要注意最好不要用壓抑一方以抬高另一方的方式，而要如【1-12】中所做的，治療者刻意抬高夫的位階，但也不忽視妻的；治療者以邀請、說明、討論及獲得同意等平等的態度對待個案，如【1-19, 2-6 及 2-8】。

　　⑷抬高個案的位階：治療者有時也以「居下風」或是好奇的姿態，來讓個案更有能力，如【4-2】。

　　上述的例子只是治療者在開拓個案「空間」片段的介入，搭著這些「片段」，治療者會有步驟地達成治療階段任務，進而達成治療目標。作者提出五個階段任務來加以討論。

達成治療階段任務的歷程

　　階段任務是治療歷程中介入處遇的明顯標竿。要達成此標竿是要經

過鋪陳、有步驟地達成的，雖然某些標竿有先後之分，例如，個案必先願意參與治療才有後續的合作協商及達成治療目標，但達成目標的歷程並非線性，而是交互影響（小的成功經驗會回饋、鬆動原先難克服的困難，而帶動更大的成功經驗）的。以下分別說明之。

劃清代間界限

旨在調整家庭結構、打破親子兩代的跨代結盟，讓夫妻的衝突局限在夫妻次系統，增益親代處理問題的能力，並讓子代得以更自由地成長，如【1-2, 1-17】治療者劃開女兒和親代的界限。此介入與【1-18】中「助小女兒離家獨立」的目標是相呼應的。另外，在治療中「當父母很難互相說話時，小女兒會介入幫忙」的互動模式與他們在家裡「當父母爭執時，女兒會介入」的互動模式是同形的（isomorphic），故在治療中矯正互動結構是矯正真實生活中互動結構的開始。

促成參與治療的動機與意願

個案間的情緒張力及認知差異相當大，讓他們願意參與治療是很重要的。治療者處遇的步驟是：(1)贏得信任：見前文；(2)讓個案更明確地表達出自己的意見：如【1-13, 1-17】；(3)允許、鼓勵及邀請個案探觸含有負面情緒的事件：如【2-3, 2-7】；(4)核對雙方所接受到的訊息是否一致或已互相了解：如【1-19】；(5)鼓勵相互對話及討論：如【3-6】。

形成治療目標

治療目標與個案的主訴是不盡相同的，以本案例而言，夫是想要控制自己的情緒，而妻則苦於相信夫有外遇，但最後形成「學會更多的方式，更好地生活在一起」的目標。

要形成目標，先要確定共同的方向。方向要從個案的需求及共同關切點中產生，例如，爭吵不休的夫妻可能不願為改善夫妻相處，但願為

小孩的問題而合作，否則個案會不知爲何而戰。病態嫉妒的夫妻很需要治療者的參與和協助來共同形成方向、目標與步驟。在本案例中是【1-4】先問個人的方向，再確定共同方向【1-12】，然後形成具體可行的目標及達成的步驟，如【1-17】問「要如何更好地生活在一起」，【2-8 及 2-10】「學會更多的方式、更好地生活在一起」，及【3-6】中「多出一度」具體而言是去晨跑。

治療目標是治療者與成員間經過一連串的處遇，如詢問、表達、討論、協商等共同達成的，它也是影響治療參與及合作意願的主要因素之一。

促成合作及協商

合作是爲達目標而共同工作。合作關係有兩層次，即個案間及與治療者間，治療者必須能敏感於合作關係的變化。因爲個案夫妻間的裂痕相當大，故在策略上先建立個案與治療者間的合作，再促進個案間的合作。合作的意願可分幾個階段（＠治療歷程）：願意參與治療、願對達成治療目標做承諾、願意一起冒險做新的嘗試、願意在家中合作。

在面對各種治療議題時，治療者要敏感於討論與協商的必要性、提供討論的空間及促進討論，這麼做的目的在於尊重及增強個案自主性。治療者先促進個案說出看法，如【1-7, 3-6】，在必要時須引入更多的觀點和他們討論；然後，治療者與成員間協商，如【1-19 及 3-8】；最後則要促成個案間協商，如【3-6】。

鋪陳介入以達成治療目標

治療中要先讓個案學會，如表達、溝通、討論及協商等基本動作，以建立賦權使能的「先決條件」，再去鋪陳撼動系統的介入指令及悖論作業，以打破僵化的互動模式、促成改變。

當治療目標愈具體時，相應的治療者的介入指令也就愈明確，同時

也要讓個案了解為何要如此做，以增強他們對治療的合作。如【2-6】中治療者要夫妻練習要求及表達關心；在【2-7】中要他們學會新的相處方式；在【2-9】中要夫練習說出自己的需求。

作業及作悖論處遇是要經過鋪陳及設計的，如【3-7】的悖論處遇是要經過【3-6】中的「諒解與空間」，對於「找到更好地生活在一起的方式」及「多出的 1 度的空間」的思考、討論，並得到他們的同意才提出的；【4-4】預期復發的悖論處遇是經過「復發正是練習給對方空間的機會」的鋪陳的。

總之，達成目標的方式是：經由討論以形成具體目標、透過治療者協助，在治療中練習、識別出並肯定個案的成功經驗、形成悖論處遇或作業讓成功概化到治療室之外。

個案的能力得以產生的原因

以上所陳述治療者的主動選擇、開拓個案各面向的「空間」、步驟性地完成治療階段任務，及目標構成了整個治療歷程。為什麼在這治療歷程中能賦權使能呢？

治療者的積極參與

治療者積極參與的必然性、必要性與運用權力的姿態等，前文已做詳盡敘述。

賦權使能的歷程包括建立「先決條件」

某些作者，如 Ellis-Stoll 和 Popkess-Vawter（1998）認為，「先決條件」必須在進入賦權使能歷程之前就已具備。作者並不贊同，因為個案囿於求助當時在「知情意行及關係」各方面均處於低能力狀態及對於改變的恐懼等因素，個案並未具備賦權使能的「先決條件」。本文認為治

197

療者在與個案接觸時，就應積極參與去建立這些「先決條件」；當個案具備這些「先決條件」時，其實已開始被賦權使能了。

「構配」歷程中，治療者在態度和理念上的堅持

依據「結構決定系統」的觀點，當兩個機體在一起一段足夠的時間，會產生「構配」（@知情意行關係脈絡、@單方還是雙／多方決定？）的效應，機體會將重複的互動整合入其內在本質中，故只要治療者對所欲建立的關係本質及某些信念堅持得夠久，就能影響個案的內在結構：(1)「加權」（power to）：治療者必須區辨「施權」（power over）與「加權」（Rampage, 1994）。「施權」是從上而下強制的，治療者必須避免，但並非如此就要「因噎廢食」、不能將自己的觀點帶入治療系統；而「加權」是平權、授予或使人擁有權力、尊重個案自主性的，也就是賦權使能的方式。(2)肯定：肯定個案行為的意圖及新認知、情緒、意願及行為的發生；肯定能讓個案不必忙於防衛、為自己辯護，而更敢於表達與嘗試。(3)讓個案感到被尊重及平等：個案更敢於為自己爭取。(4)示範、促成溝通、合作與協商：看到示範而學習是個案自決、自發的；能溝通、合作與協商是尊重自己及他人和自我負責的表現。(5)對某些議題的堅持：如勇於碰觸及處理衝突點，讓個案有成功的經驗，此有助於重建個案的自我意象（self-image）和自我效能（self-efficacy），而擺脫低能力狀態。(6)對某些觀點框架的堅持：治療者帶入能被個案接受的框架，當個案看問題的框架改變時，他會有新的感受及行為。

個案有轉圜的「空間」

當個案的內在結構更有空間來自我檢視，亦即有不同的觀點、情緒、動機和成功的經驗時，他反射性的行動（包括僵化的認知、一觸即發的情緒，與重複出現的互動模式）即能被延遲，而能再思考、再覺察、再溝通、協商及再決定，於是個案僵化的認知及情緒得以轉圜，動

198

機及意願得以滋生，關係得以改善，新行為得以產生，而許多能力就滋生出來了。

個案更知道自己要什麼及如何去做

治療者與個案共同形成個案所欲達成，而且具體可行的治療目標。在治療者的指導下，步驟性地去達成。在此歷程中，個案知道自己要什麼及如何去做；「知道」而且「行動」就能產生改變。在治療中，成功的經驗更使個案擁有能力感，進而將治療室中的能力概化到治療情境之外，這是達成治療目標歷程中最重要的一步。

參考文獻

楊連謙（2000）。婚姻治療中賦權使能的歷程：一病態嫉妒個案的經驗。應用心理研究，5，213-250。

Combrinck-Graham, L. (1985). A development model for family systems. *Family Process 24* (2), 139-150.

Ellis-Stoll, C. C., & Popkess-Vawter, S. (1998). A concept analysis on the process of empowerment. *Adv Nurs Sci, 21* (2), 62-68.

Rampage, C. (1994). Power, gender, and marital intimacy. *Journal of Family Therapy, 16,* 125-37.

Rodwell, C. M. (1996). An analysis of the concept of empowerment. *Journal of Advanced Nursing, 23* (2), 305-313.

CHAPTER 7
主體實踐在婚姻治療的運用：超越結構限制的自我反思與實踐

前言

　　婚姻生活脈絡中實質存在的文化價值影響與互動的困境等，能成爲壓抑、阻撓個人實踐其生活角色與生活滿意的「結構限制」。然而面對結構的限制，個人是被主宰而怨懟、隨之起舞，還是能夠發揮創意、超越而主動經營，這不僅影響個人的心靈幸福，更緊扣著個人對於生命議題的應答。

　　重視結構限制的觀察與探討，其實是爲凸顯婚姻治療技術可以促進個人跳脫限制帶來新的可能性。具體來說，所謂結構限制呈現爲總合互動的、社會文化的、內在心理動力與代間傳遞（intergenerational）的意義與過程。婚姻治療的重點內涵也在於協助個人能由婚姻生活中的種種結構限制中跳脫，並在獲得滿意的生活角色實踐當中重塑個人正向、有力的自我。

存在於婚姻生活脈絡中的結構限制

　　協助個人因應結構的限制幾乎是婚姻治療的全部，而結構限制卻無所不在。對生態系統論者而言，婚姻生活非僅單純小倆口的世界，夫妻

更且是存在「先天條件」與「結構限制」之生活場域的主動因應者。探究可能的結構、限制的內涵，婚姻生活經常免不了巨視的社會影響侵入，比如大社會的經濟不安全、失業潮，能直接牽動家庭關係與個人適應。另外，同樣來自大社會文化對家庭的影響，比如規定丈夫、妻子角色的性別理想與標準，縱使嚴苛沒有彈性，也能被家庭、個人視為當然而照單全收。我們可說是身處巨視的社會文化海洋中，但能在日常微視的夫妻互動中發揮能動的力量。因此，面對社會的影響或是文化價值的約束，究竟個人有沒有能力回應、因應，並在既定的約制與生活理想實踐、自主掌控感間獲得權衡與統整，也經常出現為婚姻治療場域的主訴、困境與因應的個人論述。

台灣家庭正面臨社會經濟遽變的衝擊，家庭治療不能無視於變遷影響而不予因應。事實上，如果能夠覺察、敏感於巨視結構對微視互動造成的影響，家庭治療能有效協助家庭因應社會結構的衝擊與限制。台灣在全球化效應下失業率攀升，男性失去賺錢養家能力或陷入經濟困境，這可能成為家庭工作面臨的挑戰與課題。因為變遷不僅讓家庭陷落實質生存挑戰的重壓，也迫使身處台灣社會仍以「男性應該賺錢養家」的文化主流下的家庭，面臨偏離價值理想的煎迫。於是，家庭治療場域中出現相關於父親或丈夫失業帶來的困境，正是文化價值、社會經濟變遷等巨視影響能為家庭帶來結構限制的最好說明。於是，雖然一般不會將家庭治療與巨視結構、社會改革做聯想，然家庭治療者其實可以是協助個人與家庭解放於社會影響禁錮、最有力的前線工作者。

男性賺錢養家的文化理想，能運作成為婚姻中的結構限制，經常可由婚姻治療場域中一再重複述說的、同時是權力議題的故事中發現，比如丈夫不停地追求事業成功的理想，容易與妻子的情感理想追求軋上而爭求主導未果下的相互角力，並使得其婚姻滿意急速下墜。以下簡夫妻來婚姻治療的主因是他們長期的權力衝突。他們曾經提供筆者一個不大成功的治療經驗，但卻教會我們巨視文化影響的不容忽視。

簡夫妻

簡夫妻的權力起伏共舞是隨著丈夫的工作變化，有著階段性的循環。在平時，同時都有工作的夫妻，對家庭有著幾乎相等的賺食貢獻。然而追求事業抱負的丈夫，一段時間就著手進行投資生意，而這樣的投資企圖總是演變至自己的資金耗盡，必須在經濟資源上有求於妻子。如果我們把丈夫這段在經濟上有求於妻的階段稱為「經濟危機」，則夫妻的互動過程重複循環著「經濟危機前」、「經濟危機時」，以及「經濟危機後」等階段。各階段呈現迥異的權力面貌，以及運作其中的社會文化的影響機制，足夠令缺乏巨視結構關注的治療者目不暇給。

　　經濟危機前：在丈夫沒有經濟需求於妻子的階段，「男主外，女主內」的信念成為妻在爭求權力上最大的結構性阻礙。因為文化信念的影響，讓治療者縱使覺察妻在權力天秤上的弱勢，然因缺乏巨視結構敏感的治療策略，而使得抬高妻位置的努力徒勞無功。妻受此信念的影響容易擔心自己的要求無理，使得她一邊冀望改變夫的家庭參與，一邊卻又在爭取的行徑上迂迴猶豫；而深信事業追求是首要價值的丈夫，面對妻的要求參與家務，有時是溫和客氣的安撫，有時則斥責妻在家務撐持上的不獨立與無效率。既然衝突的根源是文化信念深入於微視互動的影響，並維繫著妻子無權之互動的無能改變，就非僅是促進溝通、相互妥協的「非結構敏感」的治療策略所能突破。

　　經濟危機時：這階段丈夫出現更多對妻的權威壓制，也使得治療策略被排拒在活生生的權力傾軋之外。丈夫刻意的表現權威、貶抑妻子及自我誇大的同時，其實正乞求著妻子給予金援，這相對於求援、弱勢的「表現權威」正代表著掩飾自己跟妻要錢、更加偏離理想男性價值的一種性別矯飾。而做妻子的甚至會合力在治療者前掩蓋丈夫要錢的事實，

因此爲了面子問題、爲了不致偏離文化理想太遠，妻子寧可撇開治療者溫暖而正義的手、擱置自己的婚姻理想與情感追求。

經濟危機後：再度證明自己投資失利、事業理想失落的丈夫，陷入情緒的低谷。這時雖然形成穩固平等的權力關係，但恐非全是治療策略之功。此階段，妻子希望丈夫更多參與家庭的理想終於達成，而這是丈夫在工作理想失落、被迫退而求其次、把握唯一能把握的家庭價值的結果。這階段丈夫出現對於追求事業理想的膽怯氣餒，卻遭致妻子的批判：這樣不像個男人。因此，在丈夫熱衷於事業理想時，妻子追求丈夫的家務參與，然當丈夫失去賺食角色，「丈夫不像個男人」卻又成爲妻子心中的痛，說明男性的事業理想同時存在於夫妻心中，是非常堅固的、無能踰越之最後底線的價值標準。

簡夫妻循環著發生經濟危機前後的各階段，過程中文化信念影響下的夫妻權力互動僵局也像一個有其自己方向的流體：什麼時候必定流向何處，或必定演爲何貌；未能覺察或未能緊扣婚姻脈絡之結構限制的治療，很難發揮改變流向的力道。結構限制的發揮影響，比如在案例中最重要的文化信念，我們可由夫妻的權力演進或是夫妻重複發生的互動模式中偵測得知，於是治療想要對夫妻所受的結構限制有所影響，也要由夫妻的互動著手。因此，家庭治療絕對不應冷漠或無知於社會結構的影響，甚至是能夠徹底深入日常微視互動以協助個人對抗、解放於巨視影響的重要力量。

結構限制來源與婚姻困境

過去婚姻治療並未將改變的推進視爲個人自我對於層層結構限制的突破。雖然結構限制可能源自外在環境的不良或是巨視結構的影響——比如失業而自顧不暇的丈夫的不支持，以及存在嚴苛的對女性期待的環境，然臨床上卻可見縱使代爲「改變環境」也未必能使由限制當中重獲

主控感。因為婚姻困境是層層結構限制不斷啓動、維繫的結果，因此，唯有透過個人對於存在限制的覺察、解構與實踐：由負面循環到正向良性的互動，並重塑個人自我，才能眞正的突破限制。

存在於婚姻脈絡中的結構限制，經常不只是巨視的信念價值，而是多元結構影響來源下的共織。婚姻治療場域中個人經常面對的結構限制與挑戰：價值信念、僵化的互動與受阻的情感經常伴隨發生，或成爲結構限制存在的各種線索，也可能作爲協助個人突破結構限制的入徑。

價值信念帶來的結構限制

價值信念不僅決定個人婚姻圖像的該爲如何，更與個人的自我認同息息相關。根據社會建構或敘事的家庭治療看法，人們其實依照重要的意義、假定或信念來解讀他們的生活與事件，於是，這關鍵的、植基於意義體系的「解讀」也決定了個人在關係脈絡中的行動傾向、情緒感受與覺知。

因此，夫妻如何談論他們的問題、如何說他們的故事，經常透露他們如何編纂生命經驗，以及他們所追尋的重要意義。

 偉成和惠芬

48 歲的偉成和 46 歲的惠芬，這對年輕時代開始創業的夫妻，至今擁有事業並逐年擴張、前往大陸設廠。這對事業成功的夫妻，在三年前偉成母親過世後，出現了嚴重的衝突，並至婚姻破裂的邊緣。妻子抱怨並痛苦於丈夫大膽而欠周延的投資企圖，以及其放縱地和女人聊天與徹夜不歸，而偉成也控訴、痛苦於妻子的控制與專斷。

偉　成：我這兩天是比較悲觀一點，就是說我現在走回這個家、跟小孩子相處這麼美好，我就想會不會幾天後就在那裡化療，或者就要開始打針了，然後整個人都變瘦了……我開始在想這

> 些未來的景象。
>
> 治療者：（轉向妻子）你覺得先生的狀態怎麼樣？
>
> 惠　芬：身體狀態啊……我是沒有要針對這點，我是要回應他剛剛的
> 一段，其實我是很不喜歡（用手指指先生，先生看了一下妻，
> 無奈地換了坐姿）。他們幾個男人每次談大陸就是、就是怎
> 樣、怎樣的好，台灣的文化至少還是有屬於台灣特有的文化
> ……像我有時候就覺得……像我不知道他（指指先生）現在
> 常去大陸是做什麼……

　　治療者經常在治療的開始，用問問題來試圖「加入」到丈夫和妻子的世界。在邀請夫妻論述各自對問題看法的同時，治療者也才能逐漸貼近、蒐尋對夫妻來說重要的意義與價值信念。在上述偉成和惠芬的故事裡，前半段治療者摘述出的、來自這對夫妻自己對他們問題的論述，並可由下半段真實的夫妻互動與對談中看出端倪：也就是偉成顯然有其歷史脈絡的將「走回家庭」簡化得等同於「個人生命價值的陷落」，於是引發惠芬似乎不對頭的關於丈夫「偏好大陸文化」的評論，而這裡頭屬於妻子對丈夫偏好大陸的意義解讀與潛藏的負面情緒呼之欲出。

　　發掘夫妻如何談論他們的問題是如此重要，因為許多人相信夫妻問題的困頓更在於其「論述」，而非必然是個人的什麼缺損，於是，這問題論述方式也成為重要的治療入徑所在。比如 Watzlawick 等（1974）認為除非個人改變既定對問題的框架、觀點，否則系統的第二序改變（second-order change）無能發生。而框架的字詞使用與概念源自於 Bateson（1972），指陳的是「問題存在的脈絡背景、對於情境的定義，以及問題對於人們的意義」，於是也確認了個人的論述形式絕對與困住問題的持續不變或得以改變相關。

　　有時夫妻衝突源自於社會位置（比如性別）影響下的論述問題框架的迥異。不同社會立足點下，援引的框架與期待迫使迥異的夫妻像是各

說各話。我們可以上述簡夫妻的案例與對話內容，來理解不同社會文化論述下的位置與各說各話、無以跳脫的衝突間的關聯。

> 妻　子：如果說要再要求一點的話，就覺得他應該共同參與，因為我的一些同事的丈夫會在家裡、幫忙小孩訂正功課啊。（轉頭對丈夫說）就像以前你跟小孩他們比較沒接觸，對不對？後來你比較肯花心思的時候，你覺得比較快樂，對不對？（沉默；丈夫沒回應）
>
> 治療者（對丈夫）：太太好像在等你的回應。
>
> 丈　夫：很簡單的一點，你什麼時候有時間，吸收一點自己需要的常識。好……沒有！她……我覺得她……她讓她自己很匱乏。妳可以不要一直回娘家嗎?!妳就在禮拜天的時候花點時間……做一點自己有益的事。
>
> 妻　子：什麼事？
>
> 丈　夫：學電腦教小孩啊，妳可以學一點基本的東西教小孩啊。
>
> 妻　子：你說真的是……你有求於他喔……只是一下下的時間，他都捨不得……捨不得，就是說不會去幫你喔。

207

　　這些關聯所在位置的期待與框架，通常必須回到社會文化的脈絡才更能理解。簡夫的立足點與期待明顯地透露著「男外女內」的文化論述的影響，簡妻則掙扎於傳統與平權的文化論述之間，也就是在對話中丈夫不斷放話以確認標定妻子應該站有的位置，但妻顯然要抵擋丈夫的在某種位置上是合適正當的期待所帶來的挑戰的同時，還要努力地站穩在不同於丈夫位置的、比較要求公平分擔家務的位置上。

　　這些來自社會文化脈絡的結構限制經常在婚姻治療的場域中發現，重要的是，治療者要避免自己也掉入某種僵化的位置，而維持一種隨時回顧、批判自己可能的立足點的開放，隨時覺察自己是在比較父權的還

是平權式的立足點上發言，並將自己的專業學養視爲只是各種可能理解現象的框架之一。所有框架都是有所局限與不完整的，於是治療者才能在「深信」和「允許不確定」之間，創造一個了解和質疑同時存在的空間，並藉由好奇與探詢的態度、發問，以促進夫妻開解與覺知背負在他們身上的文化包袱。

更多時候，夫妻衝突的無能跨越是因爲活在過去。過去的經歷可以限制住夫妻對於當下問題的論述，失卻看到其他可能的彈性，於是可用注入一個歷史的觀點來試著解構框架。

 偉成和惠芬

惠芬是南部地方「商而優則仕」之地方人士的女兒，她經常充滿活力、全力以赴、又喜歡有話直說的個性，最被親人認定是她事業成功父親之領袖風格的翻版。而她這種直接而強烈的、從不輕易放棄要別人了解接受她觀點的情況，經常也是偉成痛苦於像總被她宰制支配的原由。惠芬的母親則是沒有聲音的人，據說她很安靜也喜歡安靜，常一個人在佛堂裡總有做不完的擦洗整理，在無法避免碰到那個不安靜的丈夫時，就盡量順著聽他講。縱使惠芬的父親緋聞不斷，母親仍老是避著丈夫，對傳說更加充耳不聞。

偉成從小就是得人緣、被祖母帶大的小孩，偉成到今天還是以他的祖母為理想女性的代表：是這麼充滿愛的、個性明亮而平靜的。因為他的父親是個賭性堅強、希望快速致富的人，在偉成上小學前，在一次街頭狙殺中死亡，之後他的母親就更加的憂鬱、自怨自艾。母親一直是偉成和兄姊最擔心與同情的，但又總是千方百計無能安撫、最讓人感受挫折的人。但母親一直深信偉成是最有希望重振家風的小孩。

偉成和惠芬確實曾經有過美滿關係，但很快的，事業決策的看法不同讓他們形同反目。由惠芬的角度，偉成是投機、缺乏縝密思維的。

> 偉成則認為，惠芬是專斷、偏激而口無遮攔的，也從來是輕視、對他
> 沒有愛的。惠芬也表示，雖然不屑丈夫正事做不來、專好搞七捻三的
> 行徑，但她也絕不再像自己母親一樣只知吞忍，因為那樣的安靜、不
> 知爭取，只是讓她感受莫名沉重的無力與憂傷而已。

　　如果偉成和惠芬有著另外的家庭故事，或者如果過去「女性緘默式
的無力」，或「重振家風、取悅母親」的框架，不曾在惠芬、偉成的意
義體系中留下刻痕的話，那他們現在的關係以及對於問題的論述會有不
同嗎？White 和 Epston（1992）認為意義的形塑源自於原生家庭以及文
化價值的論述，而精神分析取向的Scharff夫婦（1987）也論述夫妻雙方
的個人自我在早年、經由認同作用為兒時父母的特性所形塑，於是這
「內化的父母」的經驗也成為建構重要親密需求與基模的核心，並決定
個人往後人際親密所可能抱持的意義與期待。而意義與框架其實又是個
人能否突破親密困境的關鍵，由臨床上丈夫外遇妻子心理創傷復原的觀
察，我們可以得到一些驗證。我們發現，由過去經驗形塑來的框架、意
義，經常影響受創的妻子陷入一種類似自說自話的自我論述情況，而更
阻撓了妻子們的復原之路。也就是「意義」決定了受創的妻子在親密對
話中「如何的、或做什麼樣的」資訊蒐尋、詮釋與編輯，於是，也容易
一再地為自己、為對方與關係得出相同的結論，比如自己就是不被愛
的，因此也一再牽動相對應的受傷、憤怒的情感，與必須嚴密監測對方
行蹤以獲取安全的生存策略（董秀珠、楊連謙，2006）。

　　回到歷史的脈絡與觀點是解構問題框架的重要策略。敘事治療運用
Bateson（1980）「由比較得來的新知」（news of difference）的概念，
經常要案主在這組經驗和另組經驗間做出區別，以便為他們的問題脈絡
做出新的詮釋，或是從中獲取新的意義。而家庭治療的臨床實務中，常
用家庭圖來協助個人檢視過去事件與一再重複的家庭模式，其著重點也
在於促進個人能夠理解價值信念經常不過是特定的歷史脈絡下的產物，

209

於是也幫助個人看到自己做選擇的自由。因為唯有在回顧家庭中理解「過去觀點」可能帶來的約制，並做出有意識的關於未來觀點與行動的自我選擇，個人與關係才可能重獲自由與對生活的主控感（Berg, 1994）。

僵化互動帶來的結構限制

所謂僵化的互動，指陳夫妻間的日常相處存在一種相互促進的（reciprocal）與互動化的模式，並成為啟動維續夫妻「痛苦糾結」的核心與源頭。而外顯的互動面貌，與上述夫妻意義追尋是不容切割的連鎖體。為便於理解，「意義」可被簡約看作是夫妻緊握其生活及關係駕馭的內在驅動，而「對話、互動」則是一再激化、驗證個人確實感知需要緊迫駕馭的「境」。關注於互動的僵化，正如關注於意義，都是增加跳脫婚姻困境的活路。於是，婚姻治療有助於指認夫妻間相互促進的模式，並促進個人能由過去的只能「被動回應」、「極端的劃分受害者與壞蛋」的無可選擇，轉到「可以對話」與「自我負責、自我驅動」的位置上。

仔細聆聽一來一往的對談，經常不難察覺夫妻循環著某些特殊的對話、互動的樣貌，更形成某種常態性模式。而這些循環的對話模式能成為阻撓夫妻親密互動的根本互動結構的限制：夫妻愈來愈無能在關係中感受連結，也愈來愈感受孤立、無影響力與失控。

 玲真和她的丈夫

玲真持續地抱怨丈夫，也一再重複述說過去受公婆欺壓的經驗。這重複述說過去的妻子，不僅無法由過去的傷痛中跳脫，更是帶著定見地解讀現有的生活與關係。於是談著過去的同時，也形塑現在一來一往的對談僵局。

治療者：這個禮拜怎麼樣，有沒有感覺先生比較了解妳生病的不舒服

了？

玲　真：他還是依然故我啊，一樣啊，他依然是操縱者、主宰者，一
　　　　樣是我討厭的那個人啊，聽到他的聲音，我就火冒三丈……

治療者：喔，那過去這個禮拜妳受苦的事情還是一樣，聽起來妳先生
　　　　對你來說少有一些正向的事情，這也是你痛苦的地方。情況
　　　　一直都是這樣，現在我只是好奇這禮拜有沒有一些不一樣……

玲　真：他（指丈夫）就一直找我講話，然後，都是一些相同的話，
　　　　他都是在問我，但是我知道他是想和我講話。

治療者：過去這個禮拜他會主動找你講話，想要和你溝通什麼嗎？

玲　真：他問，你會冷嗎？五分鐘之後，他又會再問一次，五分鐘後，
　　　　可能又問一次，我明明跟他講，不會啊，他還一直問。

　　　玲真的丈夫在上次會談之後決定做出改變：主動地多找妻子說話，
這是上面對話中妻說夫一直問「會冷嗎」的原因。但這段治療者與妻子
的對談，明顯循環著一方希望促進對夫妻間的「不一樣經驗」的發現，
另一方則一再地或許是抵擋治療者，或者只是堅持著自己的問題論述。
而接下來丈夫加入對話會談的下段，夫妻間顯然也重複著某種循環。

玲　真：因為他（先生）不改啊，我們個性又不合，他又不肯離婚。

治療者：妳要先生改什麼？

玲　真：他知道啊。

丈　夫：沒有啦，有時候吵架是為了爸爸媽媽，因為我是長子，爸爸
　　　　媽媽……

玲　真：（大聲，打斷了丈夫）全世界又不是只有你一個長子。

丈　夫：他們身體又不是很好，二十年前我爸爸媽媽幫助我，我當初
　　　　一個人，我帶著她（妻）和小孩，又要租房子，又要賺錢。

玲　真：（有點生氣地斥責丈夫）我從來沒看到錢喲，你都拿去賭博

211

> 了嗎？！
>
> 丈　夫：（平淡地繼續說）這二十年裡面，爸媽大概一個月會來一兩
>
> 　　　　次，我會拜託我太太好好招待他們。然後我們剛結婚的時候，
>
> 　　　　她很多事都不會啦，我的觀念是要侍奉公婆，鄉下老人家的
>
> 　　　　觀念都是這樣，媳婦娶來就是要幫忙做事的。所以那陣子她
>
> 　　　　懷孕，那我爸媽對她的言語上有比較過分。
>
> 玲　真：我跟他講，他還說我騙他的，我編出來的。

　　這互動的片段充斥著「丈夫的理性」與「妻子的情緒」串聯的重複循環。雖然因為篇幅的關係不能完整陳列，但回顧整個過程將令人驚訝於夫妻的對談竟是這樣理性與情緒的伴隨循環。丈夫始終的理性陳述也都像是對著治療者說話，其實他與妻子始終是沒有直接對到話的。而妻子比較情緒性的、處處想要挑戰丈夫所說的參與對話形式，明的反抗與挑戰之外，似乎也有「激將法」地想要穿破丈夫的理性、迴避，而企求夫妻連結的部分。只是雙方愈想突破解決，卻愈結愈深：玲真丈夫的理性可能更激發妻子的想要挑戰；而妻子的想要挑戰，卻恐怕更促使丈夫的理性以對。於是，他們之間也像極了一個積極進攻想要連結，另外一個或者感受威脅而逕自躲到理性之下。

　　傳統婚姻治療一向有精闢的關於互動僵局的論述。首先，Bowen（1978）描述夫妻經常以陷落於極化互補的關係組合：「追求者與疏遠者」或是「照顧者與依賴者」，來因應處理某個階段源自代間傳遞的情感焦慮或無能跨越的親密困境。而 Batson（1972）也認為是因為夫妻間「一再重複的互動順序」，使得夫與妻的表現愈來愈被推向極化，比如丈夫就是情感疏離、妻子就是追求情感，於是也看不到自己、對方與關係的各種潛在的可能與選擇。

　　而這對雙 B 大師提出關於僵化互動的經典論述，說明僵化互動不僅能使參與其中的夫妻雙方失去自由：個人僅能不假思索的，在既定的模

212

式與腳本中「做出自己」與「回應他人」。而且僵化互動也經常迫使各方站到不同的功能位置上，進入循環不已的相互增強過程中。個人與言行舉止不過是整體互動模式與循環中的部分，個人的價值、信念、態度、感受與行為會深切地受到所處位置的影響與牽動，個人容易因受制於位置造成的結構限制而導致主體性不彰。

當以僵化互動的架構貼近受傷的親密關係，治療者通常也會依循此架構發展出治療的策略。首先教導追逐者絕對不要幻想可以追上疏遠者，並且盡早放棄這注定不可能的任務；再者協助追逐者能由對疏遠者缺乏感情的抱怨中，回歸到自身的議題上，而這議題經常是個人深層的空虛感（Fogarty, 1976）。另外，運用悖論的觀點與技術於僵化互動的突破也十分重要。根據群論（group theory）（夏林清、鄭村棋譯，1996）：在某些情況下個別的變化並不能改變整個群體，這正足以解釋有些事愈努力去改愈是不變，或者解決問題之道卻經常才是問題所在，因為合乎邏輯的推論與思考，例如上面的玲真想要用逼近、挑戰來改變丈夫的理性與迴避時，卻反而維續、促進了理性情緒相伴發生的僵局，致使改變無從發生。而唯有重新框定：重新設定個體賴以理解情境的假設或觀點，躍升到更高的邏輯層次，才能發生第二序的、系統的改變。

理解夫妻間互動僵局所帶來的限制，除上述追逐者／疏遠者間愈解愈結的觀點，夫妻間「脆弱相互激發」的概念，除了可允許在模式、關係之外，更肯定互動中雙方個人的主體性與選擇權之外，更增加治療推進上的活路與細緻性。

將夫妻間的互動僵局理解為脆弱的相互激發的現象，同時指陳的是夫妻特別會陷落不假思索地、非理性地相互回應對方的片段或片刻。強調為「片段或片刻」乃企圖更彰顯夫妻對談的變動與流態，並跳脫夫妻就只是「追逐與疏遠」靜態而簡化、失真的認定。脆弱激發的片段通常是因為彼此的想望與需求無能配合，進而衍生為挑戰到彼此的規範性存在的困境。了解這些就比較能理解下面的現象：夫妻爭論不休，甚至反

213

目成仇，但仔細一聽，其實互爭的議題是相當簡單明瞭的，但偏偏就是無能達成共識與跳脫。容易的事情反而變成困難的糾結，主要是因為當下個人的脆弱與生存策略最被激化與啟動的結果。

因此，我們認定夫妻的互動僵局至少要包括脆弱、生存策略與相互激發脆弱等過程的三要件。首先，第一要件的脆弱是由過去歷史或現今生活處境而來的影響、轉化為親密關係中的易受性，就像傷口一樣，非常敏感、警覺於再被碰觸。就像玲真的持續挑戰丈夫，其實背後有著敏感於不被愛的受傷與氣憤，而當我們由互動僵局回歸個人的議題，會不難發現玲真的脆弱是過去原生家庭的創傷或其慢性化模式、先前關係，或甚至是社會脈絡影響下的烙痕。

生存策略也是構成夫妻互動僵局的要件之一，指陳一組信念及策略，個人藉以保護及處理他們的脆弱性。因此，可以說生存策略是立基於某些信念或前提下，個人所採取的自我保護的行動。個人可能不知不覺地抱持以下信念，比如「表達生氣經常會帶來危險」、「凡事只能靠自己」等，而這些信念經常是源自文化規範或家庭歷史影響的結果。

最後，我們談到夫妻間相互激發脆弱的過程。當脆弱在親密關係中被激發時，個人常感到被對方刺傷、安全感為對方所威脅。慣有的生存策略也就非常自動化地用上，而伴侶這時也容易針對對方的生存策略來做回應或因應。在感受威脅的時刻，個人會覺得只有這樣的生存策略才能自保，像面對危險時穿上盔甲一樣，感覺到起碼的安全與主控感。然而雖然生存策略可以保護個人，但對於關係的問題解決來說卻一點也不具保護性，因為個人的生存策略經常表現反而刺激對方出現自己原本害怕或逃避的行為，不知不覺中就成了自我實現的預言。而且當是一種生存策略的時候，個人的表現或行徑通常是處在一種只與自己相關與防衛的狀態，因此，也容易對對方實際的觀點、需要、脆弱，以及力量視而不見。這種對對方的超級不敏感性，容易進一步促動對方的脆弱性，也就是在同一時間裡，一方的脆弱能夠激發另一方的自動化自我保護的回

應，於是形成一個脆弱相互激發的循環。

　　脆弱相互激發循環的概念與技術，企圖在「失了自我」的互動僵局中提供夫妻獲得更多自我體察、抉擇與實踐的機會。於是總結來說，治療在於協助雙方看到彼此可能如何在對話中相互激發與促進了脆弱，更加辨識標定自己感覺被威脅，而進入防備位置的時刻與片段，也鼓勵更加關懷啟動防衛機制下的個人脆弱與內心渴求。於是，也企圖在接納自我脆弱、重新考量，以及選擇自己的因應策略的同時，協助夫妻雙方能由一個高度自動化回應的位置回到一個強調自我反思的位置。

受阻的情感與婚姻困境

　　情緒、情感的表現經常發生在夫妻一來一往的相互激發模式當中。我們在此將情感部分獨立出來討論，是為突顯情感元素在夫妻互動整體中深具影響力與指標性。因此，不管是潛伏流動的、還是爆炸強烈的情感與情緒，不但能為夫妻間存在的議題及其動力搧風點火，更經常能成為婚姻治療中貼近夫妻間的動力、議題的重要切入點。當治療者把針對夫妻受阻情感的「同理性回應」作為治療的起始，在轉譯或解讀這複雜糾纏的夫妻文本時，會能收提綱挈領之效。

　　關於夫妻「追逐／疏遠」僵局的經典論述，以往多以「互動的觀點」關注不對等親密模式是如何在夫妻的相互促進之間獲得維續。然而對於「受阻的情感」，成人依附理論（adult attachment theory）卻會提醒不能忽略夫妻個人議題在互動僵局中可能的貢獻，也就是當面對親密關係中可能的失和、分離或人我衝突時，個人有著迥異的「如何回應之」的特殊性：這其中包含了可能對於人際線索不當的解讀與扭曲，以及情感調節的先天困境。於是，很難看待夫妻有在互動維續上的同等促進，夫妻「追逐與疏遠」的僵局也不應停留在一個制式、簡化、缺乏個別差異考量的分析。具體來說，一個關懷受阻情感的角度，將會著重分析在跳不完的追逐／疏遠的雙人舞蹈中，有多少是因為個人不安全的依附經

215

驗所帶來較低的自我分化與自我控制的影響，以及面對壓力時過激的情緒反應與親密焦慮的貢獻所致。

 紫由的父母

> 紫由精神病發作住院之後，縱使經由藥物治療已然十分穩定，父母仍無法接受他回家。紫由身為家中長子，雖然只有二十歲，但是卻已有很長的時間、早熟地護衛他十分敏感且受苦於婚姻失和、生活壓力的母親。雖然近年來，紫由努力地藉著交女朋友、維持工作來證明自己的獨立，但是其實母親與他的關係長期以來就是緊密到需要努力證明才會有自我空間，而且醫療的積極介入已然排除「父母的拒絕反應是因為他們沒有精神病知識」的可能，因此母親的拒絕既非是認知不足，也非出自於不關心。以下呈現他們與醫師的對話過程。
>
> 母親：我沒辦法再和紫由一起住，他是會拿菜刀的人啊，如果我被他砍死怎麼辦？
>
> 父親：我是可以接受他回家一起住，我不怕他對我怎麼樣。
>
> 母親：（轉頭對父親說）那是你喔，我才不要和他一起住，他從小就是殘暴的人，常常打弟弟。
>
> 醫師：你們似乎被紫由這一陣子的行為嚇到了。
>
> 母親：是呀，我想乾脆讓他和女朋友出去住，我們也搬走，不要讓他知道我們家的地址。
>
> 醫師：目前紫由的確也面臨到學習獨立的議題，但是他獨立的過程會比較辛苦，仍然需要你們給他的支持，不管是經濟上還是精神上的。
>
> 父親：紫由如果出去住的話，就沒有人管他，沒有人看他吃藥，如果又發作起來實在令人擔心，應該讓他去康復之家住兩三年，長期接受心理治療，不要錯過治療的黃金期。

　　受阻的情感經常能夠遮蔽現實、阻斷在生活壓力因應中的理性決策。在上面的治療對話中，母親受阻的情感：過激地回應於疾病的壓力、暴力的威脅，甚至小孩獨立階段挑戰父母帶來的失控，同時對話的過程也驗證了父母長期失和的歷史，並說明了父親的不回應或是無能回應於母親的情感，可能更激化母親的不安全與孤立，而更反映為現階段因應壓力下父母無法協同一致。於是，過激的或是無能回應的受阻情感，能妨礙醫師的安撫與同理接近這對辛苦的父母，以致無法理性平和地形成合作聯盟，整合出符合病患最佳利益的出院計畫。

　　而受阻的情感究竟是什麼？Bowlby（1969）認為，源自早年缺乏安全感的依附關係下的焦慮情感，經常迫使個人陷落使用失衡的依附追尋策略，而焦慮和規避（avoidance）是其中最重要的兩種原型。焦慮的依附形態一般來說呈現為個人獨立上的困難，並伴隨著恐懼被拋棄、誇大自己的需要協助、容易情緒放大，以及低度的自我控制等等；至於規避的形態則相反的是與人親近上出現困難，並經常地恐懼與人親近、過度的自我仰賴、過於自控與貧乏的、關於情感的自我覺察與表達等等。於是，不管是過分地迴避自己的情感需要，還是強調情感，都可能讓人沒辦法去要愛，或是惹得別人無法給愛。原本用以追求關係安全穩定的策略，卻反而造成個人一再經歷失愛或關係斷絕的困境，於是也成為受阻情感能成為結構限制的最好明證。

　　依附理論認為個人在親密關係中的感知滿意，雙方能否互給撫慰性的情感回應尤為關鍵。於是，讓我們回顧上面玲真和丈夫拉鋸式對話的例子，夫妻當中一方是過於冷淡理性的陳述事實，像是要劃開自己和緊迫釘人者間，以便從無能回應的困頓中獲得喘息與自主；另一方則明顯地表現為大聲氣憤的批評找碴，也似乎是因為深信唯有無所不用其極地叩關才足以得到回應。這些特殊的情感表達與策略都顯現對於伴侶能否情感回應的焦慮與不安全，也確實上演為在關係中彼此無能撫慰與情感回應的宿命。

217

婚姻治療若要突破因為情感帶來的結構限制，聚焦於個人受限的情感回應並將之擴展，將是十分重要的任務。讓我們再回到玲眞與丈夫的治療歷程，在接下來的會談裡，治療者會鼓勵夫妻一起檢視這個理性迴避與不斷叩關相互促進的負向循環舞蹈。而「檢視工作」的能否進行順利，很重要的是建立在優先的、對於個人過激情感回應的接納的基礎上。因爲這對於個人情感的全然接納，將能促進治療者與夫、妻分別形成安全的聯盟，因爲我們面對的個案是採取缺乏安全感情感策略的個人，其拜不幸的早年依附經驗之賜，在他們的認知中極可能自幼將愛與創傷畫上等號。何況治療的早期依靠夫妻相互包容與接納是不可能的事，所以，治療者所提供的安全氣氛才是足以支持個人在情感重構的路途上，願意勇敢、有企圖地冒險下去的憑藉。

　　同時，治療安全聯盟的建立是爲進一步協助夫妻情感經驗的擴展與重構。在與玲眞及其丈夫的工作當中，治療者也會在接納憤怒之外，進一步去關心、探觸以往包藏在憤怒下的、長期被忽略與抑制的情感，例如玲眞長久以來在連結丈夫上的沮喪、絕望。

　　具體來說，治療者會在接下來鼓勵玲眞直接表達「她的憤怒」，而不是只是「挑戰丈夫」，同理支持玲眞在企圖連結丈夫上的絕望，也是促進妻子和丈夫直接表達一直不能說出口的情感（沮喪絕望）。然後，同樣的治療者也會回來聚焦與擴展丈夫情感經驗的部分，具體來說，也就是在與妻子的慣常溝通裡，他究竟都聽到什麼，然後都會如何回應妻子，比如在妻子還沒說出隱藏的絕望沮喪前，妻子的憤怒或者強力叩關，經常成爲引發丈夫「我怎麼做都不對」、無能回應、挫折無力的線索。而丈夫根據這個「我怎麼做都不對」的線索所做出的、對妻子的「冷淡的回應」，也都說明了夫妻需要重新經驗他們間的情感流動。因此，協助夫妻表達更深層的、過去無能說出的情感，比如沮喪絕望或是挫折無力，經常能帶來互動模式改變和情感經驗重構的推進效果。

　　當夫妻雙方能夠分別在對方面前表達出從未說出口的、自己的受傷

情感，而像以往夫妻雙方都爲強烈的次級情感——憤怒、攻擊所焚燒，夫妻雙方能由慣常的劍拔弩張當中回歸到個人自我情感的覺察，並發現自己的負面情感也能爲對方所傾聽、包容。於是，這也經常是治療中的「軟化」時刻，這時經常已是不著痕跡地打破僵局，並將夫妻推向一個全新溫暖的互動，因爲治療者成功地促進夫妻經歷更多的相互了解。他們發現或重新體驗到對方原來是可接近、逐步建立信任、會聆聽、包容及回應自己的情感。

　　總而言之，回歸這些和情感有關互動模式的促進與努力，其最終的目的，都是爲了將夫妻的互動與對談轉化成安全的與情感疏通的。於是，我們對於與夫妻受阻情感的工作，做出下列三項任務的結論。第一項：創造治療者與夫妻分別的安全聯盟關係；第二項：聚焦並擴展夫妻雙方對於伴侶的情感回應；最後一項則是注意與夫妻互動模式與僵局相關的情感元素，擴展情感的回應也常能帶來僵化互動的突破。

參考文獻

董秀珠、楊連謙（2006）。突破結構限制的自我反思與實踐：論述丈夫外遇衝擊的創傷與婚姻治療。社工專業的風采與躍昇研討會論文集（頁 219-236）。

Bateson, G. (1972). *Steps to an ecology of mind.* Chicago: University of New York.

Bateson, G. (1980). *Mind and nature: a necessary unity.* New York: Dutton.

Berg, I. K. (1994). *Family-based services: A solution-focused approach.* New York: Norton Company.

Bowen, M. (1978). *Family therapy in clinical practice.* New York: Jason Aronson.

Bowlby, J. (1969). *Attachment and loss: Vol.1. Attachment.* New York: Basic Books.

Fogarty, T. (1976). Marital crisis. In P. J. Guerin Jr. (eds.) *Family therapy: Theory and practice.* New York: Gardner Press.

Scharff, D. E., & Scharff, J. S. (1987). *Object Relation Family Therapy.* Northvale, NJ: Aronson.

Watzlawick, P., Weakland, J., & Fisch, R. (1974). *Change: principles of problem formation and problem resolution.* New York: W. W. Norton.

White, M., & Epston, D. (1992). *Experience, contradiction, narrative and imagination.* Dulwich, Australia, Dulwich Center Publication.

CHAPTER 8

突破結構限制的自我反思與實踐——以丈夫外遇衝擊下心理創傷妻子的婚姻治療為例

丈夫外遇妻子的心理創傷

　　能夠成功跨越因為丈夫外遇帶來衝擊與情感創傷的妻子，經常是因為她們能夠突破婚姻意義等的結構限制綁縛，進而重構個人新自我的結果。因此，有時候個人面臨配偶外遇衝擊的親密處境，像極了一把雙面刃：因為外遇衝擊既是裂解、毀壞了長久以來個人所賴以維繫安全穩定的婚姻中的信念、意義、規則與情感模式，但另一面卻是代表了信任斷裂後，自我反思與新親密開展的希望、重生。因此，面對丈夫外遇妻子的情感創傷，著重協助個人突破結構限制取向的婚姻治療，是以一種成長關懷的角度，將外遇的衝擊視為「危機就是轉機」，著力於促進夫妻在過去例行的、僵化的親密建構中，有更多的反思與實踐。因此，外遇創傷的無能跨越、意涵著個人為意義、情感等結構壓制的現象，於是婚姻治療能夠卸除壓制與協助復原療癒，其關鍵點便在於回歸最能促進結構限制解套的個人自我。

　　傳統屬於心理動力範圍的創傷探討，因為忽略了從社會意義的角度加以整合，而難能貼近妻子難以復原的真相。丈夫外遇衝擊帶來妻子外

顯的憂鬱或其他的心理病症，但內在蘊涵妻子的「親密預期或自我認同」的遭致違背裂解，恐怕是重要但受忽略的困境。這些個人所擁有的、關於親密的假定，深植於社會文化，並明顯圍繞以家庭婚姻為重的價值趨向，更與女性的生命預期與自我認同相繫。因此，婚姻的社會意義與建構，雖然提供人我關係對待的遵循穩定，但也可能緊緊綑綁女性在親密關係的自主，限制女性在婚姻衝突、關係破壞時的復原與彈力。

過去婚姻治療既少關注突破限制，也未將改變推進至個人自我的發動。臨床上觀察親密假定遭致裂解的夫妻，發現他們更強烈地仰賴由外界尋求保證與安全，更明顯的有關係上的界限混淆、控制與規則期待的僵化，而唯有在關係中回歸對自我的關懷、檢視與實踐，才能有復原與關係滿意的改變。然而，過去以情緒為焦點的婚姻治療（emotionally-focused therapy）著重對創傷衝擊下夫妻情感依附關係的修復重建，致力於療傷、經營自我重整所需的關係（Johnson, 1998; Johnson, Makinen & Millikin, 2001），但欠缺發動關係中實踐自我的力道。社會建構及敘事取向治療對於協助個人由社會文化期待的親密假設的箝制中跳脫有貢獻（Gergen, 2001; White & Epston, 1990），卻未能完全貼近治療歷程的真實，例如，它雖提供了對僵化互動模式的解套策略，但未將個人自我視為治療中發動改變的主體，因而對於自我在變化的關係脈絡中獲致解放與重建的複雜歷程也未加以論述。

突破結構限制與個人自我

外遇衝擊下的心理創傷可能反映著個人在婚姻生活脈絡下的結構限制，然而傳統婚姻治療對協助個人對抗結構壓制的著力不足，於是，一個著重發動自我之治療理論與架構能更有助於創傷妻子的療癒。

外遇衝擊下的心理創傷：約制下的個人自我現象？

傳統認為外遇衝擊的創傷影響屬於心理議題，探討多著重依附斷裂下個人與關係的困境。創傷後症候群（PTSD; posttramatic stress disorder）經常被援用來描述外遇受害者的心理創傷：外遇創傷的經歷一再重現、對外界的回應缺乏，以及睡眠干擾等（Johnson & Williams-Keeler, 1998），也發現外遇的衝擊經常伴隨憂鬱的發生，以及容易誘發暴力、凶殺的情緒失控。

除上述個人內在之外，外遇創傷同時呈現了夫妻關係的困境。肇因於外遇加諸夫妻關係的矛盾衝擊：外遇同時既毀壞人與人間親密的連結，又加重強化對人際依附連結的需要，因此，創傷衝擊易使夫妻陷落更加無法正向連結的互動循環（Johnson & Williams-Keeler, 1998; Nelson & Wright, 1996）。再者，互動循環更具備「一再惡化」的特性：因為創傷因應的不良，使得創傷者在原始創傷之外，更經驗與社會脈絡斷絕的接續打擊，而處於一再累積創傷的境地。

因此，創傷不僅是個人內在的不安全與憂鬱，更是關係過程愈演愈烈的相互傷害。然臨床可見個案發揮自我能力而由層層約制中自由開來，進而使心理創傷復原。何以如此？在創傷經驗下的個人自我現象，有待進一步的釐清探究。

創傷的難以復原：情感、互動還是意義的綁縛？

心理創傷難以復原，會不會是反映著個人遭受綁縛的限制？個人身處的脈絡是綜聚內在心理、關係互動與社會文化影響等各層面的整體，因此，很難單一論斷妻子創傷復原的影響來源。

是強烈情感綁縛個人，以致無法有創傷的復原？依附理論的觀點認為，個人早年的依附經驗形塑了個人自我，並結構性地影響個人的應對往後的親密困境，如矛盾（ambivalent）依附形態的人特別容易受到親密

斷裂的驚擾而難以復原。另外，情緒焦點取向的治療者堅信像創傷等的心理議題，經常起於情感的阻滯、逃避與失控之時（Van der Kolk, 1996）。遭遇外遇衝擊的人經常為強烈的次級情感——憤怒所淹沒，因此，負面情感的被傾聽與關注常有助於治療中僵局的鬆開。雖然情感緊密地與個人建構的意義或敘事相關，但它（情感）不過是通往與顯現個人脆弱的羅盤，因此，情感只能說明綁縛自我的限制的部分，而非全部。

是長久未解的互動結構綁縛個人，以致無法有創傷的復原？許多家庭婚姻治療論述認為，外遇是婚姻議題的「症狀」表現：夫妻可能長期存在未解的、難解的權力議題，於是一方的外遇，是為打擊對手愛的需要，而為長期不平的權力困境找尋出口（Brown, 1991）。外遇的發生也能源自 Bowen（1978）「代間家庭系統理論」（intergenerational family systems model）描述的代間傳遞的情感焦慮，並陷落夫妻於「追求／疏遠」或「照顧者／依賴者」極化互補的關係組合。總之，外遇夫妻經常身處長期的權力爭戰，或陷落極化互補的關係僵局，於是個人僅能在既定模式、劇本中做出自己與回應他人，顯明的是受制互動下扭曲的自我。

是僵化的意義體系綁縛個人，以致無法有創傷的復原？外遇撞擊的無法修通，經常牽涉夫妻原有意義體系的僵化，以及缺乏足以突破限制的其他婚姻意義的探尋、想像與實踐。外遇衝擊下的夫妻過於僵化的意義堅持，經常對自身與對方有過於簡化的判定。這像極來自不同水平面的隔空交話，註定沒有聚焦而彼此挫敗。原因是夫妻在不同的水平立基點上，有著迥異的價值偏好與社會文化影響背景。於是，衝突解決仰賴雙方自我對受制於文化脈絡的意義建構，有更多的覺察與反動（Sinclair & Monk, 2004; McNay, 1992）。

因此，創傷是超越憂鬱、憤怒或不安全的外顯，是更複雜的情感、互動與意義多面向交雜的呈現，並明顯成為對個人自我、對新親密開展的綁縛限制。

224

突破結構限制的能動核心：個人自我

什麼是個人自我？個人自我理應具發展性，因此能不斷突破逆境以因應新局。在心理學辭典上，「自我意象是指想像中的自己」（張春興，1989）；再者，自我不僅是主觀的意象結構，個體更須面對變動的環境不斷檢視「我是怎樣的人、我想要什麼、別人如何期望我、希望將來如何」，以便按照狀況妥切統合對自身的理解與定位，而能解決與度過生命歷程的危機。尤其當步入後現代理論的思潮，更視個人自我為一個非靜態的、能不斷改變的實體。

然結構限制究竟呈現怎樣的面貌？又如何在互動、意義的各層面構成個人突破逆境的綁縛？Gergen 和 Gergen（1983）認為，自我是在與他人的相互敘事中共同協商與創造出意義，因而自我敘事與意義緊繫在一起，更在親密互動中不斷被模塑。因此，在關係中原本個人自我就受到互動結構的框定，Giddens（1992；周素鳳譯，2001；趙旭東、方文譯，2002）提出「相依共生關係」的描述，可進一步說明結構限制的面貌。婚姻中強制性的「男主外、女主內」：妻照顧者與夫事業追求者的安排，儀式性的例行義務與嚴格固著的角色劃分，並且依賴對方角色所提供的另者來標定自我的價值與需要，比如妻子的犧牲奉獻同時也讓丈夫無法跳脫，而必須接受照顧的強制與儀式。因此，嚴格的角色劃分不僅在相互界定與互動中形塑了雙方的自我，更因牽連自我認同而難以跳脫。而這些強制嚴格的角色劃分植基於傳統文化，傳統文化創造相對僵化而阻撓個人自我覺知的界限，既不允許針對自我與他人進行檢視，更在一切視為當然中，壓抑自我認同與意義追尋的彈性。

透過上述，可以理解不管結構限制是來自意義共構的互動，還是傳統文化的浸染、壓制，似乎通通透過個人的自我；也就是，在社會文化與親密互動不斷強化與形塑下，對個人造成壓制最深的恐怕來自個人的自我認同。

當成為支配限制的來源，個人自我也可以成為突破限制的能動核心。Foucault（1984, 1986）曾說，自我的技術（techniques of self）或自我的實踐（practices of self）是對抗「支配與限制」的良方。以往支配理論（theory of domination）假定有外顯具體對象間的依賴、控制關係，然很多時候正如外遇婚姻不盡然有顯明的誰壓制誰，更多時候壓制來自「個人本身關於自我的覺知與認同」，比如女性的認同圓滿來自婚姻關係的滿意。因此，「回歸自身、自我檢視與實踐」是唯一通往解放與創傷復原之路。Giddens 也說，自我反思最能協助個人解放於傳統文化的禁錮，個人自我的重新定位、抉擇與開展，是面臨人生逆境、化危機為轉機的關鍵。

　　總合上述，當探詢夫妻的不能由外遇現象各環節解放與自由開來，則發現個人自我不僅是能動的核心，更是具體探究創傷復原、改變歷程的指標。

妻子的復原歷程與婚姻治療技術

　　妻子要由丈夫外遇事件影響下的心理創傷復原，很重要的是需要發揮自我力量以突破結構限制。以下分析與心理創傷相關的結構限制與運作機制，並描繪有助於促進復原及自我反思的婚姻治療技術。

外遇衝擊下的心理創傷現象

　　丈夫外遇事件曝光後，雖有個別差異，妻子經常陷入一種心理創傷的處境。這強烈起伏、難以平復的情感反應，其實關聯著重要婚姻意義的破滅。

強烈情感：反應個人追尋意義的失落

　　外遇事件曝光後，妻子長時間經歷強烈起伏的情感煎熬，縱使丈夫有更多幫忙體貼的行動，外在條件上妻子的生活品質更好，但妻子仍經

驗強烈的空虛、憤怒、不安全及悲傷。但是妻子的為強烈情感所縛，又顯明牽扯個人婚姻理想的失落與追尋意義的違背。

> 妻子：我覺得這段時間裡，我的狀況就持續在一種陣痛的狀況裡，大部分時候我都能正常過日子，但是當那種很悲傷、很難過的情緒湧上心頭，在那個時候我覺得我根本就是一個溺水的人，我沒有辦法自己解救自己。可是，那個時候我先生通常會非常的煩躁，甚至對我表現非常不以為然，我們就開始爭吵，然後甚至於會打起來。大概這一年來隔幾天我就會這樣痛一次。而我慢慢開始覺得這是一種受傷害的痛，為什麼我這麼努力、這麼好，我的丈夫卻這樣做，我想我之所以痛是因為我失去了……我失去了我心目中的丈夫。我心目中的丈夫不是完美、要求很高的，我自己本身也不是條件很好的，因此，我從沒有要求我丈夫要達到怎樣的水準成就……，但是怎麼會這麼離譜、這麼可惡？現在我先生在我身邊，對家裡做的也遠比過去多很多，若以我所看到的來做評分的話，他現在應該是 80、90 分，而過去是不及格的，但是我心中有甜甜的、幸福的感覺。現在我們眼睛所看到的，他做了 80、90 分，但我心裡的感覺一直都是負的。《韓非子》裡，有一個人丟掉一把斧頭，他懷疑是鄰居小孩偷去的，因此他每天看鄰居小孩，就是一個偷斧頭的樣子。直到有一天，他在田裡找到他遺失的斧頭，他再看到鄰居小孩時，就覺得他完全不像是會偷斧頭的人。現在為什麼我會難過？因為我可能已經沒有機會找回那把斧頭了……

難以復原：個人自我敘事的裂解混淆

心理創傷其實呈現了個人意義與自我敘事的裂解狀態。妻子在事件曝光後彷彿大夢初醒，驚覺過去不假思索地活在婚姻的假想與框架裡。

甚至丈夫語重心長地認為妻子復原無期，源自她的堅守婚姻標準、無法轉念。因此不論是「大夢初醒」，還是丈夫「語重心長」的批判，都反映著妻子陷落「我能堅持什麼，我該選擇什麼」等個人框架、標準的混淆裂解的衝擊。

> 妻子：我覺得以前再怎麼辛苦、再怎麼不滿意……我都可以勉強自己盡一個做妻子、做母親的……因為我覺得我們夫妻有著共同的理想與共同的目標，可是我覺得我現在失去了這一股力量，當我知道他這些事情的時候，我突然覺得是不是我從前都太一廂情願的想法……也就是我在中途醒過來的時候，面對這樣的丈夫，我覺得我自己好可悲，我是不是過去都活在自己的一個假想裡……
>
> 妻子：就是覺得我不要離婚，可是我很痛苦，我要怎樣、我要怎麼活下去？我覺得要在很短的時間之下決定離婚，那是很難的一個決定，決定不離婚，我們要重新去面對對方，還要重新去面對自己，我覺得更難……我覺得選擇不分開……選擇繼續婚姻的關係，對我、對我來講……，是一種……折磨跟煎熬。
>
> 丈夫：我覺得她這樣過生活……心裡一直在繞這些事情，其實很不好，然後她這樣……我太太這樣的心情，這樣讓自己沉浸在……我常常要問的是說，妳想了這麼久的時間，兩年了，有時候坐在那邊都不動，這樣子……讓那個腦海一直轉在這種東西，有沒有對妳有什麼好處？有沒有什麼幫助？她對自己……對某些事情的認定……就是她認為什麼是可以、什麼不可以，她的評斷標準沒有改變過嘛，所以她一直沒辦法接受事情已經發生了，那要觀念轉換，要接受才能重新出發嘛。

壓制個人的結構限制

為什麼丈夫外遇衝擊，帶來婚姻意義的失落，帶來妻子自我敘事的混淆裂解？妻子的創傷難以復原，其實是結構限制下個人受綁縛的例證。本文發現有三種結構限制，透過意義、互動的共構運作，而形塑對個人最強力、無所覺察的壓制。

自說自話的自我論述：僵化意義對個人的壓制

創傷的妻子陷落特殊的自我論述形式，顯現某些意義框架雖遭衝擊，但仍啟動得活絡，頑強壓制妻的反思性，於是難有跳脫自我裂解的新敘事統整。這自我論述的形式像在自說自話，在自己的框架與國度裡，反覆過度細節地監測、敘說別人的一言一行，彷彿沒有自己，並以一種過於窄化專斷的意義蒐尋、詮釋與編輯方式，一再得出牽動自己強烈情感的相同結論，如一再證明自己不被愛與被遺棄。

> 妻　子：我覺得那天滿平和的，六點半之後，因為那天他（指丈夫）沒有鑰匙，就我幫他開門，後來我說你要不要吃早餐，這樣子，我也不知道，我也沒有什麼預備說他怎麼樣，可是後來他那天大概就說要……我說你去了哪裡，然後講講講……跟我講了半天，finally 到中午的時候，我知道說，他已經開過那個票了，嗯，就是到期了，就是那已經是 deadline 了，然後他打了幾通電話給他幾個男性的朋友，他們都沒有回應……就是他那天的講話非常緩和，很很很……感覺很脆弱，只是說我事後回想，我覺得沒有錯，他說他不是為了票，他說他不是為了票，可是我想應該就是……後來我就說你這個票是多少錢，他就說是，嗯，八百萬，然後我那天也沒什麼選擇的餘地就對了啦，就是說，就是票要跳呢，還是不要跳……那後來，我就叫會計軋了，軋那個八百萬，然後，後來那天

我就說我想看那個（電影名），在看的時候，他可能就是，有幾幕比較感人，他就一直在流淚，在當中，過程當中，然後，明明他會滿感激我……就是對我說我們這當一個起點，以後我們好好溝通……他可能已經是盡頭了，所以他才來找我，我想票應該是，我心裡是非常清楚是占一個很重要的地位啦，但是他，他卻是用另一種方式來表示，好像感覺上那不是他回來的關鍵點啦，……他就，他可能會有一些比較柔情的動作啊，幫你弄頭髮……後來，結果我就說你晚上會不會回來，他說會啊，然後他大概快一點的時候，他說他那邊的洗衣機什麼的東西沒有關怎麼樣怎麼樣，然後我就說那沒關係，你回去那邊，然後第二天第三天回來的時候，我就開始滿生氣的，因為第二天也是滿晚回來的，第三天大概就是一點半回來，一點半回來的時候我就問他，他就是好像耍白痴，就是……就拿了他一張人像的粉彩畫來，他就說，耶，你看我今天畫了這個東西，然後就開始跟我，好像感覺他是十點半回來的那種感覺，後來，我只是看著他，我就問他說，如果你那天不是要跳票，你不會回來了對不對，開始他就又開始抓狂了，就說……

治療者：所以妳說妳現在感覺怎麼樣？

妻　子：對，然後，像我們這個禮拜六，因為有同學回來，大家就幾個，就是高中，國中到高中這幾個同學又見面，有的同學會發胖，有的同學皺紋已經出來了嘛，因為我們已經算是四十六、四十七歲了嘛……

　　上段妻子的論述過程，家庭治療者幾乎很難打斷與加入，更遑論是要去鬆動她環環相扣、自成體系的邏輯推演。在妻子意義編輯下的「現實」幾乎就是「負心丈夫與被棄的我」，這是缺乏與外界應對驗證下、

230

孤立而封閉的自我論述，於是，最宰制與壓制妻子的恐怕是這一再被編輯出來的「故事」與被用以編輯的角度與意義。這將使個人看不到其他足以鬆動外在的，甚至不公義處境的可能，同時，過程中也一再強化妻對改變的無力與負面的自我敘事。Foucault 認為最厲害的壓制，其實來自於個人自我的覺知與認同，而本文對自說自話的自我論述之發現可呼應 Foucault 的看法。

夫妻脆弱的相互激發：受限的覺知對個人的壓制

心理創傷的夫妻容易陷落一種脆弱相互激發的互動。脆弱的激發起於個人的意義追尋不成與失落，然而之所以影響造成對個人的壓制，是因為「相互激發」容易使個人不斷地在既定腳本的互動中，一再被定調以致扭曲偏頗的關於自我與他人的覺知。這類似於 Sinclair 和 Monk（2004）認為夫妻經常在對談話語中被定位，於是，在互動中看不到個人可以選擇定位、不被論述所制的主動權。

> 這對外遇議題的夫妻在會談中不斷因為丈夫控訴妻子控制他、與妻子指責丈夫不重視其感受而爭論不休毫無交集。關於丈夫工作安排的事只是眾多相似爭論的話題之一。
>
> 丈夫：那因為我最近會為了工作的事情比較煩躁一點，所以可能語氣會比較不好，那她就對我這個部分就很……很在意這樣子。那就是因為有一天晚上我約了師傅，要去看工地，那我就約禮拜二，然後她說……她就要我能不能約禮拜四，就是××結束就順便過去，不用跑那麼遠，然後我會很急就是……這工地我要趕快決定，禮拜二能夠約師傅來工地看一看，為什麼要等到禮拜四，然後我的心就會覺得比較不耐煩。所以那天可能對她來講，這樣的口氣對她來講，可能就是……就是一個傷害，那這樣的語氣並沒有特別的惡意，我也只是覺得我有我的看法，工作既然是我在負責，為什麼不尊重……我的決定。

> 妻子：不過，我要澄清一下，他並不是已經跟人家約好……其實這一
> 陣子，我不知道我該講什麼，然後我知道他這陣子事情很多，
> 然後也不順，所以其實我那天只是一個問，一個關心，我本來
> 也考慮好久，我到底要不要問……
>
> 丈夫：誰說沒有約，就那天晚上回去，我大姊從美國回來那天晚上要
> 約……結果……
>
> 妻子：所以他並不是事先約好禮拜二，我只是問一下。

　　上段對話中的夫與妻其實都只關注自己的脆弱滿足與意義追尋，但是愈想控制局面、愈想脆弱滿足，卻是愈挫折得被激起脆弱。夫妻不斷由受限的意義（自主或是希望被愛）出發，並一再地在「控制者」與「情感迫害者」的認同間被定調。而且，最後夫妻經常執著於爭對錯與輸贏，耽溺於關係的操弄而非回歸個人自我的反思，於是更無力統整裂解混淆的自我敘事。

夫妻相依共生的安排：傳統婚姻理想對個人的壓制

　　僵化的婚姻理想有時不僅種下婚姻的危機，更限制個人面對婚姻困境的彈力。更加執守於「浪漫愛信念」的婚姻框架的妻子，將更難面對丈夫外遇的衝擊。因為浪漫愛信念不僅被設定為親密關係中該有的人我對待，更由此形塑個人的自我敘事與價值。而浪漫愛的婚姻框架，是圍繞著愛情結合、與感情基礎上追求男外女內的分工調性，並建構一個家務與情感穩定付出全力支持丈夫事業發展的生命規劃。這框架的強制，原已將奉行的妻子帶向不合人性與公義的處境，如果加上丈夫外遇的衝擊，更是摧毀妻子全面的自我認同、價值與人我對待預期的安全。

> 妻子：那我記得在我從前，我先生還在外地工作的時候，我大部分都
> 什麼時候洗碗呢？就是晚上已經把小孩都弄妥當了，因為我都
> 急著讓小孩早一點睡，然後小孩的功課都看好了，吃飯、吃水

果，所有的活動都停止了，他們都去睡了，我才去洗碗、洗衣服、摺衣服。所以有時候都要搞到十二點甚至一點。那我自己在那邊洗碗的時候，就常會洗著洗著就哭起來，覺得自己怎麼會過這樣的婚姻生活，在當時，我就覺得我對我的婚姻生活一直很不能滿意，就覺得我原先對婚姻是很大的期盼的，但是自從我跟我先生結婚以後，就覺得原來婚姻就是要這樣過日子的，就覺得一個女人投入了婚姻之後，就是，開始許多責任都一件一件地往身上壓下來，然後那個丈夫好像一點都沒事的樣子，甚至於他還可以，這個時候要調去哪裡，我們好像就必須要同意說，他要調去哪裡，不能牽絆他，不能給他束縛，即使他住在家裡的時候，他都比我早出門，晚回家……我自己認為說我從前都是一種……一種犧牲自己，雖然我很不滿意那樣的生活，但是為了成全丈夫，追求他的事業前途，我只好接受那樣的一種生活方式，然後我如今，得到這樣的一個下場。

233

當夫妻抱持傳統固著的婚姻理想，接近 Giddens 所描繪的相依共生，維持一種儀式性例行義務與嚴格固著的角色劃分。於是在強勢主導的婚姻理想與框架之下，相對的是個人僵化空洞、缺乏反思的自我敘事，於是也容易為配偶一方的自主追求或偏離框架所威脅，更因缺乏因應改變衝擊的彈力而難以跳脫。

促進自我反思以突破限制的婚姻治療技術

統整走出創傷夫妻的歷程，發現「關係中的支持、個人的自我覺察與實踐增加」，經常顯現為個人復原的重要指標。而著重突破結構限制的婚姻治療技術能促進這些復原指標的自我現象。

增進關係中的支持：阻斷夫妻的脆弱激發

當關係中某方對他方的支持增加，象徵個人能由過去追尋意義滿足

的強制中掙脫，能先貼近對方的意義、立場，也代表夫妻探詢、實踐其他意義與關係的可能增加，也最能終止「脆弱相互激發」的結構限制。卸下「脆弱感應器」的配偶，才能提供一個支持的、具同情的關係作為「安全基地」，協助創傷者能於其中走她們重構自我的歷程。本文的發現接近於 Brison（2002）對創傷經驗者的復原，首先需要支持性關係的研究發現。具體來說，有效增進關係中支持的治療技術至少有二：

⑴創造自我間的界限以維繫關聯

　　藉由「創造界限」（creating boundary），治療者的堅持維繫著夫妻的關聯互動，例如，提醒不要因為他人的分享、說痛苦而引發自己的脆弱啟動，以及順著個人的正向意圖對當下處境做出重新的框架。因此，有時藉由更加劃開人我間的界限，反而更能維繫夫妻的情感關聯，並減緩一再創傷彼此的互動困境。

　　妻子邊哭邊控訴丈夫對她痛苦情緒的不體貼，丈夫則一直與妻搶話，極力辯解自己並未如此。

妻　　子：他常常不等我說完，就是一邊說失禮，一邊快速閃人，躲去陽台抽菸。

丈　　夫：想不要計較啊！

治療者：抽菸是有想讓自己平靜嗎？就像剛剛太太邊說邊哭，會讓你不平靜嗎？

丈　　夫：是啊，以前還更不平靜，現在比較好了……

治療者：喔……那很好啊！記得你說常幫屬下排憂解難，那如果屬下情緒很壞地來找你……還邊說邊罵……甚至把你也一起罵進去，那你還會幫他嗎？

丈　　夫：當然會啊。

治療者：你會不會走開？

丈　　夫：不會。

治療者：那你除了不走開，還會做什麼呢？

丈　夫：我還會幫他。

治療者：現在太太碰到的瓶頸，是她必須情緒要過，然後才能去整合
　　　　她自己，整合了之後她也才會清楚她的方向。所以，如果太
　　　　太在情緒瓶頸的時候，她在一個她自己的過程嘛，如果這時
　　　　你被激怒了，甚至逃走了，你要怎麼幫她度過呢？我們幫助
　　　　別人是要講究方法的。

（下次會談的時候，證明了這位丈夫的幫忙與實踐力，妻子變得聚焦
於擔心自己的做不到、走不出，但顯得平靜，已不如以往的將焦點放
在憤怒數落丈夫上面。）

(2)貼近個人在強烈情感後的脆弱與意義

　　當夫妻在脆弱相互激發的過程，如果能先貼近個人的強烈情感與
脆弱，比如治療者能體察並貼近個人的憤怒與包裹其中、失落的婚姻
意義，經常能為劍拔弩張、創傷彼此的對峙場面帶來絕佳的軟化效
果。而且，當貼近個人情感與包含其中的意義，則更能協助個人由追
尋意義滿足的關係操控當中回到對自我的關懷與反思。

235

　　當丈夫能夠先去表達了解妻子的痛苦，妻子則較能由原本對丈夫
的憤恨中和緩，而更清楚決定自己接下來怎麼做。

丈夫：我當然是希望……（被原諒），但我能夠明白……也能夠接受，
　　　她所受到的傷害跟她的苦，因為我能夠接受，所以我不期待她
　　　原諒……也無所謂，但是她原不原諒跟我要做的事情（照顧妻
　　　子）其實一點關係也沒有了，我講真的，我要做的，我已經講
　　　得很清楚，我就是要這樣做。

妻子：其實，好，其實我不是說犯了什麼錯就殺無赦，我不是，我不
　　　是這樣的人，其實……其實我從知道這個事情的時候，我……

> 我想都沒想，考慮都沒考慮，我……就決定我一定要原諒他，我一定要把這個家繼續維持下去……我也知道我會有一段很痛苦、很痛苦的日子，可是我願意這樣一直勉強下去，我也希望有一天我不要再是勉強了。

增進個人的自我覺察：鬆動自說自話的自我論述

關係修復後並未帶來真正的創傷復原，自我更須進一步在關係中成功實踐，才能有真正的自我重整與親密開展。上段落夫妻的柔軟對話，充滿了自我定位與實踐方向，但現實歷程中創傷並未就此消散。根據本文對創傷的演變歷程觀察，情緒焦點治療只強調夫妻的關聯重建，顯未盡述創傷復原的完整歷程。在關係與連結復原後，外遇創傷的妻子仍易陷溺一再挫敗的自我，以及負面敘事的愈演愈烈。因此，接續的促進自我覺察的技術，是協助打破上述的關鍵。

(1)貼近自說自話的自我論述：進入綁縛自我的意義

自說自話的自我論述既是綁縛自我的禁錮，但也正是通往解放的鎖鑰。家庭治療者不會急於強加自己的論述，反而抱持一種好奇的探詢，在問問題當中，貼近與進入個人自我論述的核心：意義。於是，問問題經常可以協助個人在回答當中有較多的自我檢視，至少在自動化、不假思索的回應中創造一些停頓與再思考。然提問題除抱持好奇，尤其會注意關懷個人的痛苦與善意，因為落入理性質疑、挑戰不合理下所衍生的「辯論大會」，只會讓個人更退回其安全但不舒適的洞穴。

> 妻　子：我覺得我就像是在塔上期待的公主！
>
> 治療者：喔……妳要不要多說一點，幫我們多了解塔上的公主！
>
> 妻　子：嗯，就是走不出去啊。
>
> 治療者：那本來塔上的公主想去哪裡？
>
> 妻　子：（輕輕啜泣起來）世界好大喔……可是我卻把自己鎖起來……

治療者：妳用什麼把自己鎖起來？

妻　子：無形的。

治療者：那塔上感覺怎麼樣？公主會冷嗎？還是很熱？

妻　子：不曉得……只覺得很封閉……只能孤單地等王子來救。

治療者：一定得王子救？

妻　子：對！

治療者：那故事是人寫的……那我很好奇，這個一定得王子救的規則
　　　　是誰定的？

妻　子：（楞了一下）故事就是故事啊！

治療者：喔……一定得王子救，那如果公主有能力，可以自己下來嗎？

丈　夫：（笑起來）對啊，公主怎麼不下來把這個王子打一頓呢。

治療者：那如果到了二十一世紀，故事就可以改寫，讓故事可以更精
　　　　采，妳覺得呢？

妻　子：我……我沒有辦法思考ㄟ。

治療者：好吧……公主這樣子在塔上，又孤單、又著急，我想是我的
　　　　錯，一下子跳得太快，一直要公主想著下來的問題，在塔上
　　　　的處境當然是沒辦法好好思考啊！只是……我只堅持一件事，
　　　　就是我希望在塔上的公主可以在被救之前，盡量地善待自己，
　　　　好嗎？

妻　子：（眼眶又紅了）有什麼方法呢，我要怎樣控制自己呢……我
　　　　很努力啊，可是還是常常被生氣占滿了啊。

治療者：想要控制自己喔……

妻　子：就是妳說的要善待自己啊。

治療者：妳愛妳自己嗎？就我知道……愛跟控制是不一樣的……妳會
　　　　常常跟自己說說話嗎？尤其是當她等不到真心，傷心難過的
　　　　時候，妳會給她惜惜（台語）的嗎？

妻　子：我不曉得ㄟ……

> 治療者：我知道你很愛妳的女兒，那妳都怎麼愛妳的女兒啊？
>
> 妻　子：（啜泣）……沒有啊，就是照顧她啊……然後跟她說話……讓她覺得有我在，很放心……

(2)引導個人在裂解紛亂中做出抉擇

引導個人做出抉擇，不僅有助於自我檢視，更能協助跳脫維續裂解的自說自話的論述。例如，創傷的妻子縱使不離婚，與丈夫重獲連結，但仍會停留於裂解混淆的敘事狀態，很重要的因素是她們始終未做出抉擇：她壓根兒從未對如何留在關係中，也就是如何重新面對自己與關係，做成想像與決定。有時治療者會以「詢問未來的實踐」引導個人自我抉擇：協助個人進入「復原或重生」的想像，則不僅能發動個人實踐的決心，更能從中增加自我覺察。

> 治療者：妳說現在……可見妳選擇一條……在妳來說非常非常痛苦艱難的路，那妳說這樣一條路其實對於妳要重生很難。
>
> 妻　子：對……
>
> 治療者：所以妳現在還沒重生？
>
> 妻　子：對……雖然我現在……選擇不分開……選擇繼續婚姻的關係，對我來講……是一種……折磨跟煎熬。
>
> 治療者：嗯……我想要問得比較清楚些，這部分是幫忙我們和幫忙妳自己更清楚，妳所謂的重生，那會是一個什麼樣子、那個會是什麼樣子？我們怎麼樣知道……妳已經可以到達重生？
>
> 妻　子：我想……我如果還繼續在這個婚姻裡……要重生，除非……我就除非我能夠接受一個男人……他曾對婚姻不忠，除非我能夠接受我的丈夫……除非我能夠看開這一些，我才能夠重生，如果我一輩子都看不開，那我一輩子，都會在這樣的痛苦中。

　　　　治療者並不會對離合或親密有任何既定立場，有時引導做出抉擇，只是為打破自說自話、鬆開受綁縛自我的策略運用。妻子們經常難以面對離婚的決定，也敏感、反彈於治療者鼓吹她們放棄關係。因此，治療者經常選擇先順著妻子，選擇不去更加打擊她們的不安全，或甚至悖論式地幫她們更加堅守選擇留在關係的決定，積極與她們討論如何挽留關係，也協助她們去做出關係的實踐。這其實是有經驗的治療者協助她們能由紛亂裂解中做出抉擇的策略。然當妻子有了明確努力方向的抉擇後，真正以具體行動取代在裂解混淆中的自我封閉，常常反而讓妻子經驗到關係的改變、丈夫的改變與自我的勝任。

增進個人的自我實踐

　　自我在關係中的實踐，不僅是創傷復原的成果展現，更是促成創傷復原歷程的重要機轉。因為創傷者處於自我裂解混淆的狀態，於是更須在「實踐、探索自我與再實踐」的來來回回裡，堅實地建構起新敘事與認同。

⑴在關係實踐當中重述個人自我

239

　　　實踐，對於創傷個人的自我重建，幾乎具關鍵性的重要。但過去婚姻治療的論述，太神化過程中某互動片段的意義解放與關係重建，而未能貼近實際歷程中在意義影響覺察後，經常接續的是不知如何開展的窘境。而這窘境實肇因於缺乏實踐經驗，個人缺乏重新定位所需關於自我的更多覺察與資訊。

　　　而具體來說，實踐之所以能夠如此有力地回應關於自我的重要訊息，主要是因為行動帶來具體、明顯的自我發現與關係改變。於是，有助創傷者覺察過去追尋意義的不合理，更有助於發現在親密互動中可以不為互動腳本所制的主動。於是在這一步步的實做與覺察當中，個人的自我敘事也已然由混亂裂解中徹底獲得改觀。

妻　子：（對治療者說）你告訴我的最近真的發生了，我很平靜，也
　　　　覺得感激……因為我真的覺得寫劇本的人是我自己……那我
　　　　自己還加了一個體驗，就是我不只是寫劇本的人，我還是拿
　　　　鑰匙的人哩……

治療者：（笑）喔……這麼神奇。

妻　子：我以前只有一道門一扇窗……現在不同了，我發現我有很多
　　　　道門跟窗……以前我把所有愛的渴求都放在一個男人身上……
　　　　那我容易挫折，他也壓力很大，那我最近體會也真正做到要
　　　　去接受其他的門跟窗，去接受其他人的滋養。

丈　夫：那我給她絕對的支持跟信任……

治療者：（對丈夫說）喔，我覺得你對鳳（妻的名）的愛很特別。

丈　夫：（明顯變得溫暖）我表達愛她的方式，可是她沒有收到。

治療者：她沒有懂嗎？

妻　子：雖然我現在不只一道門一道窗……可是其實我現在比以前更
　　　　愛他，更多的感激，更少期望的部分。我沒辦法替他做決定
　　　　做選擇（妻指三角關係的未來），但是我會默默陪著。

丈　夫：對啊，她現在表達關心是不抱持期待的，她還是一樣關心，
　　　　可是我也可以表達我的想法，可以感覺她的不同……只是……
　　　　（有點感傷）我心靈上的拉扯，她對我好，我不知所措……
　　　　（妻突然大笑起來）

治療者：拉扯在哪裡？

丈　夫：感覺……在我心裡覺得這麼好的女人，可是我卻不是……我
　　　　有一部分的感情不是放在這裡……最近也覺得自己有種被掏
　　　　空的感覺，沒有新的東西進來……啊……換我憂鬱症了……

治療者：喔，你的炸彈更大顆了，（妻笑起來）那你應該高興啊，因
　　　　為……（妻加進來和治療者異口同聲的說）炸彈會變禮物喔！

⑵引導個人成為自我治療者

　　實踐的過程非常仰賴個人的自我撫慰，仰賴個人成為自我的治療者。創傷者要由自說自話、到實踐與重述自我，這是個匍匐前進的過程。為使個人在往外探觸的實踐過程不致很快地挫敗倒地，治療者要透過各種技術協助個案自我關懷，在內在的自我對話中不斷地練習，包含對自己的支持打氣、撫慰與增強。這些不僅能撫慰個人，更能讓她們由綁縛中發揮潛力，獲致自我實踐的正向經驗。另外，值得注意的是自我撫慰的情況增加，代表著僵化的自說自話形式已然鬆動。

結語

　　深刻僵化的性別不平等究竟在哪裡？其實正在家庭裡，正在關係裡。本文中為丈夫外遇衝擊所苦、心理創傷許久未能痊癒的妻子們，正是性別結構下「語言、意義與互動」層層綁縛以壓制個人的最好例證。也就是，透過文化或婚姻意義的管道與憑藉，真正的不公平正展現與被強化於日常的互動之中。過去的革命只停留在追求物質的、經濟的或身體上變遷的目標，然真正到達性別公平的政治行動，其核心所需的卻是「心理的死亡」：徹底的革命需要來自個人的內在，於是唯有透過最嚴格的自我檢視與重新開創自我，女性才能有真正突破壓制的解放。

　　如果性別革命要在家庭與關係裡獲得實踐，有性別權力意識的婚姻治療，不僅不再是性別政治的不正確，當能將治療運用為支持個人反抗壓制的自我實踐，於是更能成為真正發動內在革命的憑藉。因此，綜合上述的結構限制與創傷復原的種種做成以下幾項結論。

壓制妻子最深的，來自僵化意義與互動綁縛的自我

　　許多妻子在面對丈夫外遇衝擊時，失去很快能為自我價值與生命重新定位的彈力，在長時間的哀悼、氣憤與失落中，陷入生命停頓、不知

241

如何站起的窘境。本文深入探討外遇衝擊下的心理創傷現象，但這絕不是心理專題的分析論述。因為究其根本，心理創傷的難以復原，浪漫愛信念相關的婚姻意義與運作，影響確實深遠。過去關於職場、教育制度等社會結構所展現對女性的限制，已吸走大部分性別研究者的目光。然而展現於日常生活、深植於夫妻自我認同與婚姻意義的壓制，更深入人心、更不易覺察與撼動。顯然針對這些方面的探討、研究需要我們投注更多的努力。

壓制在哪裡？在日常的語言、意義與互動的交織當中

既然最深的結構壓制在生活與關係裡，那麼我們要注意偵測、覺察它們的存在與運作，以便有所因應與對抗。由本文的分析結果，發現不管是浪漫愛信念下的相依共生、自說自話的自我論述，還是脆弱激發的循環，統統是性別結構下意義、語言與互動共同交織、運作的結果。因此，要更有效的卸除壓制，唯有更了解與貼近它們。而既然壓制存在於意義與互動之中，於是，運用婚姻治療於卸除壓制將是十分合適的策略與動作，因為針對語言、意義與互動的工作原本就是婚姻治療的專長所在。

婚姻治療如何能卸除壓制？關鍵在於促進個人的反思與實踐

個人無法跳脫創傷與壓制，源於僵化互動中未經檢視的自我。因為個人自我既是壓制的來源，卻也是突破壓制與能動的核心。因此，治療的重點，在於一切能夠發動自我、跳脫限制與勇敢實踐的推進上。於是治療的主體，也在於關係脈絡中個人自我的限制、能力與勇氣，而非治療技術與魅力展現的光彩奪目。更因每對夫妻的敘事都十分獨特，因此也必須更貼近於他們獨特的自我與情境，而非堅持一定的治療架構與模

式。

　　婚姻治療的突破限制，關鍵在於促進反思與實踐，而這通常也是一個沒有神奇色彩、一步一腳印的過程。很多時候並不直接面質個人僵化的婚姻意義，反而更著重促進個人在抉擇、實踐下達到的意義反思效果。因為個人不盡然沒有治療者所要面質與陳述的論述，更多時候個人擁有多種論述，只是受制於主流論述太強，或者只是缺乏一個抉擇行動的推進。

　　本文並未將「治療者的自我與反思」納入討論。許多治療中的困頓，與治療者的脆弱啟動有關，而歷程中一些關鍵改變事件（change events）的發生，可能是治療者反思與實踐下的結果。因此重讀治療過程逐字稿，研究的意義並不強烈，反倒重要的是，治療者在重新經歷過程，不斷重複經歷反思、實踐與重新敘事的循環，不斷地淬煉一個跳脫框架與提供支持的治療關係。長期的治療歷程充滿足以啟動治療者個人脆弱的陷阱，因此要跳脫框架、提供支持，很重要的是由治療者的自我檢視中「放下自我」，真正進入案主的世界。而放下自我的治療者，可以非常貼近令人窒息的、個人自我論述裡的語言、意義與情感，也可以不要急忙糾正個人不合理的意義堅持，更可以不強要夫妻接受治療者的人生觀與意義強調。

243

參考文獻

周素鳳譯（2001）。親密關係的轉變：現代社會的性、愛、慾。台北市：巨流。

張春興（1989）。張氏心理學辭典。台北市：東華書局。

趙旭東、方文譯（2002）。現代性與自我認同：現代性本質的嶄新思考。台北縣：左岸。

Bowen, M. (1978). *Family therapy in clinical practice.* New York: Jason Aronson.

Brison, S. (2002). *Aftermath: Violence and the remaking of a self.* Princeton: University Press.

Brown, E. M. (1991). *Patterns of infidelity and their treatment.* New York: Brunner/Mazel.

Foucault, M. (1984). Politics and ethics: An interview. In Rainbow, P. （Eds.） *The Foucault Reader. New York: Pantheon.*

Foucault, M. (1986). *The care of the self: The history of sexuality.* V. (3). Lodon: Penguin Books Limited.

Gergen, K. J. (2001). *Social construction in context.* Lodon: Athenaeum Press.

Giddens, A. (1992). *The transformation of intimacy: Sexuality, love, and eroticism in modern societies.* CA: Stanford University Press.

Johnson, S. M., & Williams-Keeler, L. (1998). Creating healing relationships for couples dealing with trauma: The use of emotionally focused marital therapy. *Journal of Marital and Family Therapy, 24* (1), 25-40.

Johnson, S. M., Makinen, T. A., & Millikin, J. W. (2001). Attachment injuries in couple relationship: A new perspective of impasses in couple therapy. *Journal of Marital and Family Therapy, 27* (2), 145-155.

McNay, L. (1992). *Foucault and feminism.* Boston: Northeastern University Press.

Nelson, B. S., & Wright, D. W. (1996). Understanding and treating posttraumatic stress disorder symptoms in female partners of veterans with PTSD. *Journal of Marital and Family Therapy, 22,* 455-467.

Sinclair, S. T., & Monk, G. (2004). Moving beyond the blame game: Toward a discursive approach to negotiating conflict within couple relationship. *Family Process, 30* (3), 335-347.

Van der Kolk, B. (1996). The black hole of trauma. In van der Kolk, B. (Eds.) *Traumatic stress*. New York: Guilford Press.

White, M., & Epston, D. (1990). *Narrative means to therapeutic ends*. New York: W. W. Norton.

CHAPTER 9
衝突與暴力下的成長契機──結構限制下的自我轉化與生活勝任

　　家庭治療的強調「強化」（strengthening）與「賦權」家庭正是防治家庭暴力的良方。以往社工介入發生虐待與疏忽小孩的家庭，強制安置或將小孩與父母分開是常見的處遇方式。然將小孩由家庭中移出，對於小孩與家庭都是最創傷的經驗，長期來說，家庭以外的安置處遇不會比把小孩留在家裡來得有幫助（Stroul, 1988）。而且，區隔施暴者與受害者立論的處遇方式，致使無法施行家庭觀點的處遇，以及增強了某些成員的不合作態度，而錯失家庭在衝突、暴力下僅存的關係轉變與成長契機。

　　以往家庭治療經常被批判是服務有錢人家庭，以及忽視巨視社會結構影響。再者，家庭治療也易被批判為僅憑藉對家庭互動、症狀行為的結構性假設理論進行治療依樣畫葫蘆，讓每個家庭的治療處遇變成同一個樣子。而且結構化、模式化的家庭看法，也阻撓真正傾聽每個家庭獨特的生命經驗與能力特質。

　　本文在日常的家庭治療與精神社工的實務場域，探尋暴力家庭的生命經驗，以便說明家庭治療技術如何突破結構限制，促進成員的自我轉化與生活勝任。同時著重整合多元治療理論，以及突破理論實務的藩

籬，不僅意圖發掘暴力家庭的處遇新法，更著重建構基層實務社工的治療論述。

家暴於家庭治療的理論檢視

過去關於家庭暴力的論述與處遇，對於個人病理的關注多於整體家庭。並且暴力防治的社會服務輸送，很少與家庭治療聯想一起。於是促進生活勝任爲主的家庭治療實施，爲暴力防治與成長契機帶來希望與可能。

暴力說明家庭系統朝向枯竭死亡？

雖然個人內在心理病態爲重要的家暴致因（Holtzworth-Munroe, Bates, Smutzler & Sandin, 1997; Holtzworth-Munroe & Hutchinson, 1993），然而，暴力家庭卻更反映了「社會結構爲家庭帶來限制」的危機。許多研究證實，暴力家庭與社會孤立及經濟弱勢的強力關聯，說明暴力現象背後可能有的巨視結構影響。社會工作「生活模型」曾被用以說明家庭裡的暴力與許多生活壓力的共織共生。也就是他們可能因爲性別、種族、疾病與社經階層，而遭受比較挫折、不受尊重的工作環境，也可能因爲經濟拮据，買不起其他家庭小孩能享有的設施裝備，或是僅能身處擁擠與治安欠佳的住宅環境，而長期感受擔任理想父母的沉重壓力與偏離失落。

曾有論述說明暴力的發生常反映家庭系統的幾近枯竭與死亡。當家庭系統因性別、種族與階層等因素，促成其與外界歧視而非滋育的交流互動，進而社會孤立促使他們的「微視系統」，也就是家人互動關係，呈現特殊的樣貌：暴力家庭並非無愛與疏離，相反的，他們過於緊密、界限模糊。他們也因爲社會孤立，從由感受外界的拒絕與不信任，到情感需求支持，全然仰賴從家庭內部得到滿足，於是造成如打小孩出氣或

是小孩太早扮大人等現象。這些說明了環環相扣的體系如何挫折家庭，於是，暴力經常是無計可施與界限混淆下的家庭困境寫照。

　　如何在家庭治療或家暴防治服務中，落實處理此結構上的限制？長久以來似乎沒有明確答案，僅止於理論上的討論。目前所知認為預防處遇焦點乃在於系統間的界面（interface），而社工師的角色便在於恢復、促進與強化個人與環境間令人滿意的相容（fit）。於是除「微視系統」外，「居間」、「外部」與「巨視系統」的分析都有助觀察實際發生於家庭的「結構限制與影響」。對於實務上如何偵測結構的影響，乃至實際落實協助，本文都將做示範說明。

家暴防治的社會工作實施與家庭治療毫不相關？

　　家暴防治與兒童保護是社會工作的重要業務，然在家暴防治的重點策略中，家庭治療是排序在非常後面的選擇。之所以如此，是因安全性的考量。然在此安全考量背後卻潛藏著更大的理由，而這同時是傳統社工服務輸送與家族治療，兩者發展間的微妙關聯：傳統社會服務對家庭治療的「治療路線」心存疑慮，而精神社工的家庭治療卻在追求專業中，偏離了社會結構影響的社工傳統。因此，縱使兩者都著眼於兒童青少年的生活幸福卻沒有交集。

　　然二者間相近的理論視野，卻形成暴力防治動作上的分隔與重複，這是極須突破的困境。社會工作關注人與環境間的互動支持及維續個人良好的社會功能，而家族治療由 Umbarger（1983）的定義也說明「是各次系統間的界面工作」。因此家庭治療與社會工作都致力於協助危機或暴力家庭，在與其所處社會脈絡的互動裡取得有利資源與正向滋育，而非受到排斥拒絕與成長限制。

　　然而也有少數體認結合家庭治療與社會服務的實踐。既然家暴成因是由家庭動力到巨視結構的多元共構，因此有些家庭治療學派與中心發展出「以家庭為基底的服務」（home-based services），在家庭治療理論

249

與技術外，揉入促進家庭與外在體系間正向交流的傳統社工精神。

結構限制、自我轉化與生活勝任

　　熟悉家庭治療者，對於因僵化互動與家庭結構而造成缺乏彈性的人我看法與個人成長的限制是較熟悉的。然許多時候，這些僵化互動與巨視社會文化結構緊密關聯，也就是社會結構影響可能深入日常生活，影響個人的自我敘事與生活勝任。比如夫妻衝突底層的、刻板的性別角色態度或文化，以及貧窮與挫折的生活情境等等，對自我概念的形塑，與對自我與生活勝任有著深遠的影響。而且，長期的生活挫折與壓力也會惡化與凸顯關係上的衝突，形成促發暴力的導火線。

　　後現代家庭治療強調協助家庭突破結構的限制。有別於結構派或策略派的著眼於尋找、診斷與阻斷家庭的病態循環，後現代家庭治療更強調藉由解構與重構來跳脫結構的限制。因為「真實」與「問題」經常呈現出家庭生活的組織與被賦予的意義，而這些賦予意義與組織的方式是社會建構而來，於是在治療情境中，也能經由治療者與個案間的互動達成重新建構。

250

　　後現代家庭治療的發展植基於結構與策略等傳統治療論述的基礎上。我們著眼於後現代理論的發揮並非要揚棄許多家庭治療先進累積的資產，其實有些資產仍是處理暴力家庭的利器。當我們看到暴力家庭微視與巨視多重體系間複雜的相互影響，家庭治療理論技術的融合運用是十分重要且必要的工作。

　　生活勝任或親職勝任的達成，在家庭治療論述裡其來有自。在結構派家庭治療中促進有效的親職功能發揮，原是許多家庭問題與症狀行為改善的關鍵。因此不管是促進親子連結，還是阻斷父母婚姻衝突的暗地影響，或面對暴力危機等，重點都在於促進父母角色的親職勝任。Bowen三角關係與自我分化的論述，非常適於理解暴力父母拿小孩出氣、背後責任與渴求的複雜現象；而策略派原本就關注家庭中個人為暴力、症狀

行為所苦的失控感受，而致力於讓案家重獲生活的勝任。屬於後現代家庭治療取向的敘事治療與尋解導向治療，都在於協助家庭藉由重新建構自身的故事，與主動積極創造因應困擾的新方法來賦予家庭力量。Berg（1994）更依此尋解導向家庭治療的理念，進一步衍生為促進家庭生活勝任為主的「以家為基地的服務」模式。

社會學家 Giddens（1992）認為家庭及個人朝向生活勝任的關鍵，乃來自於不斷隨關係與環境改變的自我之反思與轉變。也就是「自我」仍是突破結構限制、朝向生活勝任的關鍵。個人可能綑綁於過去經驗，或受制於慣性的互動關係與個人長期的無力失控，這些同時都被 Giddens 稱為「上癮」現象，也就是源自空洞、負面與僵化的自我敘事。而解套之道乃藉由自我的轉化，進而從結構的限制中解脫，這與上述的敘事治療等理念呼應，同屬後現代的論述思潮。

因此，融合社工與社學的觀點，可以擴大家庭治療的視野，並且因為關懷巨視與結構面的影響，也更能貼近家庭的生命經驗。在此擬藉著暴力家庭的協助歷程，來說明結構限制、自我與勝任間的動力關聯，同時這也是鋪陳建構我們治療經驗與敘事的嘗試。

突破限制與促進勝任的家庭治療實施

結構限制：資源受限與規範壓制

有時針對成員的話語分析，可以注意到活生生、加諸於家庭的結構影響。這些影響包括資源與資訊的不足、關係的限制，或是對來自大社會規範約制的無能變通，這些都可能直接或間接地促進暴力的發生。

規範壓制

有時父母親對子女的施暴與傷害，源自社會文化的嚴苛價值與期待。

殺女的母親

　　有位二十出頭的年輕女性，用枕頭悶死出生半年、有重度腦傷的
親生女兒。在進入法律程序後，由法院判定交付醫院做強制的精神治
療。經過詳細的精神檢查，診斷改為重鬱症合併邊緣性智能。她在高
職勉強畢業後，工作不穩而旋即進入婚姻。婚後因為家事能力的表現，
經常惹得婆婆責罵，終於演變為婆媳衝突，身為獨子的丈夫夾處當中。
最後，這殺女的母親堅持小家庭搬出婆家，這被殺死的小女孩便在搬
出後生出，小女孩的殘疾需要加倍的照顧與醫療投入，這母親身心俱
疲，而丈夫亦因承擔兩家家計無力抽身，然母親不願低頭向婆婆求助，
而婆家也想讓這位年輕母親學夠該受的教訓。於是在上述脈絡情境下
發生了殺女事件。

252

　　結構限制確實發生於這殺女的母親身上，那是母親不足的能力與加
諸其身、嚴苛的對女性的期待。由與母親對話的話語分析，發現她和社
會文化，或某種性別價值間的微妙關聯，這些受強化地具體展現在她與
婆婆或其他人的互動之中。生存於社會中的每個人都受社會文化、性別
價值等巨視結構的影響，然卻有因人而異的選擇因應方式的主動性。這
母親囿於智能的限制，很不幸地屬於照單全收型。

　　由會談的過程，蒐集得母親「生為一個女性」及「如何擔任母職」
的許多宿命的價值觀點。這些觀點甚至是傳承自原生家庭，如「功課不
好，找不到工作，結婚是女孩的歸宿」、「擔心自己沒辦法傳宗接代，
不孕的話就是不稱職」、「家裡要靠女人撐著。男人可以在家庭和工作
中摸魚，女人則要扛起一切，但在婚姻中鬱卒、沒有情感依靠卻是女人
的宿命」、「我是不好的，我做不好家事，也照顧不來孩子；我怕我婆
婆，我不恨她，她在旁邊一直唸的時候，我腦筋一片空白……我想婆婆

的嚴格訓練，可能是怕家裡的兒子、孫子沒有好的照顧吧」。

這位能力不好的母親，婚前沒出狀況是因為嚴苛的（為人妻與為人母）女性期待尚未啟動。婚後在與婆家的互動中，這些女性期待，不僅讓她疲於應付，更形塑她負面、低落的自尊，尤其婚姻與人母角色便是她生命與價值的全部。於是，這位母親在一個不良的因應結構與規範中，在與拒絕多於滋育的外界體系交流互動後，自我價值與母職角色勝任都每況愈下，終致步上殺女的結局。這樣的結局令人難過，但並不意外。

資源不足

> 原本要將腦傷女兒安排去住教養院，但是負擔不起費用。丈夫是受僱的沙發工人，經濟不景氣下收入更受影響，並且身為長子還要送錢回家，因此根本無力支付教養院的費用。而且鄰居阿伯他們都說不要把女兒送去教養院，因為哪有人不照顧自己的親骨肉的，因此也就沒送去教養院。

253

當然傷害事件已經發生。但設想當小孩還在世，如果有經濟與相關資源協助的話，不知結局會否不同。雖然對這母親而言，經濟不是她與丈夫唯一的壓力，但由此殺女事件的回顧，在社工實務工作中常做的經濟與資源提供，其實可能避免一些家庭悲劇的發生。資源運用的部分並非家庭治療的專攻，然這社工老本行的好法寶，卻能與家庭治療良好結合，發揮更佳的家庭支持。

關係結構的限制

有時結構的限制，存在於可以提供重要支持與滋育的關係，而這通常是暴力父母與其原生家庭與配偶之間。這些關係可能囿陷於過去議題，而僵化無能跳脫。於是關係結構的限制，可能促使父親或母親因為少了支援，而陷入施暴、傷害小孩的絕境。

家暴中心介入小女孩可能被疏忽、虐待案件的時候，這位母親已然被姊姊強送住院。住院的初期幾乎就是姊妹間的互控，也各有打算、策略，希望事情照自己意思進展。當家暴體系為了對將來的安排決定傷透腦筋時，我們抱持家庭治療的信念進入，卻發現姊妹關係既是讓監護爭戰和平落幕的關鍵，也是支持母親執行親職的不二法門。

這對姊妹出自貧窮、父母都軟弱、小孩要花大力氣才足以自保的家庭。父母的失能與狀況百出逼得姊姊一直在照顧者的位置下不來，對於從小較美、受寵的妹妹在她的「庇蔭」下安心地成長，姊姊心裡有很多複雜及負面的感覺；但相對的工作感情都不順的妹妹，對姊姊的感覺也同樣複雜，深知只有姊姊能給依靠，但又恨死她一副「比我會帶小孩」的專斷，於是每隔一段時間就重複上演妹妹帶著未婚生下的女兒逃走，直到妹妹欠債累累、出現妄想症狀被發現為止。

254

這位可能疏忽虐待女兒的母親，壓力大的時候會出現精神病症狀，然而在正面的支持與支援下，她會有足夠的意願與能力扮好母親的角色。但存在於與重要他人間「卡住的關係」，卻嚴重影響上述理想的達成，更使小女孩平白受害。於是，這姊妹事件不僅是家暴防治的議題，更是家庭治療的重要主題。

重構個人自我的推進

當結構限制一層層加諸於個人，根據社會學「標籤理論」，個人也會認同這負面的標籤而將負面的限制經驗做成內在歸因，於是也形塑了長期無力與自尊低落的自我敘事。於是，這結構限制與無力、負面的自我敘事，也形成穩定的平衡狀態。

家庭治療者介入家庭時的困難之一是，常會「接觸不到家庭與個人的真實」。這「接觸不到的真實」是其脆弱面，但同時也是其有力處。

横梗在家庭與外界間的，是這個已然建構許久、被視為當然的自我與結構。於是治療者首要的難題，是如何在連案主都認定自己糟糕的情況下，仍能突破藩籬，接觸到個人與家庭的真實全貌。

進入案主的世界

治療者與案主建立正向關係與連結是初期很重要的工作。治療者主動地探觸案主，經營一個溫暖而正向的情感，並協助案主在和治療者的信任關係中重拾自信。而這些治療者的探觸與經營等等，包含了隱微與非隱微、口語與非口語的各種行動與策略。

 ### 眾人所指的糟糕母親

> 這位母親近一個月來嚴重體罰小孩，把小孩的書及作業簿搶走、不讓小孩做功課，並有親吻小兒子下體的情形。因為整日躺床，不做家事，丈夫送她來住院。
>
> 丈夫對這位母親的態度十分批判並感不耐，然她從頭到尾就只重複詢問「會不會接受我回家」。三個小孩都很活潑，老二、老三玩成一團，老大（十一歲）則顯得早熟，關注大人正發生的事，當丈夫批判母親很懶，老大就出來反駁爸爸，而且在母親躺床的時候，會去幫弟妹寫功課，結果自己的就沒寫……小孩同情母親、女代母職當小大人，小孩的情感其實也是強化她是位糟糕母親建構的一部分。
>
> 這位母親在病房裡的評價，也是糟糕懶惰、態度防衛的。而其實她沒有明顯的精神症狀，更非在一個明顯的鬱期。只是實際的生活壓力，然弔詭的是，從沒人注意和傾聽她的訴求與需要，只是不停地隨時接受別人給她貼上的標籤。
>
> 在社工師與母親的會談中，母親痛訴丈夫的背叛，與生活裡完全沒有掌控權。會談尾聲的時候，母親很訝異竟然有人聽她說話，而且因為我們看出她想要當好母親的願望，溫暖地笑了起來。會談結束後，

她和醫療團隊有了新互動的開始，之後她開始變得不同，開始參加復健活動，工作人員對她的看法也大不相同。其實這次會談裡，社工師做唯一的努力，就是暫時放開所有對這位母親的評價，而認真關心與詢問她的生命經驗。

進入案主的世界，真正接觸個人的真實與全貌並非易事，需要的是治療者的冷靜與自信。大部分時候治療者並不會安於只是問問題，只是傾聽，總覺多少要做些「處理」。然不預設立場、全然地進入案主的世界是如此重要，可說是接續一切重構自我與充權行動的肇基。

在進入案主世界的同時，同等重要的是「讀出正向的力量與意圖」。發覺案主與家庭解決問題的能力及其特別處，即使這些能力並不被主流價值推崇。治療者要能發覺案主的能力，才能讓案主感受被了解與尊重，也能避免治療者陷入問題無解、絕望泥淖的危險，這經常可以成為發動個人突破限制的重要動力。

在問句引導中重塑自我的敘事

從問問題當中引導形塑自我，家庭圖通常可作為很好的、進入家庭的媒介工具，它能協助案主與治療者了解受過去因素影響下所形構的、案主現在的信念體系，以及對自我的看法；也就是藉由對話，協助案主發掘對家庭的看法，以及其深層的價值信念。案主如果是正向看待，工作員可以進一步強調擴充，如可以問他怎會採取這樣的正向觀點；如果案主持負面看法，工作員則要問他是否看到抱持此負向看法對其生命的支撐，或是要如何做到可以不採取同樣的模式、發生同樣的結果、不斷付出代價？

256

案　主：我父母總是讓我覺得我沒什麼，他們不會表達對我喜歡，好像也沒有抱過我，我母親以前也是在沒有愛的家裡長大，所以他從來都不知道怎樣讓孩子培養出自信，有很長一段時間，

> 他們總讓我覺得我沒一件事情是好的，後來漸漸的我就想要
> 反抗，想要證明我自己的好，我要讓他們知道真正的我是怎
> 樣的。所以也是從那時開始我交男朋友、蹺家、懷孕……
>
> 治療者：妳是怎麼發現妳和他們所認為的是不一樣的？
>
> 案　主：我就是心裡面知道，那所以我要證明讓他們知道！
>
> 治療者：那妳怎麼證明？
>
> 案　主：我要成為我小孩的好母親，一個比我媽媽強的母親！

　　由上述的只是問問題，治療者增強案主對於自我的意識與敏感度。案主是否會去比較自己在親職、工作或成為一個人上面，表現得與家庭成員相異，比如是否覺得自己是個比母親好的母親角色，或者她思考過沒有，自己想當怎樣的母親，是否想要和自己的母親不同等等。問這些問題可讓我們很快知道代間的自主與分化如何；留意案主即使是很細微的自主性、標定出來，然後將之強化與擴大，只要案主想要突破家族重複的模式，都給予支持與肯定。

　　正如前面「眾人所指的糟糕母親」案例中，藉由對話與問話激發母親的自我意識，自己是怎樣的人、看重什麼、希望將來如何等等，於是逐漸形塑清晰的、有盼望的自我敘事，而不再只被動接受外界貼的標籤，致使自我無力而空洞，特別要去增強她被壓抑、沒機會表現的正向特質，由此產生對自己不同的觀感，成功地改變與系統的互動，也終於由遭受限制轉為獲致正向支持。而這已然是自我與關係的重新建構。

重新建構：正向滋育的交流

　　在重構自我的同時，如果能夠促進關係限制的突破，而讓暴力父母能由社會孤立轉變為與外界正向交流，他們的進步將會更快速。

　　接續前面「眾人所指的糟糕母親」案例，這位母親與病房有了新的相處，然要她帶著剛建立的自我意識與信心，回到舊有的更頑強的限制

257

結構著實令人擔心。於是治療者計畫安排公婆參與的會談，改善與病患的關係，並與之共同決定需要突破的困境。

丈夫經常不在，公婆既是給予支持也是加諸壓力的重要來源。然這是個惡婆婆嗎？沒接觸前，腦海或許閃過這樣的意念，然當仔細聆聽她的故事、關注與情緒感受，「惡婆婆」的正向意圖不難察覺。這對六十多歲的老父母，種菜賣菜撐持家裡的經濟，因為兒子們一個跑路，一個臥病在床；他們是相當愛孩子、保護孩子的父母，然愛孩子的心很容易轉為對媳婦的期待與失望氣憤。

見到公公婆婆的時候，他們瘦弱和滿纏痠痛繃帶的模樣提醒我們，這是對風燭殘年的老人。但他們似乎刻意地打扮自己，好像是在出席一個對他們來說很正式的聚會一般。可以看到他們的認真與希望給人好印象的意圖。這個「糟糕母親」和公婆坐定後，就滿積極地向公婆報告近況，與提出想要盡快出院去照顧孩子的想法。然公婆卻立刻數落起「糟糕母親」的種種不良事跡，旋即很緊張地要求醫師不要太快給她出院。於是母親也由見到家人的興奮中滑落，並徹底地把頭給低了下來。

治療者選擇先和公婆多一些連結，鼓勵他們談提早出院的擔心害怕。於是他們談到即使年老生病，還要擔負照顧兩個小孩家庭的沉重負擔。他們說不是要放棄媳婦，而是覺得要她穩定一點，出院後他們負擔才不會太重。但這對老人其實壓力很沉重，並且是看不著希望與解決問題可能的強撐。面對老人的抱怨，只有表達同情與了解，於是治療者心裡一時也覺得真是滿困難的。然當治療者跟婆婆說，不忍心他們這麼老、這麼虛弱還要照顧這麼多晚輩，他們的用心與付出，對於兒子媳婦一家來說是非常重要的（順著他們的意圖與信念）。婆婆突然語重心長地說，人家也不見得感謝啊……「糟糕母親」這時從低頭當中突然哭著告訴婆婆，她對他們兩老的感謝……婆婆對媳婦的批

> 評從這裡開始和緩下來，開始叮嚀媳婦在醫院裡好好復原，要聽醫生
> 的話……雖然還是說教，然而已然是不同的對話形式。

　　其實這是個盡責任、努力扮演好她認為對的婆婆與母親角色的年長
女性。婆媳間的互動有著隱微的動力，只是沒有更多機會聽到彼此的故
事以及處境。婆婆似乎從與媳婦的互動中感知自己都在罵人、要求人，
然而在這罵人的過程，她這婆婆其實也是很挫折的；她也隱約知道媳婦
的厭煩或憤恨，但她無法避免地在愈挫折、壓力愈沉重時就愈會去罵
人。不管是當婆婆、母親或是任何角色，個人對於自己扮演得如何的評
價，還是在與重要他人的互動中形成；當婆婆由媳婦口中聽到感謝而軟
化下來，是因為她由媳婦的回應中，得到自己擔任婆婆角色的一些圓滿
的感覺。當然這種圓滿的感覺是會稍縱即逝的，但這總是一小步，需要
進一步增強，並落實在他們和媳婦間的關係中。

259

> 　　因為婆婆與媳婦都需要有成功的經驗，還有利用婆婆的想要幫忙，
> 治療者就拿洗衣服這件事情作為具體的、婆媳可以共同合作的方向。
> 在大人對話的過程中，三個小孩在旁的情形也都沒有逃過治療者的眼
> 睛：老大帶著弟妹在一旁的白板上算數學，老大會出題目給妹妹做，
> 而小弟弟因為很小，只是拿著筆隨便畫著頗為自得其樂。老大先出了
> 10-1 的題目給妹妹做，妹妹一下就做出來了。在這過程中，老大會一
> 直回頭看向她的母親。後來因為她為出個更難的題目給妹妹，1000-1，
> 妹妹不會，她就忙起來了，好像努力要解出自己所出的難題，但又算
> 不出來，可是仍然關心著身後的母親。十分忙碌，而且妹妹看她解不
> 出來，也一直搶走姊姊手上的筆，想要自己來試試。後來不知道老大
> 是不是有點挫折，就有點霸道地拿板擦把 1000-1 還有上面滿滿的許多
> 錯誤嘗試給一股腦擦掉，開始要妹妹一起來畫洋娃娃。
> 　　後來我們介入處理了，在婆媳洗衣服的談話告一段落後。問這位

母親覺得老大帶著弟妹做數學怎麼樣，母親說他們隨便算的啦。我說我好像看到他們在算 1000-1 的時候，碰到困難，因為怕他們會氣餒，所以我要請媽媽去看看和了解他們的狀況。這位母親很自然的先是抗拒了一番，我在取得公婆的理解與支持下，也告知母親這樣去關心與了解的重要後，母親終於起身去到白板那裡，似乎刻意嚴肅與板起臉來地邊向孩子們說「不要亂畫」，一邊拿過老大手中的筆，在白板上重新寫上 1000-1，然後自己算了起來。一會兒之後，她算不出來就又回到座位上，異常挫折。老大又很自動地趕快想出下個指令要妹妹做。我告訴這位母親說：「妳不會 1000-1，不代表妳就不能幫忙妳的小孩啊」，小孩子也真的很需要她的幫忙。詢問她平常小孩功課不會的時候，她都怎麼處理，她說她是不敢去問妯娌的，怕她們會看不起她，她通常都是打電話去向二姊求救。我稱讚她很棒啊，努力想要幫忙自己的孩子，其實是很棒的母親。然後我問她現在小孩不會，她可以怎麼做，她想了一下，然後不好意思地跟在一旁的醫師求救，要她幫忙教會大家 1000-1 到底怎麼算。最後我再跟這母親說，希望她可以去和每個小孩說說話。母親和老大還算自然，對於小兒子，母親把他抱過來親得震天嘎響，於是我想起病歷上寫的，她親吻小孩下體的事，倒是老二和母親很疏遠。不過沒關係，下次再處理了，今天已經有了很大的進展。

在這些關係調整的過程中，同時有著對結構限制影響的關注，以及在系統間的介面工作，也說明了去標籤化，讓個人可與外在環境間有更多正向的交流，於是自我與關係結構也有了重新的建構。我們更有信心對於這位糟糕母親將來的克服挫折與執行親職，也預期在母親的自我與外界關係間有了良性正向的循環。然而歸結起來，來自家庭治療裡的論述與訓練，給了這個有家暴事件的糟糕母親最可貴的活路與協助。

促進生活的勝任

　　促進家庭個人的生活勝任，遠比修補過去的病理缺憾來得重要許多。Satir 在書中「水管」的例子，給我們很好的立論支持。如果水管能夠成功執行排水的天職，那麼「破洞」就不再那麼威脅水管自己與周圍的人事。我們也深信生活中的勝任與成功經驗有助於形塑合宜的自我敘事；合宜、令人滿意的自我，不僅使結構限制的威脅下降，更使家庭個人有力量，足以突破限制。底下的案例說明家庭治療如何著力促進父母角色與生活勝任，以及如何從小孩行為問題的自我挫敗中解困。

 幾乎掀了會談室的調皮鬼

　　因為大兒子小庭的困擾，這對走投無路的父母出現在家庭治療會談室。在等候時，母親帶著三個小孩（那時父親不在）很安靜地各自坐著；進入會談室時，小孩一下子變得吵鬧異常（似乎是那麼熟練地誰去鬧誰、誰放聲大哭、誰去跟誰告狀等等，好像早就排練過一般）。整個房間裡的氣氛顯得詭異而緊張。

　　治療者選擇先和父母親連結，先聊聊小庭的名字是怎麼來的。這個父親比母親神經質許多（應該也比較脆弱吧）。由小庭的名字，知道父親的一些關於原生家庭的資料：父親是長子而且是獨子，小庭是長孫，祖父母在高雄（談到這些時覺得父親頗有壓力）。

　　父親喜歡比較理性地長篇大論，母親則話少，但是小孩都去找她；去問他們當時感受如何，他們說感到很尷尬，覺得自己好像沒把小孩教好。然後再問他們是不是想要去處理一下小孩，他們說是的，只是擔心處理不好，父親跟著起身去處理小庭。雖然有些嚴厲，但確有其暫時的效果。

　　在父母的談論裡，好像覺得小庭最皮，而父親也提到小庭被診斷

為「過動」，但他覺得小庭原來的個性是內向而敏感的，和自己很像。然而，小庭還是被父母親說得像是「小魔頭」一樣，當然就在同時，小庭也正像個小魔頭般地欺負著妹妹。這時我決定來「挑戰」一下。

治療者要母親和小庭說說話，但他跑來跑去的（這時治療者有些擔心她無法達成指令，反而徒增挫折），於是進一步請母親抱著小庭說話。當母親起身抱住飛奔中的小庭，小魔頭一下子就靜了下來。治療者開玩笑說：「小庭一下子就變成小可愛了。」然後很驚訝地突然聽到小庭說話，似乎終於和治療者連結上了，他說：「我以前原本是小可愛。」然後母親說起小庭小時多受寵，多麼可愛。小庭提到希望能多得到父親的鼓勵。此時小萱（原在角落摺紙大象）走來母親身邊。然後治療者請小庭可否把媽媽暫時讓給妹妹一下，換成讓爸爸來抱他，同時也請父親來問小庭，他要爸爸怎麼鼓勵他。父親的懷抱顯然沒有母親受歡迎，小庭很緊張、抗拒，不過治療者發現小庭應是個自我要求高的孩子，即使明顯地他不樂意，但他還是勉強去做。小庭向父親要求買個玩具，其實這時父親是滿嚴肅的，抱著小庭的身體也是僵硬而有距離的。小庭說完就快速地從父親懷中掙脫、溜走。

父母開始談到他們在管教孩子上的看法與做法上很不一樣，父親有點責備母親太放縱孩子，沒有能力約束孩子。在這過程中，小庭又開始從小可愛變成惹妹妹大哭的魔頭。於是再請母親去和小庭澄清，是不是擔心父母爭吵，並要母親盡量讓小庭放心。小庭說每次聽到父母的爭吵，心裡頭就很亂（好像很早熟）。然後再央請母親協助與安排，要小庭放心讓父母談父母自己的事情，而他則負責帶著妹妹玩。

而這下子真的是美好畫面，孩子們很乖地在一旁畫畫。父母開始談，他們認為最大的問題，還是他們夫妻之間的問題。（那時我的心裡其實頗不以為然，大人猛抱著自己的苦痛，而一旁的小孩更脆弱，還要時時當父母的守護神。治療者覺得小孩的問題好像被這對愛做心理治療的父母低估了）。於是，治療者去挑戰父親認為問題都在自己

262

> 的說法，父親反而有放下被批判的擔心，而顯得有些感動。
>
> 　最後，讓父母去肯定小孩的表現。小庭笑得好開心，露出蛀掉的牙齒，讓我們猛地想起來他畢竟也只有八歲。

　我們一直認為這世間沒有真的笨蛋父母，只有挫折失了信心的父母。有時治療者貿然地教導、矯正，可能更強化他們的挫折與負面的自我敘事，雖然很多時候這些父母很喜歡像求菩薩一樣，請求治療者的意見。會談室裡有時也忌諱由治療者直接處理小孩，因為處理得來與處理不來，都可能影響與父母的正向連結。我們看過很多後來都「讓人驚艷」、很棒的父母，回顧與他們「共事」的過程，治療者都是非常注意尊重他們的能力與方式，與注意創造他們角色與生活的勝任。他們後來的讓人驚艷，都是源自累積勝任經驗後的自發行動與嘗試。從他們對於「父母之道」的侃侃而談中，我們確定看到那勝任背後篤定飽實的自我敘事。

參考文獻

Berg, I. K. (1994). *Family-based services: A solution-focused approach.* New York: Norton Company.

Giddens, A. (1992). *The transformation of intimacy: Sexuality, love, and eroticism in modern societies.* CA: Stanford University Press.

Holtzworth- Munroe, A., & Hutchinson, G. (1993). Attributing negative intent to wife behavior: the attributions of martially violent versus nonviolent men. *Journal of Abnormal Psychology, 102* (2), 206-211.

Holtzworth-Munroe, A., Bates, B., Smutzler, N., & Sandin, E. (1997) A brief review of the research on husband violence. *Aggression and Violence Behavior, 2* (1), 65-99.

Stroul, B. (1988). Series on community-based services for children and adolescents who severely Emotionally disturbed. *Vol.1: Home- based Services.* Washington, D. C.: Georgetown University.

Umbarger, C. C. (1983). *Structural Family Therapy.* New York: Grune & Stratton, Inc.

CHAPTER 10
關係的發展

註：本篇乃修潤原曾以〈關係發展：從階層關係到成長關係〉（楊連謙，2004）發表於《諮商與輔導月刊》的文章而成。

前言

　　人自降生以來即為社會的一份子，他必定會和他人發生「關係」。若說「人在關係中成長」，一點也不為過，也因此，關係是心理治療的核心要素之一。從理論層面對關係的關注，如客體關係，以及作為家庭治療基本理論之一的「一般系統理論」對部分與部分、部分與整體間關係的重視（楊連謙、董秀珠，1997），到實務中對親子、婚姻及治療關係的強調，在在都證明關係的重要性。

　　在家庭治療中，治療者常要同時面對處理三種重要的關係，即親子、婚姻及治療關係。親子關係是人們成長歷程中最重要的心理環境；婚姻關係考驗夫妻形成親密關係，以及建構生育、養育、教育及保育人類下一代環境的能力；治療關係則可說是任何取向的治療者，都必須面對處理的，基本上要形成一包容、安全並加以挑戰的關係，個案願意在這關係中反思及實踐，應是治療致效的關鍵。在這些關係中，參與者扮演著社會所賦予的角色，而且這些角色都是成對存在、相互界定的。這些角色有其相應的權利、義務、責任、權力、地位，以及被期待的功能，例如，老師要「教」，學生要「學」；個案「求助」，而治療者要負起治療的責任等。在關係中階層（hierarchy）是必定會存在的，誠如Georg Simmel 所說：「人類社會最重要的關係形式，即領袖與隨從、上司與下屬間的關係。這種社會化形式若付之闕如，就沒有社會生活的可能，也無法維繫團體的凝合。」（章英華、丁庭宇譯，1986）另外，像

年齡、性別等天生差異也是必定會存在的，無法強求公平；在孩子還小時，親代就是比子代成熟、要負起照顧及保護的責任，這也是社會合作互助進化的原動力。

但是，因為看到許多權力誤用與濫用的情況，Satir 等人（林沈明瑩等譯，1998）遂強調要摒棄階級模式而實踐成長模式（growth model），前者是僅以角色及賞罰對待，而後者則是人人平等，其角色、地位和自我認同是分野明確的。再加上近年來女性主義及後現代思潮的影響（At-kinson, 1993; Flaskas & Humphreys, 1993; Fish, 1990），一時之間家庭治療界對「權力」敏感起來，要求平等的呼聲甚囂塵上。在這樣的影響下，家庭治療理論遂朝向對權力更謹慎的態度，以及與個案合作的方向發展，以消弭階層（權力）因素的不良影響。

基本上，我認為這些「修正」的方向是正確的。但是，要被修正的應是權力的濫用與誤用，而非權力本身及其使用，因為權力可被用來壓制和施暴，也可被用來促進發展。孩童勢必要被擁有更大權力的人教導、社會化；青少年與父母、學生與老師、個案與治療者，以及受訓者與督導，都是低位者在階層關係中被教導、學習成長的例子。若未明辨權力與階層的本質，以及施行權力的方式，則會很容易誤把權力、階層、濫權與壓制都混為一談，而不問青紅皂白地反對任何形式的權力與階層；這現象會反映在避免任何形式的懲罰與威權，反對任何不平等的現象，甚至要父母或治療者藏起所累積的經驗與專業知識，以避免「強加自己的價值觀於孩子或個案身上」。

低位者從階層關係中得以成長的經驗與歷程應是很值得探討的現象，因為社會上充斥著各種偏離此歷程所造成的悲劇（詳見後面「關係發展失敗的情況與特徵」）。本文的目的即在於闡明這歷程，相信這方面的知識對親職、婚姻關係及治療實務等方面會有很根本的貢獻。

階層與成長模式

　　Satir 等人（林沈明瑩等譯，1998）把人們認識世界的方式描述爲「若非屬於階級模式就是屬於成長模式」（第 8 頁），認爲「階級模式是一種支配／順服的安排，是『威脅－利誘模式』。階級關係經常以角色的用詞來描述，如父－子、老闆－員工等，任何身處順服或『下位』一方的人，就是脆弱的。這樣的關係意味著『不是這樣就是那樣』的比較關係」（頁 8-9），這「不是這樣就是那樣」應就是 either or 之意。

　　我們從上面摘述「若非屬於階級模式就是屬於成長模式」的描述中，看出 *Satir Model* 的作者們也很難避免地是用「不是這樣就是那樣」（@非此即彼和兼容並蓄）的二分法來描述「階級模式和成長模式」，他們以單一方向來看上下的對待關係，而非以交換論的方式，例如 Emerson 所提出「權力－依賴關係」，掌權者的權力隱微地因對象的依賴而存在（引自楊連謙，2002），或是如 Simmel 所認爲的「順從權威，絕非完全的被動，下屬對上司也有或多或少的控制力。權威來自下屬自願而積極地參與交換過程」（章英華、丁庭宇譯，1986）等雙向相互影響的觀點。類似的，近年來對親職（parenting）的研究亦由單向的親代對子代的影響，轉變成子代也會影響親代的雙向取徑（bi-directional approach），認爲爲人父母是需要不斷學習的，因爲孩子一直在成長，父母也要不斷地回應他們的需求，所以，父母將隨著小孩的成長而不斷擴展彈性和學習；而小孩會透過他們對於大人的努力的反應，以及他們自身的堅持來「教」大人親職（楊連謙，Newman & Newman, 1991；2003）。從這些方面，我們相信在階層關係中的弱者亦對強者產生重大影響，而這階層關係是上下雙方在社會、人文及歷史等脈絡因素中共同建構起來的。雖然，強弱雙方在維持此關係時所貢獻和所負的責任不同，但雙方都有機會改變此關係結構，例如，雖然可能要付出不小的代

267

價，但我們是有機會可自己決定「不爲五斗米折腰」的，這也就是甘地「不合作」的力量來源。另外，階級關係並不總是只會帶來「空虛、憤怒、恐懼和無助」（林沈明瑩等譯，1998）的，它也可能帶來安全、滋潤與成長。

容我重新說明我的觀點。我認爲，有些罪惡是參與在權力階層關係中的「人」所造成的，而非階層關係或制度本身的「錯」。我同意，在階層關係有較大出現濫權的可能性，但在最根本之處，要調整的是參與者對「人」的態度。人與人之間的相處模式是流動、隨著心境轉變，並非僵固、一定是成長或是階級模式的，但憑我們決定（如果能有足夠的覺察的話）要用哪種態度來相對待。我認爲在上下階層角色的扮演中，是有可能用成長模式相互對待，而且我們不應一味地否定此無關好壞的「階層」，反而要積極地去承認此階層關係的重要性（Fish, 2000）；參與者是能在良好的親子、夫妻及治療等階層關係中成長的。

268

Wynne 的關係系統的漸成模式

在關係發展方面，Wynne（1984）曾有系統地構念關係發展的歷程而提出「關係系統的漸成模式」（epigenetic model of relational systems），認爲持久的人際系統（enduring interpersonal systems）的特定發展結果是次序發生的，他標定出依附／照顧（attachment/caregiving）、溝通（communicating）、協同解決問題（joint problem-solving）和相互性（mutuality）等四個階段。他認爲每個階段乃承接前一階段而發展，前一階段發展不良會影響後一階段的成熟，而處於後階段時也會再回頭補強前一階段的發展。以下簡介 Wynne 所提出的四個關係發展階段：

依附／照顧

依附／照顧是互補性（complementary）的情感連結，它是基本關係

的起始點。依附解釋了與照顧者在一起舒服的感受，以及分離時的難過。依附／照顧的概念並非僅限用於親代與嬰兒的交流中，也可發生與其他照顧者的經驗中（如治療關係），也應可適用於生命中的所有階段（如戀愛擇偶）。成年的依附關係崩離（失戀或喪偶）時，較不會造成像嬰兒期般在情緒與行為等全面性的影響。

溝通

在溝通時，個體必須能經驗到他人的經驗，也就是要能「去中心」（de-center）而站到對方的立場，因為溝通的雙方必須分享共同的注意焦點，交換訊息以形成意義。若處於自閉（autistic）狀態就無法「去中心」，而耽溺在自己的世界中，無視於他人存在、說著自己想說的話。嬰兒與父母的溝通仍在依附階段，其注意焦點是在嬰兒自身上，當孩子愈長大，就愈能與他人共同關注某些議題、交換訊息。

協同解決問題

協同解決問題和個人的問題解決不同：夫妻可能個人的問題解決能力都一流，但卻無法協同解決問題；協同解決問題是雙方共同參與以維持及更新解決技術的關係歷程，它考驗參與者協調的能力，而且在協同解決問題的歷程中，參與者能在一致對外時，因溝通及相互關照而增加凝聚度。

相互性

Wynne 認為，此階段「始於察覺遇到在原先的關係架構中無法解決的困難，它會涉及再協商，有時則必須轉型以形成新的相處模式」。雖然此階段被擺在「協同解決問題」階段之後，這兩個階段的協商是不同的，因為在此階段，參與者必須挪移到能觀察到舊有關係模式的位置（亦即，外於舊有模式的位置）。當相互性發生時，參與者會感到共同

269

經歷成長的親密感。

　　Wynne 的模式缺點在於：⑴人們是在複雜的家庭及社會脈絡中發展，並非僅在家庭的對偶（dyadic）關係中，他並未描述關係發展的動力歷程；⑵未區辨各種關係（親子、夫妻、治療與督導關係）的特徵；⑶未整理出適用於實務操作的理念。關於第一點，Fish（2000）整併上述 Wynne 的關係發展階段和 Bateson 的互補（complementarity）和對等（symmetry）的概念，提出階段變遷乃經由「爭平等的抗爭」（egalitarian struggle）而得，認為此抗爭是關係得以發展的必要因素。我認為除了 Fish 所提出的「爭平等的抗爭」之外，個體也可能經由替代性與和平漸進（而非抗爭）的路徑成長，如無法從父母身上獲得足夠的安全感、自信與勇氣，但能在心理治療中，或是經由良師益友的導引而補足，形成更成熟的、與他人相處的策略與方式。接下來在本文中會討論後面兩點。

成長關係

　　雖然最近理論界所強調的平權與合作是正確及重要的發展方向，但因為許多社會問題肇因於階層關係，而且情感和認知的發展皆發生於階層關係，所以我認為我們應可從重新檢視階層關係，而非急著去打破它來獲益。接下來，我想先描述理想的成長關係的情況，並從其與階層關係的對照中，找到發展成此理想關係的基本軸向與途徑。

　　理想的對偶關係是怎樣的情形呢？Giddens（周素鳳譯，2001；趙旭東、方文譯，2002）提出男女要經由自我反思（reflexivity）、對話與協商（negotiation）來建立「民主的親密關係」。Giddens 較是從性別、情感及認同（identity）的角度出發，但我覺得本文所關切的關係並不僅限於此，而是必須在某種關係架構（親子、婚姻、治療、督導、師徒等）中密切互動相處的兩造，能以主體相對待而得以成長的共構歷程。在此

理想的關係中，所有參與者都經由相互的影響而得以成長，此關係的本質是合作而非競爭的、對關係的界定是可協商且相互同意的；參與者是在「角色」的扮演中落實「人」的價值的；雙方在情感上是密切的、在界限上是分化而相互依賴的、在權階上是更平等的、參與者是更有能力感的。這理想情況與 Satir 所描述的成長模式類似，所以我也用「成長關係」來指稱此理想狀況，只是我並不那麼貶抑「角色」，而認為關係發展是藉由人的角色扮演來完成的。除去角色的「人」是什麼，是很宗教或哲學意味的議題，雖然它很值得思考，但仍須回到「人間」（同時有人際及世俗之意）。沒有「角色」，戲要怎麼演？

讓我們先回顧三種家庭治療中處理的基本關係，因為此三種關係一開始都是階層的，但若成功的話，他們都會朝向成長關係發展。臨床個案提供了各種關係出問題的豐富資料，而他們成功的經驗卻也揭示了轉變的途徑。

三種關係的描述

親子關係

親子關係的特徵是「從己出」，孩子出生從極弱、極依賴的狀態漸漸長大，親子間會有血濃於水的「你是我骨肉」的感情。在成長的歷程中，孩子要提升自信、累積信用，如此親代才會敢放手，在此同時，父母要能覺察孩子已日漸成熟，而不斷學習用新的、適切於孩子年齡的態度與方式跟他相處。成功的親子關係雙方會在成長的歷程中改變相互說話與對待的方式，讓彼此都得以成長。

婚姻關係

婚姻關係的特徵是「結合」，建立「我們」一體的親密感。夫妻兩

人在成人的狀態下要互相結合，不僅是在生理，也在心理和社會發展上；不僅是個人，也是家族的結合。在結合的歷程中，他們要面對各種家庭內在和外在的壓力與衝突，如性、錢、原生家庭、子女、工作、朋友、休閒、宗教等各種事務，這些在在考驗著夫妻次系統的基本信任、溝通、解決問題等能力。岳家的相關事情是新婚夫妻最大的考驗；夫妻吵起架來常會說：「你家怎樣，我家怎樣；你媽如何，我媽如何」，從這「分別」中就產生婚姻的裂痕；在處理小孩問題時，也最忌諱在孩子面前貶低配偶，或因要保護孩子而將暴躁的父親擋在外面，這些都可能撕裂夫妻次系統。夫妻要互相支持來面對各種問題，若有爭執也要在私下檢討。以上都是圈出「我們」，也就是鞏固婚姻次系統的原則與方法。夫妻在相處中除了要共同面對處理諸多事務，也要共同面對價值觀（性別、經濟能力、家務、教養子女等）的差異，更要超越這些差異而發覺對方（人）的存在價值，進而超越性別意識、不平權的模式，而能既親密又能享更大的自由。

治療關係

治療關係的目的是解決個案所帶來的問題。治療者要以個案的利益為最終的考量，故治療關係的核心特徵是「助人的契約」。但是，在進入契約時，個案必須在不明白治療者所持的理論與形式，以及治療者本身是怎樣的一個人的狀態下，就要把自己「交託」出去，而治療者則要能夠而且願意負起治療的責任，加入案家，跟他們一起經歷、探索，並在治療中讓他們更有能力感（@賦權使能的案例與歷程）。治療關係當然也是一種結合，但會比婚姻更短暫且更具有目的性。

從以上描述中，我們發現關係發展是雙方參與且密切互動的歷程，任一方的作為都會影響對方的回應，在此歷程中破壞關係的陷阱重重，需要參與者隨時提高警覺、步步為營地刻意經營。那麼，關係發展失敗是何情況，有何特徵？

關係發展失敗的情況與特徵

各種行為症狀都可能是關係發展失敗的產物，其特徵如下：

不平等

高位者壓制、控制，低位者無力、挫折。這是關係結構本身的問題，它嚴重地僵化、傾斜，是一種不把對方當平等的人看待的物化或異化的關係，會使低位的一方長久處於無知的狀態，如愚民政策，或是會導致斷絕、逃開、委屈、怨忿、無力。在這種關係中暴力、侵占、剝削與恐嚇等情事是常見的，而在較輕微的情況中，配偶所抱怨的是「總是要聽你的」、「你總認為自己是對的」，甚至連抗議的聲音都無法發出。

不滋養

273

兩人間關係欠缺滋養（愛、尊重、肯定、信任、安全感等），這是關係的質的問題，可能因無法付出、感受，或是因第三者（其他的人事物）的介入。欠缺的一方用盡各種方式抓取，而無法付出的一方則深恐養成對方依賴或是得寸進尺而吝於付出；欠缺者無法自己用腳跟站穩，而去依賴藥物及配偶，而無法付出者則吝嗇、乾涸。兩者都陷溺於自身（自己版本故事的情緒或固執己見）、無法跨出自我的藩籬、無法給予取、愛與被愛。

沒有良好的人我分際

這是兩人間情感／自我空間的問題，是關係之量的問題。這有兩個極端，其一是共生（過度依賴／被依賴）、視對方為己身之延伸（如僕役、工具般使喚），另一是斷絕（之間的關係及情緒沒有機會修通，留

下很大的遺憾或強烈的負向情緒），前者要求對方像是肚子裡的蛔蟲或連體嬰，會期待對方「應該知道我要什麼」、「應該要有默契」、「你的看法、感受或做法要完全跟我的一樣」（如「一般人應該會……」），常會不問是非就力挺對方，或要對方無條件支持，對方毫無自我主張的空間；後者則雙方關係因緊張對峙而隔絕，難以轉圜，也就失去交流成長的機會。

無法協同解決問題

這是兩人間的關係功能出了問題。兩個人間無法合作以達成雙贏的狀態，可能是因為缺乏溝通、協商或解決問題的能力，例如，因無法清楚看到問題或把力氣花在無法解決的問題上，或是因為雙方總在競爭比輸贏，反而造成內耗。

由上可見，關係可能在結構上不平等、本質上不滋養、量上不良的人我分化，以及功能不彰等方面上出了問題，要如何對治這些問題呢？以下提出我的模式。

邁向成長關係所需的基本能力和三個軸向

在參考了 Wynne 的關係發展模式和檢視上述三種基本關係及發展失敗的情況與特徵之後，我們發現從階層邁向「成長關係」需要學會「自我覺察的移位能力」的基本能力，並在情感連結、人我界限及權力階層等結構取向家庭治療理念（楊連謙、董秀珠，1997）中強調的三個軸向上成長，在建構人我關係中發展自身的主體性。

基本能力：覺察的移位能力

覺察是了解自己及他人最基本且重要的心理力量。帶著這覺察，個體跳著「覺察自我（我）—同理對象（你）—反觀自身（他）」的三步

舞：(1)覺察自我：覺察自己的認知、情感、意向、行動等方面的狀態，並且也能在自我內各種角色立場間轉換與對辯，例如，外向和內向的自我對話、理智與情感間的對辯等；(2)同理對象：設身處地以對方的立場去體會其心境與感受；與(3)反觀自身：超越參與的雙方而觀察全局，看到雙方的關係、互動模式以及所處的脈絡，並從而產生意義。在 Wynne（1984）所提出的發展階段中，我們就可看到隨著發展的進程，覺察點在關係結構中的移位；在依附／照顧階段雙方覺察的關注點在被照顧者身上，被照顧者處在自我本位中；進入到溝通階段時，必須能移出自我本位而與他人形成有意義的互動；在協同解決問題階段，參與者間要能「知此知彼」地與對方協調，並轉為同向、一起面對問題；在相互性階段則更要能超脫到慣常的互動模式之外，如此才能看到自己參與其中的模式，進而改變關係結構。

三個軸向

情感連結方面

(1)情緒管理：學習覺察情緒，將之命名，學習各種表達及處理的方式。接觸自己表層的情緒、發掘底層的情緒；從衝突中有所學習及成長，避免重複無益反而有害的衝突；宣洩或有其必要，但要避免宣洩所造成的傷害，如夫妻吵架影響孩子；學習用理智來駕馭情緒，並非一味地壓抑、隱忍，而是看到情緒的前因後果，看到自己習慣性的反應，並能用非習慣性反應的方式來處理，也因看到後果而開始學習避免一再陷入相同的情境及造成相同的後果中。

(2)情感的付出：學習付出情感、給予肯定；要學會找到對方可以肯定之處、學習無條件付出的真諦，感受到在付出的當下就已得到酬賞，否則夫妻間的帳本與算盤：「我付出比較多、我犧牲比較大、我愛你比較深、是你害我的……，你竟然……」這樣的計較心一出現，就很容易讓感情變質。此外，也要避免情感變成勒索的工具，

或是成爲對自己或對方沉重的負擔。

(3)對情感的感受：學習感受到對方的付出與善意；男女表達情感的方式不同，男性較傾向用行動（如朱自清〈背影〉中父親的動作）與理性的方式；父親會想教你，要你跟他一起經驗他會的東西（如人生哲學、開車、釣魚等），但他比較不會像母親一樣表達情感，讓你有溫暖貼心的感受。

人我界限方面

(1)分化構築彼此「之間」的界限。良好的界限並非是毫無瓜葛、互不相涉，而是雙方既有良好的訊息流通，又能保有自我；不良的界限不是太過疏離阻隔，以致雙方少有訊息交換，就是太過涉入，以致「你泥中有我」而無主體性。分化是獨立自主的兩人形成密切的關係，兩人間的界限是清楚的、情感是自主的、關係界定是雙方同意的、各自負起自己的責任、有相稱的權利和義務。也就是分得清楚「我」及「我們」，不會因爲「我們」就失去了「我」，也不會因爲「我」就傷害「我們」。彼此之間若有不平而起計較、不安而起猜疑、不屑而起輕慢等，都會嚴重影響「我們」的形成。另外，值得注意的是，「相互依賴」（inter-dependent）和「共生依偎」（co-dependent）是不同的，後者是一種對依賴關係的依賴，例如，妻子耽溺於拯救酒癮的先生，而忽略了自己的成長與發展，她把自己一生的賭注都押在先生身上，她的成就感或存在的意義是來自一再地去拯救他；她依賴先生的依賴。低位者／被照顧者要「活出自我」時，都會面對要和照顧者脫離而建立主體性的困難。問題常出現在低位者跌倒時，他們並未看到自己軟弱的雙腳，反而強烈指責照顧者，當照顧者亦因指責而自責（「都是我不好才讓他受挫失敗」）時，雙方就形成緊密、相互增強的關係。

(2)在彼此「之外」畫線形成「我們」。婚姻衝突常是「我們」形成不良的顯現，例如，若丈夫猶豫、擺盪在母親及太太的忠誠間，常會

使得婆媳問題難以收場。家庭內外的壓力事件都可視為對夫妻合作解決問題能力的考驗，夫妻要在面對這些考驗中發展出 Wynne 所提的協同解決問題的能力，並在考驗中修補依附／照顧（相互撫慰及滋養）和溝通階段的任務，以增強彼此的凝聚。

權力階層方面

(1)權力關係的界定：權力關係的問題有兩大類，一為關係本身的問題，如虐待、剝削、病態依賴等，當事者雙方不見得會認為是問題，也有可能是敢怒不敢言，或是「不知道」有其他相處方式；另一為其中一方不同意此關係的界定，如母親把青少年當六歲孩子對待，而孩子覺自己已長大可自己做主時，若雙方未能協商出可接受的關係界定時，就會一再產生衝突。看清楚自己在這權階關係，或是其互動模式中所扮演的角色，就較能決定要用什麼方式跟別人相處。

(2)賦權：個案從低能力狀態成長為平權自主。在賦權的歷程中（@賦權使能的案例與歷程），個體會從要求外人給予肯定轉變為自我肯定、提升自我效能、增加自我掌控的能力、建立自我認同及自信。愈有能力的人，愈能轉換觀點、轉化情緒、堅定意志及勇於行動，也就愈不會被關係問題給困住。

277

結語

關係是治療的要素。在家庭治療中，我們同時處理三種基本關係，即親子、夫妻（父母）及治療關係。這些關係的形式都是階層，而其目的都是幫助弱小者成長，換個角度看，正因此階層的差異，才有相互學習與成長的可能性。所以，我們肯定階層關係的必然存在，而要避免的是權力的誤用及濫用，例如，男女本來就有生物因素上的不同，但是源自社會規制「男尊女卑」的性別不公，卻是可以經由辯證來讓自己不受

此成見囿限的。再者，在人們的成長歷程中會經歷高低位階角色的遞嬗，如孩子長大變成孩子的父親，也會經歷高低角色的並置，如同時是某些人的上司，也是另一些人的下屬，在這些不同角色的扮演中，人們練習相互對待，並在此歷程中成長。

在成長的歷程中，個體必須學習覺察移位的基本能力（覺察、神入、反思），並循著情感連結、人我界限及權力階層這三個軸向邁向成長；在成長的歷程中，尚需要學習溝通、協商等協同解決問題，以及用自己的腳站穩的自我負責、自主與分化等個人成長所必須的能力。個體在與重要他人形成成長關係的同時，也在建立自信、自我認同、自我效能，也就是在打造主體性；當個人愈有主體性，也就愈能與他人用成長關係來相處；也就是在形成「我們」時，仍不喪失「我」的存在；面對不公的權力關係時，能與對方溝通協商，並做在此關係結構中所扮演角色的抉擇。雖然我們深知要形成及維續成長關係是相當困難的，因為很容易就被猜忌、計較等負向情緒轉向惡性互動循環。這些都是人類終其一生都在學習的課題，因為人在每個人生階段都會遇到先前未曾遇到過的問題，而危機就是成長的轉機；在助人成長的同時，己身也得以成長。在此成長關係中，我們看到人類長幼互助、男女相互學習以達成長的圖像。

本文參照 Wynne 所提出的「關係系統的漸成模式」的四個發展階段，提出覺察移位的基本能力及邁向成長關係的三個軸向，這些發現可有助於了解家庭的現象及提升治療的效能，至於在各軸向更細緻的發展歷程及各軸向間的相互影響，則留待後續研究探討。

參考文獻

周素鳳譯（2001）。親密關係的轉變：現代社會的性愛慾。台北市：巨流。

林沈明瑩等譯（1998）。薩提爾的家族治療模式。台北市：張老師。

章英華、丁庭宇譯（1986）。權力的遊戲。台北市：桂冠。

楊連謙（2002）。家庭權力關係。諮商與輔導月刊，204，26-32。

楊連謙（2003）。面對困擾的青年的父母。中研院夫妻對偶互動關係研究學術研討會，92 年 7 月 3 日；7-1 至 7-26。

楊連謙（2004）。關係發展：從階層關係到成長關係。諮商與輔導月刊，224，40-46。

楊連謙、董秀珠（1997）。結構——策略取向家庭治療。台北市：心理。

趙旭東、方文譯（2002）。現代性與自我認同：晚期現代的自我與社會。台北市：左岸。

Atkinson, B. (1993). Hierarchy: The imbalance of risk. *Family Process, 32*, 167-170.

Fish, L. S. (2000). Hierarchical relationship development: Parents and children. *Journal of Marital and Family, 26* (4), 501-510.

Fish, V. (1990). Introducing causality and power into family therapy theory: A correction to the systemic paradigm. *Journal of Marital and Family Therapy, 16*, 21-37.

Flaskas, C., & Humphreys, C. (1993). Theorizing about power: Intersecting the ideas of Foucault with the "problem" of power in family therapy. *Family Process, 32*, 35-47.

Newman, B. M., & Newman, P. R. (1991).Development through life: A psychosocial approach, Fifth edition. *California: Brooks/Cole Publishing Company*, 527-537.

Wynne, L. C. (1984). The epigenesis of relational systems: a model for understanding family development. *Family Process, 23*, 297-318.

279

CHAPTER 11
家庭治療中的詢問

註：這篇文章乃修潤原分別發表在《輔導季刊》的〈家庭治療中
詢問的要點〉（楊連謙，1999a），以及〈家庭治療者的問句
型式〉（楊連謙，1999b）而成。

　　本文在於闡明家庭治療中的詢問、問句的形式，及詢問的原則與技
術，認為詢問不僅在於蒐集資料、澄清訊息，更能有助於鋪陳與介入處
遇，以擴展個案認知、情感、意志與行為等各方面的彈性，以及造成關
係與脈絡的改變。其實，詢問最重要的是，治療者在詢問時所傳達的對
於人及治療的態度與理念。

詢問

治療中的詢問

　　家庭治療基本上多以說話為主，治療過程是由一連串的訊號及回應
所組成。在所有發出及反應的訊號中，語言算是相當清楚、具體的訊
息，雖然語言常無法完全傳達我們的意思，而我們也常被它矇蔽或誤導
而忽略說得更大聲的非語言訊息。在所有治療者的語言反應的可能性
中，詢問在治療中扮演相當重要的角色，因為它不僅可用來獲得及澄清
訊息，還能用來介入處遇，亦即用詢問去觸動及引發個案的反應，以擴
展他認知、情感、意志與行為等各方面的彈性，以及造成關係與脈絡改
變的效果。

　　治療者依其治療理念形成問句，並藉著詢問來蒐集資料、鋪陳治療
架構，以形成假設、介入處遇、促使治療進展、達成治療目標；也就是

說，治療者的問句必須依據治療意圖而設計、變化。在治療中，治療者要以自身爲工具（@治療者的運用自我）來感知、統整與反應訊息，依其對於問句的安排而展現自己的治療風格；當治療者能察覺自己擅長的問句形式，並更有意識地運用問句形式，也就能拓展自己風格的局限。

家庭治療者所本的是系統理論，格外關切關係，即部分與部分、部分與整體間的關係，以及在情境脈絡中症狀行爲被維續的互動機制。所以，所蒐集的資料必須與系統做連結，亦即置於關係脈絡中來理解。家庭治療理論強調循環而非線性因果，所以常要問的不是「爲什麼」，而是「是什麼」、「與誰」、「如何」等問題，而將內容與歷程連結起來。治療的目的在於促成改變（產生新的知情意行與關係經驗）以及形成新的意義，所以，治療者的問句常要能凸顯差異、鋪陳及打破症狀行爲，並且有助於增強個案的主體性。

治療者本身是治療系統的一部分，而治療者的問話和個案的回應在治療過程的情境脈絡中互爲因果，所以在詢問時，治療者必須清楚自己詢問的意圖，可能造成個案哪一面向（知、情、意、行）的攪動，還要清楚這互動發生時治療關係的變化（在哪個治療階段），同時也要監測個案對此問句的反應，以及據此反應來修正接續的問句及背後的治療策略。以下我們先談問句，也就是治療者的兵器庫，有短刀、長槍或機關槍，接下來再談兵法及招式；切記，這些一招半式是要在整體戰局的脈絡中展現的。

詢問的現象

詢問是資訊交換雙方相互影響的歷程。詢問是在綿延不斷的互動中暫時掌握發球權，詢問不僅會受個案所發出的訊息，也會受個案可能會做出的回應所影響。例如，個案先前都以「不知道」、「不想說」來回應時，這會讓詢問者變得不耐煩或是更急迫地問是非題；如此看來，治療者對不願多講的個案「主動」地去問是非題，這「主動」有多少比例

是真的主動，而有多少是受到個案的影響或制約？

　　問句像是兵器，而詢問則是招式。詢問這動作的目的在於了解與觸動，將個案內在系統與外在系統連結的狀態顯現出來，也讓個案看到，以及了解自己的這些面向。詢問時，治療者要覺察自己的狀態，並知道自己的態度會影響對方的態度。治療者要多聽、多去了解、促其思考、提出比對，而少面質，更要避免評價，寧可採取「所有發生的事自有其道理」的態度，去接受個案的狀態，但仍抱持好奇心。治療者對於結構、關係間情緒連結、界限的狀態、互動順序等想多知道，或是要積極去進行某些介入處遇的鋪陳以鬆動個案時，則去詢問。

詢問的功能

　　詢問有促進、徵詢、鬆動、引發、解釋、產生新意義等功能：(1)「促進」乃指促進溝通、了解及覺察。有時，治療者可僅單純地重述個案話語中的重要 [85] 字眼，來促進他在這方面繼續多談。例如，個案：「雖然在工作中有辛苦的地方，但也有辛苦（個案繼續說）……」治療者（打斷）：「辛苦!?」或是「你剛剛提到『辛苦』，是不是可多說些？」如此治療者標示「歡迎」，邀請他多談，並有引導個案談話的方向，促進他澄清或是讓他覺得被聽到等功能。另一種促進的方式是問「還有呢？」這常用在促進個案列舉他的經驗，或是促進其舉一反三。(2)「徵詢」乃蒐集更詳盡的資料，可問「誰」、「何時」、「何地」、「如何」、「什麼」、「為什麼」、「與誰」等事件原委及互動順序等。(3)「鬆動」是引導個案對本身的經驗或現象有更多的察覺，鬆動固著或僵化的信念系統，如個案：「每當我出門，媽媽總要碎碎唸！」治療者：「她碎碎唸時，妳有什麼想法？」答：「她把我當三歲小孩。」

---

[85]　在此，「重要」乃指在回答時有濃縮、掩蓋、隱匿、忽略、情緒轉變、聽不懂等情況時，通常這些地方伴隨強烈情緒或隱藏某種意義，宜多停留並幫助個案表達。

接著再問：「她把妳當三歲小孩，妳的感受是？」答：「生氣、不耐煩，但又覺得自己不應該有這樣的感覺。」問：「妳曾經如何做，讓她能更放心些？」等，可問案主的知情意行及關係、脈絡等，也可問出「對某感受的感受」，而將個案引向更後設的位置來觀察自己。(4)「引發」是促使個案將某些情境做連結，如個案：「老闆常讓我感到畏懼，不敢親近。」治療者：「這種不敢親近的感覺，以前也曾在誰的面前出現過？」(5)「解釋」是治療者以問句的形式來表達對個案的判斷，如：「我認為妳似乎低估了孩子的能力，妳的看法如何？」(6)產生新意義：當然，前述的許多問句都能促發個案產生新意義，但有時治療者會主動地將兩種情況並置，而讓個案產生新的洞識或意義，這類似電影的蒙太奇或造字六法中的「會意字」[86]。例如，「如果你把太太對你的態度和你媽對你的態度放在一起看，你會有何發現？」有時治療者會問：「從這些事件中，你學到什麼？」「這些經驗對你的意義是？」當個案能跳到意義的層次時，他對本身的經驗會有另一層次的看法。

284

詢問的進行

家庭治療並非「先做完整的評估再進行介入處遇」（＠要知道多少資料才開始介入處遇？）如此截然劃分的，而是像「做中學」（learning by doing）般邊介入、邊評估的探索、發現、展開的歷程（＠介入處遇環）。治療理論是帶領治療者的地圖，地圖是拿來用的，但它終究不是真正的風景與道路，不可被它限制，而用理論來套個案；但地圖可快速地幫助我們進入狀況。

---

[86] 「會意字」就是把兩個或兩個以上的字合併成一個新的字，也就是「會合其意」的意思，例如「休」、「尖」、「吠」……等。當一個人累了想休息時，自然會走到樹邊去倚靠休息，因此「人」和「木」組合就成了「休」字。而東西上小下大，必然成為尖形，因此「小」字加上「大」字，就組成了「尖」字，「口」與「犬」合在一起就成了「吠」。

一般而言，在開頭幾次的治療中，應蒐集的資料包括問題史、先前的處理及轉案經過、三代族譜圖等，再視治療計畫探詢某些更細部的資料，如深入個人的成長或婚姻歷程等。了解這些歷史性以及詢問的當下所發生的互動性資料的目的，在於形成問題的「心像」（@治療者對問題的「心像」），它可能是結構的調整，如「把母親的位階拉高」、打破如「一追一跑」的互動模式、處理失去母親的哀慟、提高孩子的自主性等等。這「問題心像」不但標示個案目前「卡住」的地方，也指出治療的工作方向與步驟目標。有此「問題心像」，治療者將能較清楚自己及個案的狀態，以及監測治療的進展。值得強調的是，要特別留意「反例」，即與治療假設不一致的資料；須知治療者常易只看到自己想看的，而忽略了不想看到的。當然，有時反例只是改變時暫時性的混沌現象，但也有可能揭示更重要而易被忽視的議題。總之，治療者要開放、保留各種可能性空間，不但要有堅持原先假設的勇氣，也要有修正的智慧。當有類似的困惑時，進一步去澄清、聽聽團隊的回應，以及重看治療錄影等，都會有很大的幫助。

285

問句的形式

我們可由以下向度來談問句：骨架（如簡單問句、間接問句、否定問句、附加問句等）、格局（被問對象回答的範圍大小，如問答題、選擇題、填空題、是非題等）、方向（問誰、關於誰的事）和本體（字面上的意義、非語言，以及影射的弦外之音等）。以下分別討論之。

問句的骨架

對治療而言，此向度要留意的是語意及語氣上的問題。有時否定問句如「你（竟然）沒有準備嗎？」及附加問句如「你有準備，不是嗎？」有「意外」和「責備」對象不應該（沒有準備）的意味。

問句的格局

問句的格局是指問句對回答者的限制，限制回答自由度的大小，如申論題、問答題、簡答題、選擇題或是非題，排序和評分問句則限定了個案的回答方式，而有些問句，如「插入問句」（詳後）則並沒要求個案回答。

這些問句的分類並不是重點，重點應是放在：(1)治療的歷程，如「在治療的此時問哪類問題較好（才能達到所欲的效果）？」「要給個案多少自由度？」等治療者問句編排的問題上。原則是要貼切於治療歷程及氣氛；回答的限制愈多，能得到的資訊就愈少，但若治療關係愈好，就愈能省力地得到明確的答案。(2)治療的內容，即「如此問，個案會有什麼反應？」「要如何問，才能得到有效的訊息？」等。以下逐項加以討論。

開放式問句

開放式問句是讓個案最能自由回答的問法。個案可決定要如何回答、答多少。這類問句常用來得到自發性、廣泛性的資料，故常用在治療或某話題的起始，如有時可問全家人「這兩週大家過得如何？」而不刻意指定問誰，此時要觀察的是誰會去接這個問句、如何接等等，由此可看出誰對這問題最關心，或誰是家庭的發言人等。

當個案的回答過於簡單，或是顯得有所顧忌時，治療者可用開放式問句讓他多說些，但若個案不願或不能回答時，治療者就要選擇用其他形式的問句，或先處理個案卡住的部分。例如，治療者看到個案偷偷地瞄了單向鏡一眼，他可「猜測」地去問個案的困難在哪，是否擔心保密問題等。

在詢問的時機上，治療者要避免「口是心非」，例如，在快結束時問了開放式問句，但又要急著打斷個案，此舉會損及治療關係。

封閉式問句

封閉式問句是限制較多的問法。這樣的問法可能會讓想多說些的個案感到挫折，或有「被逼供」的不舒服感，但是若使用得宜，則能使治療更有效率。

對於天馬行空或未能切題回答的個案，常會用此類型的問句以得到更有效的答案；對於沉默、害羞、因戒心而不願多談，或是想談而不知從何談起的個案，常會用此類問句如提供選項（選擇式問句），先讓個案開金口，再慢慢「暖身」而更能談。

封閉式問句常能很快而直接地引發潛藏的動機、情緒、信念等，如「聽到媽媽這麼說，妳是贊成、困惑，還是反對？」「對於媽媽的嘮叨，你是感激、厭煩，還是有其他的感受？」等。

否定的封閉式問句有其獨特的魔力，如：「你不知道母親是用嘮叨的方式來關心你嗎？」更強烈的句型是「難道你不知道……」此時，治療者能成功地將重新框架的說法融入問句中，但要注意的是，此種問句相當「暴力」，因它相當打壓被詢問對象的主體性，如上例，治療者是站在母親的一邊，而且隱含著要個案回答「知道」的強迫性。因為這種句型有以上的特點，所以最好不要過度使用或亂用，以免傷了治療關係。解套的方法之一是加以平衡，諸如讓個案說出對嘮叨的感受，再將「母親的嘮叨」界定為需要改變的目標，一方面讓個案去改變自己引致母親嘮叨的行為，或是讓個案邀請母親做出更能接受的、「表達關心」的行為來達成此治療目標，一方面則仍肯定母親的關心與改變，因為孩子對她行為的反應已大有不同。

287

強迫選擇式的問句

此類問句被冠上「強迫」兩字，乃因所提的回答選項並非包括所有的可能性，也就是說某些可能性被刻意地省略了，此類問句給個案自由選擇的假象。例如，父母要派給孩子工作時：「你要先洗碗，還是先掃地？」催眠師會問個案：「你要快快地，還是慢慢地進入催眠？」治療

者問：「你是要現在告訴我，還是結束前告訴我？」這些問句都已限定對象要「做家事」、「進入催眠」及「告訴我」。

有時在提出強迫選擇的選項時，治療者要提供解釋，使每種選擇都顯得能被接受，且不管個案選哪個也都能被治療者接受，例如，「你要據理力爭反抗權威，還是吞忍下來，這兩者對現階段的你來講都很好，因爲如果你選擇前者，那是你願實踐新的因應方式，而後者則是你慣常的方式，你可再去經驗及觀察，或許會有新發現。」治療者也常能藉此類問句將自己想到的可能性注入治療情境中，例如：「你認爲你們關係改善的原因，是因爲你們花了時間交談，還是因爲你們去爬山？」不論個案選哪個選項，都是治療者期待發生的。

排序式的問句

排序式的問句可用來探索個案的特質、促進具體溝通，及增進個案的覺察。可用此型式的問句來讓個案對成員的特質排序，此特質可能爲特定的行爲、感受、信念、對某事件或關係的了解等，如「家裡是誰最贊成你繼續升學？誰最反對？」這類問句也暗示「某些特質並非專屬某一成員所特有，而是每個人都有，只是程度不一」，如此而有「去除代罪羔羊化」的效果，例如，「現在誰最生氣？誰第二生氣？然後是誰？誰最不生氣？」這問句隱微地指出每一個成員都有些生氣。當然，也可用此類問句來探詢對於問題的看法或是之間的關係等，例如：「在怎樣的情況下，你最會發脾氣？」「症狀惡化時，你第一個察覺到的徵兆是什麼？」「當你不舒服時，誰會第一個發現？」「當你沮喪時，你最會找家裡的誰談？最不常找誰？」等。

評分式問句

評分式問句能讓個案對特定行爲、信念、態度等做評估，有時也可用來評估治療的進展、症狀行爲的消除、心理年齡的成長，如「如果你生氣得要打人時是十分，那麼當你摔電話時是幾分？現在的你有幾分生氣？」再如「你現在在地上哭鬧的行爲大概幾歲？」之後可再多問，

「當你的心理年齡更長大五歲的話,你會怎麼處理(讓你哭鬧的情況)?」來促進個案產生更年齡適切的行為。

在家庭治療中,讓每個成員各自評分,同時也聽到其他人的評分,他們會從彼此的差異中產生新的認知(最少可了解到「每個人是不一樣的」),治療者也可進一步比較個人間的差異,如此有助於成員間的分化(@循環詰問)。例如,治療者問猶豫於獨立──依賴的個案:「你想自己處理(遭遇的諸多不適),還是一如往常地要家人來替你解決問題,而讓你感受到家人仍是關心你的?」(強迫選擇問句)個案的回答顯得猶豫不決,之後,治療者問:「若總分是十分,你有幾分想要自己學著來處理,而不求他人,有幾分期待其他家人替你解決?」即使他說十分想要依賴家人的幫忙,治療者可把依賴「正常化」:「依賴和獨立都是很重要的能力,在讓別人幫助的同時,也能讓對方發揮他的功能(或做好事),重要的是如何『賓主盡歡』,求助的人和幫助的人都高興。」之後問他:「你是如何發出請求信號的?」在他列舉之後,可問:「用纏、哭、罵、吵各占多少比例?有沒有其他更成熟、父母更能了解的方式,否則你纏,他們也不知道你要什麼,那不是做白工,反而弄得雙方都不愉快?」

治療者「讓個案評分」的舉動會迫使他站到觀察者(觀察自己或別人)的位置,如此能增強其自我覺察、反思的能力。

插入問句

插入問句是在敘述句中插入一段會勾起聽者在內心中回答的問句,例如,「我在想我應不應該問你ＸＸＸ(某事),如果問了,你的答案會不會跟母親一樣,還是你有不同的想法(停頓)。」「我在想你是否知道現在心裡對你媽最強烈的感受是什麼。」「我好奇,你第一次有媽媽不可能給你你所要的(愛)的感受,是否跟我的一樣。」「你想想,你對她有什麼期待,而這些期待對她發生什麼影響。」其實「插入問句」並非問句,而是直述句,是治療者將所要提出的問句嵌入直述句

中。在治療互動中並不要求個案回答，但是，將使他在心中回應。其實這是一種「指令」，這指令的形成來自當治療者說出時，個案會「試著」去回答問題，或覺得「必須」去回答這問題，即使問題並未真正被提出。

問句的對象與方向

詢問時，發問者要決定問誰（對象）及問他關於（指涉）誰的事，有時更要考慮到這問句是要說給誰聽，以及誰會聽到（有時會對孩子說，卻是說給父母聽）等等。有時治療者會發出沒有特定對象的問句，這類似在團體治療中，治療者對空氣發出「從哪裡開始今天的團療？」就讓團療成員自發地開始一般，這樣的做法會引發複雜的家庭動力與投射。

問句的方向可能「指向對象（被詢問者）自身」或「指涉他者」，前者如：「你會怎麼做？」而後者是指他人、整個家庭、治療者或治療本身，如：「你猜，如果你寫信告訴他，你剛剛對我說的、對他的感激，他會怎麼說？」

指向對象自身的問句

指向對象自身的問句，可能是各式心理治療中最常見的問句型式，可用來獲得對象行為、思想、感受、意志等各方面的訊息。此類問句特別有助於建立跟對象的關係，因為焦點是放在對象身上，所以可去同理對象，或讓他覺得受到了解與重視。當個案覺得自己的話未被了解時，治療者可用此類問句來補強關係，使個案重新參與治療。

此類問句的範例如下：「當你聽到父親這麼說時，你有什麼感受？」可了解對象對父親的某些話的感受，而「看到父母親吵架，你最想做的是？」則可了解對象的行動，而「當姊姊不答應你，你就用打來解決問題是嗎？」則可獲得其因應模式的確認。

指涉他者的問句

指涉他人的問句是把詢問的對象（被問者）當作對他人的觀察者，如此把對象和他者牽上關係。當問對象他對他人互動的感知時，能使對象感受到他者，如問媽媽：「當孩子的爸爸告訴孩子說妳要走時，妳的孩子有何感受？」此時對象會在心理上站到孩子的立場，以自己為觀察者來回答。當問對象他人對他的感受或付出時，例如，問太太：「從剛剛先生的那段話中，妳能聽出他對妳的關愛嗎？」治療者暗中傳達出自己有聽出先生的關愛，但希望由太太親口說出，即使太太回答說「沒有」，治療者也可再促進先生表達。此類問句也可提供行為者之所以會做此反應的理由。例如，太太晚歸，先生顯得冷冰冰。治療者問先生：「你認為太太何故晚歸？」先生回答：「我認為她有外遇。」此時，太太將更能了解先生為什麼會有冷冰冰的行為表現。此類問句通常在指向對象自身的問句之前問，因為指涉別人或外在現象的問題常較易回答，也比較不會引起對象的防衛。在問此類問句時，有些對象會說：「他怎樣，你問他，為什麼要問我？」治療者可解釋說：「是你和他要一起相處，你對他的看法非常影響你們的關係，所以是很重要的，待會兒我也會問他同樣的問題，你可以比對一下你們有何不同，我們也可以討論這些差異如何影響你們的相處。」

此類問句的範例如下：「誰最關心你有沒有服藥？」此句中的「誰」是指涉對象；「談談你所認為的，太太對婚姻的看法？」「你認為太太負氣離家的行為，想要跟你表達的是什麼？」「你想你父母會如何描述他們的婚姻關係？」「當你聽到父親這麼說時，你認為他是不是在生你的氣？」

在治療情境中，「他者」除了指家庭中的某特定人之外，也可能是全家、治療者或治療本身：(1)指涉全家的問句，如：「從剛剛大家的討論，你認為整個家庭的氣氛如何？」(2)指涉治療者的問句，如：「對於我（治療者）剛剛所說的故事，你認為我想告訴你什麼？」(3)指涉治療

291

本身的問句，如：「誰能告訴我（治療者），治療爲什麼沒有進展？」或「上週的作業爲什麼沒有完成？」

問句的本體

問句的本體是問句最主要的部分，它是指問句本身所傳遞的表面及後設的訊息，諸如影射、暗喻、雙關，或是從談話者之間的非語言訊息，及脈絡所暗含的意義和規則等，例如，「你認爲讀書不重要嗎？」從發問者的語氣及對他先前的認識，聽者會形成他認爲「讀書是重要的」的印象，以及他是要你回答「讀書是重要的」。

在治療中，治療者及個案們間一來一往的問答交織成治療歷程，在此歷程中，治療者與個案共同建立關係，並試圖達成治療目標。治療者會養成臨床的敏感度，在話語中抓取重要的訊息片段，並透過問句來探詢對象的「知情意行脈絡及關係」（@知情意行關係脈絡）等各方面的訊息，以幫助個案覺察到這些而更有彈性與空間。

我們常會從行爲著手，因爲案家的主訴問題常以行動呈現，而行爲是具體可見、能操弄及評估的。其實並不僅止於此，更精確地說，我們認爲行爲是意志、情緒、認知等的總體呈現，藉由行爲我們能進一步揭露其行爲的意圖、情緒、信念及所處的關係脈絡。再者，關於行爲的問句也是個案最容易回答的，因爲個案對行爲常比對思想和情緒來得熟悉，尤其是對青少年及不善於抽象思考及內省式語言的人而言。從行爲的訊息中也較可看到甲的行爲是如何被乙的行爲所影響，一旦這事件的行爲順序明顯化，就能開始去了解他們在此互動裡的感知，以及他們自身是如何參與在此持續不斷的問題循環中。例如：在嫉妒的夫妻互動中，一方愈是謹愼，另一方就愈是疑心；反之，也看到當一方愈是疑心，而另一方就愈謹愼。治療者可幫助他們看到雙方互相制約的歷程。

詢問有關情感的資料時，要去建立更生動、具體的互動影像及其內蘊的動機、情緒、想法、期待及對他人的衝擊與影響等。感受有助於詮

292

釋行為，感受也是了解行為者的觀點及意義的樞紐。藉著詢問感受的問題，常能增強家庭成員間的同理，也能讓他們了解「同一事件會激起每個人不同的看法與感受」。可以邀請對象去了解及同理他人的感受，也可促進對象覺察其內在歷程，如行為與感受間的連結，如此可增強他們了解感受、處理情緒及控制行為的能力。

詢問有關信念體系的問句，能助對象了解從未被認真質疑的行為、感受或想法背後的本質和根源。此類問題在揭露原生家庭、文化、宗教、社會階層、性別議題、性偏好、社會觀、價值觀等脈絡對於對象的影響特別有用；人是基於信念而行動的，大部分人都做自己認為對的事情。詢問此類問題可能會挑戰其信念體系的僵硬度和合適性；此類問句亦能增進對個人和他人的了解，以及提供新信念。

詢問行為背後的信念也能幫助對象了解自己是如何對訊息做反應，以及自己的行為是如何激起他人的反應。此類問句常能解釋為何他們會如此做、說或想，對此類問題的回答，可幫助家人以新的方式來了解他的行為，這可能提供改變的契機。例如：「在你失業的那個晚上，你整晚都在外遊蕩，你的行為是想向太太說什麼？」「如果我問太太這個問題，你想她會怎麼說？」此類問題可將治療從內容的層次導向更後設的存在、意義、靈性等層次，例如：「經歷了這事件之後，不知這對你整個人生而言有何意義？你學到什麼？」「知道父親在年輕時也叛逆過，對父親有這層了解時，這對你們父子關係有什麼影響，又會如何影響你做決定？」

可用詢問關係的問句（詳後）來使行為者間的關係本質及關聯呈現得更清楚。如用循環詰問的方式，將現在的行為、感受與信念和他們之間的關係牽在一起，例如，「當妳姊姊逃家，妳是認為她促成了家的團結，因為妳和父母花了許多時間討論此事，還是認為她把家人推得更遠，因為每個人都在爭執是誰的錯？」

在個案的內在及人際關係中探詢、拓展，治療者會因經驗的累積而

293

形成屬於自己風格的問句套組，例如，對重要的互動事件他會先去跟隨（tracking）了解行為順序，如是誰先做了什麼、誰又如何反應、此事件多常發生等等，再從行為層次轉到互動及情緒、認知層次等，或是轉到原生家庭成長經驗等等。重要的是，治療者要知道這是他自己的習慣，這習慣雖帶來便利與快捷，但有時也會是障礙。治療者所遭逢的每位個案都是獨特的，每一時刻都是嶄新的治療經驗，要避免把自己的感知套在眼前這個案身上，尤其是當舊辦法無法解決新問題時，就一定要重新檢視當下真實的關係。

在對問句有了基本的了解之後，讓我們談談詢問中一些要注意的地方，但最重要的是，讀者要在治療中自行斟酌與發明，切莫完全依樣畫葫蘆。讀者宜多留意在何種情境可用哪類問句，另外，治療者的敏感度與專業知識都有助於靈活地形成絕佳的問句。

詢問的原則

在治療問答交錯中，詢問最好是順著當時會談脈絡（內容或歷程），盡量不要「另起爐灶」、想到什麼就隨時打斷、插入。要保持主題的延續性，讓每個家庭成員能有方向感、能明白且跟得上內容及歷程。例如，治療者：「剛剛妳談到在工作中與人相處的困難，這困難是很重要的，但在繼續談這困難之前，讓我先了解一下妳的工作性質是？」治療者也要去查核他們對於某些內容的了解，也要核對自己的理解，例如，「在你剛才的一段話中有三方面的重點，一是……二是……三是……哪一個是你最關心、最感迫切的，讓我們先談。」

治療者的詢問有其目的及方向性，例如，若要幫助個案在情感上更分化、更自主時，在問問題的同時，常要肯定個案能為自己說出，也要去強調「你」，如「你覺得……」「你認為……」「在某種情境，你會怎麼做？」「你的意見是……而他的看法是……」當治療者要與個案在

情緒上站在一起時，則可多用「我們」，如「我們男人的看法是……你知道她們女人的想法是怎樣嗎？」「讓我們來看看這個禮拜有哪些改變？」「誰能告訴我，我們現在要達成目標，碰到的困難是？」若要鞏固某次系統時，則應多用「你們」，如「你們討論一下……」「你們認為他……」等，把他們綁在一起促進其間的交流與畫出對外的界限（@治療中的人稱代名詞）。詢問是為了達成治療目標，下面的一些原則有助於目標的達成。

反映、肯定、支持與鼓舞

治療者要反映個案的情緒、肯定其理想、動機，以及已然滋生的心念、鼓舞其意志與支持其行動。反映情緒能讓個案感到被了解。通常爭執乃來自「公說公有理、婆說婆有理」，這是理性、是非的層次，若是「得理不饒人」般地咄咄逼人，無理的一方常會「見笑轉生氣」，此不但無法解決問題，也讓得理的一方一下就淪落強凌弱的不義地位。反之，若先反映其情緒，許多相互了解、諒解之情會次序展開，而成為雙贏的局面。太陽能讓路人脫衣，這是北風做不到的。

治療者要站在個案的背後去支持、鼓舞與推動，最重要的原則就是肯定個案「已然」做到的，例如，他的用心、好行為、溫馨的情感表達等等。治療者要盡量去肯定與支持。例如，要了解有時個案能夠來到治療室、能夠願意坐下來或是說出隻字片語就已相當不容易了。「肯定、肯定、再肯定」是不易的原則，但肯定要讓對象感受到才算數，否則有可能會被認為是小看、不了解，甚至風涼話。

透過問句的選擇[87]以及詢問的態度，可傳達更深的關心與了解。詢問的內容是承載著治療者輸出關愛的船隻，個案的回答也需要我們直覺

295

---

[87] 「行為樣式庫」的概念，行為者在每個片刻要在「所有可能的行為所形成的集合」（行為樣式庫）中選出一個行為，亦即治療者是在所有可詢問的問句的可能性中選擇其一發問。

及神入地去理解。

不把話說絕、不把路堵死

在詢問時，最好不要一口咬定對方一定是怎樣的，若沒有十足把握時，宜多用「似乎」、「看起來」、「是不是」等不確定的用語，要保留對方抗議及補充，以及自己修正的空間；用「多說一些」、「幫助我能更了解」、「你覺得／認為／你的意見是」等用語來促進個案多說，也可加入查核的動作，如「聽起來你的意思是……若有不對請隨時修正或補充。」

在詢問前要先預想個案可能的反應，若覺有任何不妥，則要更審慎，通常的原則是寧可忍住不問，而不要莽撞。若不太明瞭個案的回答時，就去澄清，最好不要不懂裝懂。若詢問踢到鐵板時，要考慮加強火力繼續攻堅、換個招式，或是去了解阻抗的種種，例如，是不想說、害怕、擔心、不信任或說不出來等。

對於所問問題的答案有些直覺式的了解及猜測時，則可揣測地提出並查核、比對，如「聽起來你似乎較氣母親，而較不氣父親？」治療者不一定要表現得像是完全無知的中立[88]；若治療者覺得訊息已相當清楚或所持的假設已得到相當的印證時，則可更堅定地說出自己所見，並邀請對象對此做回應，以獲得共識與更釐清尚未有共識之處。若對象的回答出乎意料時，要對個案的狀態好奇，而繼續詢問，而非否定或是覺得受傷。

---

[88] 治療者常會因避免自己的觀點污染對象的內容而採取此姿態，基本上謹慎是必須的，但此姿態也可能會使個案不耐煩而影響治療關係，因他會覺得「我這麼說別人都聽懂了，為什麼你還要『明知故問』」；另一個值得思考的是，其實我們要避免的並非我們的見解，而是我們沒有足夠的彈性，如果我們拋出我們的見解，而能夠讓對象反思及讓談話繼續，這不是更符合「共同建構」的觀點嗎？

了解及配合個案回答問題的能力

治療者要注意個案是否能了解及回答問話（能了解並不見得就能回答），尤其是與小孩或青少年談話時，否則只會徒增雙方的挫折感，反而影響治療關係。一般而言，宜清楚、具體、口語化，例如，問個案：「你對婚姻的看法？」就不如稍加引導地：「看到你父母及其他人的婚姻，對你選擇太太有怎樣的影響？」治療者的問句常會影響個案能否做答，治療者的問句若太長、太難（個案無法理解）、太複雜（個案不清楚治療者確實要問的是什麼）、一口氣問太多問題（個案不知要選哪個答）、態度太急迫等等都會影響個案的回答，故治療者的問句宜簡短明確，在必要時須多加查核、比對所接收到的訊息。

此外，個案的精神狀態如心理成熟程度、抽象思考能力、情緒發展的成熟度、極度的情緒（如焦慮、憂鬱、擔心、狂喜、混亂等）、精神病症狀的干擾（如思考障礙、注意力極易被吸引到他處、幻覺及妄想等）、大腦功能（如受藥物與疾病的影響而注意力、記憶力、定向感缺失等）和藥物或酒精的影響等都會影響個案的回答能力。

心理成熟包括三方面：(1)心智成熟：智力發展，面對問題時能做合理思考；(2)情緒成熟：較能控制感情衝動；(3)社會成熟：能獨立自主，也能與人和睦相處。一般人達到心理成熟的地步，要到青年後期，約在二十歲之後（張春興，1989）。另外，神入（empathy）的能力也是重要的因素之一。

目前的證據顯示有 10%的人在十四歲時即已發展良好抽象思考能力，在十六至十七歲時有 35%，在青春期結束則 60%。這樣的數據顯示，有不少個案並不具有良好的抽象思考能力，這點在臨床上是相當值得留意的，因為治療者常會用較抽象的語言想要得到舉一反三之效，但若個案無此能力時，治療者必須找出讓個案改變的頻道及方式。

297

具體清楚與抽象模糊

治療者的問句要在該具體清楚的時候具體清楚，該抽象模糊時抽象模糊，依治療者的用意而定。一般而言，治療者要盡量將空泛的、抽象的、不明確的轉成清楚、具體的，如「大家都認為」、「每個人都是這樣」等轉成「你」，但是要注意的是，並非要避免所有抽象或是曖昧的訊息。治療中常會經歷抽象－具象－再抽象（理論－內容－與治療者共同形成的，或是經過整理的理論）的步驟；抽象到具象是「去了解對象」的歷程，治療者經由聆聽、澄清及跟隨的技術協助個案展開自己、探索自己，讓個案被了解；而再抽象則是「與對象共構及形成理論」的歷程；理論化能有「掌控」的感覺，掌握了理論原則也就愈能去自發地實踐（舉一反三）。

在該清楚時反而模糊會造成不必要的困擾，例如，治療者在父親講了一大段話（包括相當多要點）之後問女兒：「妳對父親的說法有何看法？」此時，因為治療者對於「父親的說法」並無較明確的界定，女兒可能會針對她最關切或最有感受的部分回答，而這不見得是治療者想要探知的。有時開放式問句能得到個案自發的資料，但有時治療者會除了無法得到有效的訊息之外，還得到「多餘」、「不必要」或「肇因於自己不當問句的後遺症」的事件要去解決，否則治療將可能停滯或岔開。如果她先前就對治療者有些生氣或不信任時，她也可能會機伶地反問：「你指的是父親的什麼說法？」如果治療者對於問句的內容稍加限制，如重述一段父親所說的內容，要女兒針對該具體內容來回答，或是問女兒：「從父親的那段話中是否能感受到他的關心。」「妳聽了父親的話會不會覺得生氣，氣他較關心哥哥。」「父親在說那一段話時，他對妳的用意是什麼？」「他對妳有何期待？」則讓話題更聚焦於某些治療者想談的議題上。

在抽象模糊方面：在治療中常刻意地運用抽象模糊，例如，治療者

只說大項（範定回答方向）而讓個案自行填空。小珍與母親好不容易，能在治療中挑戰威權父親的暴躁。在言語層面，小珍抱怨當父親臉一橫時她的害怕，而母親也在旁說：「好擔心，不知會發生什麼事。」但在同時，父親則訴說著他內外交迫，工作壓力大，又想把孩子教好。這時治療者刻意模糊地向父親說：「張先生，你承受的壓力好大喔！讓我多了解些。」此時治療者看父親接哪一方面的壓力（是他有所描述的內外交迫，還是他在當下所承受的母女對他的壓力），再伺機處理。有時，治療者會「先認定他有」再要求個案說明，我稱之為「誣賴法」，這有賴治療者對個案的了解，例如，前一刻，原本處於夫妻次系統中弱勢的先生──父親，自發地出來打斷太太的幫助孩子回答問題，治療者對父親說：「你打斷太太幫孩子回答問題，你一定有什麼重要的理由才會如此做，請你說說看？」這「你一定有什麼重要的理由」就是刻意的模糊，用概括的詞來指引父親朝「重要的理由」來回答問題，如此治療者能得到父親更多有價值的看法，也可進一步支持父親的權威。再如對於苦於與父母相處的個案，治療者可向他說：「相信你對於和父母相處的問題已有許多思考，除了你剛剛講的之外，應該還有想到些不知該不該在這邊說的，在你覺得放心時，不妨說出來。」（插入問句）如此治療者並不強迫個案說出，但已讓個案內在的一些訊息浮現，並給予他自我控制以及說出來的允許。

留意與個案的關係

治療者與個案的關係會影響回答的品質。若關係不好，如個案感到生氣、不耐煩（如治療者問了太多不夠貼近個案狀態的問題或個案煩心其他事情）、不受尊重、覺得被強迫等，個案可能並非沒能力回答，而是不想回答。另外，對於較為隱私、敏感的內容，若關係不足、信任感不夠、話題未經足夠的鋪陳，或個案並不覺此話題對解決問題重要時，個案也可能不願回答。治療者在碰到此狀況時宜放慢腳步、不要給太大

壓力、試著貼近個案的感受與狀態、認出其正向意圖及做正向的重新框架，或是多做一些說明及鋪陳，讓個案了解治療者問這些問題的用意，或回答這些內容對於治療能有什麼幫助，這些都能有助於維持治療關係。

留意個案的語意

每個個人、家庭、行業都會有其慣用語，有些詞語（如簡稱、行話、黑話、俚語、小眾如網路族所使用的語言與符號等）外人並不了解。治療也是如此，若治療者使用理論術語而以為個案應該能理解，就會造成誤解，例如，治療者向父親說：「你要學習去『同理』孩子。」父親不見得理解「同理」指的是什麼。同樣道理，治療者也要留意個案某些用語的意涵，不要太快地就認為已經了解個案的含意，例如，一位年輕女性個案說：「將來我要找份『乾淨』的工作。」治療者認為她是指遠離色情的工作，但實際上或許並非如此，她可能是指清潔工，也可能指遠離毒品或是無菌環境的工作。治療者也要留意一些可能造成混淆的訊息，例如，個案的點頭或許並非表示同意、沉默並不見得代表默許。

Weingarten（1998）提出聆聽個案有特別意義的用字、用詞、語氣、轉折等值得停佇拓展之處的原則：(1)特異的（idiosyncratic）用法，如前例「乾淨」的工作；(2)重複出現的話語；(3)有引申含意、不完全符合文字原意的用字，有些個案會用「所謂的『』」來標明，例如，父親說：「從小鄰居都說我是孝子，有了孩子以後，我仍是『孝子』！」(4)在某些話語未說完，而轉成用動作呈現，如太太話說了一半，然後把頭轉開，嘆了一口氣；(5)帶有強烈或不尋常情緒的字詞，如「我要殺了他！」(6)說話的聲調，尤其是與所說的內容不一致時。再加上(7)家庭成員自發的改變，如原先懦弱的太太，突然說話充滿自信；原本幼稚的青年，變得更成熟等。在這些時機，治療者都要識別出來、加以標明及澄

清，有時並不需要急著在口頭上肯定，其實被認出來以及讓改變的歷程展開，本身對個案就已是極大的肯定，有時也可趁此機會探索其他人對此改變的態度，這麼做也是對改變者的「加持」。

在會談的內容中，治療者要聽出、看出、建立及應用富含情感及互動的場景。例如，從夫妻在治療中訴說的內容所形成的場景一：先生說他杵在那裡猶豫該不該去幫忙洗菜時，太太就說：「你站一邊去，我一個人來做就好了。」場景二：先生描述他在書房門外看到孩子們和太太在房裡有說有笑：「我在門邊站了一會兒，他們看到我就停止說笑，我就走了，到客廳看電視。」場景三：孩子回家，沒跟我打招呼「他看到我就跟看到鬼一樣，敬而遠之」，我把他叫過來、糾正他上衣怎沒紮進去。在這些場景中，治療者很生動地感受到先生想要、但無法加入母子聯盟的苦，然而他的做法（如一看到孩子就去糾正他）正造成他的無法加入。看到這些治療者也就能形成一些處遇的策略及行動了。治療者先和先生談他求學經驗中對「教官」的印象，並傳達對他「因孩子對他敬而遠之所感到的痛苦」，以及「因希望孩子能尊敬他、待他如父親才去糾正孩子」的了解，接著引導先生了解如果一見面就會被「糾正」，那麼任誰都會對他敬而遠之。接著也去貼近他內在的需求，問先生：「你是不是認為太太和孩子應該主動來親近你，而不是你去親近他們？」先生點頭如搗蒜：「本來就該如此！」之後，治療者與先生討論要如何達成這樣的理想，亦即將先生的期望說成是要達成的理想，此時就能形成一步一步的做法來達成它，如此先生也就會更有意願改變原先「教官式」的做法。會談最後形成的作業是「太太邀請先生坐在一起，先生先練習聽他們在說什麼，慢慢地加入他們母子的話題，切勿操之過急」。讓太太邀請先生是傳達尊重她在母子關係中的地位，沒有她的同意，先生是很難「加入」母子關係的[89]。

301

找到合作的方式

合作是要努力建構的，治療者常要知道個案的願望、有合理的問題解決辦法，順著個案的情緒與狀態、意願、理想，找出說服的理由與說詞，並有具體的行動策略，如此才較容易形成合作關係。

若看到一再重複出現的模式時，則可更堅定地去面對它，但絕非強迫、無禮，而是要喚起其合作，例如，「當我問女兒話時，我看到你（父親）一直想要幫忙她回答，我們來試試看另一種幫忙的方式，也就是用沉默的方式來幫忙，讓她試試看自己來面對我的問話，好不好？」「好！現在請你用新的方式，也就是在我和女兒對話時你保持沉默，但你要去留意有多想要幫忙她，待會兒我們再來談你的發現和看法。」

下列因素會讓個案不能或不願遵從治療者的問句。(1)生物性的因素，如精神分裂症思考障礙、太過專注內在的思緒而無法聽入對方問句、藥物副作用、太眠精神不濟、情緒太低潮等；(2)關係因素，如治療者的問句沒被了解而無法回答，治療者不夠貼近個案的狀態而引起違抗，以及個案對治療者的情緒等；(3)情境性的因素，如個案從外界帶入的情緒或是過動症的孩子太吵了。治療者要試著去克服這些困難，找到與個案合作的方式，特別是關係及情境因素。

建立正向的會談氣氛

會談的氣氛是治療者和案家共同構築的。治療者只能調整自己，自

302

---

89 歡迎父親回到母子聯盟中，有時並不容易，因為母親要容忍先生的進入，而且要承受孩子跟她的關係發生質變，她也要處理母子間的「忠誠」問題，讓孩子放心地跟父親相處；對於先生及孩子而言，適應這新的關係也並非易事。若無足夠的信念支撐，以及某些預防措施，例如：事先讓他們了解將會遇到何種困難，他們要如何堅持改變等，否則會很容易就退回先前的平衡狀態。此舉考驗著親代的關係及共同解決問題的能力，而成敗關鍵常在於母親，她不僅要在觀念上，也要在行動上堅持。

己的態度、問句等，但結果乃取決於案家的決定（是否要合作與回答）。治療者基本的態度是尊重、好奇、積極，在治療過程中邀請、但不強迫個案合作、學習，並促成個案改變、負責、自主。

要建立正向的會談氣氛，治療者必須先處理自己的負向情緒及觀點，如此才能有比案家更大的自由度。若治療者的觀點及情緒被局限得與案家一樣時，我們將不再有能力處理他們的問題。重新框架自己對問題的看法，是很基本的步驟，例如，將「過度干預」的母親重新框架爲「很關心」「用心良苦」。當治療者用這樣的觀點來看問題時，解決問題的方式就不再僅限於「不要那麼過度干預」，而可轉成「或許是她沒有注意到小孩已長大了，這時需要的是適合小孩的管教方式」。

當治療者看到新的可能性時，要知道個案或許還不認同這樣的看法，此時要設計一個過程，讓他看到和邀請他們試試看，並仔細地檢視施行新方法的經驗；值得再強調的是，通常不會完全如治療者所料，而是要在討論的過程中參考案家方面的內容，畢竟家人比治療者更了解彼此，此外，實踐時可能遭遇的狀況也常非能逆料。所以，這過程是治療者與案家共構的。治療者可在重新框架的過程中，讓他看到自己使用的舊方法的效果，接著可以鼓勵他學習更有效的方式，也可讓他思考有何其他管教方式，或是他曾經使用過的有效方式等，也可教他新觀點，再評估其接受的程度。有時「山不轉、路轉」，例如，在處理母子互動時，不僅可從母親，也可從孩子著手，甚至從圈外的父親或鮮少在治療中被提及的手足下手。例如，從孩子下手時，可輕輕地「責怪」他太笨了，因爲他不喜歡母親的方式，但他並沒有用成熟的方式來表達自己的意見，而讓母親一直沒能發現他已長大了。此時，可邀請小孩學習用更成熟的方式來表達自己的意見，也可在告一段落之後安慰母親說：「每天跟小孩相處，確實是很難能夠發現小孩已長大，此時小孩最需要的是她的幫忙，給他空間並不是要完全放手、不管他，反而是更需要她的幫忙，但是要以適合他年齡的方式來幫忙他。」有時也可導向母親本人的

成長經驗，其中的遺憾或是她在目前小孩年齡時的一些想法與感受，如此「將時空『折』起來，而讓他們感到『相似』的共振」。當我們轉換對問題的觀點，情緒也將隨之不同，而解決問題方式的空間也就更寬廣了。

詢問的技術

家庭治療中有許多取向，如策略取向、焦點解決取向（solution focused）及一些後現代的家庭治療取向，如 Goolishion 及 Anderson （Anderson, 1993）的合作語言系統取向（collaborative language systems approach），都相當注重語言的運用，也就發展出許多臨床常用的技術與「套餐」，以方便學習者使用。學習者可慎選時機用用看（最好在督導或有同儕可資討論之下），在累積經驗的同時形成自己的風格。

問句編排的一般原則

治療者要視治療需要而編排問句，一般原則是：(1)先從所呈現的問題到更廣的情境脈絡；(2)從當下的狀態到歷史性的發展；(3)從詢問具體行為互動到較抽象的個人內在或人際互動層次；(4)從較不具威脅性的到更敏感的內容；(5)從簡單、具體到較複雜、抽象的問句。

引發互動

在治療者引發之下所產生的互動，與自然發生的是不同的，主要在於個案常會有被勉強或「假假的」感覺。治療者必須處理。有時可跟個案討論這些感受，但強調此舉的目的或是強調這是「練習」：「一回生、兩回熟，重要的是，你們是否喜歡（例如，說先生能對太太表達情意）先生如此做，喜歡的話就要多加練習，特別是要在家裡表現出來。」治療者可藉促成互動來更進一步地觀察、評估次系統間訊息通透

及傳遞的模式，並讓他們經驗到新的感受與看法上的改變；換句話說「引發互動」這動作是治療者主動引發出的動作，它既是評估，也是介入處遇；它像是探針，伸進個案次系統，並加以攪動。

要某人向某人說話，有時並非易事，這顯現了次系統間界限及情感的狀態。若雙方情感阻滯時，治療者常要從「看著對方說話或是要甲稱呼乙，並獲得其回應」開始。治療者也可從會談內容中擷取簡單的場景或主題要他們討論。在協助他們交談時，治療者可視家庭的氣氛來決定自己要用教導的或幽默的方式，來減輕他們的生疏、羞赧感。

在引發新的互動時，治療者必須鋪陳正向的情境脈絡的「渠道」，然後正向的互動行為才能「水到渠成」。治療者要重新框架負向的情緒為諸如表達關心、期待、訴說失望等，之後下個指示要他們向對方說。治療者扮演穿針引線的角色，有時要堅持主題、努力促成互動，而當家庭能自然流動時，治療者則要引退，將成功榮耀歸功家庭成員。例如，當治療者發現負向的內容變多時，如母親更加批評兒子，治療者可在詢問母親批評底層的用心或擔心後，向她說：「兒子或許並不了解妳的用心，妳是否能向兒子說：『我看到你如何、如何，心裡是多擔心』？」在這過程中，治療者可隱身到母親的背後，指導她說出富含正向情緒的言語、邀請兒子回應、肯定母親的勇於嘗試、引導她說出向孩子說出之後的感受，及檢視他們間關係的變化等。治療者可將此新互動稱為「練習」，並同理他們此行為是不容易在家裡「自然發生」的，因此需要他們更有意識地投入，但值得從這一小步開始，而其實「這一小步其實已是一大步了」。另外，也可詢問其他人對此新互動的看法與感受，讓整個治療系統的氣氛滿溢希望與喜悅。

跟隨

「跟隨」這技術是指治療者積極傾聽家庭敘述，讓他們更具體（而非籠統概括）地讓你了解真實的情況，因為在描述或溝通時，我們常會

305

濃縮、省略某些訊息，或是沒能用別人的立場看事情。「跟隨」這技巧能讓個案在述說事件行為互動順序的始末時，看到被濃縮或忽略的部分、家庭結構的資料、思想或在情境中的感受等。在做法上，最簡單的跟隨的形式是去問澄清性的問題，促進他們繼續述說，或選擇在述說的某一點上去引發、增強。治療者並不挑戰其所說出的內容，而僅是感興趣地聆聽，此時他是典型的不具侵犯性的治療者，他常發出：「嗯、嗯！」重複他們所說過的話、對他們說出的話做感興趣的回饋和問更詳盡的內容，如對某互動的看法、感受、做某行為時的意圖，或對某人的期待等。例如，問太太：「妳這麼做（處處都第一個想到先生）是想要規劃怎樣的未來？」就是從她的行為談到她的願景，如此可讓她看到自己暗暗立下的誓約。

治療者會問：「在某情況下，誰會第一個去做某事？」「然後，第二個人會做什麼事？」「在這事發生時，其他的家人在做些什麼事？」治療者繼續問，直到了解症狀或事件的互動順序，並認出行為後果，直到再次發生為止。這完整的行為順序是家庭系統中的一個自我增強回饋環，它會持續出現，此乃治療者要處理的症狀的特徵。治療者可經由此看出每個成員的行為如何維續此家庭所抱怨的、重複的行為模式。

詢問關係時常用的句型

家庭治療者較喜歡問能得到互動及關係訊息的問句，因為這些問句對促成個案知情意行的開拓，以及關係脈絡的改變較為有用。關係是指兩個人間、個人與外界間，或是諸多內在角色間的關係，這些問句的目的就在於將症狀與內、外在系統串連起來，當關係被展開、呈現時，就可能產生改變。

我們常用「當你（聽到、看到、感到）……時，你會怎麼（想、做、說、感到……）？」這樣的詢問句型來得到對象知情意行關係脈絡等各方面的資料。用「……誰最（會、快、能了解、不……）？」來了

解系統中成員的排序與關係，如「當你有好轉時，誰最可能會注意到？」用「那麼」的問句，如「每個人的成長背景不同，他會這樣做，那麼你會怎麼辦？」或「……那麼你要的是什麼？」來直指對象。用假設性的問題，如「如果你的病不好起來，你想你和太太的關係會有什麼改變？」「如果你自殺死了，你想在家裡誰會最難過？」來探知關係。

在詢問時，在人稱代名詞上做變化即可產生截然不同的效果，如「如果父親現在就在這裡，他會怎麼安慰你？」可變成「你會怎麼對他說？」或把其他人拉進詢問的範圍，如「如果母親看到父親安慰你，她的態度會是如何？」「她（母親）會希望父親以前就會這麼做，那麼她做過怎樣的努力來促成？」「你媽媽知道嗎？爸爸呢？他知道會怎麼跟你說，你又會希望他怎樣跟你說？」如此，可在關係中遊走、探詢，當然重要的是要知道自己為什麼要如此問，以及要如何做到對案家有幫助。

假設問句

假設問句如「假如你是我……」「假如你有朋友在你的處境中，你會怎麼勸他？」能幫助個案跳脫本位，引發他設身處地去揣想他人的處境，這有助於個體的成熟（@發展關注的焦點、@關係的發展）。有些個案（如邊緣型人格異常）對關係很敏感，會相當在乎甚或扭曲重要他人（如治療者）的答覆，而造成對方「答是也不是、答否也不是」進退維谷的情況。此時可用「假如我答是，你會有何感受？」如此可不必明確地回答，而給予假設的答案並問其「知情意行」等的反應。

誘發案主想法的問句

「你是否曾如此（XX）想過？」
「是否曾經有這樣（XX）的念頭掠過你的腦海？」
「你不曾如此（XX）想過？」

「難道你沒有這樣（XX）想過？」

「我是這麼（XX）看的，你認為如何？」

「聽你這麼說（SS），原來你早就有（XX）這樣的觀念。」〔這 XX 其實是我們自己的框架（@重新框架），只是將對方類似的 SS 的想法說成是 XX；這 XX 要被說成是源自他們的，是他們的功勞而非我們的。〕

循環詰問

米蘭團隊發展出循環詰問（circular questioning）的技術。治療者藉著詢問一系列問題，來凸顯出每個家人對事件或關係的不同感知。典型的方式是讓所有參與者針對某兩人的關係發表他的觀點、意見或感受，例如，問每個人：「祖母去世後，你認為父母親的相處有何改變？」或是要小孩比較父母親對於姊姊拒食的反應，或要他打憤怒的分數，或是問：「假如他們離婚的話，會發生什麼事？」此技術能凸顯家庭成員對其關係的觀點，因為大家都在場，故能得到其他成員的回饋，並促進成員間的分化，家庭也會學到如何觀察家庭歷程。

這種詢問第三者關於兩人關係的問法不僅有蒐集資料，也有介入處遇的功能，常能造成家庭內和家庭本身的改變。當然，臨床上也可用稍微變形的方式，即治療者藉著問相關的人的各方面，諸如感知、信念時，引出並澄清某些關係和觀念，讓每個人都聽到對方、找出述說者間的差異，並用好奇的態度讓他們看到此差異，據此而說得更多。例如：「對於你的問題，你太太最擔心的是什麼？」「兒子最擔心的是什麼？」「當太太告訴你時，兒子說了些什麼？」「看起來在家中太太最擔心你的問題，而你似乎並不那麼擔心，我很好奇你會如何使太太不那麼擔心？」如此可呈現出一連串的「差異」。其他如「誰最」及排序問句也都是可呈現出差異的問句。呈現出差異，就可利用此差異造成更大的差異。更簡單的型式是詢問每個人相同的問題，以確知每個人的看

法。當自己對事件或關係的觀點能與別人的做比較時，就能產生更具啟發性的意義。順道一提，循環詰問的另一個特點是治療者可不用暴露自己的立場（如去面質），而能得到深入的家人關係的資料。

時間因素

　　詢問時也可將時空因素考慮進去。可比較不同時間的狀態，如「太太開刀前還是後，你比較累？」「他半年前比現在更常出去嗎？」也可形成指涉過去、現在、未來的問句，如「回想一下，當初妳是懷著什麼樣的心情及憧憬結婚的？」是將時光拉到結婚時；「了解了這些之後，你現在面對先生的用沉默來保護你們間的關係，若（妳）要做得不同，會怎麼做？」「你已有多年面對這難題的經驗，你現在的處理和以前有何不同？這麼多年來，你學到什麼？」是將時光拉到現在，而「想想如果你們真的離婚了，日子會有什麼不同？」及「當你的症狀消除了，父母親對你的態度，以及他們之間的關係會有什麼不一樣？」「如果你們感情改善的話，會去做哪些現在不會去做的事？」「想像一下，五年後你會喜歡今天所做的決定嗎？」「五年後，你認為太太會更擔心還是更不擔心你的孩子？」則是將時空拉到未來。

　　「Why now?」的問句則把焦點拉到當下的歷程，剛剛談的內容與當下脈絡有何相關，如治療階段歷程、治療關係的變化或是治療結構的穩固與否，常就是治療中重要的當下脈絡。這樣的問句可去探詢「之前他經歷了什麼事？」「此時此刻他談此議題的意圖？」以及「他跟我們的關係與距離如何，他想要拉近我們？他感到空虛？」等等。

其他詢問的套餐

　　以下是其他的套餐，供讀者參考。治療者必須知道自己為什麼要問這些「套餐」，了解自己的理念以及接續的配套問句，相互發明靈活運用。

309

1. 「（將病態）正常化」的問句：「當你們兩個人不吵架時，是什麼感覺？」「你有沒有跟你一樣也面臨失業而能了解你處境的朋友？」這問句讓個案找到「同病相憐」的人，可能會覺得較不孤單。

2. 置入建議的問句：「當你生氣時，如果你把感受告訴他，會發生什麼事？」「當你難過時，你會怎樣勸自己？」

3. 澄清差異的問句：「指出先生的不對或是讓他做到你的要求（多陪小孩），哪一種對你來說比較重要？（或哪一種是你要的？）」

4. 導出假設的問句：「當你認為太太冷落你時，你知道自己是如何也變得冷冷的嗎？如果下一次你告訴他你的感受，會發生什麼事？」「你曾否直接告訴他，你認為他冷落你的感受？如果告訴他，會怎樣？」

5. 阻斷歷程的問句：「你剛才有點悶悶的，你是不是認為我站在你太太那邊？」

6. 例外問句：問其例外的情況，如「你是否曾經……」

7. 奇蹟問句：如「當這些問題都奇蹟似地消失了，你和先生說話會有什麼不同？」

8. 刻度問句：如「對於剛才的情形你會打幾分，如果增加一分會有什麼不同？」

9. 因應問句：如「這麼悲慘的歲月，你是如何熬過來的？有何憑藉？誰給你支持？」

10. 激發問句：「你一定很不爽，多說些！」「還有呢？」「之後呢？」

結語

　　詢問是治療者必具的技術，它雖是用嘴巴說出，但重要的是腦子內的理論架構與治療歷程的鋪陳，而更重要的是態度；光是好的治療技術是不夠的，治療關係是成敗的關鍵，這治療關係是治療者用態度、神入與專業能力來贏得的。當我們看到這點，將可接受詢問除「問到」相關

內容、努力去調整結構及打破僵化的互動之外，其實更重要的功能在於
治療者透過問句、詢問的時機及詢問時的姿態，來「展現」治療者的人
觀（@觀）。家庭治療是治療者經由對關係的敏感度及包容力，投身入
家庭系統與他們真誠互動及發生影響的歷程。

參考文獻

張春興（1989）。張氏心理學辭典。台北市：東華書局。

楊連謙（1999a）。家庭治療中詢問的要點。輔導季刊，35（2），頁30-38。

楊連謙（1999b）。家庭治療者的問句型式。輔導季刊，35（1），頁1-8。

Anderson, H. (1993). On a roller coaster: A collaborative language systems approach to therapy. In S Friedman (Ed.), *The new language of change: Constructive collaboration in psychotherapy*. New York: Guilford Press.

Weingarten, K. (1998). The small and the ordinary: The daily practice of a postmodern narrative therapy. *Family Process*, *37*, 3-15.

CHAPTER 12
相關的理念

前言

　　主體實踐治療理念所提出及強調的只是綱與領，好比浮出海面的島，底下是相關的理論與理念。主體實踐治療對其他哲學或治療理論（@對其他治療取向的看法）採取兼容並蓄（@非此即彼和兼容並蓄）的態度，肯定他們是瞎子摸到的眞「象」的一部分，並用之來豐富主體實踐治療理念本身。基本上，主體實踐治療理念源自傳統家庭治療理念，尤其是結構、策略取向，其實它也跟後現代家庭治療、自體心理學（self-psychology）近來的潮流（如他們也探討互爲主體性），以及存在主義、人本心理學等的某些精神相當貼近。在理論成形的歷程中也發現與佛教及基督教的觀念，以及某些社會學家（Giddens、Bourdieu等）的理念是相通的。其實，「知」、「情」、「意」本來就是哲學界關切的面向，「行」（實踐）又何嘗不是某些哲學及宗教所疾呼的？

治療相關哲學概論

　　哲學支撐我們的觀點，我們也從觀點中整理出所持的哲學；改變觀點／哲學（改觀轉念），我們可做大幅度、跳躍式的成長。

　　範式（paradigm）是很重要的詞，它標示著思維方式的改朝換代，例如，從牛頓理念到相對論，從注重個人內在和過去的心理分析理念，到強調此時此刻、人際關係基於系統理論的家庭／婚姻治療理念，從現

代到後現代主義等等都是一大躍進。新範式出現江湖時都是鋪天蓋地而
來，影響到各個學門，造成整體社會的改變。以下簡介幾個基本的哲學
觀點，家庭治療理論的發展和這些背後的哲學觀的演進是聲息相通的。

　　哲學旨在回答人生最基本的問題，例如，「我是誰？」「世界、真
相、真理是什麼？」實證論者認為世界是外在真實的，人能客觀地追尋
外在、唯一的真理，因此他懷抱著「人定勝天」的態度，與自然是斷
裂、對立的。實證論的實驗方法是要去證實所提出的假設，而研究結果
必須要禁得起重複驗證。其目的是去解釋所有的現象，並要預測和加以
控制。執此理念從事研究的人是擁有特權與知識的專家，他所追求的是
「唯一真理」或放諸四海皆準的「定律」。

　　後實證論者對實證論做了些修正，他並不認為一定可以追求到唯一
真理，但認為可以用否證的方式盡可能地追近它，而非如實證論者的去
證實。後實證論較能包容不完美的答案和有程度之別地對唯一真理的理
解，因為只要是朝向尋得真理的方向就可以了。後實證論的研究者跟實
證論者一樣都是擁有特權與知識的專家，是想要去預測和控制的。他視
所追求到的知識為「可能的事實或定律」。

　　此處所提的「批判理論」是指如新馬克斯主義、女性主義、唯物主
義等，可分三股勢力：後結構、後現代，以及兩者的合流。批判理論與
建構論的相同處在於，兩者都在探查事物本質的價值取向及認識論的差
異，而不同處在於「批判理論」是本體的實在論，而建構論則是相對
論；也就是說，批判論者堅信自己的理念為真理，而建構論者則較有彈
性。

　　批判論者抱持歷史的實在論，他們認為現實曾經美好，但後來被種
種社會、政治、性別等因素影響，而被「固態化」成不良的結構，所
以，他們要打破與改造這不良結構。批判論者批判和轉化那些限制和侵
權的結構，並用行動去參與、面質，甚至藉衝突來倡導、達成、恢復舊
有的美好結構。研究者角色為調查者和促進者，儼然轉化的智者，知道

對象需要什麼樣的轉化（因爲他們所倡導的是絕對的眞理！），他會擴展其意志並勇於與研究對象對話和辯證，去轉化（transform）無知和不了解，使對象看到此結構可被改變和了解，但需要付諸行動去打破它、改變它。他們認爲調查者和被調查物之間是互動相連的，調查者的價值觀會影響調查物和調查本身。轉化發生於經由辯證的互動而開始了解時。批判論者並不視自己爲客觀的科學家，所以一般本體論和認識論間的界限消失了（建構論者也是如此）；他們認爲知識並不累積，而是參與者的成長和改變，這些改變會滲透到其他領域。

建構論則認爲眞實乃植基於社會的、經驗的、局部的、特定的本質，是視參與者之間分享多少資訊而決定的，故知識是在互動中建構起來的，此建構並非如批判論者所認爲的歷史眞實的結構（是相對論，而非實在論），是可以改變的。建構論者的方法論是詮釋的以及辯證的；多樣的建構被用傳統的詮釋技巧解析以及經由辯證的互換來比較。最終目的是達成更豐厚知識的共識。研究者的角色是參與者和倡導促進者。建構論者的知識包含著相對而言較具共識或較有解釋力的材料的建構；諸多不同的認識可共存，並經過在辯證的脈絡中被一再重新檢視。其知識的累積乃經由詮釋／辯證的歷程，或是經由他人提供替代的，如同身受的經驗（例如，深度個案研究的資料）；這局部的、深度的經驗交流是知識傳播的重要途徑。

實在

現代科學主義認爲有一絕對的判準，它相信客觀、數字、預測與可操控、可重複驗證，並用這些來迫近眞實。後現代理念則認定人不可能認知客觀的「實在」，認爲「實在」是心靈所建構的、人工的產物，因此「實在」只是「局部（某一群人）建構的」。先不管哲學，在治療實務中，常會碰到對於同一現象（同一個案、同一次治療）產生截然不同

315

的詮釋的現象。先看下例：

> 游太太年近六十，穿得很像慈濟人，瘦小的她因所嫁非人及獨子
> 阿強（二十來歲的精神分裂症病人）的病而信仰虔誠。她相當特別，
> 用Satir的理論，你可說她是超理智型的，她用宗教的道理教導孩子，
> 諄諄教誨、循循善誘、不慍不火。

　　在治療後的討論中，治療者和在單向鏡後觀察的督導對游太太有截然不同的觀感。治療者認爲「她把脆弱、哀慟與對孩子的控制隱藏得很好」，而督導則驚嘆她的自我修爲，以及在生命的困境中實踐信仰。督導承認治療者所看到的「脆弱、哀痛與對孩子的控制」，但不同的是，兩人對此現象的感受以及基於此感受的觀點或詮釋是如此不同。

　　眞實是什麼？我們所認定的眞實有多少是自我投射？

　　會不會是「我們是什麼狀態，就看到對方是什麼」[90]。

316

　　游太太是屬於哪種？若做心理分析、言語字詞的分析、互動分析、脈絡分析，或由不同的人來分析，似乎都會得到不同的答案。我並不滿

---

[90]　這出自一則笑話。

有一天，蘇東坡去拜訪佛印，遇到佛印正在打坐。蘇東坡便在佛印的對面靜靜地坐了下來，也學佛印打坐。結束打坐後，蘇東坡問佛印說：「你看我現在像什麼？」佛印回答：「我看閣下像一尊佛。」蘇東坡聽了，心中大樂。

佛印也問蘇東坡說：「那閣下看我像什麼呢？」蘇東坡心想：「平常老是被你占便宜，今兒個可讓我逮到機會了。也換我來占占你的便宜。」於是他回答佛印說：「我看你像一坨大便。」

佛印臉上微微一笑，便又繼續打坐了。

蘇東坡自以爲占了佛印的便宜之後，愈想愈樂。回到家，便迫不及待地把事情的本末告訴蘇小妹。

「哥，你被佛印占便宜了，你知道嗎？」蘇小妹聽完蘇東坡的說明之後，提醒蘇東坡。

「爲什麼？他看我像尊佛，我看他像坨大便，怎麼會是我被占便宜呢？」

「佛書上說，心中有佛，則觀看萬物皆是佛。佛印因爲心中有佛，所以看你像尊佛。那敢問大哥你，當時你的心中到底裝了什麼？」

意「怎麼說都對」或「怎麼說都有道理」的答案，我認爲應該依據不同的判準來討論、分出高下，如判準甲：哪個說法比較有道理（解釋力較強，能解釋的現象較多、較廣），或是判準乙：能被兩造所接受的程度，判準丙：對這個案的治療較有幫助等等，如此雙方的歧異能呈現得更清楚，也讓爭辯能聚焦而更有建樹。

在這個例子中，我們可看到實在是互滲的，「橫看成嶺側成峰」端看你怎麼看；若我們問游太太本人，她或許不承認某一部分（此時，治療者可說是她的潛意識阻抗，正因爲是潛意識的，所以她不知道），也或許會承認治療者和督導都摸到眞「象」的一部分，那些看似矛盾、互斥的心理動力，在內心裡其實是共存的。但是，因爲行爲就比較不會模稜兩可，以行爲來評判或是較可行的方式。

以下是主體實踐理念的評判方式：

1. 主體一致性：她所說的跟做的一致嗎？她有負起自己言行的責任嗎？她是否打高空、光說不練？

2. 成長性：她所做出的行爲對她自己及對她們母子兩人而言是好的嗎？也就是她所作所爲有助自己及孩子成長嗎？

以上兩點，也就是要用她自己的知情意行及是否發展成長關係來評判，至於她如何處理所遭受苦難的情緒，我並不認爲我們可以拿理論或理念去論斷她。

此外，因爲治療是雙方共構的，在治療中也要考慮我們所持的觀點如何影響治療關係，即若治療者拋入對游太太的觀點（難免會有評價及評斷的意味），她能否接受、會如何反應、治療關係會有何變化等。

發展關注的焦點

「對他人的關愛與肯定的渴求」是激勵我們向上的原動力，但若未得到他者合宜的回應與建立自我肯定的機制的話，會發展出許多失功能

317

的互動模式。許多孩子一直在向無能力給予的父母求[91]在成長歷程中，他們一次又一次受傷，累積了巨大的憤怒，也造成一次次的衝突；有些人一再用自我犧牲想換得他人無盡的肯定與接納，但總在一次的「忘恩負義」中撕毀關係，或是把自我埋在無盡的委屈中；有些人不停地鞭策自己，認為只有成功才會被看到，他變得只有功利沒有人味。大部分求而不得的人帶著傷疤放棄了，但有許多人仍繼續地玩這無窮盡的遊戲，但有部分的親子破蛹而出，雙方都得到成長。這「雙方都得到成長」的歷程有如下階段：看清困頓之處、決定不玩這遊戲、從外求轉而自求、從自我中心到心中有他人（@人我三步舞）；這正是關係成長之路。

　　人類的歷史和個人的發展史有頗多類似之處。歷史似乎有下列的進展地標：從多神論到一神論；之後個人啓蒙及尼采宣稱「道德形上學的上帝已死」尊崇自我的強大意志力；之後，人們因現代實證科學主義在物質世界大獲全勝，但內在卻感受到存在的虛無，在大自然露出窘態之後，人們體悟到人與他人（群體）以及自然的不可分割，遂發展出關切關係及脈絡的生態學及系統理論；後來，後現代理念肯定局部眞理，遂打破唯一眞理的霸權。從上面的簡單描述中，我們發現人們關注的眼光，亦即，關／觀／灌注的焦點從對外漸漸聚焦到個人，進而看清楚他人及外界，再將關注點從己身移開到人群、宇宙；個人從整體中浮現成形，然後包容並消融到整體中。人一步步地，經歷像是在子宮中與外界毫無界限的自戀狀態（「外界」是為了他的存在而存在、完全為他服務的），然後他從挫折中發現他人的存在，進而察覺到自我而有了人我的分際；從要求別人來滿足自己或在不管他人死活地率性而為中，學會

---

91 可能因為父母失能、生病、特殊的人格特質，以及親子配對出了問題。阿美的母親是精神分裂症病人，她的姊妹們都不敢生孩子，因爲她們知道媽媽會表現得比孩子還要小、會來爭寵。秀娟的父親是巨細靡遺型的，她與父親陷入追一逃的困境，但因爲她的依賴和能力不足，讓她陷溺在這樣的關係中無法脫離。國強九歲時母親再嫁，他生性易緊張，看到繼父就「演出失常」，心裡總覺得無法討得繼父的歡心，三十多年來衝突不斷。

「我活在群體（家族、組織、社會、國家）中」，而開始關注身旁的人；進而從關注人群、社會、世界，甚至宇宙中得到更大的滿足；乃至從向內看入自心，而打破了自我與外界的界線。這關注點的移轉形成人格發展的次第。

一位三十來歲的太太分享她人格成熟的歷程：

> 以前我很自我中心，總以為先生必須像我爸對待我媽般地對待我。我父親是主外又主內，而母親像是太上皇，只管發號施令。婚後我和先生吵了好幾年，吵到要離婚，還好我先生能讓我，但他很堅持地告訴我，這樣是不對的。我先生這點和我父親很不一樣，我父親的軟弱只會讓我媽認為她一點兒錯都沒有；我和我媽不一樣的地方是，我事後會想，雖然當時我絕不認錯！
>
> 有了孩子，我很惶恐，我不會帶也怕帶不好，甚至並不覺得愛他們，但是後來為了賭一口氣，他們說我不會帶，我就偏要帶好給他們看。後來，我從帶小孩當中學會很多，學會去愛一個人，學會為他們著想⋯⋯現在我反而會不喜歡那些只看得到自己的人呢！

在治療中，我們常讓個案去看到他人的存在，練習猜測、覺察他人的感受，學習把重要他人關愛的記憶冰凍起來，在需要時隨時能喚出（@建構個案的情感的客體恆久性）。如此漸漸地讓他有分化、獨立出來的力量。例如：

「你聽不出來，在爸爸責備的語言中，他對你的關愛嗎？」

「雖然他不說，但是從他這麼多年來都沒有放棄你，難道你看不出來他對你的關心和信心嗎？」

「是什麼讓你不相信他是關心你的？」

「試試看，不要聽他講些什麼，你早就知道他不會說那些你想聽的話，用心去看、去感受，他是否愛你？」

319

「在你內心受傷的時候，你會如何憶起父親的那一刻？」

認知發展的階段

在人的成長過程中，認知能力的成熟可能經歷下列發展階段[92]：

「二元對立的真理」階段

此階段人們想要找到絕對真理，而且相信一定可以找到；我們相信世界是是非分明，有些答案正確，而有些則是錯誤的；真理乃存在於權威人士那邊，如果權威人士沒有找到真理或不與我們分享真理，我們就會嚴厲地批判他們。

「多樣的真理」階段

漸漸地我們會開始發現，大師或專家們也時常意見不一；最後我們對他們的信心就會降低，我們開始會依據權威所告訴我們的方法，自己去分辨誰的道理才對。這對權威的幻想破滅是覺醒的開始，如果連大師們都彼此意見不一，那麼也許世上並無所謂的絕對真理。此時我們可能會覺得每個人的道理都一樣好，或者我們會只想迎合某權威，認為他是對的；如果我們急於找到真理，可能就會教條式地緊緊握住某些「新真理」，直到我們不再相信該新真理為止。

「相對較好的真理」階段

如果我們能真正放棄找尋絕對真理，我們才會相信所有的知識都是相對的，會開始覺得某些答案或道路比別的好，而且也會以一些評估的方法來參考、比較為何那個比這個好。此時，我們開始了解為何來自不

---

[92]　參考張蘭馨譯的《影響你生命的 12 原型》頁 292-295。

同文化的人們也該有相同的權利，以及為何他們會以與我們完全不同的立場觀點來看世界。我們學會以作者的意圖、類型、文化內涵、目的等來評估一篇文學作品，而非以一些「偉大的文學作品」的「永恆標準」來評斷。

「主體性展現」階段

人們了解到，自己可以在一個相對的情況下，靠著個人的選擇而主導自己的方向，此時，我們就不需要執著於自己的真理才對、別人的都不對的理念來選擇自己的方向。承認沒有絕對正確的真理後，意味著個人是因自己所做的決定正好適合自己而選擇，而不用揣測別人是否覺得合適，因而也能接受別人做與自己不同的選擇（承認對方也是主體）。我們能夠肯定自己的抉擇並開始體驗、經歷且堅持自己的抉擇；正是這選擇、承諾和肯定使我們能在這個世界上展現自己。

在學習家庭治療的歷程中，我們也可能在上述的某階段進展；我們是怎樣看待自己所服膺的「真理」，又是怎樣對待「異端」？我們是如何判斷自己的理念比較好？我們又是如何實踐自己的理念？

分化

分化（differentiation）、個體化、主體化的意涵有相互重疊之處；他們都有「從（母體）出」、脫離、畫界限等含意。但願以下的整理能有助於釐清概念，其實混淆之處仍在所難免。

分化是一個人面對他人時個體化（individuation）的程度，他能分清楚情感與理智[93]、人與事、心理（期待、願望、圖像、認為）與現實；他能夠用理智去判斷，而不被習慣、情境或情緒影響而盲動。

個體是基於其自主的行為，而非依其行為與他人的異同來界定[94]；不自主的個體乃由他人或情境來界定自己的存在。個體自主才得以分

化，而在分化的同時顯現其主體性。

主體是能負責的個體，他作爲一個在時間、空間、人際及社會狀況中連續的、負責的、統合的個體，亦即具有主體性（subjectivity）、能做主，也就是能自覺、自抉、自決、自我負責，他也能自我約束、自我訓練；其情感需求乃從他求到自求；紀律乃從他律到自律。主體需要在良好的關係，亦即成長關係（@關係的發展）中培育。

子代脫離母體常須藉由違抗。對於違抗的青少年個案，我常會先問此「違抗行爲」想要表達的是什麼？治療者會要求青少年「練習」將行爲的意圖向父母說出來，然後促使父母了解此意圖，再藉由探詢父母對此問題的經驗（如他們也活過兒子現在的年齡），讓他們來教導孩子（抬高父母位階），如此引發互動，讓他們在當下經驗或共同討論出更適切的行爲表現。如此是先把行爲與意圖分開，肯定其正向意圖，並加入「引發互動」及「抬高父母位階」的技術。

有時父母並不同意孩子所要的，例如，女兒一定要跟某男生交往，而父母反對。治療者的工作是提供其對話的舞台並保護他們雙方。在澄清了雙方的意圖、想法及考慮之後，雙方仍有可能無法達成共識，這時治療者要做的是肯定他們能充分了解對方及表達自己的想法，並讓父母允許子女的脫離，讓其承擔自己決定的後果，其實更好的講法是「祝福」子女的決定，而非遺憾地離開。因爲孩子的分離是順乎天道的，而父母的允許或祝福，對孩子而言是很重要的，否則可能會造成日後孩子不敢回家訴苦或求援，反而造成情緒的隔絕。

親代要在對子代的關注中試著鬆手，子代則在親代放手時摸索學自

93　Bowen 提出「自體的分化」（differentiation of self），其定義爲：人們區辨理智與情感歷程的能力（不因衝動而依憑情緒或習慣行事；不被無明所驅使）；能力強的自體分化程度高，而弱的低。分化高者並非沒有感情，而是在達成自我界定時，能不以失去表達自發情緒的能力爲代價。

94　青少年常標榜特異「因反對而存在」，於是出現滿街都是一個樣的叛逆青年（如嬉皮或龐克）的現象；他們尚未能自主地分化。

主；這過程是漸進式的、被保護的，而非猛然放手。因為若要個案——不論是親代或子代——縱身躍入不可知之域，只會徒增抗拒，不利目標的達成。治療者在協助促成此放手歷程時，要考慮親代及子代的能力，若子代能力愈差，如嚴重精神病，親代就愈難放手，而子代也會抓得愈緊。

創造雙贏

　　家庭治療者常須使個案遵從他的方向，以達到治療目標；治療者也可使個案不論是聽從或是違抗，都是遵從他的方向，而都能達到治療目標。後者是治療性的雙重束縛 [95]，治療者要創造雙贏的選擇，讓個案不管做哪一個選擇都是好的。這樣的治療者是更操控或更不操控？他操控於無形，而其實這樣的人際關係操控並非他的本意。

　　給個案雙贏的選擇有另一好處，那就是打破個案的猶豫不決。個案的問題常是出在猶豫不決、矛盾、左思右想或忐忑不安的虛耗，他們因強求萬無一失的決定，反而失去全部。症狀行為在家庭系統中也是如此，通常若他們更能堅持己見或更採納他人的意見，就沒事了，但它懸在許多層面的猶豫矛盾中，維持著如此巧妙、但又必然如此的平衡。所以，有時治療的重點在於讓個案做出選擇並負起責任，而不在於他選擇了什麼。

323

 例子

　　罹患精神分裂的君悅都是自己前來會談。她處於「是否要『犧牲』自己的前途，留在家中照顧生病的父親」的矛盾中。家裡確實需要她

---

[95]　治療性的雙重束縛，請參考《結構——策略取向家庭治療》頁215-217。

的幫忙，而她若不幫忙也會有很強的罪疚感；而另一方面，因為她的病，她對前途相當沒把握，只是一個模糊的憧憬而已。其實她已有多年沒有工作，她的猶豫讓她既沒能好好照顧父親，也無法真正踏出去工作。

在前一次的會談中，個案說她受到哥哥的鼓勵相當感動，而增強了她好好照顧父親的決心，哥哥說：「再幫也沒多久了！父親只有一個。」我順著這個方向：「在妳的人生中，現在碰到了最重要而又必須面對的一件事情──照顧父親，或許在照顧當中，妳會找到某些意義。」個案充滿決心地離開診間。不料，才兩天她又來看診了，她因給自己很大的壓力而快要崩潰了。我說：「照顧父親是最重要、必須面對的事，但照顧好自己更是要做好這件事的根本，如果妳來照顧自己，妳會怎麼開始做？」如此，我把她的矛盾──要照顧自己還是照顧父親──說成一件事，不論她選擇或做到哪一個，她都是在積極地面對她的人生，而我都可用此來肯定及增強她的決定與意圖。她從走入診間的泣不成聲，變成滿懷信心地走出去。

或許有人會問：「長期來看，效果如何？」我的回答是：「我不知道，但最少我在這一刻支持了她，讓她繼續走下去。或許，我們和所謂的病人差別並不大，我也只是在照顧長期且慢性的精神病患中，體驗人生的意義吧！我所做的，一如她在做的！」

 例子

佑芳沒有精神疾病的診斷，她受婚姻之苦，現分居中，但想要復合。在治療中，我想說服她讓先生來門診。以前的治療者也曾做過這樣的要求，她說：「我先生說，我們之間沒有問題，所以他不願意來。」當然，我有理由懷疑，或許是她並不很想讓先生來。但我決定

先去說服她，之後也要教她如何說服她先生，在我們一起做這些努力的過程中，檢驗心中的懷疑，而不急著去面質她。

在治療面臨離婚的夫妻時，他們共同關切的常是孩子，而他們也都受「面臨離婚」之苦，此兩者在治療中很好用。我說：「不管你們將來會不會復合，我想你們都很擔心小孩受到負面的影響，妳先生一定也會擔心這個（當然，這必須要有來自個案的資料支持才成）。要處理這個問題，妳和先生間一定要溝通好，要如何面對以及與小孩相處。所以，為了小孩，妳不是私下再跟他溝通看看，就是邀請他來門診，我來跟他說看看。」個案同意了。

她會做作業嗎？因為她想要復合，以及她愛孩子，治療者相信她較傾向於會做作業。如果她做了作業，她可能是私下和先生溝通，那很好，我們可仔細了解她是怎樣跟先生溝通的，並在其中發現困難，也可再伺機邀請先生來會談。如果她無法私下跟先生有好的溝通，那麼，會談的議題將要轉變到要如何邀請先生來會談。

325

區分困難和問題

困難 [96]（difficulty）是一不可欲的狀態，可透過一般的行動來解決，如天熱就開冷氣，這樣就解決了，或是因迄今無解，故必須接受此不可欲狀態，例如，接受老化的身體變化。在面對難題時要先區辨可解或不可解，可解就解，不可解就接受。問題（problem）乃指因不當地處理困難所造成的僵局。以下舉出三種不當處理困難而造成問題的方式：1. 以否認來解決困難：必須採取行動，但並未採取，如鴕鳥般把頭埋入沙

---

[96] 本段文字參考 Watzlawick、Weakland 和 Fisch（1974）即夏林清、鄭村棋譯（1996）的《變》頁 59-60。

中；再如，不吃藥就代表我沒病。2. 企圖改變無法改變或根本不存在的困難：不應採取行動，卻採取了，例如，想永保年輕的女性所做整形的努力，而非做出年齡適切的行為；杞人憂天、唐吉訶德都是例子。3. 犯了邏輯層次誤置的錯誤，而導致沒完沒了的遊戲：(1)應該用第二序[97]的方法而用了第一序（first order）的，如失眠，而努力強迫自己入睡、愈睡不著，因為要進入睡著這第二序的狀態，無法努力用第一序的行為來求得；(2)應該用第一序的方法但用了第二序的，如太太不滿意先生行為的改變，但當先生做到了，她又進一步要求態度的改變：「我說了你才做，不算，要自動自發才是有心！」

一致的教養態度

　　常聽到有人提起及要求「父母親要有一致的教養態度」，這想法不知從何而來，卻有相當的影響。為什麼父母要有一致的教養態度？或許是因為如此孩子才不會無所適從、在夾縫中拉一個打一個或是「鑽漏洞」，以上這些都相當考驗父母的合作與默契。從這樣的角度來看問題時，解決辦法當然就是要求父母一致了。但夫妻各有不同的成長背景、性格特質、價值觀與人生觀，即使不論上述「先天」的歧異，夫妻（不論雙方是否協商過）在孩子教養的時間及分工是不同的，所以要求父母的態度一致，如果不是不合理的話，是相當困難且令人挫折的。其實當治療者要求，而父母做不到時，將更令父母感到挫折。從這樣的角度來看此問題時，我們應該更仔細地檢討「父母親要有一致的教養態度」這看法，以形成我們自己的意見。

---

97 第一序變化是指「一種變化發生在某一系統之內，而系統本身維持不變」。而第二序變化是指「變化發生時，改變了系統本身」，例如，一個人在夢中可做各種事，如跑、跳、飛等，但不管如何他是在作夢；跳出夢境的唯一辦法是甦醒，醒不再是夢的一部分，而是轉變到另一種狀態。

　　要求什麼「一致」呢？價值觀、態度、情緒、行為？價值觀的一致或可由溝通協商而達到，但是當夫妻間有嫌隙時，不一致會被孩子的行為所引發，亦即藉著孩子的行為而發作，此點要能覺察才好。態度及情緒的一致相當難做到，也相當難自我覺察，透過他人，尤其是配偶的眼睛來提醒是最好的辦法。或許處置方法的一致是較易做到的，但我們要知道，即使是標準化了的做法，簡單的行為比如叫孩子吃飯，父母在不同的情緒、想法和關係中很難傳遞出相同的質。

　　醫療團隊的運作原則中，也有類似要求父母教養態度一致的「迷思」。這「一致」的要求，也反映在客體關係理論建構治療性情境的理念中，目的在於避免團隊被「分裂」（splitting）。同樣的，在臨床上若要要求團隊「一致」，常是非常挫折的經驗，因為每個團隊成員對實際問題的判斷和與個案接觸的時間，長短是不同的（這點和親職系統非常類似）。若團隊成員間陷入「你錯我對」的情緒中時，問題是無法解決的。個案的行為考驗團隊的運作，如果某團隊成員與其他成員間對於處理方式或理念有過度的堅持、有不滿情緒無法在團隊中談出，而無法形成暫時性的決策，那麼這團隊將無法處理此個案。在面對個案的層面，團隊中的每個成員要支持此共同形成的暫時性決策，知道這決策絕非完美，但保有調整的空間，如此能繼續處理個案；在團隊層面，並非要求每個人變成相同，而是能夠尊重差異，雖有差異但能共同協商與解決問題（@關係的發展），如此團隊才能繼續運作下去。

　　讓我們回到親職的事例上。臨床上我們接觸到有問題的孩子，然後看到父母的確有相當不一致的管教態度，反觀我們身邊所謂「正常」的家庭，父母親之間的不一致是常態，孩子並不一定會有問題；而另一個現象是，臨床常見父母和子女的狀態是呈共軛配對的，刁鑽的孩子配僵化的父母〔這是「構配」（@個體、群體與主體）的例子〕，這樣的配對是經一互動歷程形成的。所以，或許「不一致」並非真正的「病因」，而可能只是造成惡性互動循環的因素之一。

327

儘管有不一致的教養態度，每對夫妻面對此不一致的方式也有不同，有些會明顯的（甚至在子女面前）互相漏氣、攻訐；有些會在暗地裡互挖牆角；有些會一方逃開、一方過度干預；有些會與子女形成盟友，自己成為子女心目中的「好人」；有些會帶著孩子跑遍所有的治療中心；有些則能互相協調；有些會有默契地相互支援、補位；有些父母間會即使不一致但仍能相挺。如此看來，真正考驗的是夫妻間的基本關係。

　　臨床上，這惱人的問題要如何解決呢？家庭治療常用的原則是鞏固並抬高親職次系統的位階與能力。要鞏固，就必須讓他們團結合作，而要抬高，就必須讓他們有能力來處理孩子。處遇的第一步是「邀請合作」，治療者能在「知、情、意、行、關係」等各層面中去邀請，如肯定父母的關心、幫助他們看出慣常的教養方式所遇到的困難等，並澄清其意願，若他們願意，則一起去發現困難及形成目標。促進溝通、協調、探索源自原生家庭的養育態度、價值觀等等，都是合作時可能的困難所在，這些可成為一起工作的目標及方向。有些父母很難或不願合作，而堅持用原來的方式，此時治療者能退一步看他們願不願意做小小的妥協，找出折衷的方式，或在管教行為順序中做小小的改變，例如，要他們避免在小孩面前批評對方；要先生不要一回到家就管教小孩，而是要多肯定母親管教的用心及辛苦等，用「因為最有機會及時間管教小孩的是母親」來說服先生，「所以，你要做的是支持太太，因為常是她第一線在處理」。若父母無法合作及妥協，治療者可再退一步，促進其互相支持，找時間互相吐一吐苦水，由此可形成他們共處的時間，治療者可以跟他們說：「你們碰到很困難管教的小孩，為了小孩、為了家庭，你們要有共同的時間、一起支持對方，才能走下去，否則任何一方倒了，對你們全家都不好。」若夫妻都堅稱自己的方式是最好的，而對方的很爛，治療者也可退一步，邀請他們一起研究，因為「你們都有道理，我也不知道哪一種方式最適合你們家，或許我們可一起研究出最適

當的管教方式」，此時或可形成某些時段由甲主管，而乙記錄，但不准插手，另一時段則角色交換，如此暗中打破其互挖牆角的互動順序，而能互相學習對方的長處；或可形成角色互換，以體驗對方的方式並監測兒女的反應。若上述方式都不能成功或是有一方不願來治療室，治療者可與深感痛苦的那一位（常是急於管教但兩面不討好、一片苦心但惹人嫌的那一位）形成治療聯盟，促其改變做法，如角色轉換：「你們夫妻間為什麼老是你當壞人？你沒有能力當好人？」（在其他的情況則可形成多照顧自己、多探索及了解自我等）；有時也可給予簡單的原則，即「先去挺配偶，再一起去處理孩子，對錯夫妻間私下討論。」「你們兩個一定不能輸掉主導權，要不然孩子就沒救了。」有時，也可幫助父母看到他們忽略的權力（其實是孩子離開他們就無法存活，他們是怎麼會讓自己在與孩子的關係中屈居下風？）；若小孩能來治療，或許也可從小孩下手，在此不多著墨。

其實要避免「分裂」並非非一致不可。如果不一致是必然的現象，那麼要求一致反而是不自然／吃力不討好的。若父母夠「自我肯定」，或許可以肯定父母間確有差異，讓父母協助孩子思考及選擇，如此孩子能更了解自己的想法。這樣的處遇方法最要注意的是，孩子對父母的「忠誠／背叛」問題，注意到這點就能讓孩子學習到雙方的思考內容而得更豐富的知識，並讓孩子知道父母兩人是不同的、用不同的方式在愛他（或也可轉成「用父母所習得的方式在愛他」，此時孩子可看到父母的局限、用心與堅持，而可更真實地了解父母，不會把父母太過理想化及視其為全能的），這麼做將有助於子代與親代間的情感分化。

有時治療者也可去挑戰夫妻間已然成形的分工模式。治療者會去了解並提出「外人」的不解，例如，當治療者看到夫妻教養子女的分工是「管教小孩完全是她的事」，當母親無法完全處理時，父親是去「擺平問題」，如此父親總是英雄，而母親總是待援助的無助者。此時治療者可「裝傻」地問：「妳曾經覺得這樣（夫妻分工）的安排不公平嗎？」

或是問：「當妳無法解決孩子的問題時，妳會希望先生怎麼幫妳？怎麼支持妳去執行對孩子的管教？怎麼安慰妳？」等，也可問先生：「你喜歡讓太太一直陷於無助的角色嗎？」或是「你喜歡她在孩子面前總是顯得這麼無助嗎？」

從以上的描述中，讀者可看出治療者可在許多層次處理此「教養態度是否要一致」的問題，父母並非非一致不可，最重要的是如何能合作，發揮親職功能。

阻抗之死

前言

「個案抗拒」、「他們沒有動機改變」……這些話語是多麼常出現在治療者的心中或口中啊！在這麼說時他的情緒是複雜的，有些憤怒、無力、挫折、自責、沮喪……這些盤繞在心裡對個案以及自己的負向情緒啃蝕工作士氣、醫病關係，甚至個案的自尊、自信。若個案是住院病人，那池春水會被吹得更皺，有對個案的、對家屬、對自己、對同事、對協同治療者、對整個病房及醫療體系的情緒。病房團隊常要處理此亂竄的情緒。

這挫折的來源何在？在於一堆「落失」（loss），失去對個案的「控制感」、對自己能力的「擁有感」和「自尊感」……當治療者心中想把病人踢開，想要提出種種對外在環境體制的改革時，可能正把這挫折感外射出去、試圖重得控制感。但弔詭的是此時治療者與案家「合作」的可能性已因對立而限縮。

當能看清楚這些「非理性」的想法與感覺時，我們就較能重獲平衡。這些「非理性」的想法包括不恰當的概化、不良的自他（治療者與個案間）及人事分化。但如此看問題的方式仍是將「我們」和「個案」

分開來看的「二元對立」，而非整體觀點。若我們問：「這責任誰屬？」時即可明白，因為非你即我（@非此即彼和兼容並蓄）。當我們看到這些時，新的可能性就出現了，那就是──「我們」。

當責任是「非你即我」時，治療者是處於「外於案家」的位置。我們的治療目標是要改變他們，他們的不改變意味著我們的挫敗；當家庭恢復到穩定態時，我們就認為他們是在抗拒，認為案家一直要把「個案」放在「病人的位置」上（「視個案為病人，因為系統需要病人生病」）。這樣的觀點是與案家對立，甚至惡意的。這時治療者看到的是系統中負回饋環的部分，看到的是系統傾向於回復穩定、抗拒改變，而治療者無法接受「不改變也是系統的一部分」，而欲排之而後快。

當責任在於「我們」時，乃視治療者與家庭共處於更大的脈絡中，家庭及治療者這兩個次系統間訊息交換形構更大系統，此時治療的目標已不是「一方想要改變另一方」，而是「形體發生」（morphogenesis）共構成長性關係的新系統（@治療系統）。若是我們忽略了這開放性和結構增生的複雜性，我們將陷於二元對立的線性思考中。

331

這更大的系統不僅對於家庭而言，對治療者來說也是陌生的。我們面對這更大的系統時，會有不知如何掌握的徬徨與疑懼，這時很需要一些「名詞」來界定及描述發生的現象，這就是我們及家庭可以共同合作、共同經歷的過程。我們可能比案家更有系統概念、更有能力去熟悉及處理這陌生的狀況。

本篇〈阻抗之死〉試圖與 De Shazer [98]（1984）的同名文章對話。De Shazer 提出「治療者—家庭系統」、「合作」，以及治療者的「立場」（stance）等觀念，以打破自外於家庭系統所造成的僵局，以下就開始節譯他的文章，而中括號〔〕內是我本人的闡釋或意見。

當我們自外於家庭系統時，我們視阻抗為家庭所處的狀態〔「家庭

---

[98] De Shazer 這位仁兄日後創始尋解導向治療（何曾成、朱志強，1999）。

被『卡』住了」），以及將之描述爲家庭的某些作爲〔「家庭在抗拒」〕，而不視爲治療者—家庭系統（「我們」）互動的產物。「合作」是試圖展現「我們」的一種方式，每個家庭都會展現他們獨特的方式來合作，而治療者的工作在於：(1)清楚知道家庭所展現的獨特方式；(2)與家庭的方式合作來促成改變。而這合作是一個家庭與治療者之間持續的互動過程。在這「合作」的過程中，治療者與家庭站在一起、忙著參與系統的正回饋，如同同一球隊的隊員共同防禦與攻擊。

〔以建國爲例子，他是在父母的要求之下住院的。他一直吵著不想住，但病房的門開著，他也不會跑掉，類似的，他會簽外出本，但他不按病房規定一次簽一小時，而會把第二小時的提早簽了（他也不會不簽就外出）。他這樣的行爲標示著跟他合作的規則，即由他來訂定規則，他會堅持他的自主性，但整體而言，他願配合（他把自己的位置界定爲低於父母及醫院的權威，認爲父母及醫院有大的決定權，但他會爭小的決定權；他不會全盤皆輸，也不會撕破臉）。這也可看成是他獨特的與治療者合作的方式。找到對味的方式，治療者就能跟他一起面對他的困境（@治療者與案家的位置與姿態）。〕

治療者注重現在和未來的立場

Milton H. Erickson[99] 說：「心理治療必須用最適切、可行和被接受的方式來幫助病人。〔治療者〕在給予幫助時，必須滿懷敬意和靈活運用病人所呈現的〔素材〕。〔治療者〕必須多將重點置於病人目前所做的和將來會做的，而少放在了解過去發生的事件。心理治療的必要條件必須是現在和將來的適應。」

Haley 描述 Erickson 的做法如下：「以視『改變』爲不僅是『可

---

[99] Milton Erikson 的書近年來在台譯了不少，有興趣的讀者可參考蕭德蘭譯（2000）及陳厚愷譯（2004）。

能』，而且是『必然』的態度來面對個案；若改變未發生，那將使他
（Erickson）跌破眼鏡。」病人對治療者的介入任何反應，都是可加以
應用的，Erickson 說：「反應行為應包括所有可能的反應〔應亦包括「不
反應」〕。所以，治療者必須去建立病人可以建設性地及合作性地表達
抗拒的情境脈絡。」在 Erickson 的眼中，抗拒是合作性的：「它是人們
對於介入可能的反應之一。」

技巧

　　「幫助家庭界定治療的情境並與家庭一起來界定」，是治療者工作
內容的一部分。治療者的立場會影響個案對其行為的看法。治療者也可
幫助個案建立某種期望，而這種期望一旦建立起來，可幫助個案「決
定」他所看到的〔已然發生的〕事是所欲發生的事，而那所欲發生的事
也就真的發生了。

　　〔上述的文字並不容易懂，簡單地說，即治療者的態度、期望等等
非語言及語言的訊息會對個案造成類似催眠的效果，個案會依治療者所
期望的方式或方向去看事情，而這事情也就會「真的」發生了。例如，
當我們引導個案去看到他很棒的（他原先沒發現的）地方，如肯定他對
內在觀察的能力，當這能力被標明、指出之後，個案就「真的」會有這
能力，且會持續發展，特別是治療者有持續關注、呵護的話！有些類似
自我應驗的預言，當然，你若要用所謂的「反轉移的正向投射性認同」
來詮釋也無不可，反正人與人間的互動就是這麼「莫名其妙」地互相影
響。〕

　　於是，治療者可用下面所描述的方式來指派作業，這樣的方式有助
於傳遞「治療是以改變為方向和重視現在和將來的」的訊息：「在現在
和下次會談我們會面的期間，我希望你們去觀察，下次來時能向我描
述，在你們家庭裡發生了哪些你們希望能夠持續發生的事情。」這樣的
說法試圖去界定「治療是處理現在和未來而非過去」，也試圖界定家庭

的處境為「治療者期待某些有價值的事件會發生，而且會持續發生」。這樣的做法使家庭知道治療者預期改變，而且有信心改變會發生。再者，這樣的作業並不困難，這有助於使家庭合作，因為治療者只要求他們去觀察，這並不會造成令他們懼怕而且巨大的改變，因而產生抗拒。治療者並不要求或建議任何具體的改變——只要「去觀察」有什麼事情（已經）發生了。這作業僅是引導他們觀察的焦點（從過去到現在及未來）而已。

在下次的會談中，治療者可根據家庭報告所觀察到的，並將之視為「改變」。治療者必須傳達「注重未來以及改變」的立場，也必須傳遞他的期望，故治療者並不問「你有沒有做作業？」而是要問「有關你希望持續發生的事如何了？」不管接下來家庭如何描述，治療者都可界定他們所觀察到的是「改變」。即使家庭抗議，但這預期改變的架構依然建立起來了。有時家庭會說：「我們希望持續發生的事，什麼都沒發生」——有上述立場的治療者是那麼地確信，改變已然發生，因為不改變是不可能的——他可真誠地對家庭成員的報告表達驚訝〔就另一個層次而言，其實「個案去留意有無發生改變」的改變已然發生了！！〕。

治療者問句所用的字眼也可用來促進對於改變的預期，例如，用「『當』（而非『如果』）改變發生時……」來傳遞改變的可預期性，而非遙不可及。治療者可問「當你不再尿床時，你認為媽媽會做些什麼？」而不問「如果你……」，因為用「當」這個副詞時，會讓個案產生一幅已完成的圖像。另一個例子為「當妳克服美食當前的食慾時，妳要做些什麼事？」而非「妳要如何來克制美食當前的慾望」。當然，相反的，當某行為是不欲發生時（如疾病的復發），就可用「如果」，即「如果你再尿床時，你要怎麼辦？」對於「復發」，治療者可視之為自然改變（病程）過程的一部分（它是正常且必然的）；是進兩步退一步的過程，而退一步是為進兩步做準備，這退步的可能性可在病人有改變時就先告知，可向病人說：「復發是自然、正常的事，我希望你想想如

果你再尿床（復發）的話，你可在哪些地方做得跟之前不一樣？」〔同樣的，他有「去注意」就已然不同了。〕

有時候，治療者會故示疑惑、不確定和懷疑。治療者這樣的姿態並不是要懷疑改變發生的可能性，而是對「什麼時候會開始改變」〔改變是遲早、一定會發生的！〕或「誰會最先改變」「會是何種改變」好奇。也就是說，治療者對改變的可能性抱持樂觀，但對改變的速度及改變的效果則抱持好奇、懷疑，乃至悲觀的態度。

這樣的立場或治療方式並不保證絕對成功，治療者和家庭可能無法找到合作的途徑[100]，或沒有有用的模式在治療中發生。治療者可能發覺自己無法再對這家庭懷抱期望。專注於個人層次的問題（如拒食、尿床或憂鬱）有時會失敗，如果這些「問題」使治療者無法看到他所陷入的模式，以及因而造成的選擇於合作和改變的可能性受到限制的話。

結論

遇到阻抗不順，治療者要思考的是如何將其化解〔或是繞道而行、跳過去〕。家庭治療者要時常檢視自己對於某些狀態的詮釋，當我們認為「是個案在阻抗」時，這常是危險的訊號，因為我們可能並沒有看到自己在其中所扮演的角色、責任與那時我們的自由度等於零的事實。這時用某些問句來自療是很重要的：「我做了什麼使他們不願……」「在哪些方面，我能做些什麼來繞過或利用他們這麼強的（被認為是「阻

335

---

[100] 治療者要有這樣的「現實感」，才不會落入「全知全能」的陷阱中。精神分裂症的美珍住院很久了，但症狀並未完全消除，父親對此不滿意，希望她能繼續住院治療，但治療者認為殘餘症狀在門診治療即可。治療者與父親及美珍會談，決定讓她回家住個一兩天以「找出回家可能發生的問題」，並讓家人練習處理，以增強家人照顧的自信與能力，以及美珍本人控制症狀的能力。連續幾次成功之後，依約她應出院，但父親反悔而找議員關說醫院高層施壓，父親堅持症狀未消到他滿意的程度絕不出院。當治療關係如此惡劣時，治療者覺得已無法繼續跟父親合作。

抗」的）力量？」例如，個案的「阻抗」顯示他有很強的主見、擇善固執，那麼治療者可思考要如何和他們的這部分合作。

一旦我們能區辨「視家庭為一系統」和「視家庭—治療者為一系統」時，治療促成改變的焦點變得更明確，也就是改變是一個歷程，是一牽涉家庭和治療者這兩次系統間合作的歷程。一旦改變被視為必然發生時，治療者可用這預期和促進改變的立場來幫助家庭走出困境。這樣可設計出幫助家庭建立他們對「改變的預期」的治療技巧。當這建立後，這樣的預期會決定他們看到發生了什麼，以及什麼會發生。所以，治療者的立場不是「如果」改變了，而是「何時」、「何處」、「是誰」、「會怎樣」、「以何種形式」改變。在這樣的架構中，「阻抗」的概念會妨礙治療，因為它暗示著改變是不會發生的。

成人依附形態：
關於親近／疏離鬥爭的一些思考

前言

臨床上常見一方追索情感、一方規避，雙方無法完全分離而跳著循環舞步的伴侶。他們兩人都很受苦，尤其是追求者；當一方不追時，兩人角色甚至會互換。詮釋這奇怪現象的家庭／婚姻治療理論不少，如 Ackerman 提出家庭關係「互相鎖住（interlocking）的病態」的概念；Framo 則認為嬰兒最主要的需求是與照顧者形成依附關係，個人與原生家庭未解決的心理衝突常會在當下的親密關係中重現；Bowen 認為是自我分化不良造成此一追一逃的現象；Lidz 則認為導因於家庭無法提供完整人格發展的要素，而形成此歪斜（skewed）的一強一弱的關係；Wynne 則提出偽相互性（pseudo-mutuality）的概念，認為此類夫妻僅具有相互、開放，以及善解人意的關係假象，而無建立真實關係的能力，

無法發展出真正的自我認同及自我意識，因無法達到真正的親密，而跳著如上的舞步。本文乃以成人依附形態為本，來探討這親近與疏離不輟的鬥爭，更提出臨床處遇的一些想法。

依附理論

依附理論（Attachment Theory）是關於個體對依附對象維持可近性所發展出來的適應傾向。這關於母子連結的理論最早乃由 John Bowlby 在 1958 年提出，他的研究主題是依附、分離和落失（loss）。Ainsworth 等（1978）承續其理論設計「陌生情境」（strange situation）來實驗嬰兒的反應，並提出三種依附類型：安全（secure）、規避（avoidant）及矛盾（ambivalent）依附。

依附者尋求接近依附對象，「相信」這個依附對象能提供其保護、存活所需、安慰、支持等，在得到某種內在滿足之後，方能進一步探索外在環境。有些依附者儘管一再被懲罰、踢開，但仍會在痛苦和掙扎中維繫這關係；有些依附者在面臨關係喪失的威脅時，會有強烈的情緒。依附者只要覺得可隨時得到此依附對象或其替代物就會安心，否則將會產生分離焦慮及行為（如尋找、黏人、哭泣、抗議、生氣、抱怨等），來與依附對象重新建立連結而重感安全。這些分離焦慮行為受依附者的內在運作機制（internal working models）指導，亦即對自己及他人的心理呈現（metal representation），這心理呈現幫助個體預測及了解所處的環境，以及做出生存所需的行動，諸如接近照顧者和建立安全感。

Hazan 和 Shaver（1987）把愛情研究和發展心理學的理論加以連結，視成人的浪漫愛（romantic love）為一種依附的過程。基本上，他們視成人依附形態為一種從幼年就開始發展，與親密對象持久且穩定的人格傾向，這人格特質會在與異性交往時，自然地顯現出來。他們試圖在伴侶關係中尋找類似 Ainsworth 所發現的嬰兒依附形態，提出浪漫愛關係的三種成人依附形態：安全依附、規避依附，和焦慮／矛盾依附（表

337

12-1）。

表 12-1　依附形態的分型

學者	方法	依附形態			
Ainsworth	觀察	安全 （secure）	焦慮／抗拒或矛盾 （anxious/resistant or ambivalent）	焦慮／規避 （anxious/avoidant）	
Hazan 和 Shaver	自我報告	安全	焦慮／矛盾	規避	
Bartholomew 和 Horowitz	半結構式 會談	安全	盤據 （preoccupied）	畏懼 （fearful）	孤離 （dismissing）
Main、Kaplan 和 Cassidy	論述分析	安全或 自主的 （autonomous）	盤據		孤離

　　後來這方面的研究最少有兩個發展的方向：一為許多學者放棄分型的企圖，轉而用連續性的量表來描述依附關係；一為 Bartholomew 和 Horowitz（1991）則沿用上述依附形態的理論，但發展出不同依附類型的分類及評量方法。

　　Bartholomew 和 Horowitz（1991）以正向或負向的自我意象，及正向或負向的他人意象這兩向度，得到四種依附類型（圖 12-1）：(1)安全依附：對自己及別人都有較正向的看法，認為自己是有價值、可愛的、值得被關心的，而對方則是被尊敬及被期待為會對他反應及提供依附需求的。(2)盤據依附（preoccupied）：認為自己是沒有價值、不可愛的（負向自我意像），而別人是正向的，此類型會用黏著和索求來綁住反應不明確的對方；他在情緒上會對分離的跡象過度敏感；他的自我價值感是低的，但對方是被尊敬，甚至被理想化的；他會尋求他人的接納並藉以肯定自己。(3)畏懼依附（fearful）：此類型者的自我價值感很低，並認為別人是不可信賴和會拒絕他的；他對排斥敏感和害怕親密，會藉

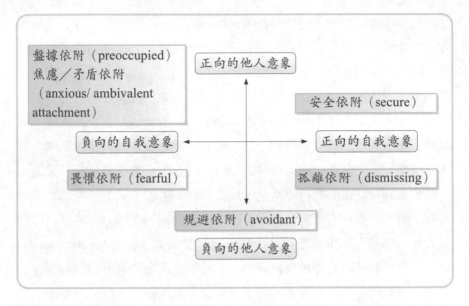

圖 12-1　Bartholomew 的成人依附形態示意

著逃避和別人的親近，來保護自己免受預期的拒絕。(4)孤離依附（dis-
missing）：認為自己是有價值的、可愛的，它反應了防衛的理想化的自
我，但卻認為別人是不可信賴、拒絕、不反應或敵意的，雖然同樣會逃
避和別人親近，卻是保護自己免於失望；他維持一種獨立自足與不易受
傷的樣子，看似對依附對象不抱期待，其實不然！

　　盤據型和規避型慣用的依附模式都可視為防衛，用來維持自尊和強
化脆弱的自體結構。盤據型的依附者經由與理想化的配偶融合來經驗到
價值感；畏懼型依附者則試著關閉自己來維持自體感的完整，以及用被
動和不自我肯定來將自己置於受保護的位置。孤離依附者，則透過將自
己合理化和對配偶的敵意來保護自己。自我保護的手法可能有效，但只
在配偶能維持在可提供需求的距離或親密度時，要是配偶的需求在親密
或距離上無法滿足他時，這保護感就會破滅，而他將會感到失望的分離
或被拋棄的威脅感。

339

另外，值得介紹的是 Main、Kaplan 和 Cassidy（1985）等人的評值方式。他們對依附運作模式的定義為「一套意識和／或無意識，用來組織、取得或限制接近那些依附相關訊息的規則」。因其認為依附的運作模式可能為一無意識過程，故評值時不採取個案自我報告的方式，而是透過「成人依附會談」（adult attachment interview, AAI）來評估成人依附的心理狀態[101]。AAI為一約一個小時的半結構式會談，要求受測者描述兒時與父母的關係，痛苦事件諸如與父母分離、被父母拒斥、難過、受傷和生病時父母的對待等回憶，以及對他的影響，並詢問他們的依附經驗、親代的養育方式對他們的影響，以及他們的父母怎會成為這樣的父母等。評量者藉由閱讀並分析其謄稿，即論述分析（discourse analysis）來評估其依附心態，此種評值方式較不注重被評量者回答的內容，而較注重他們回答時的狀態，如會否不安、有無隱瞞，或是過度理性化等。

　　Main 等人的取徑與 Hazan 和 Shaver 的不同點在於：後者認為依附形態是可經由意識察覺（conscious awareness）的，因此，他們是透過被評量者對於與當下生活中與重要他人關係的主觀自我報告來評估；而前者是分析受測者談論早年經驗的心理狀態來評估的。Bartholomew 和 Horowitz（1991）則是用半結構式會談，由施測者來評估的。

　　Pistole（1994）認為成年伴侶間和嬰孩母親間的依附關係，有下列幾點差異：(1)成人的語言和智力較佳，故依附的現象可能更隱微和象徵性，不像母嬰之間嬰兒的反應是相當直接明顯的；(2)成人依附是發生於浪漫愛，其涉及關照和性／生殖系統；(3)成人依附是相互而非單方面給予，依附及被依附者之間的關係是更為平權的，不像母嬰之間的依附幾乎是單方付出的。愛侶相處的藝術在於，要有足夠的空間但又不至於引

---

[101]　Main 和 Goldwyn 認為，成人依附是個體「對於依附的心理狀態」（state of mind with regard to attachment），不同的心理狀態與不同運作類型的依附相關的思想、感受和記憶有關。

起強烈的分離焦慮。這樣的平衡狀態會被許多外在及內在的因素干擾，如生病、配偶外地工作、疲憊、痛苦、壓力、害怕失去對方等。感受到不足時，依附需求會被激化而做出依附行為。另外，非預期的分離、分手或拋棄的威脅感等，也會激發依附行為。在依附的連結被撕裂時，依附者會覺得無法活下去，此時會產生極大的情緒，無法理智思考及解決問題。

治療相關的一些想法

成人依附形態描述兩主體間的強烈情感交流，因為情感訊息不像行為訊息那麼明確（雖然對於行為的詮釋仍有可能南轅北轍），當雙方「默契」不好或是供需未能契合時，參與的雙方都受苦。例如，當一方規避（疏離型依附），而一方焦慮／矛盾情感（盤據型依附）時，依附者會因過度在意對方和敏感於分離跡象而感到痛苦，他的注意會局限在跟依附相關的訊息上，會錯誤感知和錯誤地解釋對方的行為為分離威脅，而更去黏連依附對象，但對方卻感到被吞噬、失去自我的威脅感而欲逃離，因此雙方的鬥爭持續不輟。

在臨床實務上，治療者第一步要肯定人們對情感需求的正當性（可用缺少擁抱的孤兒死亡率高，以及在情感連結的情況下，雙方才能更親密等理由來說服他們）。在提供了這「地基」之後，就要增進雙方的能力去對抗從小養成的心理反射習慣（依附心態）。治療中可把這個體的「反射（刺激－反應）及反射行為發生之後續反應」歷程放慢、分解動作，在每一環節都可能經由自覺的介入而有所改變。例如，對於刺激源，我們可以加強區辨的能力、練習增列可能性，以及練習加以澄清或忽略等；對於反應，我們可以評估後果，練習辨識及凝視自己的情緒，並學習加以轉化或撫慰等；對於後續的反應，我們可以學習打斷自責，學習自我解嘲，或從經驗中學會日後再次面臨類似狀況的自處之道（失敗為成功之母！）等。此外，還可檢視早年經驗，以期增加自我了解和

處理與父母等早年依附對象的關係（了解、諒解）等。

以上是個人做的功課，在成人依附關係中，雙方都有機會去改變此互動模式，經由：(1)增強覺察自我及對方的能力：如情緒狀況和對方是否「有空」等等，例如，妻子常在先生剛下班回家時盤查，最後雙方以大吵收場。此時，她沒能覺察先生是否「有空」，而先生也沒能體貼妻子的情緒狀況。(2)學會如何尋求和付出關照（Cassidy, 2001）：不妨把成人間的依附看作「投桃報李」（quid pro quo）（林克明譯，1972）雙方交換的歷程，能辨識配偶的需求並做出回應，這會需要雙方練習投球和接球，接到時要讓對方知道他投得好，如此對方就會繼續投出接得到的球。(3)增進雙方溝通、協商、解決問題的能力，明眼的讀者很容易就可看出這些能力也就是主體實踐、關係發展的能力。(4)努力維護穩定和可靠的關係：這會需要雙方對自己做出承諾。

除了重新框架依附需求行為為「正常」之外，治療者可去幫忙雙方表達及認出行為的情緒意義、識別出互相激起對方的行為循環、幫助規避者留意引發規避的痛苦線索，以及讓他在關係中更有安全感。治療者也要幫助他們修補、重建及維護與重要他人的關係，覺察他們的情緒經驗，以及談論適切的自我及對配偶的信賴。

治療者也可著力於增強個案的自我結構和自我價值感，例如，增強自我撫慰的能力、鈍化關係斷裂的威脅感、打斷做負向歸因的習慣、從付出中感受到回報、增強對於配偶正向行為的感受與感激的心情等，進而促成對於關係危機的敏感度、所做出的行動反應和關係運作模式的改變。

處理個人及夫妻互動模式都有可能促成關係改變。治療者幫助個案覺察自己的需求及整合與依附相關的訊息，並探索原生家庭的經驗，及調整當前成人關係的行為反應模式。在夫妻在場時，探索雙方原生家庭的依附史有助於了解自身及配偶的行為；治療者可在夫妻當場的互動中，幫助他們澄清及區分行為中「過去」、「幼時」、「與父母」及

「現在」、「成人」、「與配偶」的因素意涵，如此消極而言可幫助個案找到更多不隨之起舞的應對方式，而積極來看則能更有意識地形成更合乎現實、年齡相稱的互動模式。當夫妻雙方更有安全感時，嘗試分享自己的脆弱感將更能促成彼此的親密[102]與成熟。

個案很容易會把治療者視為比他更強大、能提供其身心安全環境的依附對象。治療可能是個案尋找父母、情人或師友等的歷程；個案把期待投射到治療身上，並演出其依附內在運作模式的反應行為。治療者幫助個案檢視之間的關係、模式，及其發生或未發生的行為底層的感受，治療者本身感受與回應是治療中相當重要的部分，期能改變其慣用的依附反射行為。

以下依依附形態來討論。盤據型的依附者有較低的自我評價，但依賴依附對象（配偶或重要他人如治療者），視其為安全堡壘；他會過度專注於依附需求，及在難過時較會去尋求依附對象。當他過度鎖定某人時，兩人之間的空間變窄了，這常會使得對方更想要保持距離，所以當他能發展出自我照顧的策略，及學會更自處、自持時，將能維持更好、更長久的關係，例如，他能用去運動、找朋友、寫日記及自娛的活動，如音樂等來因應落失及孤寂的感受，而非一有不安就去找依附對象。此外，治療者要幫助個案覺察啟動尋求依附對象的情況（如當感受到空虛或挫敗時），也要認出誰願意被依附，及在什麼情況下對方能提供依附需求，以免受到太多傷害。

規避型的依附者較不會去尋求依附對象。治療者要幫助這類個案重新經驗被撫慰的經驗，也要幫忙他發展出尋求關照及允許自己依賴的能力。規避型的個案有較多潛抑的情緒，較會生悶氣，三不五時（感到委屈時）會爆發出來，情緒管理及人際關係可作為工作重點。一般而言，

343

---

[102] 親密（intimacy）源自拉丁文的 intimus 有在內（within）、最深層、最私密和「被了解」（to make known）的意涵，因此，親密是與另一個體在互動中建構的。

此型個案較喜歡靠自己、不願接受晤談，閱讀會是很好的替代方案。

結論

依附的目的是親密，而親密是成熟的依附。處理自己與重要他人的關係是人生重要的任務，但重要他人並不見得有緣與我們進展到能談論及處理之間的關係；配偶是最有可能的一位。不論如何，自修是必須的，能夠共修是幸運的。覺察與了解是第一步，相關知識的獲取是了解的第一步，而依附對象的現身說法是更重要的知識。當我們能夠了然這參與關係的兩造時，之後相應的情緒及行為就容易處理多了。

參考文獻

何曾成、朱志強（1999）。尋解導向治療：於社會工作的應用。香港：八方。

林克明譯（1972）。婚姻生活的藝術。台北市：志文。

夏林清、鄭村棋譯（1996）。變。台北市：張老師。

張蘭馨譯（1994）。影響你生命的 12 原形。台北市：生命潛能。

陳厚愷譯（2004）。艾瑞克森：天生的催眠大師。台北市：心靈工坊。

楊連謙、董秀珠（1997）。結構──策略取向家庭治療。台北市：心理。

蕭德蘭譯（2000）。催眠之聲伴隨你──催眠諮商大師艾瑞克森故事經典。台北市：生命潛能。

Ainsworth, M., Blehar, M., Waters, E., & Wall, S. (1978) . *Patterns of Attachment*. Hillsdale, NJ: Erlbaum.

Bartholomew, K., & Horowitz, L. M. (1991) . Attachment styles among young adults: A test of a four-category model. *Journal of Personality and social Psychology, 61*, 226-244.

Cassidy, J. (2001) . Truth, lies, and intimacy: An attachment perspective. *Attachment & Human Development, 3*, 121-155.

DeShazer, S. (1984) .The death of resistance. *Family Process, 23*, 11-17.

Hazan, C., & Shaver, P. R. (1987) . Conceptualizing romantic love as an attachment process. *Journal of Personality and Social Psychology, 52*, 511-524.

Main, M., Kaplan, K., & Cassidy, J. (1985) . Security in infancy, childhood, and adulthood: A move to the level of representation. *Monographs of the society for Research in Child Development, 50* (1-2, Serial No.209).

Pistole, M. C. (1994) . Adult Attachment Styles: Some Thoughts on Closeness-Distance Struggles. *Family Process, 33*, 147-159.

Watzlawick, P., Weakland, J., & Fisch, R. (1974). *Change: principles of problem formation and problem resolution*. New York: W. W. Norton.

CHAPTER 13
相關技術

重新框架

　　框架是看事情的觀點。同一件事情可以有好幾種言之成理的觀點，雖然有些似乎較有理（它的解釋力較強，或是較能符合大家的經驗）。結構及策略取向相當強調重新框架，在主體實踐治療它也是相當基本而重要的技術。有些學者會強調「正向」框架，而何謂「正向」是我們要時刻省思的（@正向）。

　　重新框架（reframing）是對治自己對個案負向情緒的最佳辦法。以下以臨床上很常見的母親嘮叨孩子為例，來看看我們能夠如何重新框架。治療者常會對這樣的母親有惡感，而想要去打斷她，當我們將母親的嘮叨重框為「關心」、「用心良苦」、「保護」，以及「或許她沒有注意到小孩已長大了，這時需要的是更適合小孩年齡的管教方式，就像長大時舊衣服已不再適合，並非舊衣服不好」時，我們會感到負向情緒減少許多，而她也會更能和我們談（重框的功夫影響治療關係甚巨，誰會喜歡跟不喜歡、不贊同己見的人交談？）。有時我們會要安慰母親說：「每天看著小孩，確實是很難發現小孩已長大，這階段的孩子更需要妳的幫忙（而非不需要）；給他空間並不是要完全放手、不管他，反而是更需要妳努力，用適合小孩年齡的方式來管教，他才能繼續成長。」如此她將更能接受上述的重框。

　　我們可致力於讓母親的行為改變，例如，讓她看到自己所使用的方式是無效的，她行為的結果（孩子違抗的情況）並不符合她的期望，接

著詢問她是否想要學習更有效的親職方式？（以此鼓動其心志）也可先讓她思考有何其他的管教方式，或是她曾經使用過的、有效的方式等（@家庭治療中的詢問：例外問句）。

在促進母親行動改變的同時，我們也可將治療火力轉向孩子，例如，治療者可面向母親，也可面向孩子（注意！這兩者的效果不太一樣），輕輕地「責怪」小孩說：「他／你（孩子）似乎太笨了！明明不喜歡母親嘮叨，但聰明如他／你，竟無法讓母親停止。」一般而言，孩子都不喜歡別人說他笨，而會想要聰明些，因此他會願意努力使母親不要嘮叨。當然，也可用「如果你（孩子）能使母親放心，比如說，用更成熟的方式表達、讓母親發現你已長大，你就會有更多的自由」來說服孩子。如果孩子願意，也可讓他們當場演練。

有時可用母親本人的成長經驗來說服她做行為改變，例如，找到母親她自己也有不喜歡母親嘮叨的時刻，並詢問她當時的想法與感受，如此「將時空『折』起來，而讓他們感到『相似』而共振」，而讓母親站到孩子的立場，進而改變自己的行為。有時很難讓母親變得較柔軟，而會需要讓母親重新經驗成長性的親職（在生命的此刻，她不但能同時經驗母親與孩子的雙重角色，還能在治療關係中感受到替代性的親職經驗，即她的經驗感受被重視、被聽到、被了解、心情被呵護與撫慰、被賦權使能），這些會發生在治療者帶著她重溫過去，以及發生在當下的對待中。

當我們將嘮叨框架為關心，這主要是說給孩子聽的，雖然母親聽了會覺得被肯定或是安心，但對於改變她的行為並無直接效果（甚至可能有維持嘮叨的效果）。若將嘮叨說成「是出自她的好意圖，但行為是不好的，因為她的行為正好得到反效果」時，就給了嘮叨負面的框架了，此時母親就承受了來自治療者希望她改變的壓力。

有些母親對於治療者給負面框架會覺得委屈，覺得治療者不同意她、不了解她，而發出「我就不能不嘮叨啊！他常那麼粗心，那次要不是我提醒……」的抗議。治療者聽到此類訊息時要進一步去處理她的情緒，

348

因為「合作」似乎出現裂痕。確實，嘮叨並非全然不好，也並不見得完全沒效，而是好壞都有，例如，孩子被提醒而避免出更大的錯誤。對於治療者的負向框架，有些想要保護母親或維持家庭榮譽的孩子會敏感到母親被攻擊，而對治療者生氣。這會間接促成母子的聯盟，但是以治療關係為代價。治療者要觀察後續母子關係的變化，也要考慮修補治療關係。

　　前面不論把嘮叨做好或壞的框架，都要面對個案是否接受，以及對後續治療關係的影響。這兩種說法都是「內容」性的，不是好，就是壞，其實治療者應該還有另一個選擇，就是同時拋出這兩者，也就是把以上「要改變，還是不改變」的好好壞壞（代價）都放在算盤上跟個案一起打，如此「治療者一方面促其改變，一方面又說他們改變就必須放掉這些好處，或許不改變比較好，要他們思考清楚再做決定」。這是一種悖論處遇，治療者可同時站兩邊而不會失去操控力（@操控力）。

　　讓我們來看看下一個例題。如果你（治療者）看到「小孩的行為問題，母親處理不了，父親即趕回處理，然後父母親之間出現爭執或意見不合」時，你要如何重框？治療者可將「小孩的行為問題」重框為是「對父母合作的考驗」或是「拉近父母距離的『潛意識』設計」。把症狀行為說成是「潛意識」有何妙處？潛意識意味著並非孩子刻意、有意識的行動，所以他可不必為此行為「負責」，但可要求他、在他希望症狀功能發生時就做出此行為，而且在他更能操控時，他也可用意志力讓症狀不出現。另一個妙處是：潛意識是他所「不知道」的，所以他無從否認，因為他們的問題「就是這樣因緣巧合地發生了」，我們可以不問原因，但能學會去讓好的發生、不好的不要發生。

　　有時正向和負向框架類似禍福相倚的道理，將之說成是負向反而更能促進成長。例如，有時把孩子說成是「病」了，能使心懸許久的父母終於安定下來，努力去了解及處理這個「病」。但有些家長卻會對於「孩子病了」有完全不同的反應——傷心絕望。所以，框架是正向還是

負向最終是由個案來決定。

促成互動、使上演

促成互動、使上演[103]（enactment）這技術乃治療者指導家庭成員發生互動，來觀察和調整有問題的交流；所以，它不僅用在蒐集資料，也是很好用的介入技術。

促成互動與使上演或可做些區分。前者常只是下達單純的動作指令如「跟他說」；而使上演則包含一些內容如「跟他說＃＃」，甚至包括如何說，如「帶有感情地跟他說出你心中的感激」。指令可簡單或複雜、可封閉式或開放式。簡單開放式的，如導演讓演員自由發揮，而複雜封閉式的，如讓演員在精確的演出中去體驗。兩者有不同的效果。

當我們要求案家上演症狀行為時，會有「開立症狀處方」悖論治療的效果。這指令一出，立即產生了人生與戲的真假混淆。家庭的症狀行為乃自然地發生在日常生活中，而在治療室中「演出」，則是要在人造的情境中演出理應自然發生的症狀行為。這指令會逼使個案（演出者），同時經驗觀察者（演員）與被觀察者（真實角色），他必須有意識地經驗「潛意識」的症狀行為。「演出」可當成是練習，可以不必是「真的」，但「力求真實」卻是被治療者及個案期待的。治療者要熟悉這些真假的辯證，其實無非在於增進個案對症狀的掌控能力及其主體性。

使上演指令的基本型式是「向他說！」治療者要給予個案能夠接受的、要這樣說的理由，而且這理由要跟治療策略及目標搭在一起。有時治療者要先跟個案討論「如果要這麼做將會有何困難」。當我們（治療者與個案）在思考「要這麼做，會有什麼困難」時，其實已在內心劇場

---

[103] 這個技術在《結構——策略取向家庭治療》頁 182-183 已做簡介，而 Nichols 和 Fellenberg（2000）對此技術有研究報告，有興趣深究的讀者可去找來看。

350

演練，即使後來真正上演時仍遇到困難，就可「罪己」說是「我」（治療者）沒能在討論時及早發現，或者也可僅是單純地說是「我們」事先沒有考慮周全，現在我們一起發現了，正好可藉此多想想有沒有其他窒礙難行處，再進行上演（＠操控力）。

指令最好要包括具體的行動步驟，有時甚至明確如「你向他說『你關心他』！」這樣的指令，或是「你曾向父親說出感謝嗎？」不管個案有或沒有，都可要他就在此時向父親表達。如果個案仍不願或無法說出，治療者可繼續問他：「或許要說出口會感到滿肉麻的，但感謝曾否在你心中浮現？」若有，治療者可轉向父親：「雖然他沒表達出來，但是你現在知道孩子這麼感謝你，你有什麼話想向他說的？」

以下用治療實例來講解「使上演」。父母親很難去關心三十歲未婚，罹患癲癇的曉郁，他們的關心常換來她的生氣，但她又常因許多事情自己處理不來，而氣自己、傷害自己。治療者想要把母女相處「母親關心女兒，女兒生氣」的模式演出來。在他說出指令「母親試著去關心女兒，而女兒要像家裡一樣對母親生氣」時，母女都僵在那裡，這是他起初沒有想到的，於是治療者決定「親身進入」（＠家庭治療者介入的基本互動圖式），跟她們討論形成「誰要先開始行動」的決定。他先是要女兒生氣，但發覺似乎動不起來，後來才改從母親下手，他發覺容易多了，因為母親較急著表達且較願意主動和女兒親近，而且其內容也較有正當性，因為表達關心要比生氣來得容易為社會接受；此外，因為女兒本身都不接受自己生氣的行為，要她表現出來是很為難她的。

在給予指令之後，個案陷入「遵從或不從」的兩元選擇中。若他們依指令演出，那很好，治療可進行下去；若他們不從，治療者可有幾種選擇，如前面所說的「檢討窒礙難行處，再出發」，或是趁此機會指導溝通、探索母女關係與促成互動，例如，讓母親發現女兒的生氣並沒那麼可怕，或是讓父親看到其實母親是有能力處理的，是母親低估了自己的能力等。所以不論他們「從或不從」都能接續處理而往治療目標邁

351

進。

在完成此互動後要帶領他們重溫檢討，並讓他們看到原先沒看到的行為順序或某些基本假設等，如讓母親看到「女兒發脾氣的背後是自主的訴求」，或是「母親嘮叨的背後有作為母親角色失敗的擔心」等。（在 @「處理互動模式之練習」也有引發互動的案例及解析讀者可參考之。）

形成治療目標

治療者在三方面（被認定病人、照顧者與治療者本身）的資料中，與案家一起形成一個山頂（目標）和攻頂的策略與路徑；這山頂是案家想攀登的，而路也是他們願意走的（@達成目標與獲取案家合作）。

 案例

352

> 這是住院中的會談。女兒多次在「發病」時花了許多錢去遂行她想結婚的志願。先前的經驗是，出院後她會「乖」一陣子，但幾個月後她就又故態復萌，於是母親提出只要她安分地待在家裡不要想結婚，就讓她吃喝不愁，否則以後就不再理她、讓她在外面當「遊民」、「瘋女人」。如何與這麼針鋒相對的母女形成雙方都能接受的治療目標？這考驗治療者如何用多種框架來看同一現象（@面向）；讓治療者／女兒感到不舒服的是控制、強制，但其實也可看成是擔心與保護。治療者可問女兒是否知道母親為什麼要那麼強烈地保護她？從中可抽出「擔心」、「保護」的概念；同時問母親，是否知道女兒為什麼會那麼想嫁？治療者可將女兒想結婚的志願說成「正常」，她想享有一般女孩的經驗，但是，是什麼阻礙了她結婚呢？其實，母親擔心的是她生病時無法自控，換句話說，如果她能自控，母親並不反對她結婚，如此，母女找到共同的敵人——疾病，而治療所欲增強的是她自控的能力；如此形成治療的

目標與方向。

 案例

　　思維頗為抽象的父親，並非不願花時間在已唸大學的孩子身上，但他說出的「禪語」常會讓很想要跟爸爸更親近「能夠一起勾肩搭背」的孩子，不斷去揣測高不可攀、恩威難測像神一般父親的意旨，「我這樣說對不對？我這麼做對不對？」成了他在爸爸面前的口頭禪，而爸爸常不但說不出肯定及鼓勵話，反而流露出更多「你還不夠好」意味的「還不完全正確」。長久下來，孩子在他人面前顯得相當沒有自信。父親的模糊讓他維持高高在上、「永不犯錯」的位階，而他的高高在上也讓孩子去符合他（他的權力基礎多少來自孩子的意欲符合）。這是混亂依附（disorganized attachment）的例子，這類型的孩子會感到非常困惑，因為他永遠猜不中父親下一刻的晴雨。

　　治療者舉出兩個人的相關位置的模型是：父親居高位、孩子低位；孩子希望父子關係近一點、平一點，能夠同心協力一起去做些事。父親馬上就聽懂了說：「我很少跟孩子這樣親近、這麼平等地相處，這不是很容易做到，但我願意試試看。」

　　治療者依孩子的需求拋出這樣的模型、指出方向，他們能夠明白也都願意朝那方向前進。接下來的治療就能以這為準，而他們和治療者都能據以評估治療進展。

案例

　　罹患精神病的女兒已有多年無業，她想要跟病友結婚（其實根本還沒有正式交往）。母親反對她與病友交往，因為擔心他們沒有經濟能力；女兒則相當堅持，但也有些擔心。她的堅持引起母親的反對時，她正好可怪怨母親的反對，並把氣發在她身上。她們一再重複這要求與拒絕的互動模式，女兒從沒跨出一步。

　　治療者跟母女談時，順著女兒，但問她：「如果要結婚，妳要做哪些準備？」如此讓她自己認真考慮，治療者也順便了解她的認知能力及「現實感」。之後問她：「現在妳在家裡會從何做起、走向婚姻的目標？」這就是把結婚當山頂（目標），但在一步步走當中去處理母女間的關係，如母親的擔心、女兒如何求助、如何因應當下的困難等等。生物生理（疾病）／心理關係／家庭社會各種因素都可放在這一步步的路途中加以討論、處理。

354

「加入」的例子

　　她來門診三次了，為了先生外遇。她的情緒一直沒能過去，「我希望忘了那些事」，她說：「我一直想，一定是我哪裡做錯了。」雖然先生已回頭了，在行動上也表現得「讓外人看了覺得無話可說」，但是她的怨卻一直存在、未曾稍減。

　　在前幾次的會談中，我強調：「若要忘了那些事，是不可能的，但是若要修復妳與先生的關係，那是我能與妳一起努力的。」在處置上，我試著用「打小人」（打布偶以發抒情緒）（李維榕，1999）的技術，她做了布偶但是打不下手，於是有一段時間她不好意思來門診。但後來

又再出現了。其實,還有什麼地方能讓她談這些夫妻之間的「垃圾事情」(她的用語)呢?朋友、家人不是不方便講就是早就紛紛走避了!

之後,我要她邀請先生來門診。她有些猶豫,因為害怕先生又再刺激她、對她二次傷害。我回說:「我會盡力而為、試著修復你們之間的關係,如果這真是妳所要的。其實,若是妳選擇在心裡不原諒他,我也不訝異,因為有許多夫妻在發生了外遇之後就停滯於此。這是一個機會,好好地面對你們的婚姻,而我也知道妳十分不樂見孩子受到這件事的不良影響。」我要她決定「妳需要一個禮拜,還是兩個禮拜,邀請先生來?」[104] 她說:「一個禮拜。」〔這是好現象,因為她急著想處理夫妻間的事。〕

她將先生帶來了。這時治療者面對的難題是如何使先生參與進來,以及治療者要採怎樣的位置立場(@治療者與案家的位置與姿態)。

先生顯得樂觀、情緒穩定,太太則哭喪著臉,一如前幾次門診的神情。我問:「妳是如何邀請先生來的?」先生馬上表明,「太太一提我就十分願意來」,一副很想面對問題及幫忙太太的樣子。

治療者:「看起來你很想幫忙太太,你這段時間是怎麼做的?」

丈夫:「用勸的,勸她看現在跟未來、不要看過去。」〔這可能是先生的處世觀。〕

治療者:「你一向是如此只看現在與未來,而不看過去嗎?」

丈夫:「是在那件事情之後我領悟到的。」〔在此,我看到外遇事件最少有一些好的影響。〕

治療者:「看起來你比較樂觀,而太太比較悲觀。你這樣勸她,效果如何?」

丈夫:「其實也不敢勸,因為每一提及兩人就吵起來了。」

355

---

[104] 這是強迫選擇式的問句,例如,問孩子:「你要先洗澡再寫功課,還是寫完功課再洗澡?」看似有選擇的自由,但其實不然。

治療者：「那麼你怎麼辦？」

丈夫：「我盡量做。」

治療者：「看起來你相當有行動力，但是你確定你所做的，她有看到嗎？她喜歡你的改變嗎？」

丈夫：「我就悶著頭做。」

治療者：「難道你不想問問看嗎？」

丈夫：「想啊！」

治療者：「問她：『妳看到我有哪些改變？』之後再問：『妳喜歡我的改變嗎？』」

〔於是，端上問句套餐（＠詢問的技術：其他詢問的套餐），即我讓他看著她、稱呼她、問她。太太想避開，向我問了些其他的問題，而我堅持要先生從她口中得到回答。〕

太太確實看到先生的改變、也喜歡他的改變。之後，我也找了個問題讓太太問他〔這樣能比較平衡些〕：「你認為過去那件事，你有做錯嗎？」先生有些嘻皮笑臉地答：「太太，我錯了！」〔他們間的冰有些溶化了。〕

接著我試著提出我的認知框架，看看先生能否接受：「對於個人而言，我贊成要看現在與未來，那樣讓一個人活得很有活力，不讓過去所抓住。但是對於你們夫妻而言，光看現在與未來是不夠的，因為你的那件事讓太太無法忘懷，情緒一直未能過去。若是要你和她談過去的事，你會願意嗎？」先生能接受。

進一步我要太太問先生：「你願意好好處理我們的婚姻關係嗎？」先生當然是願意的。

於是，我打算用「贖罪」的技巧。要先生幫忙太太度過被過去所抓住的情緒，同時肯定先生是很有行動力的：「我看到你很有行動力，也願意用行動來說話，而你也認為那件事是做錯了，也願意幫助太太一起處理你們的婚姻關係。同時，我也知道你們都很關心小孩。」〔在先生

先前的話中（在本文我未列出）可知〕「所以我要你們明天到安全、封閉、避開小孩的地方，例如賓館、操場或海邊，太太要將所有想到的問題都問出來，不要遲疑也不要篩檢，而先生則要一五一十地回答，這是贖罪。直到太太沒有問題，讓太太將情緒全部都發洩出來，發洩得愈徹底，愈能開始看現在及未來。」

此時，太太表達了她的猶豫：「要是我一發不可收拾，而他又兇我，我怎麼辦？」

我問他們：「你們之間誰比較能夠改變？」先生說：「是我。」治療者說：「確實，我也認為是你，因為太太剛剛表達對於這麼做的猶豫，似乎對於你所說要做的沒有信心。其實這是她對你們關係的保護，就像是先前你也有說，你悶著頭做，而沒有問她是否喜歡你所做的改變一樣，我可看出你也相當保護你們的關係和小孩，所以你們都避免去談到那件事。」「這也就是為什麼我要你們找安全、封閉、避開小孩的地方的緣故。」接著，先生保證說他會做：「妳要我來，我就來接受婚姻治療，現在醫師當見證人，我會好好做的。」治療者說：「這作業並不容易做，要做它需要相當的勇氣與決心。好好去做吧！」

當然，先生有可能是想要在治療者面前表現好。治療者說：「不管有沒有做成作業，下週你們還是要一起來，或許有一些困難性，遭遇困難並去面對它，是很重要的。就像你們來這，是因遭遇了婚姻的困難，並設法去面對它，這是機會，或許能有助於讓你們往後的婚姻更好。其實先生已在這事件中學到看現在與未來，以及身體力行，而太太也想了相當多關於自己、婚姻與家庭的一些事，也讓我有機會和你們一起來面對。」

我在此詳細地敘述過程，但標題是「加入」的一個例子。我所要傳達的是，希望讀者能看出，治療者是如何抓住先生的處世觀「看現在與未來」與「做」來助他參與。雖然，在這麼短的描述中所得到的絕非對他全盤了解，但這些片段是可以試著用在治療中的。結果證明最少在治

療中，先生相當樂於接受這樣的框架。在此案例中治療者示範了如何利用這框架來肯定先生、如何抛出與先生不同的框架，而讓他接受並形成作業。在此例中，讀者也能看到一些重新框架的例子，如將「他們不能談那件事」重框為「保護」（婚姻關係與孩子），也可看到治療者如何把「過去的那件事」封包成一個黑盒子，把這黑盒子當成一個整體來處理，而非在治療中拆解它、大談外遇的內容。某些事件內容性的情緒是屬於他們的，不見得一定要在治療中談出，如此治療者並非逃避情緒的處理，而是用這樣的方式在貼近及處理情緒性的事件。

形成具體可行的切入改變點

會談前

二十來歲的精神分裂症病人阿強，他在面臨出院前抱怨出現相當多的身體症狀。

阿強是長男，父親已不在人世，母親也是精神病人，故年僅二十的弟弟就負起主要照顧他的責任。阿強對於出院內心相當衝突，他想要盡快去工作以減輕家庭的負擔，但又力有未逮。

臨床上一些相互矛盾的現象可印證他擺脫病人角色的猶豫，例如，他希望自己從沒生病，想要好起來、去工作，但又一直不相稱地抱怨身體不適；當減輕他抗精神病藥物的劑量時，他又抱怨藥怎變少了；當詢問其症狀時，他又很快地否認，說自己很好，但要他參與工作訓練，他又說身體不適。弟弟認為那些現象是阿強的依賴，他深感照顧阿強的負擔相當沉重。面對這樣的情境，我們要如何形成具體可行的治療計畫？

會談觀察

介入處遇必須基於良好的觀察，聽出案家的「知情意行及關係」，

乘著他們的意願跟他們合作（@達成目標與獲取案家合作）。從會談的內容中，治療者聽到：弟弟認為精神病人的復健是長期、以年為單位的事情，且因一（病）床難求，故希望病人要住院住到九成好以上再出院。但弟弟愈是希望阿強長住，他反而愈想要出院。從許多地方可見，弟弟相當認真地吸收疾病的相關知識，也相當服從專業權威，如他會提及「多巴胺」以及某位醫師說「復健是長期、以年為單位的事」等，而這正是他希望阿強住久一點的主因。對此，治療者拋入他的觀點以進行對他的「成見」消毒，看能否說服他：「住院的目的不是要住多久，而是要好起來、讓阿強更能照顧自己、發揮他自己的功能。」弟弟能夠接受。

弟弟會關切病人的藥物，擔心他不吃藥，故會要求醫師是否可以不要減少藥的總量，用維他命來代替減少的藥。由此可見，弟弟的解決方式較是去順著與瞞著病人，但求沒事，而非讓阿強更有能力處理自己的問題。照顧者的不放心是很能理解的，他們有類似創傷後症候群的經驗，如從弟弟所說的「一床難求」，可見他那時的無助與憤怒，這會讓他難能放手；另外，病人的自主能力會因病情惡化而減少，照顧者並無法完全放心或放手，他們仍必須時時監看著病人的病情、隨時判斷及處理病人的情況，這會比某些「機構化」、「慢性化」及「嬰兒化」的病人更難處理[105]。

弟弟擔心晚上自己不在家時，「萬一阿強出事，沒人照顧怎麼

359

---

[105] 當病人精神病症狀緩解後，對「正常化」的隱約期待，讓他們更堅持己見、對異性「蠢蠢欲動」以及停藥（「服藥就代表我病還沒好，但我覺得現在好了，那就不需要服藥了！」），此三者常讓他們看起來像是復發，因為此時常伴隨著與照顧者衝突加劇，甚至真的復發了。治療團隊常用「要學會與照顧者討論、協商」、「先要有正常作息及工作」來說服他們一步步地「社會化」，但要實踐團隊的提議，常會需要更強的自我管理能力，而「堅持自我」、「不吃藥」與「性」是較隨順本性（而非自我克制）的。增強病人自我管理的能力，是復健的關鍵，其阻力不僅來自病人也來自照顧者的擔心。

辦？」擔心「要講很多次才能跟阿強溝通[106]。」擔心他「語言表達差、理解力也退化。」弟弟打算自己努力工作，以後可以在職場上「罩」病人〔弟弟有其日後打算〕。針對弟弟的擔心，治療者點出「看你這麼擔心，會不會把阿強綁在身上會比較好？」這麼說時，已將問題重新定義、把問題的持有者界定爲弟弟，如此問題變得不一樣了，從阿強的疾病及頭痛等轉變成是「擔心」把兄弟綁在一起；此外，問題也從個人內在的疾病轉變爲兄弟間的關係。

　　治療者：「如果出院，有哪些是你擔心無法處理的？」〔治療者重框爲「弟擔心兄」之後，持續接觸他的「擔心」，而非淡化處理；治療者有時會「哪壺不開提哪壺」，去接觸個案固執的信念，那信念就可能會有所轉變。〕

　　弟：「阿強常喊頭痛，他常會聽不懂我講的話。」〔阿強常會回答「不清楚」、「不知道」。〕

　　治療者把弟弟所說的這些都說成是把他們綁在一起「擔心」的繩子，再提出弟弟及阿強都希望阿強變得更有能力；當他更能照顧自己，兄弟就不會綁在一起了。

　　治療者問阿強：「要如何讓弟弟放心？」

　　阿強回答：「不知道。」

　　治療者堅持再問：「你想想看！弟弟不放心，你們就會綁在一起，他就無法安心工作。」

　　阿強：「繼續住院就會變好了。」

　　治療者：「重點在於你（阿強）要能夠把問題看清楚，才有辦法處理。你認爲問題在哪？」

---

[106] 照顧者的「無法與病人溝通」，事實上，常應說成是「無法說服病人、讓他接受」。照顧者的說法隱含怪怨病人之意，認爲病人要爲此「無法溝通」負責，而病人常反對的是照顧者這樣的態度，而不見得是治療者的內容，這兩個層次的混淆常就讓爭辯無法聚焦，甚至各執一詞而激化衝突。

阿強：「不清楚。」

治療者：「就拿先前談到的頭痛問題做例子，阿強你會半夜把弟弟搖起來，那時你要怎麼處理？當你會處理時，就能減少弟弟的擔心跟對他的干擾，因為他那時很睏、想要睡覺。」

阿強：「醫師開好藥，我自己就會吃。」

治療者：「這確實是個好辦法，有沒有第二招？」

阿強：「我自己會去看病。」

治療者：「自己去看病會不會碰到什麼困難，如有沒有錢、健保卡等？」

之後了解到這些困難，阿強都有辦法一一克服；同時，阿強的鬥志也被激發起來了。

治療者：「你目前在病房有頭痛問題？」

阿強：「有。」

治療者：「有幾成把握做到自己吃藥？」

阿強：「百分百。」

治療者：「除了看病跟吃藥，你有沒有其他因應的方式？」

弟（插嘴）：「藥放在他身上，但是他常無法掌握時間。」

治療者向弟解釋：「精神科的藥與內科的不同，忘了，最好不要補服，關於哪些藥要怎麼吃，再找時間好好解釋讓你們了解。」然後轉向阿強說：「你都是靠外來的助力，有沒有是靠自己的方式？」阿強說沒有，之後，治療者提出肌肉放鬆，向阿強解釋說頭痛很可能是緊張，他會不會願意試試看？

阿強拒絕：「藥比較有效。」

治療者：「還沒試你就說沒效！肌肉放鬆不會有副作用，而且是隨身攜帶的法寶。」

阿強：「好吧！我試試看吧！」

這一段順著原先介入的假設「阿強愈自主，弟弟的擔心會愈少」，

而形成具體可行的切入改變點，將「頭痛」界定成是阻擋成長自主之路的「石頭」。

接下來治療者建立阿強往前走的誘因，向阿強說：「如果你能更會照顧自己，甚至能工作，不是更好？」「聽說你急著想工作，爲什麼呢？」

阿強：「有自由，又能賺錢。」

弟弟仍很擔心：「阿強去工作，萬一病情惡化，屆時又找不到床位，那時要怎麼辦。」此時，治療者提出：「沒有醫護照顧、家屬配合，以及最重要的病人自己的努力，即使再住三個月，病也不見得會比較好！」〔如此是在打「合作」的底，並界定「病人」必須負起「好起來」的責任。〕

治療者問阿強：「目前在復健科工作有沒有賺錢？」

阿強：「沒有。」

治療者：「想不想自己賺錢？」

阿強：「想啊！」

治療者：「會不會想要減輕弟的負擔？」

阿強：「會！」

治療者：「以前有沒有花自己所賺的錢的經驗？」

阿強：「有。」

弟弟在會談中看到阿強有問必答時感到相當詫異，因爲那與他的印象很不一樣。這從弟弟自發地問：「他（阿強）到底聽懂多少？」「他很沒自信心，從小到大常要我出面替他說話。」甚至提出從衛教聽來的「疾病使病人退化」的說法來支持自己的說法，認爲「阿強只有十幾歲的程度」。利用這機會，治療者促成兄弟互動，如「那要問阿強才會知道（他退化多少），你（弟）出考題，讓我們來看看他（阿強）回答的情形，你也可以比較看看他跟病前差多少。」弟弟發覺：「他現在比較好了，以前他頭痛時只會搖醒我，什麼都不會說。」但隨即又擔心起

來：「如果他出院回家又這樣，怎麼辦？」〔在促成互動時，即使阿強不會答，治療者也可努力找出阿強值得肯定之處（用放大鏡來看病人的進步），例如，看到他在努力思考，治療者就可據此肯定（或由弟弟來肯定）他。如果實在看不出來，也可把他在病房的「事蹟」說出來，例如：「從住院醫師那兒聽到，阿強在猶豫之後，終於鼓起勇氣，決定要參加賣茶葉蛋的工作訓練。」〕

弟弟提出他觀察到治療者和阿強說話的方式跟他的不同〔弟弟的學習能力相當強！他有舉一反三的抽象思考的能力〕。弟說：「我不會用你（治療者）的方式跟阿強說話，我會問是非題，他的回答不是很短、就是不回應，所以我會覺得他幼稚、只有十幾歲的樣子。」弟弟也看到治療者用「要好起來」來鼓舞病人的鬥志，他說：「我不會對他說『你要好起來』，怕他一旦『好起來』，就不願再來看病。」處理此狀況的方法之一是：將弟弟的擔心界定為「如何維持」的問題〔這樣的界定跟「如何好起來」不同，此兩者是不同階段的問題（@改變的階段）〕。

治療者對弟說：「我們跟他講話的方式不同，阿強的反應也會不同。」

弟：「是。」

治療者：「我看到你（弟）說話的速度較快、阿強較慢。」

弟：「是。」〔後來弟弟的說話速度變慢了，這點治療者在當場沒有注意到，如果有，可就此肯定弟弟照顧的用心、能即知即行地改變等，讓他的行為更能持續，同時也是建立好我們跟他的治療／合作關係。從「住院醫師跟阿強談賣茶葉蛋的事，起初他拒絕，但之後又說願意」的事件中，可見雖然阿強反應慢，但是他會去想。治療者也可用這點去肯定他！〕

從弟弟對會談很棒的觀察，治療者「趁勝追擊」，除了如前面所描述的說出「他快，阿強慢」之外，也直接指出弟弟「代答」的現象。當治療者問阿強：「你幾歲？」（治療者欲鋪陳「追趕上正常的發展里程

363

碑」，如二十多歲是該注重事業及異性交往的年齡）時，弟弟替他回答，治療者能藉此會談當下發生的互動向他說明：「在日常生活的互動中，著手促成阿強的自主；他會做的事，就多讓他去做！」〔有時可選擇用較嚴屬的口氣說：「不要剝奪他做的機會」，或是用較鼓勵的說法：「學習用眼睛看著，來養成放手的能力，以達成放心的目標。」〕

弟弟提出阿強會一直打電話給他，催這催那的，弟弟覺得煩：「說一聲，我說會做，就是會做。」〔阿強是像小孩子用「纏人」的方式來要關心？還是他要扮演做哥哥的角色與責任？或是其他？他的行為正印證弟弟所說的「像個十幾歲的孩子」，這可在後續治療中釐清與處理，在此因為時間的關係，治療者選擇不去探索其行為的意義，而是重新框架其行為。〕

治療者：「阿強很關切那件事。」

接著把話題引回，讓弟弟繼續列舉其擔心處：「有沒有其他事情會影響你們兄弟相處的？」

弟：「病人變胖了。」阿強也表示擔心。在此議題上稍微談了一下，覺得與先前的發現，兄弟間以「擔心」連結的模式是一致的〔當發現「換湯不換藥」或「沒有新把戲」時就可標示出模式，並以此為工作標的〕，故向他們說：「先從阿強如何因應頭痛、工作開始，他愈能處理自己的事情，弟弟就可愈不用擔心。」

討論與思考

以下是團隊討論的摘要：

母親扮演什麼角色？

住院醫師曾打電話，是母親（她也罹患精神分裂症）接的，她說：「（出不出院）是我在做決定。」據說其聲音較稚嫩，但她似乎也想要勝任母親的角色。阿強想要勝任作為人兄的角色，如工作賺錢，而弟弟的擔心似乎把他矮化了，因他的擔心會促使阿強去做個「病人」。是否

弟弟在與他們（母與阿強）互動時，都容易造成「有能／無能、照顧者／病人」的互動模式？

阿強習於回答：「不清楚」

阿強可能是在反應不過來時就會用「不清楚」來搪塞，但此可能會造成性子較急的弟弟的挫折感，並因而認為他「聽不懂話」、「幼稚」。在以後的治療中，或可讓阿強學會多用「讓我想一想」（因為他確實是有在想的）來取代「不清楚」，也可幫助他去區分是「聽不懂」（input 或理解的問題），還是「不知如何表達」（output 的問題）。

另外的想法是：不見得要把治療時間花在去探索「不清楚」，而是直接帶入他清楚能談的主題，例如，當阿強幾次回答不清楚之後，直接跟他談他很熟悉的「頭痛」，問他：「你能如何處理？」他也就能切題回答，此時並沒有「你清不清楚」的問題，而是「你要如何」解決頭痛的問題，此時不僅是「去了解」兄弟間發生了什麼，而是更進一步「去解決問題」。

團隊成員對弟弟的觀感有很大的改變

因為看到弟弟照顧病人的用心，而非先前所感受到的「急吼吼、盛氣凌人的」。「正向」是家庭治療的特色之一，它較去看到正向的一面；當我們能較正向地看弟弟，弟弟感受到也會正向回應，如此投桃報李、禮尚往來。

找回掌控權

治療片段

妻子抱怨甲事件，先生解釋並感到挫折；接著妻子抱怨乙事件，先生解釋並退縮；妻子再抱怨丙事件，先生生氣；妻子再抱怨先生不自動自發地關心她，並一竿子打翻先生所有的努力。

從這樣的描述中，我們可以看出妻子「強勢抱怨」的背後是要求先生給予情感及改變行為；她發動、先生被動，而先生的被動，讓她更進逼，如此形成「一追一逃」的角力。這樣的權力關係看似倒錯；索求者該是低下的，但她卻高高在上，要先生依她的方式給她關愛。在婚姻治療中常見到這樣「每事吵」型的夫妻，每樣事情都可成為他們的角力場。他們之間充斥著事件，每一件事說起來都像裏腳布般又臭又長，也都公婆各有道理；在各自站在「對」的立場說道理的時候，又引發另一場戰爭，於是他們之間的爭吵累積多年，也擴及生活的各個層面，但真正的衝突或許並不在於「事理」，而是在於「情感需求」。治療者很容易陷入事件的迷霧中，被雙方拉扯去支持他們各自的立場，而失去治療的支點。

　　確定治療目標及主題的目的之一，在於防止治療者被事件吞噬。治療者一般的位置是站在較旁的位置側身進入（@家庭治療者介入的基本互動圖式）。例如，第七次會談的一開始，太太沉默，要先生替她說明病情，每當先生「說錯」時，太太就對著治療者怪罪先生說：「這證明他不關心我……」治療者打斷她的數落，問先生：「你同意她所說的，你不關心她嗎？」先生接的是：「（她的）病不知道要怎麼解決……」〔由此話題又岔開了，他們之間不僅無法面對面談問題，也無法針對問題談〕治療者打斷先生，問太太：「剛剛先生說了些什麼？」太太說：「他夠聰明的話，他應該知道……」治療者的努力有目共睹，對於一般的個案來說，她的問句是很棒的，但對這夫妻而言則是失敗的，因為這對夫妻忙著迂迴的內鬥，而治療者沒能獲得他們足夠的注意，把他們的速度減慢下來，並好好地檢視他們間的互動。治療者這時要做的是轉換到比他們更高的位置，重新得到掌控權，否則只會累積挫折感。於是，督導叩應（call in）：「太太出了難題，先生很努力去解決，但太太又並不滿意結果。讓他們討論這現象。」督導拋入一個互動順序試圖引發他們討論。但在治療者尚未坐定時，先生又急著要將前面被叩應打斷未講

完的話講完，於是夫妻又吵了起來。此時，治療者努力地將自己的位置拉開，讓他們直接互動。但是拉開並無法重新獲得掌控權，只是讓他們的爭吵再多吵一回合。於是，督導建議：「直接拋入他們的主題：『你們一個用各種方式要，但要不到；一個努力地給，但對方並沒接受到』，你們兩個都很苦，要怎麼辦？」如此，終於成功地讓這對夫妻針對主要問題談。

討論

在這裡要強調的是，治療者得回掌控權的重要性。治療者要評估他姿態改變對於治療關係的影響，如果某些互動順序（例如，這對夫妻的爭吵或治療者扮演橋樑的角色，而無法成功地將治療導入正題）已是太常發生時，再持續下去不僅是舊戲重演，還會累積成對治療的挫折與婚姻關係的無望感。所以，如果治療者的立場改變能更有利於治療的進展時，就要扭轉乾坤、奮力掙脫泥淖，把治療帶入正軌。

在治療中出現關於互動模式的描述，諸如「太太出了難題，先生很努力去解決，但太太又不滿意結果。」和「你們一個用各種方式要，但要不到；一個努力地給，但對方並沒接受到，你們兩個都很苦，要怎麼辦？」治療者能利用這些素材來形成治療主題。當然，所形成的主題是有優劣之別的，決定優劣的判準在於個案的接受度以及所形成主題的解釋力。治療者能否看到這些主題並掌握它，是很需要練習的（@治療者對問題的「心像」），要點在於用互動的觀點來看事件。

除了夫妻間的事件之外，治療者也要敏感到自己在他們互動中的位置與角色，例如，每當治療者接完叩應或是治療者有某主題要拋入時，就有人打岔，而治療者也就允許他們談一段再打斷並引入主題。在此並非說「一定要與夫妻搶話或是先聽他們說話」，而是強調治療者要察覺到這些「治療者參與其中的互動順序」。身在其中的治療者，並不容易察覺此，卡住的現象是一個提醒，而團隊對此亦能幫上大忙。察覺之後

367

就能進一步改變自己的參與順序或位置、姿態（@治療者的運用自我），來促成夫妻的改變。

治療中的人稱代名詞

留意個案說話時所使用的代名詞是相當重要的，代名詞常能顯示次系統的界限，如母子聯盟時，他們所說的「我們」是把父親排斥在外的；在婚姻治療中，太太可能用「我們」來指她和治療者，而把先生排斥在外；夫妻若能用「我－你」的方式說話，顯示他們間的距離和界限，此時或許要去了解這界限的質（是相敬如賓還是冰）和通透的訊息量。我們也可刻意地運用人稱代名詞來畫出界限，如下面的例子。

「你－我」

治療者用「你」來傳達視對方爲對等的主體，促其負起責任，如「對於 Z 你會打算怎麼做？」「你會對他怎麼說？」「這是他們（父母）的看法，你自己對X的看法是什麼？」「他們這麼說，但是你的意見是什麼？」等等。

「你－我」是治療者與個案面對面，彼此間界限分明、直接對談，常會用在肉搏戰時（@肉搏戰）。如：「你我之間的差異在於 Y，你同不同意？」「我想知道的是你的意見，至於他們的，待會兒我會問他們，讓他們自己說。」「這是你的觀點，但我的經驗是……」以下兩個例子，治療者乃站在垂直的方向（@治療者與案家的位置與姿態）來劃清案主和他人間的界限，例如，「你向他說『從你的表情，我感受到的是……』」如此鼓勵案主與他人清楚、具體、對等地溝通，再如「直接向他說，用『你』來稱呼他，而非用『他』……」如此鼓勵案主用第二人稱來稱呼對方，並向他說話，而非對著治療者說。

「他⋯⋯」

　　刻意的間接溝通（「指桑罵槐」）：向甲說話，但是目的在於讓乙聽到。例如，向母親說話，但是說給在一旁長不大的孩子聽，暗用激將法：「看起來妳是對的，妳的孩子確實還沒有長大，需要妳的一再叮嚀，因爲他連自己該吃飯都不能主動。我們來討論要如何對待這身體已二十歲，但是心智只有四歲的孩子。」

「你們－他」

　　目的在於劃出與第三者的界限：兩人間的對話在質、量和肢體動作中，刻意地排除第三者，以劃清界限或讓其有所反彈和反應。在操作上，可考慮要正式地讓他在旁邊聽，還是讓他不小心「偷聽」到，前者例如，「你們夫妻坐在這邊討論孩子要不要復學，讓他（孩子）在旁邊聽，讓他知道你們的想法。」或是讓他到單向鏡後聽父母和治療者討論；後者可用在給父母親的家庭作業中，父母親之間說些話或做些事，「故意不小心」讓孩子看到或聽到。

「我們－他（們）」

　　「我們」意含屬同一次系統，「我們」與「他」是不同國的，例如，「我們都這麼認爲（跟他是不一樣的）」「我們家都是這樣，他們家是那樣」。在會談中可用「我們」來邀請，能有「同一國」、站在一起與合作的味道，例如，「我們這些做父母的來討論⋯⋯」「我們男人⋯⋯」

「它」

　　它是東西、不是人，是外於我們的不同族類，故施予打擊時會更有合法性，也較不會有罪惡感。在政治上，把對手抹黑、妖魔化，攻擊時

會看不見對方也是人、會痛、也是爹娘疼愛的。在治療中，我們可以把己所不欲的症狀、特質、困擾等，給它取一個名字（讓我們叫得出來），如此就可把它具象化而能對抗它、打擊它，這就是「外在化」（externalized）的技術。敘事治療（narrative therapy）有許多技術或問句會刻意將「它」（病）與我們己身（人）拉開，如「你會怎麼稱呼它？」「你認識它多久了？」「它對你有怎樣的好影響、壞影響？」「它是如何影響你的？」「你怎麼會知道它的存在？」「它怎麼控制你？」「它的盟友是誰？」「你是否曾有成功地拒絕它的經驗？」等等。把它標明，就能使它去神祕化，也更能動員能力、資源來因應它。

治療歷程描述	解　析
治療者：你這個想法，有沒有跟先生討論過？	這問句乃詢問太太的行動面向，能藉此評估夫妻關係以及了解其行為順序。
妻　子：我有告訴他媽媽，但是我不知道媽媽有沒有跟他……	形成「母介於夫妻間、扮演橋樑角色」的暫時性假設。
治療者：你要直接跟他講。	治療者給予直接指令。這樣的做法是否適當，要放在關係及脈絡中來看，一般而言要盡量避免這麼強勢，因為強加治療者的意志在她身上，而且有指責她沒有做「對」的意味。即使要表達期待，治療者可用更委婉的語氣，如「直接跟他講會不會比較好？」或是再多鋪陳一些，如先問「妳有沒有想過要直接跟他講？」「有沒有直接跟他講的經驗？」「你是怎麼決定跟婆婆講，而不是直接告訴他的？」等等。
妻　子：他…… 治療者：妳怎麼會選擇告訴媽媽這些？	治療者問她做決定的想法。在會談中宜避免用「你怎麼……」的句型，跟「『妳跟媽媽講』這個決定是怎麼做出來的？」比較，後者是否較委婉？細究之，前者直指人，而後者是指事（「做出決定的過程」）。

（續）

治療歷程描述	解　析
妻　子：因為他們家是由媽媽做決定，他很聽媽媽的話。 治療者：他們家，你們不是你們家嗎？ 妻　子：可是他什麼事情都會告訴他媽媽，他媽媽說的話他比較會聽，他以他媽媽為主。	先生結婚了，但仍是「他們家的人、媽媽的兒子」，他為人夫的角色似乎做得比較差。小家庭和原生家庭間的界限尚不清楚與穩固。
丈　夫：你不要租教室，我不知道啊！… 妻　子：因為我很難跟他溝通，因為我很難… 治療者：你是還沒租是不是？還是已經有…	先生插入，似乎在表達是因為妻在小家庭中太強勢，讓他無法跟她形成夠好的婚姻次系統。 妻子同意他們之間很難溝通。
妻　子：就是已經租了他才知道，其實我也有跟他提過，我也有跟你提過那我們就放學…	在此我們知道夫妻間曾經嘗試直接溝通，只是失敗讓他們都放棄了，但是婚姻、孩子仍把他們綁在一起，一些事情非談不可，這些造成他們的苦。 她轉向他說話（「我也有跟你提過」，之前她都是用第三人稱的「他」來指稱先生），是很有勇氣、嘗試直接溝通的舉動。
丈　夫：…妳去做，妳也不要太受別的家長的影響… 妻　子：你看喔，他就會這樣，他就會說，這個跟學生家長影響有什麼關係？	在此可見他有鼓勵她更有主見，不要受別人意見左右的部分，或許也包括支持她不受他母親的影響吧！ 此處他可能充滿善意，但她沒有接收到。有些先生，他自己與母親間分化的議題，會藉著妻子來解決。治療可把這與母親或原生家庭分化的議題轉為夫妻致力合作的重要議題。
治療者：我看到你們開始在溝通了啦！ 妻　子：對！	治療者對當下發生的事評論，太太同意。

371

以上只是些隨手拈來的例子，讀者可多從實務工作的經驗中，多觀察個案使用人稱代名詞時所標定的人際關係。

過早揭露

臨床狀況：「個案在第一次會面就拋出相當私密的內容」。

以下利用上述的臨床狀況來講解治療者的內在狀態。面對這狀況，我第一個浮現、用來標定的詞是「過早揭露」。值得強調的是，這「過早揭露」是我直覺性的假設，這假設是來自過去的經驗，不見得適用當下的狀況；此外，治療者與個案對此現象的感知可能不同，必須積極比對之，或是先擱置存而不論、靜待後續呈現的素材來修正。

治療者心中修正自己的震驚與疑惑，改為自問：「他如此向我述說是想要什麼？」如此是把個案的行為放在治療的關係脈絡來思考。治療者想著個案可能的回答：情感連結、獲取同情、急著想要盡快解決問題、對他而言已非「過早」，因為他已在他處訴說多次等等。

「私密」的內容常會引起聽者相當大的興趣，但也可能是誤導治療方向的陷阱。除了聽故事的內容之外，更要去看他是如何訴說此故事（個案是在說彼時他地的故事，或是他的情緒還在當下顯露、正再次經驗著那事件）、在何種情境或脈絡之下決定述說此故事等等。會掉入此陷阱的原因之一是被「私密」吸引，而想要知道更多內容。治療者對個案事件的好奇並非過錯，陷阱指的是它會吸引我們進去探索，但我們可能沒有足夠的火把、氧氣筒、體力與時間，因為基本上我們的治療形式是「有限的」，如住院中的治療或是短期治療。治療者必須要求自己與個案形成「治療期限內可達成的工作目標」（@形成治療目標）。

有時，個案會相當堅持要談此議題，此時我們要決定進去的深度、所花的時間、將內容轉成與主訴或當下互動有關的議題、維護治療結構及歷程等。如何回應個案所拋出的素材是治療者的責任，而這回應的歷

372

程可能正上演著案家的主要問題。

如果我們所抱持治療理念的基本假設是必須往深處（早年、內心）探索，否則無法解決問題或促成個案成長，我們就會鑽進這「私密內容」中。家庭治療理念多認為不一定要「回到過去早」才能工作，是可聚焦於「現在」的關係、放眼「未來」的；是可聚焦於當下的互動模式，而非過去隱蔽的內容的；是可在「後設」的許多層面中探索、工作，而非必須在「內容」層次的。甚至，並不見得必須針對問題（剖析它、面對它、了解它、改變它、處理它）才能解決問題，是可從出問題的狀況出發、從中找到產生變化的契機、讓改變從問題內產生出來而演變到新的狀況的（@對症狀看法的演變）。

面對「過早拋出私密內容」的臨床狀況，「Why now?」常是我們會探詢的方向。此時此刻他談此議題的意圖？他跟我們的關係與距離如何？他想要拉近我們？他感到空虛？他曾向誰談起？他認為誰知道？此事件對他（自己、家庭及病等等）有何影響？他會不會擔心此資料的保密性，為什麼……？他處理此議題的歷史，例如，他從先前的訴說中得到怎樣的洞識（形成何種意義）？已進展到哪？卡在何處？等等。

以上只是一小段的示範與講解。因為這臨床狀況發生在治療的初期，許多說法都還在假設及觀察的階段；治療者要能敏感到「過早」，並同時能藉此「敏感」而撐出可能性的空間，亦即形成夠多的假設，以防止自己過早下判斷，而能在互動中愈來愈了解個案在這時空與脈絡中的行為。個案當下的行為受到過去的影響，治療者也是，雙方在當下交會，治療者若能離開自己的本位，去到個案的位置，讓個案「是如何坐到那位置上或是坐在怎樣的位置上說著那些話」更清楚地呈現在當下的交流中，個案將能感受到治療者願意了解他，也感受到被治療者了解。

衝突的處置

衝突是治療中常要面對處理的議題。在處理衝突時，要考慮治療者本身對於衝突的「知情意行」、對衝突的忍受程度及治療風格（如喜不喜歡走險路）；也要考慮位置不同，家人、治療者、單向鏡後的團隊與督導所感受到的衝突強度也會不同 [107]。

我並不認爲治療一定要在很大的衝突及張力之下才能成功。這涉及治療風格！同樣是去挑戰個案的信念，我們可直接戳、圍勦、溫火燒等方式，我認爲比較好的方式是：一面護持、一面挑戰；要讓個案有台階下，而非逼得他「沒有出路」。例如，父親嚴厲地面質兒子。感受到這張力，治療者可選擇「靜觀其變」，也可選擇加入父親，去豐富其單一而尖銳的面質，如引出其如此面質的用心、詢問他所執的理念、問他是否經常做此面質、是否能預料孩子的反應以及成效，而若成效不好，他爲何一直「重蹈覆轍」等等，最後可鼓勵他繼續或變換用其他方式來達到他的目的。這樣的方式就是把「父面質子」當成一事件，去豐富父親在此事件中的面向。治療者也可在清楚父親的面向後，展開母親的面向，如問她是否了解先生／父親的用心、同意他的意圖等等，問她對先生方式效果的預期，先生的方式造成父子衝突對她的影響，或是要她去問先生是否願意試著用她的方式等等。同樣道理，也可問兒子，他是否了解父親的用心、意圖、他都是如何因應的、父母親對他的反應的反應，以及他能如何改變來改變父母，他的方式有要到他要的嗎？等等。治療者也可用揭露在衝突中自己的感受，如揭露所感受到的張力或想逃

---

[107] 因此，督導常會要求「讓衝突再強一些」，但治療者則常因「不願傷害個案」及「再堅持下去也無益」等理由，而不願遵從督導的意見。在我們的團隊中，會尊重治療者臨場的判斷與選擇（所謂「將在外，軍令有所不受」），但這會作爲討論的重點。

離的衝動等，來允許及引導家人談出各種在衝突中的「知情意行」。我
們也可針對壓力本身，如用刻度問句評估：「如果你們間最強的衝突是
十分，那麼現在是幾分？」或是要他們評估自己的情緒狀態：「假設八
分時你會爆發，那麼你現在是幾分？」「你（父）面質的強度最強烈時
是十分，現在你是用幾分的功力？」治療者可用此來調整衝突張力（如
此可依據案家本身所能承受的張力來決定治療的策略，而非僅是治療者
的主觀感受；有些家庭能承受比治療者更強的衝突！）。最後，也可去
談引發這父子衝突的脈絡，如「萬般皆下品」的社會期待或是「我們老
死，他要怎麼辦？」這潛藏在家庭內在的擔心等。

　　如上可見，對於任一互動主題，如這裡討論的「父子衝突」，我們
介入處遇的對象，可以是參與的任一人或是關係、脈絡；我們要思考的
是自身治療風格的特性及其局限，以及所選擇的處遇對象是否契合於治
療本身的脈絡歷程。

肉搏戰

　　通常治療者會採取站在衝突的兩造之外的位置，去促進案家成員發
生衝突、談論衝突、處理衝突等；去促成互動，而非被任一方吸入成為
他們的打手。但在某些情況下，治療者會用「親身進入」（@家庭治療
者介入的基本互動圖式）的姿態與個案「肉搏戰」來扭轉情勢。例如，
當治療關係破裂、治療結構岌岌可危、個案直接挑戰治療者等情況下，
他可能：(1)用強力的技術介入；甚至(2)明白地用自己的價值觀（如對個
案預後的評估）來干預家庭。

用強力的技術介入的例子

　　在一般門診 [108]。一對母女，二十初頭的女兒小英氣呼呼地指責母
親。小英氣得渾身發抖、話都說不清楚。我暗想糟了，不知要花多少時

間才能處理下來。所以，我直接去接觸女兒外顯的情緒，向女兒說：「妳看起來很生氣？」並藉此評估女兒有無能力覺察自己的情緒，而非用一般慢慢地去了解事件始末的方式。

她承認說：「對！」

接著我問：「妳氣媽媽做了什麼？」〔問行為〕

她說：「媽媽大小事都要管我。」〔抱怨母親的行為〕

我問：「她管妳，妳氣的是被限制、被小看、不被信任，還是什麼，妳心裡最痛的是？」〔問她內在的經驗，而非指向母親的不良行為〕

她說：「她實在太瞧不起我了。」

我向她說：「妳認為她管妳是瞧不起妳的意思，難怪妳這麼生氣。」〔情緒起於對事件的詮釋；治療者用「妳認為」來暗示這是她的詮釋，也表達他聽到了，但並不見得同意她的說法。〕接著問：「妳認為她為什麼要管妳，她的目的是要瞧不起你嗎？」〔問她對於母親行為目的的詮釋〕

她說：「或許她的嘮叨、求完美也是擔心跟關心吧！」〔正向意圖出現〕

我說：「當妳說擔心跟關心時，妳的口氣就比剛剛妳認為她是瞧不起妳的時候緩和多了，而且也有了笑容。」〔將前後訊息並置，並給予立即的回應〕

我問：「除了妳剛剛說的，妳認為還有哪些可能性？」〔「還有

---

108 一般門診與特別門診不同。一般門診並非處理問題的好地方，因為隨時會受到各種干擾，例如，有時談得太久時，其他候診的患者會敲門抗議，但是因它沒有觀察團隊、較不「正式」（對個案及治療者而言都是如此），而且有時間壓迫感，治療張力與歷程跟特別門診有很大的不同。對某些個案，治療者會「打開天窗說亮話」，把僵局及解套方式說清楚，因為個案高度配合的意願，他們有時反而會進展得比在特別門診快（少了引導個案產生意願的歷程）。

呢？」的問句〕

在我一再地問「還有呢？」她舉出了四個可能性的原因。

她的氣消了，之後，治療的重心轉到母親的「完美主義」，但先將「完美主義」放在母女互動中來談，如女兒的行為與母親的完美主義間的相互連動（女兒愈不、母親愈是要求）；再擴及母親的完美主義與其他家人間的相互連動。女兒說：「兄妹都跑光了，只有我生病跑不掉」而「我也最貼心、最擔心媽媽」。此時母親說出：「我自己都快被我這求完美的個性逼出病來了，我睡不著、心情不好……」〔此顯示她對自己的性格特質有所覺察，且感受到「苦」，它隱含了對治療的邀請〕。於是治療者開始將重心從母女之間轉移到母親內在，但仍先問女兒：「妳知道母親對於她的『完美主義』這麼受苦嗎？」再從肯定母親的內省能力進入處理。

肉搏戰之後常會有「柳暗花明又一村」、暴風雨過後的寧靜與幸福感；個案也會有這樣的感覺的。我已遇到不少個案在多年之後對我說出他們對於「那次會談」的感受，對他們而言是驚濤駭浪、歷歷在目的轉捩點。成功的肉搏戰，常能建立穩固的治療關係及對治療者能力的信任[109]；對治療者的信任是治療者要去展現能力贏得的[110]。

另一個例子。住院中的兒子阿德，狀況不好又拒絕吃藥，焦急的父親要求醫療團隊強迫兒子吃藥，而團隊認為培養兒子的自主性比強迫兒子吃藥更為重要。父親相當不諒解，考慮轉病房或是向院方高層反映。團隊與家屬間的關係相當緊張。

377

---

[109] 如果治療者的權威只是來自社會的賦予（個案依社會的期待與要求來對待治療者），這樣的關係是較薄弱的，它並非從治療者與個案間真實的互動關係中長出來的。

[110] 通常醫師被賦予的權力較大，而個案也表現得較信任他，但其實在這樣的關係中，「信任」議題不見得會浮現，可能直到治療失敗還不曉得原因；其他專業如心理師、社工師或諮商師等，會要更努力來贏得個案的信任，展現實力是不二良方。

治療者決定直接面對父親，讓他接受團隊的做法。治療者決定與父子一起談。治療者強調與父親有共同的目標，相當了解父親爲孩子好的急切之心，只是我們跟父親的手段不同。鋪陳的方式是先肯定父親也知道他兒子的倔強，逼迫兒子吃藥的效果並不好，而且逼他只會造成更大的反彈，這是我們和父親共有的經驗。同時，治療者承認自己與父親面對同樣的難題。這個姿態值得花些篇幅來解釋。父親將他自己無法做到的期待投射到治療者身上；亦即，他認爲「逼他吃藥問題就解決了」，但「我無法做到」，所以要治療者去做。父親因治療者不順他的意做而生氣，也可說他是氣自己的無力與挫折。此時，治療者陷入兩難：如果他順著父親的意思去做而且做到了，這不僅會更證明父親的無能，也會更增強他「交給專業處理」的行爲，同時也會增強「逼迫」的正當性，另外，孩子的自主性也會無法長出來；若失敗了，會證明「我們都無能」以及「兒子的問題是那麼難處理」，甚至「無藥可救」。治療者把自己「蹲低」不去接父親拋出的期待，但一起去面對「那個難題」（＠治療者與案家的位置與姿態：同向），同時抬高父親，讓父親來面對處理兒子的問題。

在處理父親時，治療者嘗試用直接面對面「你－我」的關係（＠治療中的人稱代名詞），以承認困難並降低自己專家的姿態，如此提供了一個相互間更平等對待的形式，而此形式也可作爲父子間相對待的示範，亦即父親可學會如何與兒子面對面、不卑不亢地談事情（否則，以前父親的態度常是又卑又亢，常先委屈隱忍自己的意見，待會談快結束時再伺機爆發，推翻前面的共識）。

最後，說服父親直接向兒子說出對他的關切、憂心與心痛（＠促成互動、使上演），並說出「逼他也不是，不逼也不是」的困境，將兒子造成困擾的行爲模式（不吃藥）的球丟還給他，而非接下他的球。

明白地用自己的價值觀來干預家庭的例子

父母猝逝後，罹患精神分裂症且表現得非常退化的妹妹，幾年來全然地依賴哥哥。哥哥也因為要確保能隨時請假照顧她，而不去找全職的工作、放棄結婚的打算和深造的機會。他一直很堅強地做到非一般人能及的照顧。

我和這對兄妹會面的當時，哥哥已不勝負荷打算將妹妹送去長期收容，那時妹妹幾乎沒有站起來的意願，而哥哥「硬梆梆」地，表面上看起來有些冷酷，但其實內心累積了許多情緒。治療者直接拋入自己的評估：以妹妹的一般狀況而言，送去長期收容太可惜（其實在兄的內心中是同意此點的，也正因此他才撐了這麼多年），目前會想送妹妹去，是因為「你太累、太挫折了」。治療者去同理他「硬梆梆」的姿態，是有著長兄如父的自我期許，並肯定他多年來的「堅強」，也把他的「想要放棄」說成是要「照顧自己」的提醒。這些同理的舉動讓他流淚，而妹妹說：「這麼多年來，從沒見過哥哥流淚。」接著，治療者肯定妹妹願意把自己打扮好（肯定她相當隱微微弱的自主的部分），並增強其動起來的意願。之後，讓他們看到兄的堅強與妹的依賴（有恃無恐）間的關聯。最後形成的治療計畫是：讓妹妹住復健病房有機會學習獨立，而哥哥則要照顧自己的需求，不要把自己繃得那麼緊，如此才能把妹妹照顧得更好、更久。

379

強力介入系統的危險性

志雄的父親已去世多年，家中剩下母親與姊姊。姊弟倆都被診斷為嚴重精神病，分別看不同的醫師。志雄和母親常會到我的門診，而我不曾見過姊姊。

好幾年來，母親把兒子安排賃居在外。志雄很想回家，但因為他和母親常發生衝突（他們都很執著己見，要對方依順己意，而且志雄也常

會怪怨母親偏心），以及志雄願意「自我犧牲」來換取全家的安寧，所以志雄同意居住在外不回家。母親和姊姊同住雖然也常有衝突，但母親比較無法忍受志雄的脾氣。

據母親及志雄說[111]，姊姊的醫師強烈建議：姊姊要與母親隔開，所以姊姊必須不是跟志雄同住，就是要去住康復之家。志雄在情感上願與姊姊住，但是他因擔心無法長期相處而拒絕她。姊姊既無法跟志雄住，又不願住康復之家，所以她自殺了！

另一個例子：小琪的父親脾氣暴躁，常會兇她和媽媽。小琪同情母親，母女倆緊密連結。根據小琪及母親敘述，小琪的治療者要小琪不要服用精神科藥物，並說是因為母親太軟弱才會被父親欺負，她必須跟母親分開，不要聽母親的話……

對於「分開」、「斷絕」（cut-off）與「分化」（@分化），以及「獨立」、「獨力、獨自生活」、「自主」等概念的釐清是必須的，否則可能會造成遺憾。當我們看到母女情感糾葛很容易就產生「要把她們分開」的治療「心像」（@治療者對問題的「心像」），認為只要她們分開「就好了」。這樣的治療舉動顯然太反射性了，可能小看了形成既有互動的系統力量，而且可能太接受歐美中產階級白人的「獨立」的價值觀，而忽略了我們的文化並非如此，同時也忽略了精神病患獨立的力量是受限的。治療的目標，一般而言，是要讓這案家的每個人都更有能力，更能應付人生階段等問題；互助與照顧是人類這社會動物生存所必需，絕不可與「情感糾葛」、「依賴」混淆。主體性的建立絕非跟對方

---

111 治療者常會聽案家說別的醫師如何、如何，以此例，母子的說詞相當一致，這
    當然會增加內容的可信度，但是也不能就信以為真（而本文絕對無意批評該治
    療者，因為批評並非本文意旨，而且作者根本沒有足夠資料判斷），因為案家
    成員常會處於同樣的觀點與情緒中，透過類似 shared delusion 的機轉，扭曲訊
    息或是擷取自己想聽的、想要相信的聽；個案常遵從他們自己原先就想遵從的
    建議，但當把它說成是某權威的建議時，他們可以更合理化地做出某些行為，
    同時也規避了自己應負的沉重責任。

斷絕關係，而是在維持密切關係（@密切關係的特徵）的同時，負起自己該負的責任，也讓對方負起他的責任，同時顧及群體與個體的利益。

上面兩個例子都可能是因觀念混淆而做了錯誤且強勢的處遇，治療者不可不慎。

處理互動模式之練習

在案家的互動中，我們常可看到一再重複出現的互動模式，例如，一追一跑、一強一弱、高功能／失功能、照顧者／「病人」、超理智／高情緒等。這些模式一再重現是因關係中有「強力膠」，如依賴、病態依存（co-dependent）、恐懼分離但也無法親密等。以下面簡單的摘述為例，請你以理論家的眼光來看，發生了什麼事？

阿全（生氣地指控正要出門的母親）：「妳都沒有幫我準備飯菜就要跑出去了。」

母親（辯解地）：「我有啊！我已煮好放在冰箱，你會熱啊！都二十多歲的人了。」

阿全：「我胃又痛了，妳不要出去嘛！」

母親：「我都跟人家約好了。」

阿全：「我真的疼得受不了了。」（側臥在地上伸吟）

母親（以前是護士的她去把他的脈，她雖露出些微倉皇，但仍堅定地說）：「你的自律神經很正常啊！你又來了！」

這「護士／病人」的戲碼已上演多次。那麼如果你是治療者，你會怎麼看這問題，亦即主題為何？我們可用伊底帕斯情結的角度來看這問題；可視為獨立／依賴的問題；可用 Adler 的觀點看到孩子沒有足夠的勇氣及負起該負的責任；可視為孩子擁抱「病人」的角色功能；可看到母子玩「照顧者／病人」的心理遊戲；也可看到雖然重複出現這「護士／病人」的戲碼，但母親已和以往有些不同，她更自我肯定而能堅持

了；可視為親職（parenting）的問題。你認為是什麼問題，就會朝那方向去做介入處遇。

在思考用何種觀點／理論時，也要一併考慮治療結構契約的部分，如已建立好治療目標了嗎？案家的主訴為何？他們認為問題是什麼？他們認為那「護士／病人」的戲碼是問題嗎？在考慮這些時，治療者最主要是要避免做太過粗暴的介入，而要做好鋪陳。另外要思考的是在諸多觀點中，有些目標是短期而有些是要中長期才能達成的，介入時必須形成他們能夠接受的「說法」，這說法的背後就是由前面列舉的觀點／理論所支撐。

當我們看互動模式（@行為模式維持環）時，這對母子所呈現的是「孩子用指控及疾病來拉住母親」的模式。在形成他們所能接受的問題時，會要考慮當我們「說成是誰的問題時，他們會願意再來治療嗎？」如果我們說成是孩子的問題，而母親有辦法把孩子帶來治療就較沒問題，如果我們說成是母親的問題，那她會願意返診嗎？如果我們說成是相處或成長的問題，他們會願意接受嗎？

形成問題也就指出未來、理想的方向。當案家成員都同意朝某治療目標邁進時，可把這達成目標的過程說成是需要他們通力合作的。以下就拿「太太急，而先生慢」的模式為例，來解說治療者可如何處理這模式。治療者可促進太太盡量放慢，或以不同的方式來邀請、肯定、鼓勵，幫助先生的行為「出來」；這像是引蛇出洞，不要打草驚蛇。這時治療者是把改變的責任放在太太身上的，在過程中治療者要一再提醒及肯定太太所做的，並經由太太來肯定先生，好比治療者輸入功力給太太，再傳給先生。也可反過來，要先生刻意放慢（表現出症狀），來幫助太太練習不要太快「出來」。這樣會有抬高先生位階的意味，因為如此要改變的是太太，而「（問題在於）是她太快出來」；此外，對先生而言，這樣的處遇有些開立症狀處方的意味。

不論「對誰下手」，治療者的工作是去重新框架（@重新框架）負

向情緒，並在有正向行動、感受等經驗發生時，引導家庭成員說出或向對方說出。如果很難說出口，也可問是否了解對方未說出的心意。治療者要能適度地堅持不被岔開，或是順著個案的內容一段時間後再記得繞回這議題。

治療者在做這些介入處遇時，有時可將這些指令說成「練習」，甚至「遊戲」（Madanes, 1984），並表明能夠理解並暗中傳達了解與允許「你們在家裡是不容易做到的，但值得在治療中，從這一小步開始」，而其實「這一小步已是重要的一大步了」。要引發互動，有時可從讓一方「看著對方」、「稱呼對方開始」，另一原則是用「簡單的場景」，通常只要一句話的台詞就夠了。治療者會發覺看似簡單一回合的互動裡即有無窮的變化，而個案也常會有出乎治療者意料之外的反應。在引發互動之後，再查核雙方的感受及心理距離，如「是否感到更親密些或被了解了？」等等。

有時困難並非在於行動，此時即使已做出行動，關係卻未隨之改變。此時可將工作重點放在「增強個案的感受能力」或是「從行動中產生意義」（@建構個案情感的客體恆久性）。若他們的能力更好時，也可讓他們在治療中現場討論可能引發衝突的議題。治療者可用「先前你們已學會如何討論了，現在討論看看，或許可以找到更好的辦法（或是，即使發生衝突也是很好的演習）。」這麼做多少有悖論處遇的味道；他們真的吵起來，治療者可以說他們很入戲，也幫助治療者看到更真實的一面，這有助於日後的治療；如果他們能好好討論，治療者可以大大地恭喜或肯定他們，如果能從討論或爭執中找到他們溝通的缺點，這也對他們有幫助。

前述都是治療者側身進入夫妻次系統，但治療者也視夫妻為一體，用「你－我」（@治療中的人稱代名詞）的姿態把自己界定成外來者。例如，治療者可以肯定夫妻次系統的能力：「你們之間雖然差異很大，也累積相當的情緒，但整體而言還能發揮不錯的功能，你看！孩子及整

個家庭的運作都還不錯，一方面我很肯定你們能敏感到危機，並勇敢地來治療中面對問題；一方面也想提醒你們在看這些差異時，不要忽略了孩子及家庭之所以能良好運作，你們之間存在的合作關係。」治療者也可在治療沒有進展時說：「這一段時間，我覺得治療沒能達到預期的進展，我希望你們夫妻來幫我看到盲點。」

選擇性介入的例子

 案例

> 在團體心理治療中，宜娟的話題被淑菁搶走，在淑菁講了一段話之後，宜娟爆發說她很氣淑菁搶她的話。治療者問她：「剛剛妳是做了怎樣的決定，先按捺下心中的不高興而讓淑菁先講？」她說出當時是覺得淑菁最近不太穩定，所以（決定）讓她先說。
>
> 這治療者的介入處遇有幾個重點：(1)肯定已然發生的：看到宜娟已經做到的「忍耐」，並讓她感到治療者對她能忍耐（延遲發作）的肯定。讀者可比較如果直接去處理「爆發」的情況。接著治療者讓她能說出對淑菁狀態的關心，而非對她的生氣。這麼做讓她扮演好人，自尊心因而提升。(2)治療者讓她覺察到她做決定的動作，並讓她為自己的決定負責。雖然這決定是被治療者標定出來的，但是當這現象被賦予「是她做的、是很好的決定、是體諒淑菁的」時，她原先的怒氣已被邊緣化了。
>
> 此案例呈現的是治療者看到並重框宜娟的優點，如延遲發作、善意以及做決定，這就是選擇性介入，同時也示範了治療者「作球」讓個案說出自己的善意，這會比由治療者替她說出更技高一籌，個案在無形當中更加自我肯定。

案例

小惠嫉妒姊姊因功課好，而贏得獎品。治療者能如何處理？

治療者把嫉妒分解成「你有、我沒有，這兩者比較之下落差的心情」，此時可先就「你有」的部分，問小惠：「妳是不是很想得到那個獎品？」如此鼓舞其鬥志，也將她向外的怒氣轉而向內看到自己的渴求。之後再接觸其「我沒有」的部分，例如說由此產生自卑與生氣，或是討論應對此「我沒有」情境的行為樣式。嫉妒是自卑時投射於對方的負向情緒，一旦我們看清楚之後，就可更理智地選擇落落大方地面對自己的短處，以及對待他人的成就，例如說恭喜她，或是說出自己的羨慕等等，這些比較「健康」的應對方式。

此案例呈現的是治療者將心理機轉分解，選擇其中的片段來回應案主的情緒。一般的原則是將向外的生氣、嫉妒轉向內，而看到自己的渴求與失望，再討論可能的行動，以及實際可做出的行動。

385

以整體意識來看「分裂」現象

 案例：尋求「無限包容的愛」的女人

王醫師認為罹患強迫症的曉珍的住院治療，除了藥物之外，最主要的就是接受與他約定的認知行為治療，而較不理會她其他的心理及行為問題。

曉珍是在「生命的谷底」（她的用語）時，下了「（治療）不成功，就『自由落體』」的決心，不顧門診醫師的勸告（他認為她尚不

需要住院）堅持要求住院治療。在她的一生中不斷地尋求「無限包容的愛」，並一再挫敗；強迫症的源頭在於她從小就要求滿分，認為唯有滿分才能得到「無限包容的愛」。她住院後因要求各種特權（也源自「無限包容愛」的要求）而讓護士感到頭痛不已。

護士站在病房管理的立場，會基於公平原則而予以限制，她們的「限制」引發曉珍強烈的對抗（她的說法是：「這次住院是背水一戰，怎可敗在妳們手上？」）王醫師並未介入她們之間的爭戰，而努力於他和曉珍約定的「認知行為治療」。因此醫護之間被「分裂」（splitting）了，因為他並未顧及護士們生氣和挫敗的情緒。

傳統心理治療理論認為，「分裂」現象是單方向的「個案的心理機轉造成團隊的分裂」，但從上面曉珍的例子，我們看到種子要掉到適當的土壤才會發芽，「分裂」應是相互引致的。理想的團隊會更快地與曉珍的成長意願取得合作，將她外射出來的行為轉向內、去覺察自己的狀態，在處理治療關係議題中得以成長。

傳統處理「分裂」的方式強調醫護之間的溝通與情感表達，團隊內先「整合」，再以更整合的姿態跟個案相處；被視為「好人」的成員，因為與個案有足夠的關係，因此他可以同時包容和面質她；而被視為「壞人」的成員，則採取較順著她的姿態去肯定她、支持她好的部分，但底線不失守，以便轉化及整合她內在的心像，讓她看到人其實有好壞等面向、世界並非「非黑即白」的。

主體實踐理念除了保有前面的理念之外，更要求參與者從個人意識「躍升」到整體意識，也就是到「他位」（@關係的發展），來反觀自身及所處的脈絡而看到整體。當我們站在這個位置時，可以看到站在自我本位的堅持（王醫師的堅持認知行為治療，以及忽略護士的感受；護士的堅持公平和病房的管理；以及病人對得到愛的需求）。這些堅持都肇因於緊守某個位置及角色。當我們站在整體（團隊）的位置時，就可以看到身陷其中者的不自由，也會因此而心生同情，如

此就不會指責彼此，而也就更能扮演好身在團隊中自己的角色，也更能與團隊中的他人合作。如此也能和病人建立更好的治療關係，而不會感受到「她在分裂我們」[112] 所暗示的敵我攻防的情緒。

　　當我們站在整體的位置觀看時，就能在我們所及的範圍內做決定；如果我們尚無法和團隊中的他人形成合作的成長關係，就可做局部的決定，如王醫師可（決定）將曉珍的行為問題也納入自己的治療計畫中，而護士則可（決定）在團隊中表達情緒與感受。如果情況許可，整個團隊或許可以一起決定改變團隊的運作方式（如解構團隊的權力結構），這或許會對團隊的整合非常有幫助。在密切關係中的一群人，一起做出更覺察的再決定會是非常有力量的，也會是更健康的關係，因為它不是不明不白地被規範、被要求而來的。

　　衛理神學院的李惠娟同學在討論時談到羊群和牧者的關係，與前面所談的有許多不謀而合之處，特別穿插在此。在衝突的關係中常是雙方堅持自我本位，爭執你錯我對以及向對方求得所欠缺物（如情與錢）；當我們感到欠缺時，因為「給不出來」就容易與對方爭執，這與羊群爭食無異，唯有當我們提升到牧者的位置，才可以看到羊群所看不到的、更為重要的東西，並在給予中完成「愛」。在此時給予就是得到。因此，在助人關係中，我們將盡力成為牧者，與「最大的牧者」看齊。我第一次這麼深刻地理解這基督教的隱喻。我們要隨時看清楚人我之間的關係，在對方有意願時才給予，否則會是干擾；有時不理會他，甚至面質（當自己真的是無私坦蕩時）會是對他最好的對待。當雙方形成密切關係（@密切關係的特徵）才可能在此關係中成長。

　　最近在電視講佛法的節目中，聽到一個案例：一個沒讀書的漁夫

112　個別心理治療理論認為「分裂」是潛意識的機轉，並非意識下的行為，團隊成員有這樣的認知也較不會對個案本人產生惡感，也較能看到個案對關係的欲求與得不到的痛苦。

本著好心，常把打來的魚送給窮苦人家吃。這樣是對或錯？好或不好？他的初衷是良善的，而且符合儒家的「己所欲、施於人」。若用一己的標準來說，不能說他的行為不好，但是若站在更高的尊重生命的位置來看時，他的行為可能違反了更根本的價值——他無權傷害生命。所以，是非對錯常會因位置不同而異。或許我們無權去評斷任何人，因為每個人是在演化的不同程度的路途上，較進化（道德層次較高）的也是從低而來（所謂「登高必自卑」），「以往者為鑑，而來者可追」應是較好的態度；每個人要努力的是讓自己站到更成熟、更進化、更自我實現與實踐的位置上，也在密切關係中幫助他人如是。

這條路？那條路？

 案例

　　會談一開始，丁氏夫妻就為了先生遲到的事爭執，類似的事件已發生幾次。他們是各自來到診間的，上次先生因故先進入會談室，太太抱怨先生沒在門口等她，她說：「你應該知道，你會比我先到，而我會在門口找你。」這次，她先到，先進入會談室，而先生在外等，先生說：「沒想到妳會早到那麼多，我以為妳還沒到，一直打手機都打不通。」她說：「你應該知道我不會遲到，時間到了，你就應該先進來。」

　　前面的描述中，可以形成許多可以處理的點，至於要先處理哪一點，每位治療者會有不同的偏好與設計，例如，「夫妻的默契不夠好，要如何培養默契？」「先生努力表現想要博得太太的歡心，太太總是澆他冷水。」「太太似乎比較強勢，先生怎那麼在乎太太？」「太太

會批評先生是因為她很急，她很看重會談，急著改善夫妻相處，先生能否在太太的批評聲中讀出她的心情？」「這是小事一椿，為什麼要花這麼多時間討論？」或是不把它看成可用的素材，像聊家常般帶過。以上舉出幾種觀點，就有幾種，甚至更多相應的處遇方法。

治療系統中的人（包括督導）經過案家與治療者的「角力」，參與者會「產生出」一條路[113]。

治療者選擇走「夫妻培養默契」的路。後來太太氣消了，不再那麼急和盛氣凌人，能看到「他（先生）都想取悅我，但都拍到馬腿上」。後來，先生提出解決方案之後說：「以後就這麼做，就解決了，這件事情就不要再談了。」雖然就內容層面而言問題解決了，但治療者堅持要談更後設（更高一層級）的默契：「難道默契對你們而言不重要嗎？」後來話題又再轉回「先生想博得太太歡心，但太太總是澆他冷水」的模式。在他們重複的模式中，治療者看到「先生和太太在玩一場玩不完的遊戲，先生似乎滿愛太太澆他冷水的」。從這個觀點能發展出許多悖論意味的處遇方式，例如，讓他們面對這遊戲所造成的僵局或是開立症狀處方等，但此時督導認為宜先走「順治療法」（@介入處遇），即「在此事件中，太太能做不同的選擇」，故叩應：「跟他們說，他們夫妻常發生的 A 方案是『太太說出她的道理，然後將先生批了一頓』，而團隊提出的 B 方案是『太太先去肯定先生的用意』，跟他們討論這兩種方案的結果會如何不同？太太會選擇哪一種？」

這「由治療者提出兩種方案的方式」與「順著他們的言談內容，讓太太看到先生的意圖」（前面已然發生過了）也是治療者面對的「歧路」。前者治療者介入處遇的斧鑿痕較明顯，較強調促成太太理智上

389

---

[113] 此參與者會「產生出」一條路的現象用「共同」或「共謀」來描述都並不夠貼切。通常治療者扮演較積極的角色，他要看出素材中隱含的主題，並與案家一起去形成；通常並非單方能完全決定，有時所形成的會出乎意料地巧妙，這是整體的智慧，讀者不妨多留心。

的選擇，而非被習慣帶著跑，而一再重複發生。在拋出兩種方案之後，治療會到一新的立足點上與個案構築接續的治療內容；後者則是較順著個案的內容，在「太太看到先生的意圖」發生時，再增強鞏固之，或是若未發生，則將已然發生的現象提出來回應給他們，不論哪一個都比較自發，而非治療者強力引導的。其實，這兩條路都可能達成治療目標，也都是治療者能用的。重要的是，治療者能更覺察地知道，並去選擇、使用，熟悉每一條路上殊異的風景。

治療者對督導的叩應較好的看法是，「督導在單向鏡後觀看，看到更容易致效或是（最少是督導所認為的）更好的路，治療者可以走走看這條尚不熟悉（但督導熟悉）的道路，如此可以擴展自己的經驗，而這也正是督導的功能」。如此可達到，並非「不是這條就是那條路」，而是既能走這條，也能走那條，進而找到更適合當下脈絡、更好的道路（@非此即彼和兼容並蓄）。

390

由誰提供或產生方法？

孝德是二十五歲，未婚男性，住院中的精神分裂症患者。父母前來會談，妹妹沒來。他們的主要問題是，孝德指控父母無法了解他，但團隊看到的是父母照顧（在時間及物質上）這孩子幾乎無微不至。

在治療中，治療者看到母子的互動模式是，母親總是教孝德怎麼做比較好，但不會去貼近他的心情。這時，如果治療者希望母親有貼近他心情的行為出現，治療者可以由誰下手？各有何優缺點？

由治療者本身提供

治療者指導母親如何貼近及詢問孩子的心情與感受，如在看到孝德的表情變化時，單純地問他：「你現在感受如何？」「你現在是否感受

到壓力很大?」此種方式的優點在於治療者能有效地傳授,能隨著母親的狀態「揉捏打造」她可接受的方式,同時也可顧及和處理她在先生及孩子面對被教的感受(例如,多一些解釋、肯定和鼓勵等,讓她不會感到沒面子)。缺點在於她有被矮化及打壓之虞,即前面說的「被教」、「失職母親」的批評感受等。此外,這方式不是來自家庭系統內,要留意家庭成員的接受度,在移植成功後,還要讓它生根發芽。

由父親提供

　　治療者詢問父親會如何貼近及了解孩子的心情與感受。優點在於能集思廣益、顧及親子的代間階層,且方法是來自家庭系統內;但缺點在於若不了解父母間的動力,可能會誤觸地雷而引發夫妻間的比較,而傷及母親的感受,所以治療者要多做些鋪陳。

由父母討論產生

　　治療者讓父母親討論,治療者的指令如下:「你們碰到很棘手的問題,就是孩子覺得你們不了解他,你們是否在此討論一下?」此方式的優點為可同時評估父母親間的互動與合作度,有時也可讓他們分享照顧孝德的挫折感、互動打氣等,另外,此舉有劃清親子代間界限之效;缺點在於可能會花較多時間,不見得能產生夠好的對待方式,徒生挫折感。

由母親本身產生

　　治療者可問母親如何貼近與了解女兒的心情?她是否有過心情很想要被他人了解,以及被了解過的經驗?別人要怎樣問她,她會覺得被關心到、會願意說出?此方式的優點為方法是由母親本身調發出來,她最能接受;缺點在於她會感受到治療改變的焦點在她身上,有些人會抗議「我又不是病人,為什麼要我改變?」當然,有些母親會很歡迎這樣的

對待。

由孩子告訴母親

治療者讓孩子告訴母親，如果母親如何問，他會覺得被關心到、會願意說出？此方式的優點為由孩子現身說法，最能貼近孩子的需求；但缺點是違背了代間階層，母親不見得能夠接受被孩子教，相較之下，母親可能較能接受由治療者教，因為這是社會認可的。

從上得知，最少能由五種途徑讓母親產生出治療者期望發生的親子對待方式，此例也呈現治療者能有很大的自由度來處理一特定狀況。考慮各種途徑大致的優缺點後來做出選擇，其實即使有缺點，只要留意到，也能在處理的歷程中做些補救，如此就能趨吉避凶而獲得治療效果。

跳開

治療者要能自由地、有意識地將注意力從「知情意行關係脈絡」中的任一個房間跳到另一個；更要從被認定病人跳開到家人，乃至自己，甚至從自己跳開到單向鏡後的團隊；也要從語言的內容及非語言層次跳開到關係、脈絡、歷程等後設層次。

治療者要練習把特定事件游移地放在個人內在、人際、治療、家庭、家族、組織、社會等脈絡層次中來看；看到不同的風景，也看到各種可能性。「換了位置就換了腦袋」在表淺的層次而言是對的，但若能關照到更多層次時，應能形成更通達的主意。移動自己的身體，變換與個案相對位置的遠近、高低與方向。你能習做待人接物全方位的模擬考題。

跳開！你同時在，又不在原地；於是，你飛升超越，自由自在；不再局限在一己一處，而可同時看到系統與個人內在。因為你還帶有原有

的記憶、感受與情緒，你會同時感受到跳開前後的差異；這差異的比對將迸發出解套的靈感。

　　嫻熟於「跳開」之後，你會體悟到許多爭執、衝突與苦惱只是觀點、意見、看法和言語的各執一端。那麼，棍子是什麼？

作業生效

　　住院中的小茹（二十二歲，女性精神分裂病人，仍像個小女孩，父親已故），只要心情不好就隨時打電話給上班的媽媽。在工廠工作的媽媽因擔心被老闆炒魷魚，有時會不接電話或是隨意應付，這反而讓小茹打得更頻繁；媽媽愈不耐煩，小茹愈情緒反彈。

　　治療者檢查上次治療中所交代的作業：母親每天中午打電話到病房給小茹。母親並未依約打電話來，但小茹打電話的頻率卻神奇地減少了。治療者好奇地問小茹，她很乖地說：「我不要再浪費錢，媽媽賺錢很不容易，我要更獨立。」而母親回應說：「小茹最了解媽媽了……」

　　討論：小茹的行為問題解決了嗎？治療的目標達到了嗎？

　　第一個問題是肯定的，但第二個問題很值得進一步探討。小茹問題行為減少的可能因素很多，如症狀行為受到重視的結果、涉及家庭榮譽、討好治療者、母女間「共謀」以改變來規避治療者的介入等等。在這案例中，小茹減少症狀行為而得到母親的讚賞，母親的讚賞是小茹更想得到的。在此值得一提的是，不管什麼原因造成改善，她的「成功」證明了那些症狀行為是她能夠控制的（「是不為也，非不能也。」）。另外，這改變不見得一定是治療者促成的，但他是參與其中的。這麼看時，治療目標似乎已達到。但是，似乎感到有些「沒把握」或「不放心」，這反映在治療者覺得改變的機轉尚未明，以及改變尚不穩固（只是表面行為的改變，並未造成結構性的改變）。

　　依據這些反思，在接下來的治療中，治療者暫時把「成功」放在一

393

邊，而是採取稍微責備的姿態去探索母親沒有做「中午主動打電話給小茹」的作業，並用好奇「一定有發生什麼事」的姿態來探索小茹竟然有這麼大的行為改變；另外，也去了解她們對於治療者交代作業的感受，再來才去肯定她們的成功（解決問題的能力），並了解類似改變的情形以前有沒有發生過？她們是否常使用這些改變的能力、是否還有其他的能力沒讓治療者知道的？是否願意試試看治療者所提出的方式等等。

同化（induction）[114]

承續前面〈作業生效〉的案例。

在治療者和母親談論如何讓小茹學會搭公車時，小茹插嘴大嚷說：「張護士為什麼要推我？」[a]

治：「剛剛我們在談要怎樣教妳搭公車的事，妳怎會提張護士推妳的事？」

小茹未能針對問題回答，但堅持談了一陣子張護士推她的事。

母親制止小茹：「護士都是有愛心的，怎會推妳，一定是妳不對……」「張護士一定沒有推妳，不要亂講！」[b] 小茹無法被制止反而愈講愈大聲。後來治療者也加入母親去哄她、安慰她[c]說沒這事；小茹用力地哭了，甚至坐倒在地上踢，治療者和母親都傾身向前扶小茹[c]。後來母親用較溫和的口氣向小茹說話[d]，雖然基調仍是「一定是妳的錯……，不然……」[b]但小茹逐漸安靜下來，並要求治療者握住她的手。之後，治療者用對待「成人」的方式問她：「張護士的用意是什麼？妳去問她，再來告訴我們……」

討論：前面描述的片段發生了什麼事？我們怎麼去看它？要怎麼處理？

---

[114] 「同化」可參考《結構——策略取向家庭治療》頁 178。

以下的 abc 等是前面案例中上標所標示的互動情況。

a：小茹用抱怨來吸走他人（母親及治療者）的話題，並取得話題的主導權，同時規避了自己該負責任——學會坐公車的壓力。

治療者有看到這點，但很難堅持並取回治療的主導權（＠操控力）。在小茹穩定下來後，再做"why now"的回顧會是相當有用的方法：諸如澄清在那個片刻，小茹經驗或感受到什麼，讓她插嘴並情緒爆發，如此讓她學會識別及處理自己的焦慮（這是理想的方式，臨床上因為個案的因素常無法做到）；也可跟母親檢視那個當下「她一批評張護士，我們就很難回到搭公車的話題，下次若再發生我們（治療者與母親）要怎麼處理？」如此建立不同的因應策略。

b：對於治療者所觀察到的「母親否定小茹的感受」（先不管小茹的「天外飛來一筆」與治療脈絡有無關聯，母親並未反映與接受她對護士生氣的情緒，反而是去否定它「沒有，護士不會那樣……」），可教母親去反映、同理她的感受，或是探索母親急著對威權低頭的行為模式，以及其中的「知情意行」等。或許母親是怕得罪醫護人員，她在工作場合也是怕得罪老闆，怕因此而被「辭頭路」。在面對掌權者（或社會的常規）時，她是否常採息事寧人的態度，這態度如何影響母女關係？

c：治療者和母親幾乎雷同的行為表現（都傾身向前扶小茹，都去遷就小茹等），這就是「被吸入、同化」的例子。

d：後來小茹為什麼會接受母親的安撫？是因她沒有本錢把事情鬧得不可收拾嗎？也就是說，其實她是處於低位、有求於母親的。照顧者（母親）常忘了自己在母女關係上是有權力者，她擁有對小茹的生殺大權（小茹無法離開母親在社會中存活）。病人（小茹）常用「病態」來一方面拉緊照顧（母女）關係，一方面似乎站到權力關係的高位（母親急著去安撫她，因為她需求小茹安靜下來；在權力關係中，擁有對方需求之物的屬高位，所以在這片刻母親是在低位的）。小茹常較不是用合作的方式來跟母親相處。

395

　　小茹基本上要學的是表達及處理自己的情緒，以及對不公平事件的處理（跟護士澄清、抗議或尋求他人協助處理）。有趣的是，最後這一部分是母女共同的功課，因為在關係中她們常處於弱勢，如何因應強勢的不公，對她們而言應是很重要的人生功課。這個議題是由小茹揭櫫，基本上母親已習慣於「息事寧人」，太注重群體而委屈自己（@個體、群體與主體），若能拓展母親這部分的能力，應會更圓滿。從這個角度來看母女的問題，我們看到的是，她們在成長之路中的代代相傳與互相提醒！

用家庭治療的內功來運用空椅

　　曉慈，十六歲，未婚女性。她被診斷為躁鬱症，併有類似關係妄想的症狀，她對旁人的眼神及行為相當敏感，因在學校攻擊同學及公車上的乘客而被迫休學。

396

　　治療者對曉慈家庭的心像（@治療者對問題的「心像」）是：工作辛苦、負擔沉重的父親已被經濟壓得喘不過氣來，對於太太經濟及情感上的需求感到力不從心，此時會生氣、責打太太及女兒。父親倍感壓力又自我責求；母親則地位低下，甚至低於女兒；女兒與母親在情緒上相互連結，她常會去撫慰母親。

　　治療到目前，父親覺得自己必須花時間賺錢養家，女兒的病是母親的責任，於是，他無法也不願意來治療。對於他的不願來治療，團隊在堅持母親去邀請仍不成功之後，接下來的處置是：(1)既然父親不願來，就仍依原來的治療方向——讓母親更有能力去照顧女兒；(2)肯定先生的「給母女成長的空間」及對我們團隊的信任，讓母親回去清楚地告知，並要他暫時不要來治療，希望未來他能來參與。在治療歷程中，父親雖沒來，但仍把他放在治療系統中來思考。所以，治療者的策略是：抬高母親的位置、增強母親的親職能力、促進母女間的情緒分化、幫助女兒

更自主。

治療者把握住一個機會，要母親去撫慰受傷的女兒。此時碰到極大的困難，母親無法做出，所以督導叩應，要治療者擺出空椅（外婆），讓母親積極想像進入與她母親的對話，主要的指導語是：「妳母親曾經如何做或說，讓妳有『被了解』的感受？」卻引出：「她從來都只會要求我！」的哭喊。這時看到祖孫三代的傳承，未曾被撫慰的母親如何去撫慰女兒？所以，叩應要治療者坐近並貼近她、撫慰她，並跟女兒說：「現在媽媽的悲傷是她自己的事，她能有機會去處理自己的情緒是好的，妳坐在一邊，讓她有空間去經驗它。」用這樣的方式來拉開母女間的情緒連結。

在討論時，有團隊成員相當訝異於「家庭治療也會用空椅!?」其實，家庭治療的理念比內容層次的空椅後設一層，理念所強調的是關係、結構及互動模式等，而且主體實踐治療理念本身是開放性系統（@治療理論為一開放系統），與內容層次的技術，如空椅法、角色扮演，以及其他團體及個人心理治療的技術是不排斥的，更明確地說，是歡迎的。但在施行內容層次的技術時，必須符合主體實踐理念的精神。用「天龍八部」的例子來說，有如鳩摩智在挑戰少林高僧時，他表面的招式是少林的「拈花指」，但其實用的內功是道家的「小無相功」；前例治療者表面上用的是完形的「空椅法」，但其實用的是家庭治療的內功啊！

397

賦權使能的巧門

李小姐一進治療室就說她過得很糟，昨天她差一點去自殺了。她一貫地又落入抱怨所有沒能幫上她忙的人，那些曾要幫她的人，不是虛情假意就是貪圖她的錢，她覺得好絕望、好無助。你要如何讓她有能力感？

巧門一

治療者看到個案所沒有看到「已然發生（她有）的能力」，或她並未說出的能力，因為她「差點去自殺」，但不論如何，她並沒去自殺，一定是有些力量在支撐她，治療者可以把這力量找出來。當治療者看出她的力量時，可用下列句型反映：「你有在試圖……」「你有在努力……」「你有在整理自己……」等等，或是用更靠近一點的立場安慰她說：「你看！有些進展（或你的能力）是你所沒有看到的……」「你是有能力的……」來讓她看到自己的能力。

這個巧門是由治療者去找出、去看出、去建立的（@賦權使能的實例）。

巧門二

治療者貼近個案的感覺，反映他的情緒，例如：「妳好氣他們？」「聽起來，妳好絕望！」「你好希望他們能來幫妳……」等。有時治療者會講得比個案還要更絕望些，如「聽起來，世界上完全沒有人能幫妳」。這樣比個案誇張的說法，如果個案承認，那麼最少她會感受到治療者能了解她；如果個案否認，那麼她會舉出否定此悲慘狀態的證據，亦即她必須證明有人能夠或是曾經幫上忙，接著，治療者可以增強她「請神」的能力，建立她和那曾經出現、但罕見的協助者的連結「捷徑」，讓她學會自己「產生」自我撫慰的能力。類似的例子：「聽起來，妳似乎完全沒有能力做好『好媽媽』的角色，真的是這樣嗎？」當她「不服輸」時，她必須證明自己是有能力的。

有時，治療者在聽完一些事件報告後，會讓個案「退後一步」去看那事件，如「你跟弟弟吵了這麼多年，你有什麼心得？」「這件事對你的意義是什麼？」「你從這件事情中學到什麼？」等等。

這個巧門是由治療者激將或是刺激，讓個案自己爬起來。

巧門三

其實，更多的情況是「天上掉下來、得來全不費功夫」的，仔細聽個案的述說，常能聽到他最近的體會與學習，這時，讓他多說一些，如「你是從哪裡聽來的，還是你自己想的？」「爸爸有沒有看出（有了新想法之後）你的改變？」等等，並給予很大的肯定，甚至「向他請教」，他會很樂於把那些體會教你的。

這個巧門是去增強個案固有的。

治療者應用反轉移的感受來走出困局

督導片段一

治療者：「他有很好的智力，如果你強力地告訴他該怎麼做時，你會說不過他，甚至在理論上他所看的書和他所懂的，似乎比你多。他能很清楚地說出解決之道，但同時也跟你說：『我就是做不到！』他也能清楚說出從小他生長環境的惡劣，他很少得到父母的肯定，什麼都要靠他自己的努力才能得到，我問他：『難道你要退回到很小的時候？重新走過一次？』我發覺自己的猶豫，也認為這似乎不可能，於是，我發覺我和他卡在那兒。」

督導：「將你和他談論的主題轉到當下的你和他的關係中，就在當下，肯定他願意將自己的困難暴露在你面前、感謝他和你所做的分享、肯定他所做的努力、肯定他想改變的意願、識別出他的痛苦，諸如此類的，去肯定、親近及賦權。讓他在當下就貯蓄你所給他的力量，經歷矯正性的經驗，這不嫌多，再多也補不完他所感到的欠缺。他會從你當下的行為中學習如何肯定自己及他人。」或許你能跟他說：「經過這些會談，我聽了你的說法，我更能深深地感受到你的痛苦和困境，很感謝你

讓我有這麼深刻的了解。」其實，這就是「應用反轉移的情緒」，也可說他將他的痛苦與困境投射給你，但是你將它識別出來，用不同於尋常的面向（如感謝他）去評價、反映出來。

對於他認為必須的「倔強而堅強地靠自己」，這是他求生存的憑藉，我們不見得要去挑戰它，可以肯定他或是我們自己練習「蹲下來」（學會示弱或用弱者的姿態生存；在強風中倒下的常是大樹而非小草；學習柔弱如水的處世態度），這也是他要學習的。對於你想要教他的，不妨讓他來教你，例如，你可問他：「你對於道家所說的柔弱的力量了解多少？」讓他自己去學，再說給你聽，或者你也可以跟他討論。如此你是站在與他平等或是稍低的位置，但其實你比他強，因為你能蹲低，而非想要強勢地教他或是引導他，因為他不願讓你引導，因為他的人生圖像是：「他都要靠自己！」你就善用他這股桀驁不馴的力量，同時示範如何蹲低。

你（治療者）和他（個案）之間發生無數來來回回相互影響的交流。從你要「灌輸給他知道」轉成「讓他教你」，也能達成讓他知道的效果，而能不必去面對阻抗。這個道理很簡單，但是要想到卻非易事，因為我們治療者常會卡在自己的責任、權威、好為人師，甚至好勝的位置上；其實不去勝過他，卻也不是要輸給他，我們可以有不同的位置，那就是「合作」的位置（@阻抗之死）；治療者常要與個案「想要改變」的部分合作，而非去擊潰他阻抗的部分。

督導片段二

治療者：「以前深恐她不跟我談她先生的事，但和她一路談下來，我也覺得她的逃離先生是唯一的方法，因為外在環境無法改變。」

督導：「你有遺漏了哪個部分嗎？」「這樣的現象是你認同了她的看法和做法〔這可作為同化的例子@同化〕。你也感受到她的絕望，一起走到她的絕境。她有遺漏了哪個部分嗎？」

　　「『現在』的我們確實被『過去』影響，尤其是我們相信『現在的我們被過去影響』的時候，但如果我們認為『過去是影響現在的唯一因素』，我們就會覺得無法擺脫過去而永遠被『過去』抓住；同樣的，如果我們接受或認定『過去所發生的，是現在無法改變的理由』時，我們也會永遠被『過去』抓住。有些改變是突然發生的，是在一念之間，以某種觀點，如佛家說的頓悟或是『放下屠刀，立地成佛』，是相信在『現在』就能做改變的。」「她所遺漏的就是她自己在『現在』所能做的改變。你目前能做的也是從這一點出發，或許你能跟她談，你們是如何走到這困境的，你們有沒有遺漏了什麼？或是跟她談，你們可以如何從現狀的困境中邁出改變的第一步。」

　　家庭治療認為在當下就能做改變，如此說並非要否定過去或他人的影響（反而是肯定過去所發生過的事是無法改變或消除的），而是試圖從當下出發，這總比坐困愁城來得好些。

　　能像這位治療者如此清楚地描述被困的感受，是相當不容易的事，顯然已建立相當的治療關係，從個案不說到說很多，也能感受到個案的感受。治療者已很能「加入」（@加入及進入案家）個案，但接下來的工作是要從個案的身上看到她已有、但不同於前面所描述的「只能逃走」的主體能力。例如，她的要求來住院治療，以某方面來說，確實是她選擇逃開的舉動，但以另一方面來說，我們也看到她是有些主動意願選擇來住院的；她並未完全逃開，其實還相當投入治療。人們的心思常隨著走失的羊走失了，而沒能看到他所擁有的，我們所擁有的『當下』常被『過去』及『未來』所破壞！這是我們所遺漏的。

投降的策略運用

　　最近在我們的治療中，有機會施行「投降」的技巧。以前對於此技巧大多只是在團隊中談談，治療者藉此機會抒解一下挫折感，或是治療

者獨力在治療室中舉起白旗，以打破僵化的結構，因為治療者很容易陷入「愈努力、家庭愈是無力」的狀態。這次我們嘗試整個團隊，即團隊與治療者合作施行此技術於家庭。

 案例：高家

帶症狀者是女兒，父母之間的管教以及對於疾病的態度相當歧異。父親較寬容，但在逼急時會發脾氣；母親則較嚴厲。治療已進行到處理夫妻次系統的階段，亦即，女兒的問題已較緩解，而父母親同意處理他們之間的問題。在前幾次的治療中，女兒不在場，父母本來很難能夠對話，即使說話也常繞在女兒身上。上次治療中女兒要求進入會談，治療者拒絕，意圖將女兒擋在父母次系統之外。在治療者拒絕時，本來看到的是母親較堅持要女兒進來，但有趣的是，後來在會談室中，母親似乎鬆了一口氣，而且夫妻間已能面對面商討問題，而太太也能直接抱怨先生不站在她這一邊，她活像被女兒搶去先生的怨婦。

治療者順著太太所說的「治療沒有用」，而向他們高舉白旗：「我投降！」很自然的，我們看到太太反而來安慰治療者，而他們的力量也出來了。但是，接下來當治療者又開始雄心萬丈地意圖改變他們時，又被卡住了。此時，督導叩應進去提醒治療者，要他繼續維持投降的狀態，而「不要輕易被他們願意改變所說服」。

討論

「投降」的技術必須謹慎使用，要是案家感受到的是「連治療者都放棄我了」而悲觀頹喪，那就不好了。悖論處遇會成功，常須靠案家的反彈，所以預測案家的反應是很重要的；如果他們是違抗型的，那就可用，若是憂鬱悲觀型的那就得小心。施行任何處遇，治療者都要先預測

案家的反應及他們會如何接招。

　　沒有團隊時，治療者在治療室中要獨力堅持「投降」是不容易做到的，因為他同時負有促成改變及投降所表明的不要改變的任務。此時可能的替代性做法是不要完全投降，而是「有條件的投降」。治療者可說：「如果你們繼續如何、如何，我想改變是不可能的。」或是「除非你們可以在 XX 議題上達成協議，否則治療將不再進行下去。」另外，治療者可以繼續堅持悲觀的態度，「直到你們能夠說服我（繼續下去會不一樣）。」

　　當治療者再次被卡住時，督導的叩應或可修正為要治療者向夫妻說：「團隊批評我，說我太輕易地就相信你們改變的意願，反而把治療弄糟了。」或是一開始，治療者就假傳團隊的意旨說是團隊也同意治療是無效的，而至於他自己，則是對他們信心滿滿相信他們能夠改變。如此將團隊與治療者的分工帶入治療中。

　　治療後的討論中，團隊又想到一些可運用在下次治療的點子：(1)團隊傳達出贊成治療無效，而治療者仍採鼓勵促進改變的態度。在傳遞治療無效的訊息時，治療者必須給予理由：「因為團隊認為我（治療者）無法使你們達成協議，或是形成對於一件事只用一個人的方式，因為你們太堅持用自己的方式來愛女兒，反而抵消了你們的力量，我的無能導致治療一直沒有進展。」接下來，治療者則可堅持他們協調出較為一致的方式，或是形成「這次聽你的，由我記錄；下次再聽我的，由你記錄」的方式來停止互相抵消的互動模式；(2)因為父母對女兒的態度不一，母親受苦於父女間的緊密連結，女兒對於治療（目前治療者為了建立父母次系統，故不讓女兒進入會談）可能會相當有興趣。所以，在確定「女兒對治療有興趣，而且都是父親告訴她的」之後，治療者在獲得父親的同意之下，由母親來告訴女兒有關治療的訊息，而父親在女兒詢問時，則要清楚授權由母親發言，並肯定母親所說的。(3)鞏固親職次系統。在他們提及女兒的談話中，盡量轉成他們兩人間的情緒或互動，例

如，當太太抱怨女兒占去先生太多時間時，治療者或可問她是否覺得生氣或孤單，先生似乎沒有那麼照顧她。或是，治療者一再地替代母親說出她話中的善意、期待等等。例如，當她抱怨先生未與她站在同一邊時，治療者則替她說出「她很希望先生與她站在同一邊、在心裡及行動上支持她、陪伴她」等等。當她提到與先生不同的教養態度（他們常在此處就僵持不下）時，治療者可說：「她很希望先生聽懂她的意思，但很奇怪，她不知道先生到底贊不贊同她？」如此讓她去問他；因為其實先生較行動派，他的思考常未被太太了解，即使他贊同她的意見（只是做法上不同）時，也不會說出，所以，也可讓先生練習表達，或是替她說出負向情緒，如生氣與孤獨等等。

接下來就要調整夫妻的互動，問太太：「當先生如何做時，妳的理解是？」或「先生要怎麼做，妳才會感到他是站在同一邊？」「妳會怎樣邀請先生站到妳這邊來？」讓太太去了解「先生之所以這麼做時，妳自己在互動及關係中的貢獻是什麼？」進而形成他們共同因應女兒問題行為的方式。

參考文獻

李維榕（1999）。家庭舞蹈 I。台北市：張老師。

洪志美譯（1991）。人際溝通分析。台北市：桂冠。

楊連謙、董秀珠（1997）。結構——策略取向家庭治療。台北市：心理。

Madanes, C. (1984). *Behind the one-way mirror: Advances in the practice of strategic yherapy*. San Francisco: Jossey-Bass Publishers.

Nichols, M. P., Fellenberg, S. (2000). The effective use of enactments in family therapy: A discovery-oriented process study. *Journal of Marital and Family Therapy, 26* (2), 143-152.

CHAPTER 14

 案例

夫妻協商親職

　　在家庭治療中常要教父母親職（@一致的教養態度），此時治療者處於一尷尬的位置，因爲教導難免有著上對下，以及對方不夠好的意味（如果對象能有「聞道有先後」或是「不恥下問」的襟懷，那就比較好辦）。治療者在教導父母時，要維護他們的顏面（有時可考慮在教父母時先把孩子支開，或是讓父母去研讀專書或聽演講，有時可從父母已然有的理念或經驗中，汲取並鼓勵其堅持好的信念），因爲要顧及親代高於子代的權階，以及在治療策略上是要使父母有能力感，再讓他們使孩子有能力感，而非讓父母老是覺得自己做得不好、不對。

　　下面這個例子是孩子不在場、治療者協助雙親處理孩子問題的示範，其梗概是：(1)經由治療者的堅持，讓父母針對問題談，促成成功的協商經驗；(2)治療者讓他們重溫此成功的片刻；(3)治療主題推進到母親的原生家庭經驗。

　　夫妻皆爲三十來歲、受高等教育的都會人，有一國中一年級的男孩。在這次之前已治療約十次。治療初期，妻子總批評先生都不管孩子的事，而先生則抱持「男主外、女主內」的傳統觀念，因爲妻子一向都把孩子管得不錯，他也就沒有習慣去管。夫妻間的爭執發生在孩子日漸長大，妻子感到愈來愈無法勝任，同時也愈來愈覺需要她自己的空間時。在先前的治療中，治療者留意到，妻總覺得夫沒有負起父親的責任，她說：「他（先生）像我的大兒子。」但又期待先生是可以「像爸

爸般對我百般呵護的男人。」而先生則認為：「我已盡量（像乖孩子般）去符合妳的要求了，我會更努力做。」他們接受治療後，先生已愈來愈參與孩子的管教。後來他們發現孩子常遊走在父母間獲取利益，也就是當孩子要違抗父親的成命時，他會去跟媽媽結盟，她會出面替他說話，甚至引發夫妻爭吵。

治療團隊認為夫妻間缺乏有效的溝通，在子女管教上夫弱妻強，因先生常用息事寧人（去符合太太期望、忍、讓，偶爾也會情緒爆發）的方式處理太太的要求。太太對於先生未符合她期待的行為，常會當面糾正，甚至指責他，於是先生常覺被潑冷水，而累積了相當多的挫折感。

在這次治療開始後不久，太太提出孩子已進入青春期，並提及他們夫妻對於孩子週六上游泳課的爭執（簡單描述之：孩子好不容易向父親爭取到報名游泳課，但沒上幾次就有許多理由向母親請假，母親答應他，父親就很生氣，認為孩子沒有盡責）。對於這游泳課的衝突，治療者做了如下處置：⑴去看出案家的行為順序；⑵去聽到參與者（夫妻）的觀點或信念；進而⑶形成處遇策略。

欲了解夫妻的行為順序及觀點時，治療者常會用「跟隨」（tracking）的技巧，亦即治療者不只是了解事件的梗概，而是要像分解動作般地去一動、一動地知道「誰說了什麼，之後誰又做了什麼……」如此可讓個案說出自己的感受、觀點與行動。在治療中這點是很重要的，因為它可增進治療中所有人（包括治療者）對於他對此事件態度的了解。治療者整理出親子間的行為順序〔其實這已是舊有互動模式的重現〕如下：

⑴孩子向父親要求每週六下午要去上游泳課，父親同意。

⑵孩子上週因臨時有某事不想去上課；他去找母親，她同意。

⑶母親因父親指責孩子未依約定去上課，而跟先生吵了起來。

⑷父親讓步。

治療者所了解的夫妻觀點如下：妻認為「對小孩不需要那麼嚴格，

孩子已長大了，我們可以放手！」而夫反對的理由是：「該讓他學會負責，而且某事又不是不能調開或做其他安排。」

　　單獨看夫及妻的觀點，夫要子學會負責、妻要子學會自主，他們都說得很對，所謂「公說公有理，婆說婆有理」，但是兩人為了這麼好的理由卻會吵起來。問題在於他們協同處理問題不佳，因此處理的策略是促成夫妻協商，以鞏固親職次系統，不會讓孩子鑽漏洞而能學會負責與自主。

　　其實從先前治療的進展來看，先生這麼有自信且堅定地處理孩子的要求「週六上游泳課」，是相當值得肯定和鼓勵的，因他漸漸負起父職的責任，這應是符合太太對他的期待的，太太對他的指責可能會打擊到他好不容易建立出來的父職角色扮演！

　　以下是對這次治療的梗概描述（並非逐字稿），讀者讀起來可能會覺得有些不順，但在此強調呈現此摘述的目的在於「如何促成夫妻的協商、協商之後的接續處理，以及一些治療的想法」，請讀者多留意這些部分，而不必太在意會談內容的連續性。

409

治療歷程描述	解　　析
夫妻倆在處理孩子的做法（行動）上相牴觸。	觀察到「『做法』上相牴觸」是重要的。因為行動上相牴觸，但在意向及情感等向度上，夫妻是一致的。
太太因認為「兒子已做了安排」而答應孩子不用去上課，但她未與先生協商就私自答應。	太太的親職重點放在孩子的自主，因此當她聽到孩子已做了安排，就很高興地同意孩子，而沒跟先生討論。 夫妻在親職上較是各自為政，尚未養成協同合作的習慣，也未顧及自己的片面決定對配偶的影響。 說成是「習慣」有「行為」及「可以改變」的含意。

（續）

治療歷程描述	解　析
太太（用指責的口氣，替兒子請命）對先生說：你爲什麼劈頭就説不可以？不要對他那麼兇嘛！ 先生（解釋）：在他要求要上課之前，我還再三要他想清楚（他怎能這麼不負責任？）。	這對夫妻在這個片刻的權階是「女王對臣子」。據先前的了解，這是夫妻各自在原生家庭中習慣扮演且「適應良好」（有其功能）的角色。 太太抱怨先生的口氣兇了些，這點若與在本次治療中最後出現的妻子對父親的渴求並置，當可對她的行爲有更豐富的了解。妻子多少把先生和父親的兇混爲一談；她爲孩子請命，像是自己在跟父親請命。
太太問先生：你要不要跟他（兒子）談，他覺得都已把事情安排好了。 先生說：你要先跟我溝通啊！	太太態度稍微軟化了，也提出解決問題的方案，亦即「先生跟兒子談」（其實先生已跟兒子談過，只是他不接受兒子的看法，而她接受。這夫妻間的歧異才是問題所在）。先生也提出解決問題的方案，他「溫和地」要太太先跟他談，以取得一致的態度（才不會被孩子「離間」）。
叩應：問太太支不支持先生的做法？問他們要如何一起去面對孩子的問題？	督導要治療者去問太太「支不支持先生的做法？」這問句本身其實已暗示治療者贊成先生的做法。治療者常藉著問句傳遞出期待與價值觀。
太太對此要求有些遲疑：「不必那麼嚴肅……。」	太太很難跟先生協商；夫妻對孩子管教的嚴寬態度上不同。
叩應：要治療者介入的步調緊湊些、focus 在他們的爭執點上，以及促成夫妻合作去處理小孩的問題。	治療者要熟練選擇使用「開放式及封閉式問句」（@家庭治療中的詢問）。在要夫妻鎖定某事件談話時，可用後者，如問：「同不同意ＸＸＸ？」

（續）

治療歷程描述	解　析
治療者拋出「增加彈性」的框架，試圖說服夫妻合作，諸如能試著去理解配偶要什麼、堅持什麼，是否至少願意去了解看看，或是否能接受配偶的狀態等等。	治療者在拋入或鋪陳時，有時可不用太多的引導語，因為太注意完備和細節，可能反會稀釋問句的震撼力。
在進行一個段落之後問太太：「不知有什麼想法？」	在做了一段介入處遇之後，查核參與者以得到回饋（feedback）。治療者的這些說服、查核等都是溝通、協商的身教。
太太說孩子可以自己坐公車，他也可以用手機跟父母聯絡，而我們可以不用對小孩那麼牽腸掛肚的，做我們的事。先生則堅持兒子必須為自己的行為負責、信守諾言、去上課……	太太並未回答治療者，可能她仍急著堅持她的立場，希望治療者能了解她、不要怪怨或批判她，也可能是治療者沒有說清楚，如果問：「進行至此，不知有何感想或心得？」或是「對於我剛剛說的，要你們更有彈性，不知有什麼想法？」或許會有所不同。 他們不是針鋒相對直接反對對方意見，而是悶著頭各自堅持，似乎很難有交流；其實對方不見得是不同意，但卻被當作不同意在處理。這時清楚地詢問「同不同意對方所說的ＸＸＸ？」是一種澄清的方式，據此可以不再打混仗下去。
後來，太太說出：「每次都是這樣！」	這句話顯示著討論（內容層次）的結束，也顯示太太覺察到他們間行為頗為固定的模式（後設層次）；若果真如此，這也是治療者可著手處理模式議題的信號。
在他們又要將話題岔到較不相關的地方之際，	或許是他們害怕面對衝突點。

411

（續）

治療歷程描述	解　析
督導叩應要治療者將話題聚焦在討論小孩上課的事，迫使他們去解決它。	堅持！督導這樣的堅持是仍把議題鎖定在內容層次上，但要同時看看會發生「每次都是這樣」還是「這次有些不一樣」。
治療者對前面進行的做了整合陳述：「在前面的會談中，已聽到不少你們所提出解決問題的方案，我發覺你們並不是真的反對對方的意見，而只是你們都只怯生生地訴說著自己的立場，期待對方的贊同。」	治療者在接到叩應之後，爲後續的處遇做了一些鋪陳。
於是治療者走了一段檢驗他們「向父母要東西」的姿態之旅，因爲看到夫妻兩個在此時都是「小孩」。先生說他「從來就沒有想過要跟父親要」，而總是要求自己守規矩；太太則是強忍著不滿意（她覺得從來無法在父親身上得到）。或許她很期待先生能提供她這部分，但先生給不出來（他太害怕／順從她了）。	讀者若有興趣，可補充成人形態的依附理論（attachment theory）（@成人依附形態：關於親近疏離鬥爭的一些思考）及溝通分析（T.A.）（洪志美譯，1991）等方面的知識。
太太同意治療者提出的「針對上課問題討論，等討論出結果再換到另一個主題」。	正如所料，太太是有能力的，也厭倦於一再失敗，她歡迎這「臨門一腳」的提議。治療者設定談話的規則，以及「提供機會並協助個案達成」是治療者很重要的工作。
太太問先生：「是否沒有休息的感覺（因爲孩子去上課都是他負責接送的）？」	她是在指責他，還是心疼他？當治療者不太了解話中含意時，可選擇向太太澄清，也可選擇問先生：「你跟她生活這麼久，她這句話，你聽起來是什麼意思？你感覺如何？」
先生強調週日的課是「我跟他協調出來的！」	先生堅持自己的觀點。

（續）

治療歷程描述	解　析
太太提議：「我們今晚可以跟他談。」 先生說：「我先跟他談，我們再一起談。」 太太說：「好！」	太太在治療中展現妥協的誠意與能力，接受先生先前的提議，先生也釋出善意，接受太太先前的提議。在此他們兩人都表現出「彈性」，而能達成協議。
叩應：去查核他們在如此談的經驗，也可拋出治療者自己的看法「他們各有各的堅持及讓步」；肯定先生的堅持，但肯定太太的讓步。	在進入下一階段的話題之前，督導叩應提議做些鞏固及補強的工作。因為他們好不容易有成功的經驗，要去鞏固、恭喜他們。
先生先說：「孩子可學著支配自己的時間。」	先生主動說話是較罕見的，或許是他覺得被鼓舞了，但他話中的主題仍是小孩而非他們夫妻倆。
治療者問先生：「在剛剛太太跟你的對談中，是什麼原因讓你們變得跟以前不一樣了？你做了什麼或是她做了什麼？」 先生說：「她可附和我的看法。」 治療者再問他：「你所看到太太的說法中，好的部分有哪些？」以及「太太的轉變在哪？」 也問他：「你自己有做了些什麼改變？」「你自己有什麼不一樣？」 他看到自己的態度也和緩一點。	治療者在這樣跟他們談時，他們就已獲得肯定，不見得要「直接說出」。
接著，治療者要先生去跟太太說她不一樣的部分。 他們進行了一個段落之後。	引發互動（@促成互動、使上演）。
叩應：review 他們成功達成協議的過程，之後向先生說「太太一直努力想要促成親子關係」，問他你是否了解太太的心情跟故事？之後讓他們之間把太太的這部分呈現出來。	這問話是要他跳離自己的立場，而去了解太太成長歷程中的心情。如此把主題從當下的互動深化到太太的成長背景。 治療者促使先生去探索或了解太太的

413

（續）

治療歷程描述	解　析
	成長背景。這樣跟治療者親身去了解太太的成長背景是很不同的；讓先生去探索太太而非治療者去做，能把內容仍留在他們間的界限之內，如此劃了夫妻與治療者的界限。
先生答：「她一直說我有親子危機。」	先生知道太太一直在擔心父子關係。
此時，治療者重申要先生回答他所了解的太太的心情故事。 此時太太眼神充滿期待地看向先生。 先生不太切題地說了些話，於是，治療者堅持地再問先生是否知道太太的心情故事。	治療者展現他的堅持。前面督導要他堅持，這次是他自發地堅持。可喜可賀！
之後，先生能大致說出太太及其父親相處的情況，而太太說她小時候跟兒子現在的處境有點像。	所以她才會替孩子爭取！
這次治療結束在，讓先生多去了解太太的故事，並了解她的故事對於她目前處理孩子態度的影響。	下次治療可換成太太去了解先生的。

414

建構個案的情感的客體恆久性：家庭治療的策略

前言

　　許多接受心理治療的個案的心理歷程，與Mahler及其同僚們對幼兒行為的描述，有著令人驚訝的相似性。他們所觀察到的個體成長的階段包括自閉（autism）、共生（symbiosis）、分離－個體化（separation-individuation）〔此階段包括孵化（hatching）、練習（practicing）和復合

（rapprochement）等三個次階段〕，以及建立客體恆久性（object constancy）等階段。這些階段的某些特徵可能會以某種規模一再重現在成長（即整合與分化）的歷程中，也會以某種面貌呈現在心理內在及人際的經驗中，而心理（包括家庭）治療是這些現象很好的觀察場域。

發展中的個體性以及客體恆久性，肇始於復合期之分合反覆接近尾聲時。個體性漸強會伴隨一種在任何處境與情緒下都很穩定的「自己是誰」的意識；客體恆久性則是孩子持續在內心保持夠好的母親影像的能力，他很有信心媽媽會再出現（不會棄他不顧）。研究顯示，與父母有較正向之關係的孩童在發展出「人物永久性」之前，會先發展出客體永久性（object permanence）（東西不見了會再重現）。情感的客體恆久性比記憶並找尋一個具體的人要複雜多了，這是一種能力[115]，在對父母嚴重失望時，還能記起對父母的好感覺；個體化的達成常和形成恆定的客體影像的能力攜手並進。當自體恆久性（self constancy）開始建立起來時，孩童曉得自己是誰、自己要什麼，即使是受到小挫折（如母親的暫時分開），也還可以繼續他正在做的事（楊添圍、周仁宇譯，1999）。

多年來，個別心理治療已發展出相當精緻的理論及處遇策略，而著重於較實際的人際關係經驗的家庭治療，除了客體關係理論取向的家庭治療之外，並未對這些方面發展出好的論述或技術。以下藉一案例來描述不同於個別心理治療的處遇經驗，希望可開啟個別心理治療與家庭治療者間的對話；可謂是相同的觀察，不同的處遇。

案例描述

高太太，五十歲已婚女性，有兩個成年未婚三十歲左右的兒子。五年前高太太和老大大吵一架，開始發生昏倒及持續一兩週的不語（但能用搖頭、點頭回應），之後多次在與家人衝突後發生類似的情況。

415

---

[115] 能力應該就意味著是可訓練、養成的。本篇文章正是要補充這方面的技術。

她四歲時喪母，中小學時常蹺課、惹麻煩，讓父親頭疼，從不覺得父親疼愛她。十八歲即執意出嫁，滿懷過嶄新生活的期待，內心急切地把婆婆當早年缺失的媽媽。但很快的期待落空了，「從一個火坑跳入另一個火坑」，她說。先生說：「她和媽媽並不常吵架，我也是後來才曉得她都忍氣吞聲、默默承受。」因為先生婚後仍較是媽媽的孩子而非太太的丈夫，他活在親代所建立的家庭規則中，並不覺得男性也應該做家事、教養孩子。先生與孩子不親，而太太與孩子間則發展出緊密的關係，孩子都同情媽媽而對爸爸不滿。當孩子青少年時陸續發生不負責任的行為問題（要錢、耍賴等），她希望先生介入，但先生不是不介入就是粗暴介入，於是她「只好繼續」扮演「阻擋老鷹的母雞」的角色。太太希望先生參與親職，誠如她常跟先生說的：「你再不努力，孩子大了都是我的，你老的時候會很孤單。」但她又害怕他們衝突；先生常因擔心「未順著太太的要求幫忙孩子（給孩子錢），她會難過」，而無法堅持己見，但在滿足孩子的要求之後又有些抱怨。太太聽出抱怨的意味時，會生氣地認為：「我又沒有要求你，是你自己願意的，不要拿我當藉口。」

　　這五年來，她接受長期的個別心理治療，隨著個別心理治療的進展，愈來愈多不堪的過往「出土」，愈覺自己「骯髒」，也漸漸發展出自傷自毀（割腕與吞藥）的方式來解除「骯髒」的感覺。他們（夫妻與個別心理治療者）所形成的自我敘事是：負向情緒會一再累積，後來要像火山爆發般發洩掉；這些負向情緒是源自小時的孤單與恐懼。她說：「小時候常會聽到那風吹動木門的聲響，孤單、恐懼的我，害怕地躲到床底下。」「當時我用叛逆、當太妹的方式度過。」隨著她的生病，家庭結構也起著很大的變化。先生變得相當照顧與保護生病的她，也做了許多改變，脾氣也變得不那麼暴躁，而「家事都是他在做、變得很愛哭。」高太太說。

　　個別心理治療者評估，她需要個別與家庭治療雙管齊下，故把她轉

介到我們的家庭治療特別門診。家庭治療每兩週進行一次，個別心理及住院治療則持續進行。在此並不預備陳述完整的治療歷程，家庭治療的主軸在於處理她與先生、孩子的關係，但在這篇文章中要討論的是，家庭治療如何鋪陳幫助個案整合（integration）、建構她對父親的情感的客體恆久性。

父親在第十四次治療時，開始出現在案家的言談中，寫這篇文章則是起因於第十七次治療中，高太太說：「最近父親的事常在我的回憶中一幕幕地出現，我覺得應該要對他好，卻又覺得很恨他，因為他從來沒有抱過我、對我好過。」從這裡面，可讀出她超我與本我的衝突，以及她好與壞父親形象的分裂，於是「整合這分裂的內在」成為治療的目標之一。以下先描述相關的整合陳述，再說明處遇策略。

她內在的分裂體現在她與重要他人的人際關係上，父親是糾結最深、最長久的一位。在其中衍生出兩組一再重現、衝突的關係模式。一為上下的權階關係，她有主見，但（覺得）「說出會被懲罰」，於是在面對權威時，她常會吞下自己的意見與欲求，這潛抑與她的恐懼衝突有很大關聯，那些被潛抑的憤怒常在她「叛逆」的行跡中洩漏出來，如割腕、不語等，都可能是維護主體性最後一道防線的堅持。另一為近遠的親密關係，她有強烈的情感需求，小時她怕親密得而復失的傷害，所以「我不敢親近他，他叫我，我就躲起來」，但又常恨「父親從來沒有抱過我」，她會做壞事讓父親疲於奔命地到學校，然後「換來一頓毒打」，然而當「我考得好、興高采烈告訴他，他只是冷冷地把手一揮說：『我在忙』？」

現在，她和先生照顧老病的父親。每當她覺得自己為父親做得太多時，她就會割腕。於是，「壞父親」總是跟「壞的她」連袂出現，而「好的她」存在時，「好父親」總是缺席，所以「好的她」總是沒有機會被認可，以致無法生成。這個情感需求與被滿足的「隔」，也存在於她和先生等其他重要他人之間。在她受傷時，她總要回到不被打擾、能

為所欲為的「殼」裡，就像她小時候害怕時躲的「床底下」。她從小就很會為自己塑造安全的心理環境，或許也是因此，大兒子說：「在治療中，她都說好的、表現好的一面」以討治療者歡心（或是不被拋棄）。啊！治療本身也是她建造的「殼」！

處遇策略

由前面的整合陳述中看到，治療的策略有下上權階及近遠親密關係等兩條主軸。她和父親（以及先生）間，目前已較非權階而是情感隔閡的問題，以下針對建構情感的客體恆久性的部分描述。

矯正或擴展舊有心像

父親本身並未出現在治療中，但他出現在交換的言語中；個案幫助我形成對他的心像，而我也據以回應我所揣想的她父親的心像，在這來回往返、互為主體性（inter-subjectivity）的歷程中，她父親的形象被重構了。家庭治療比個別心理治療占優勢之處在於家中的其他成員會提供他們所見，如大兒子說：「從小到大我所看到的爺爺都是那麼慈祥的。」我們並非要用這異於她心像的說法來詰難她，而是最少可用此說明「人是會變的」、「人是多面向的」、「人在不同的脈絡（關係、成長階段、心境等）是會做出不同的事情的」等等，並轉變或擴充她對父親的心像。先生提出很重要的觀察，他說：「父親常拖著沉重的步履，端著他煮的麵，一步一步地爬了四層樓送給我太太吃。」利用這樣的影像，治療者讓現在「已成年」的她，更用心地去體會、感受「父親的愛」。

藉由投射認同的客體／先生來矯正

高太太經由投射認同的機轉，將先生「塑造」成理想的父親，父親和先生在她心中有部分是重疊的，他們都是高高在上、遙不可及、可能會傷害或拋棄她的。她的「壞」連結著她和父親，「就因為我很壞、會做壞事，爸爸才會一直把我帶在身邊；我犯錯，他才會來學校，雖然他

會毒打我一頓，但最少證明他是愛我的。」這和先生並未因她的病而拋棄她，仍把她帶在身邊是相似的，她很需要這樣的保證。治療者刻意將父親和先生的影像重疊，跟先生說話但宛如（as if）把他看作父親，例如，向著先生說：「先前我們曾談過男人在表達內心感受上有些困難，你認為她父親當時的感受如何？」或是更分化不清、「敬神如神在」地把他當成爸爸似的直接問他：「當時她爸爸怎麼想？」或要太太問先生父親當時的想法與感受等，如「妳問他，父親當時的處境及感受如何？」等等。

概化與疏通主客體間的情感隔閡

讓高太太接觸前面先生所描述的「父親捧著麵碗、踽踽爬樓」的影像，疏通她對父親的情感隔閡。再如，以前她非常渴求有木頭地板，有一回，先生利用她住院時全面翻修，想要給她驚喜，但出院後她已感受不到那歡喜。治療者喚醒她對客體的情感，讓她跳到客體的位置去揣想，要她去貼近地板，尋回以前渴求的感覺。

在第二十一次治療中，治療者主導談先生的需求，讓個案與先生做更真實的接觸。治療者問個案：「要談妳跟父親，還是跟先生的關係？」她選擇談先生，接著治療者布置舞台：「多年來夫妻之間，先生付出較多，舞台的燈光較是打在妳的身上，但先生是有被關懷的需要的。」接著，藉由他們曾經說出的生活例證讓太太跟先生說出她內心對先生的感受。她說：「我也漸漸比較好了，希望晚年能好好陪伴你，如果沒有你的支持，我無法熬到現在。」先生停了好多秒，才含著眼淚回應：「我很愛妳，感謝妳的引領，我才學會跟孩子相處……」最後，治療者向他們說明交流是整合重要的一步。

諒解以及重建父親真實的形象

在治療中用「跟隨」的技術，更細地去重塑父親當年的處境，將他的行為放在脈絡中，讓她用更整體、更成熟的視野來看，而非僅限於她個人本位的視角與感受。例如，讓她看到「她考得好，而父親把手一

419

揮」時，父親正承受醫治母親龐大醫藥費的債務。這麼做的用意並非要否定她的感受，相反的，是予以肯定，因那時她是在接觸自己的感受的，這接觸感受的能力是值得被標明與增強的，之後，能據此增強其對親密他人情緒感受的覺察能力。當然，同時也要同理她的感受，與讓她看到她據以發展出的人際策略，如她的躲避父親，因恨而做出壞行為來讓父親出面，但又換來一頓毒打等。如此可看到她和父親的許多困境、局限與無奈，但也可看到「那個男人是用她年幼時，甚至現在的她都無法接受的方式來愛她」，而這缺憾也變奏地重現在她和先生及親子關係中。同樣地，讓她看到這「變奏」的用意並非在於要貶抑她，「看！妳同樣的遊戲一玩再玩」，而是要看到她們在這變奏中奮力求存、活得更好，如在她的努力之下，先生也已努力地矯正了不會表達情感的男性通病，而孩子，尤其是老二更是情感表達的能手，我們看到一代比一代更成熟。用這樣觀點來看時，我們看到人類在一代代的接力賽中愈跑愈好，所以，我們肯定他們在如此的逆境中成長實在是相當不容易的事。

420

討論與結論

1. 個別心理治療所用的治療策略是澄清、面質及詮釋，常遇到的困難是個案相當不容易跳出個人本位，而仍深陷自己編織的故事版本中，而家庭治療因為有其他家人的參與，能提供不同位置、更多元的觀點（如先生及孩子提出他們「眼中的爺爺不像她所說的」），這或許能加速個案拓展感知，並有機會在治療中就加以實踐，例如，讓夫妻直接做更深度的情感交流。

2. 個案第一次與渴求的客體情感接觸時，你會感受到相當大量的情感湧出。接下來治療的工作就是讓這一刻更能持續發生，不論是在真實生活或是在「心的劇場」中發生，重點是讓個案在需要時能使此經驗重現。治療者要去建立個案喚起此「心像」的能力（@治療者對問題的「心像」）、讓她熟練，在逆境中就能重現「父親的關愛」。

3. 個案所需要的能力。本案例已成年、應已具備建立恆久的情感客體的神經生理條件，此條件之外，把和同一個人有關的愉快和不愉快的感情整合起來，不只要靠理智上統合相反事物的能力，也依賴著足夠的美好經驗的累積。本案例即運用積極想像的方法，讓個案與「感動的影像」接觸，藉此累積美好經驗，使其產生這能力。

4. 在回顧過去時，較能發展出原諒與諒解的心態，像本個案在她有養育孩子的經驗，以及有在社會中掙扎求生存的經驗之後，她就較能站在父親的位置、感受到父親當年的處境與心境。

5. 「情感的客體恆久性」是一種能力，所以，它是可以藉外力養成或是經由自身的覺察與提醒獲致的。

身體症狀在家庭系統中的功能：家庭治療的處遇

421

前言

　　症狀行為（@對症狀看法的演變）常發生在家庭生命週期轉變的階段，當家庭成員必須去適應或改變規則、打破原有的生活形態，及重新界定成員間的關係時。症狀常能有助於維持現狀或避開立即的危險，像是飲鴆止渴，儘管它會造成痛苦，但也帶來緩解，有時甚至能指出家庭系統存活的解決方案（Miermont, 1995, p.165-166）。本文擬藉一家庭治療個案之治療內容來呈現及討論「症狀功能」的現象，並藉以示範家庭治療的處遇。

案例描述

　　阿德，二十一歲未婚，男性精神分裂症患者。高職肄業，性格內向、敏感，常會擔心同學不理自己。

國小五、六年級時，學校老師就曾跟父母說他上課不專心，功課一落千丈，而案父也注意到他的記憶力變差；在此時期，父母親爲了其他的事情爭吵不休。國中時，阿德常沉浸在性的想法中，並出現摸女同學胸部的行爲，並因而輟學。當時曾在某醫院診斷爲強迫症，後來在市療門診病歷也記載「明顯的性衝動與罪惡感」。

　　十九歲之後，他不停地抱怨「頭快爆炸、頭腦混亂」，整個心思都沉浸在性中，也出現碰觸女病友的行爲，同時也被注意到有「言談表達片段零散、注意力不集中」等思考障礙，因而被改診斷爲精神分裂症。父母親都很關心他身體的病，也很配合醫療；他們帶他看過不少醫院，但他的狀況愈來愈糟。針對病人的頭痛，曾經做過腦波及核磁共振等檢查，都未見明顯異常。

　　以下利用家庭治療中的片段，來說明父、母、疾病及孩子的四角關係。

父母面對疾病與專業的忐忑與猶豫

　　當孩子被父母視爲「病人」（陳華、黃新美譯，1992）時，醫療也就「入關[116]」介入親職。面對醫療的專業性，父母常會覺得自己無知、也會擔心犯錯。有心的父母常會格外仔細觀察，並提出許多猜想與意見，試著去理出「到底我們的孩子出了什麼事」。

　　在第二次治療的一開始：

---

[116] 這「關」是家庭界限的隱喻；醫療這外來力量被延請進到家庭內。這也像當家庭發生暴力，法律及社會等外力也就有了介入的理由；家暴法使得「法入家門」合法化，外力被期待進去拯救或平亂；當家庭整體功能不彰、界限潰散，外力（治療）介入就相應出現。治療或復癒的力量如何產生，各家有各家的說法，主體實踐治療採取實用主義（萬法都有用，主要視對象、時機及態勢而定），認爲可經由治療者的加入，引發、扶持案主固有的力量（一如復健的概念），但灌輸、教導、演練（一如教育的概念）也不可偏廢；復健是恢復原有的，而教育則是興建先前所沒有的。

　　父親（帶著小抄）說：今天來有幾個問題，第一，他都無精打采，是肝不好，還是睡眠不好？我們已帶他去做睡眠腦波了，那邊的護士說他太胖了……

　　母親（有點著急地補充）：他的無精打采是跟胖有關還是……？

　　阿德（打斷他們）：我頭有問題。

　　父親：你就慢慢講。

　　母親：你有話就講，不要講頭腦有問題。

　　從上面的摘述中，我們能初步（治療者必須形成一初步、暫時的看法或印象，如此繼續形構更真確的答案，當然極可能不會有一固定、最終的答案，這就是建構的歷程，亦即在歷程中建構）看出父母的狀態與他們之間誰的權階較高。以下描述我們評估的歷程。在這以關心疾病為主題的脈絡中，可能「對症狀愈有詮釋權的人，權力就愈大」，從上面的摘述中，看到的是父親先發言，故可能父親的權階是最高的（當然遠低於醫師），而母親會補強（支持而非唱反調，可見父母的方向是一致的）父親的說法，可見她的權階和父親的差距是小的，但顯然的，阿德對自己症狀的詮釋權是很小且常被否定的。但他的症狀是父母關切的重心，這可從阿德說有症狀時，父母親就急著說話中可看出，從這裡也可看到症狀／病人隱微的力量，它會引出父母的行動。阿德對症狀沒有詮釋權跟症狀在親子關係中有莫大的權力，這兩者是不相矛盾的。

父母不合

　　父母在阿德生病初期常爭執，甚至不願一起出席會談。在接受「疾病」的框架之後，他們的態度轉趨一致，並相當合作地帶病人做各種治療。父母的共親職（co-parenting）（葉光輝，2000）態度都是督促、提醒等較威權的，同時也看到阿德相當沒有自信（在此我們看到親子共構這樣的關係）。

423

在第一次治療中：

阿德（突然插嘴）說：我好害怕。

父親：那有什麼好害怕的，小事一樁。（父親轉向治療者）他常提恐怖、害怕，他需要的是督促。（阿德往後仰，父親轉向阿德）你坐好！（再轉向治療者）我較注重規律生活，他媽媽較會強迫他做他不喜歡的事。我太太她唸佛吃素，對小孩要求比較多，我比較鬆，我們間的意見都不一樣，我不理她，那時爭吵很多，甚至還會打架，我們在生活中各方面的想法都不一樣。從去年開始，他住院時我們跟社工師談了之後，我才讓步。

在這邊，看到孩子的內在需求是被壓制與否定的，也看到父母親由競爭轉為合作的歷程，當然還仍然存有一些彼此競爭的遺跡，但是已經好很多了[117]。

424

治療者：爸爸剛剛又替你說話，你是否要自己發言？

阿德：吃肉。（他可能是把「是否」聽成「吃肉」？）

父親：答非所問。

治療者：喜歡爸爸替你說，還是自己說？（阿德看向爸爸）

父親：要講就自己講，不用看我。（阿德伸懶腰）

在這段摘述中，我們可以看到阿德要表達自己意見的困難，在此困難中，父親的壓制與否定（如「答非所問」）扮演重要角色。父親會順應並達成治療者的要求，在此看到治療者被拱上高位（治療關係本身也是雙方共構的；另外，低位者對此關係構成的貢獻或者說是決定權，有

---

[117] 我認為好不好端視家庭整體功能如何，諸如阿德有獲得夠好的照顧、夫妻感情及相處改善等。

時並不亞於高位者，例如，在此例中較是父親順著其心中醫師是高位的認定來對待治療者，而把他拱上高位，而不是治療者站到高位對父親說話）。

抱怨身體不適的時機

在治療中發現阿德提出身體不舒服的時機，與他感到壓力有很大關聯。

治療歷程描述	解　析
父親：那（阿德的抱怨頭腦不清）是不好的習慣。 母親：我不同意，是身體不好。 治療者：爸爸認為是習慣不好，媽媽認為是身體不好，請你們去了解阿德本身的經驗及想法。	母親能當父親面反對他的看法，顯示她的權階不低。 治療者請他們去了解阿德。
父親對阿德：說一下（你的意見）。 阿德：有壓力我就會打呵欠。	父親順從治療者的指令，但，是叫阿德說，並非自己去詢問。
治療者（對阿德）：你要對爸爸說。	治療者並沒有肯定阿德回答得不錯或是能覺察到壓力。 治療者說話的方式和父親滿像的，由此看到治療者站在高位（治療者站在高位不見得不好，但要覺察到）。
阿德：晚上會腦缺氧。 父親：風馬牛不相及。 阿德：很恐怖啊！ 父親：不要緊啦！莫名其妙。 治療者：以前有問過孩子嗎？ 父親：沒有，以前他是夜間不睡，直說很恐怖，可能是他沒話講，隨便講一講。	治療者的「要父親去問或去了解孩子」，這指令的本意是要父親在情感上更貼近孩子。此時治療者有必要讓父親更了解。 父母較是站在自己的本位去揣測孩子的狀況，也會想要去安慰他，但都用否定其感受的方式，並未去了解他，甚至根本就不聽他說話。
阿德：不是！	阿德能「違逆」父親算是相當自我肯定，當然父親能不以為忤（允許他表達反對）也是能形成如此關係的重要因素。

425

在這段摘述中，也看到阿德常自發地表達父母的不合，他可能相當受父母衝突的影響，因為他會涉入父母的爭吵（雖然他說不理會他們）。另一個處於壓力之下，他會用症狀來搪塞的例子如下：

治療者問阿德：父母這麼多年來，在教養孩子方面漸漸趨於一致，你自己的經驗跟感覺怎樣？

阿德：我很不舒服。他們還會拿椅子摔……

治療者：不舒服時，你會怎麼辦？

阿德：我不理他們，叫他們不要打架。我媽要去廟裡，我爸不讓她出去。

父親：我要求自己要容忍，但有底線，家裡的事我不會去干涉，最近隨她去。

阿德：沒辦法。

父親叫阿德：坐好！莊重一點。

在這一段裡，也看到父親與孩子似乎發展出某種心照不宣的同盟關係，阿德的「沒辦法」似乎是為父親說的。也看到夫妻間潛藏的衝突（妻要去廟裡，夫無法阻止，以及夫的生氣「坐好！莊重一點。」）。

阿德與父母關係改善

隨著治療的進展，阿德在第三次治療中，表達對於父母照顧他所付出的努力感到「感動」。在症狀改善後，阿德說：「他們（父母）沒來（治療）也沒關係，他們了解我。」「我爸他們對我有放心，最近他們在家常會開心地笑。」但也仍會拋出他的不安：「師父說，如果我能出去工作，媽媽就要出家。」「治療（要）結束（了我）很難過，因為爸媽離我遠去，在家裡就不是變成鼓勵的氣氛。」阿德比較有能力獨立與面對分離了。

小結

在這階段的治療前，父母已和阿德剛發病時有很大不同，他們已走過「不接受孩子生病了」的階段。雖然在親職上，他們意見仍多歧異，但願意盡力照顧孩子是維繫關係的強力膠。阿德的症狀有拉攏父母及避開衝突的功能；症狀成為父母關注的焦點（尤其是經過醫療人員建議及認可時），而症狀常發生在阿德感到壓力時，此兩者巧妙地構成「症狀功能」（＠對症狀看法的演變）。治療改變阿德面對父母不合和己身困境（他的身體不適、人際關係不佳、性衝動等）等雙重壓力的因應策略，他變得願意放棄症狀。以下描述，造成此改變的處遇鋪陳。

處遇

1. 獲取父母的合作：治療者要先肯定父母，減除他們面對無知疾病的忐忑，然後父母才會肯定孩子；治療者要先獲取父母的合作，然後他們才會改變親職態度及行為。

2. 治療者讓父母去了解、肯定及關愛阿德，阿德能體會到有治療者的幫忙，不用症狀就能拉攏父母。

3. 治療者提出父母能夠接受的「幫助孩子成長」的框架來取代「病」的框架，讓他們更勝任這新框架。要父母盡量不替他出點子、不提醒、不糾正他，而代之以給予肯定跟鼓勵，協助孩子自己摸索獨立。在第四次治療中，治療者提出成長獨立的方向，母親很贊同，之後阿德說「我現在還不算獨立，因為還沒有去工作」，可見阿德也接受此框架及未來努力的方向。接著，治療者問阿德他邁向獨立，從現在就可著手做起的第一步，同時也讓父母協助他邁出這第一步。

4. 碰觸親代不合的問題：順著肯定與鼓勵的主題轉到親代之間，要父母彼此「肯定與鼓勵」。父親很少肯定別人，也很少注意別人的情緒感受變化，對太太也一樣，所以治療者說：「糗爸爸一下，媽媽竟然沒聽過先生的肯定，好玩的是妳還可以撐到現在。」而當父親終於羞赧

地說出肯定的話時。母親說：「他（先生）講話，像這樣（能鼓勵及肯定）我從來沒有聽過。」後來，治療者讓母親去肯定父親，她找到「他很勤儉」的優點，結果話匣子一開就愈說愈多，諸如他「對家用向來都很負責任」「雖然不太會表達情感，但他很可靠」等，父親顯得高興，但也有點不好意思。治療室中充滿歡笑與愉悅。

5. 讓父母去了解他們的孩子，而非用自己的意見去建議或糾正。父母嘗試用較為平等也較能讓孩子有力感的姿態跟孩子相處。

討論

1. 症狀的功能之一是把醫療拉進家庭系統，「症狀」是治療者進入家庭的門票。但是如果案家太過依賴治療者，治療末期可能會發生不放心結案的副作用；治療者像是化學中的催化劑（或酶），先與反應物連結，之後在促成改變後要離開；阿德在症狀減輕時，傳達出對結案後家庭結構改變的擔心（「治療（要）結束（了我）很難過，因為爸媽離我遠去，在家裡就不是變成鼓勵的氣氛。」）是很自然的，治療者鞏固改變、增強他的信心，面對生命的新頁。

2. 「疾病」是父母較不拿手的部分，他們會擔心犯錯、感到無力，面對醫療會忐忑。治療者要能處理好父母親的這些狀態、建立好合作關係；讓他們有能力感，也就能讓孩子有能力感。

3. 症狀是否都有其功能？學者（Miermont, 1995, p.390t）提出線性因果、循環因果與系統因果等三種看症狀的層次：線性因果視症狀僅是個案所經驗到的問題，病因造成症狀，甲導致乙，就像病毒感染造成感冒這麼簡單；循環因果視症狀為傳遞關係的訊息，病因和症狀是互為因果、相互影響的，甲乙間形成模式、關係、相互依存，例如，母親的嘮叨和孩子的反抗之間互相激盪；系統因果則視症狀為系統功能的解決方案，它既是症狀也是致因，同時又是系統的解決方案，甲乙的行為呈現在一個系統脈絡中，離開了這脈絡將無法對甲乙的行為做出較

為全盤的理解。顯然本案例是用系統因果來看症狀的例子。

4. 症狀功能有多少程度是意識下的操作？從阿德的抱怨減除時，他主動地提出「父母放心了，但他們會離開我。」說明了他並非全然懵懂。如此，並不是說他的症狀抱怨是意識下、刻意、有計畫的行為，而是症狀是在家庭系統密切的互動中交織形構的，可說是擦槍走火、陰錯陽差、因緣巧合而產生。一開始，可能個案基於恐懼及渴求，而從「症狀發生時情況竟然改善」的經驗中「學習」到。這症狀功能的形成是系統整體的運作，而非個體的層次所造成的。

5. 症狀雖有功能，但仍是病理性的（pathological），因為它造成系統的內耗、空轉與個體的成長停滯，治療乃藉著症狀功能所標示的方向，先滿足系統的需求再帶領個案成長。

仙人掌

　　本案例是一對母子。罹患精神分裂症的兒子，上週才剛從急性病房出院。母親對於兒子的出院極為焦慮，在他還沒出院時，就已透過有力人士請託尋求我們的家庭治療門診。在安排下，他與母親出現在一般門診。母親急著要兒子再住院，但他對住院的態度矛盾、衝突，一直說些像是「住院沒用，不住院又無法解決問題……」的話，這讓母親更焦急、更無力。

　　面對這樣的一對母子，治療者想要促成的（＠治療者對問題的「心像」）是什麼？孩子碰到難題走不出來，母親一直在替他解決，一再失敗，母親的焦急反映出她的挫折與無力感，所以治療者想要「讓母親更有能力去處理遇到難題的孩子」，而非「替孩子解決難題」；「孩子遇到難題」，這難題是母親必須面對的，她比較好的方向是協助孩子去面對他自己所遭遇的難題。這樣劃清界限的原則一旦清楚了，就有可能改變母子的互動模式。

雖說要「讓母親更有能力去處理孩子」，治療者必須先要能收服孩子、留住母親，也就是要贏得他們母子對治療者能力的信任。

治療歷程描述	解 析
對於那些「這樣也沒用，那樣也沒用」的抱怨，	治療者先要找到門路進入個案的世界，通常是去與「個案最想要或最明顯的主題」接觸。 在本案例並不選擇針對其內容，而是針對後設層次的，孩子「這樣也沒用、那樣也沒用」的抱怨本身。
治療者指出：「從你的話中聽起來，你很能看到自己真正問題所在，你是知道『不管做出哪個決定，都無法解決問題』的。」	在此治療者肯定他有「覺察自己困境」的能力，困境並非在於內容，而是在於型式——不管選哪個都失敗，沒有出路。
他感到被同理：「對啊！我就是這麼痛苦，像是要掉入黑暗中，要死掉了。」	從他的回答「對啊！」的聲調，治療者知道已過第一關了。
治療者一面坦承說：「對於你的『這樣也沒用、那樣也沒用』，我是一點辦法都沒有。」	治療者不被他吸引著要去替他解決問題（像他媽媽似的），而是「投降」（@投降的策略運用），直接承認無法替他解決問題。
治療者一再肯定他的觀察及表達能力：「你能清楚地看出並說出『這樣也沒用、那樣也沒用』，也能把自己的痛苦說得那麼清楚。」	治療者不落入「過去」的內容，而肯定他「當下」自我覺察及表達的能力；如此來提升個案的信心。
接著治療者邀請他：「先不管能不能解決。	在此治療者用邀請來評估個案緊抓著抱怨的程度（他想要擺脫的意願強度，但先走「情」的頻道）。
你要不要多談談你這麼多年來，這『這樣也沒用，那樣也沒用』的痛苦，讓我能更了解你。」	治療者表達願意聽他談痛苦，這麼做是治療者出招，來看個案如何接招，也就是說治療者占了先手，但同時也釋出善意，並蹲低姿態。
也問他在「這樣也沒用，那樣也沒用」時，他都怎麼辦？	詢問其因應的方式（「行」的頻道）。

（續）

治療歷程描述	解　析
他曾經如何成功地處理等。	@家庭治療中的詢問：例外問句
他都做否定的回答。	雖然他的語氣有些平淡或負面，但他對治療者的邀請是有回應的，也順從地回答了治療者所提出的話題。
他似乎還沒準備好要放棄他「『失敗』的自我敘述」，因為他在回答治療者的問題之後，又開始訴說他的痛苦與「這樣也沒用，那樣也沒用」。	治療者認為他要緊抓住「失敗」的定義權。
治療者將他的問題與母親做連結。	前面是治療者與兒子連結，接下來與母親連結。
問他：「你在『這也沒用，那也沒用』時，母親是否能看出？」「如何看出？」「她如何幫你？」「幫助的效果如何？」等，兒子仍給予否定的答案。	但治療者選擇仍保持跟他說話，但語涉母親，問他所看到母親的反應。治療者可從兒子的回答來評估他對於自己行為模式的覺察程度。
之後，治療者問他：「母親知不知道她幫你的效果不好？」「你認為她為什麼一直要幫你？即使現在，你一直說『無效』，她都還坐在這裡。」「你認為她對於幫不上忙，她的感受如何？」	雖然兒子說「母親的幫助沒效」，治療者仍能用「關係問句」（@家庭治療中的詢問）來探詢母子關係。
當母親自發地問治療者：「他（兒子）在做 X 行為時，他是怎麼想的？」這時，治療者促進互動，要母親直接問他。	讓母直接問子是要避免三角化，劃開治療者與他們之間的界限，讓他們自己面對、解決他們間的問題。
當他閃掉問題時，治療者堅持要母親堅持去問到答案：「不然妳雖問了，仍然不知道他的情況。」	這是在對母親賦權使能（@賦權使能的案例與歷程），治療者輸入功力給母親，讓她能堅持話題，並去了解自己的孩子。
治療者堅持母親問出答案時，給她的「理由」是「妳孩子的問題在於『不定』」，沒有定見、左右為難、猶豫不	治療者堅持母親堅持時，要給母親「理由」，而此理由常也就揭示治療者對問題的界定及解決的策略。此處

431

（續）

治療歷程描述	解 析
決；當他不定時，我們照顧他的人必須要『定』，否則就只有跟著他不定的份，這樣就很難能幫得上他的忙，	把孩子的問題界定成「不定」，並指出母親堅定的重要性，同時也界定了關係角色，即界定治療者與母親爲「照顧他的人」，而兒子是被照顧的人，如此來抬高母親的位階。
所以我們要先定下來，再慢慢地幫助他定下來。」	治療者用「我們」（＠家庭治療中的人稱代名詞）來標示和母親是同一陣線的、和她在一起、是協助者。
治療者同理母親這麼多年來的堅持與辛苦，她掉淚。	治療者親身進入（＠家庭治療者介入的基本互動圖式、＠治療者與案家的位置與姿態）去貼近母親較深層的堅持與辛苦，希望能化解其挫折與無力感。這是用她的觀點來看，當然比說她「過度涉入」要來得容易被她接受，而且肯定她已然做到的「這麼多年來她仍在幫助孩子」。
此時治療者問子：「你認爲母親爲什麼哭？」「你是否曾經想過母親的辛苦？」	治療者強調「曾經」這兩個字，是希望能引出他肯定的答案。
母親喊道：「他絕對不會這麼想的！」	母親自發地、有些生氣地喊出這句話。
子（愣了一下，有些大夢初醒的樣子）說：「我眞的從來沒想過。」	這時的「我眞的從沒想過」和他前面做一些否定性回答時的態度是不一樣的，他是相當眞誠地在回答，而此讓我了解到：他的眼睛一直看著他自己，沒有離開過自己，去看到他人，如父母。（＠發展關注的焦點）
治療者問子：「如果你要給『這樣也沒用，那樣也沒用』一個名稱，你會怎麼稱呼它？」 子：「死亡。」	這「命名」是在爲把症狀「外在化」（externalization）鋪路。

（續）

治療歷程描述	解　析
治療者用稍微挑戰的方式問子：「你能不能有很短的時間把『死亡』放一旁？」子說：「能！」	治療者用「放在一旁」來剝開「死亡」和兒子。 用挑戰的語氣在於想要引起鬥志；人，尤其是青少年，多會希望自己是「能」的，很少會去承認自己「不能」。
治療者接著問：「當你把『死亡』放一旁時，有沒有機會想想，當『死亡』不在時，你會做些什麼事？」	@家庭治療中的詢問：例外問句。在問句中「有沒有機會想想」在吐出這幾個字時，要放慢，以抓住他的注意力，接著能去想「當……」（@假設問句）。
子在治療者的鼓勵及細問之下回答：「養小動物……，但是又怕他們死掉，所以想養植物，養仙人掌，它會死，但最不容易死。」	他很困難於，或許是有些不好意思去承認他曾想過，但治療者從他的表情動作中猜測他確曾想過。 在整個治療中，他回答的態度從否定但順應，到能回答「我真的沒想過」，到這裡的曾想過並說出內容；這反映出他與治療者間關係的改善。這問句或許觸動他強烈的「活著」的渴求，但同時不知為何他要用「這樣也沒用、那樣也沒用」來把它覆藏起來。 另外，仙人掌與死亡的主題是相應的。
治療者花了些時間跟他談他家的花園，如「他們家的花園有多大？」「他會如何去學？」「會去問父母、還是上網查？」「他會去哪買？」等等。	這些問句都意在讓他更有能力去實踐，因為跟他談時，他在心裡已做了一趟去養仙人掌的練習，而經此詢問，治療者也能更詳細地了解他們家的情況及他日常生活的能力。
治療者用有些崇拜及欣賞的表情跟他談，而他也談得很高興。	此時他一點都不像病人，甚至露出罕見的笑容。

433

（續）

治療歷程描述	解　析
最後形成：他在兩週內會去花市買，下次門診「死活不拘把它帶來」（模仿布希對賓拉登的放話）的作業。	交代作業。其實我也很期待看到他的仙人掌。
母親自發地問兒子：「這次談話你覺得如何？」	母親的自發讓我吃驚，也樂見她做此詢問，故投予她肯定的眼神。
子說：「覺得很好，雖不能解決問題，但是情感有些宣洩。」	子的答案也出乎我意料，我原以為他會像先前都給負向的答案。

沉默的兒子

　　這是住院的個案。兒子是二十多歲未婚的精神分裂症病人，與母親及妹妹三人同住。母親對於兒子的沉默常感到相當焦慮和挫敗。他吵著要出院，因此，安排這次會談來澄清母子相處的情況，及確定出院事宜。

　　在此案例中呈現如何準備案家進入治療（＠準備案家進入家庭治療），亦呈現督導形成叩應的思路轉折。

治療歷程描述	解　析
當被問及期待時，母親說了很長的一段話：「我希望他（子）能更好……他比較沉默……我對他當然有盼望。我常會想，是否我母親的角色沒有扮演好……有時看到他的沉默，會覺得好像是我造成的，會覺得很內疚。直到五年前我找到教會，得到神的安慰，我才漸漸走出來。」	母親沉重的心情不只壓在她身上。
子：過去的就過去了，不要再想它了，現在我只想出院，到便利商店打工賺些錢。	從先前的治療看到母子的互動模式是，母親「一直問」或「不敢問」而子沉默不語。在這一段的節錄中，兒子並不沉默。在兒子有想要的東西（動機）時，他會能為自己訴求。

（續）

治療歷程描述	解　析
治療者：這打算有跟母親提過嗎？	治療者用問句把話題轉到關係上。
母親：沒有正式提，他是叫教會的朋友轉告的。	治療者的解讀：母子對彼此是有期待的，但不知怎的，他們之間有一道障礙，訊息無法直接通透。
治療者問母親：妳是希望他直接向妳說，還是透過第三者？	當治療者要處理這間接溝通及促成互動時，督導叩應打斷。
叩應：先問個案，對他來說，這「用沉默來跟母親相處」的「沉默」是不是問題？他會不會想要以及願意用「說得更清楚」的方式來跟媽媽相處？	叩應打斷的原因為，此時並不清楚兒子是否願意跟母親有更直接的互動，故先詢問他的意願。 叩應中將「沉默」放在脈絡中來理解，視它為一種溝通或互動的方式，故說成「用沉默來跟母親相處」，而非「拒絕回答」或是「病、症狀」。
子回答：有事時我會說。	他的說法與他的表現相符。 他似乎並不認為「沉默」是問題，或是他不喜歡被認為是「有問題」，或是他並不認為自己「沉默」，因為他「有事時會說」。
治療者：曾如何跟母說？ 子：小時是用寫信的。	這「小時是用寫信的」裡頭可能傳達多少期盼與隔絕後產生的怨？個案小時母親忙於生計，常不在身旁。這裡頭累積了孩子的怨以及母親的歉疚。
接著，治療者堅持問出「他是否想要跟母親有更好的溝通」的答案，他「願意」。但是，接著他所說出的話卻相當抽象難理解：「不用說如果，也不要說假使，我賺幾千萬，不要怪我自私……」 之後他堅持：「我不願再住院」，並抱怨被母親送來住院。	兒子為什麼會「發作」？可能是面對改變的焦慮，他感到被要求的壓力、喪失主導權等，讓他又玩回老遊戲，而這些抱怨勾起母親的罪疚感，這是老遊戲中母親參與的部分。

435

（續）

治療歷程描述	解　析
此時母親主動向子澄清：「發病送你住院，有沒有幫助？」「我了解你想要賺錢的動機，但我希望你先會把自己照顧好。」	此時兒子的頭愈來愈低、愈沉默。在觀看時，督導內心升起叩應「剛剛母親做了什麼，讓他變沉默？」的念頭。這樣的說法並不適合叩應進去，因為可能會帶有「母親做得不對（或不好）」的意味，其實母親說得相當有道理，也很真誠。而且批評母親並非我們的用意，故決定不如此叩應，以免傷了與母親的關係。
母親向治療者描述孩子小時候的一些事，並向孩子說：「小時你開刀所花的錢不是問題，關心跟愛才是重點。」	此時稍可明白孩子為什麼要賺錢。他的病曾讓家裡花了些錢，可能曾引起一些爭吵或是心疼父母多花錢去醫他的病。 錢跟情糾結在一起。
叩應：肯定個案清楚說出「我不願再住院」，這是很清楚的溝通，	個案順了母親的要求，雖然說了些抽象的話，這反映出他們要對話的困難，但在第二回合，兒子就清楚說出「我不願再住院」，這是很清楚的溝通，而且此時原來的問題——「沉默」已有相當的進展了。
也肯定母親她剛剛說的「關心跟愛才是重點」，並表達了解與感動。	擷取並重述個案實際說出、重要的一段話，如母親說的「關心跟愛才是重點」，這有傳達「我有聽到、並了解妳所說的話，我也很感動」的意味。
讓媽媽想，要怎樣來讓兒子的話變多，而非讓兒子一直聽她說。	讓媽媽想，是要讓媽媽來解決這問題，而非我們替她解決「他們之間」（而非「她兒子」）的問題。而且要讓兒子話變多，她就必須少講多聽，我們不一定要直接指明要她「少講些話，讓個案多說些」。

　　接著，治療者查核他們是否常像剛剛發生的那樣變成沉默？接著，

治療者拋出整合陳述：(1)孩子愈不說話，母親就愈著急；(2)孩子說話的內容會讓母親更著急。

治療歷程描述	解 析
在治療進行中，治療者想要再次讓他們對話（＠引發互動、使上演）。	在母子談話中，母曾提及「我知道你想賺錢的動機」，但無法確定她所了解的與兒子所想的是否一致。
叩應：要他們核對剛剛說的「賺錢的動機」。	故叩應旨在順著治療者的意願，提出「促成互動」的題目。督導認為這個題目蘊涵「正向」的情緒，希望能藉此機會「化冰」。
但治療者提出要兒子談「出院的動機」。 子說：「妳認為住院是在幫我，我認為是拖我時間（子很急）。」	這通叩應可能督導與治療者間溝通不良或是治療者有他自己的判斷，他選擇談「出院」，而非錢和母子間的感情糾葛。 相較之下，「出院」的話題較是事務性的、較無模糊／情感／轉圜的空間，因為兒子很急，母親及治療者會被逼著回應，而易陷入各自堅持的衝突中。 此外，在「母子溝通及相處問題」的解決意願（治療契約）尚未強過「要出院」時，就直接面對此議題，可能會減少進入家庭治療的成功率。
母親：我是愛你的。你出去晚上不回來，我會很擔心。	母親用哀兵姿態。
接著治療者跟兒子談母親的擔心。	治療者順著母親提出的心情問題，用「你─我」的姿態跟孩子談話，並期待他來幫助母親，讓她不用太擔心。這樣的做法多少也是種引發兒子罪疚感的「情感勒索」，也是增加代間界限混淆／母子分化不佳的做法，但卻也有抬高兒子位階的作用。
並向兒子說：當你讓媽媽擔心變小，你才可以出院。	雖然把母親說成有擔心的問題似會壓低母親的位階，但治療者與母親的關係已建立得相當穩固，在此時抬高兒子的位階應無大礙。

437

（續）

治療歷程描述	解　　析
	在前面的治療中，母親已傳達「並不反對兒子出院，只是擔心」的立場，所以若是治療者緊抓「能否出院」的決定權是不智的（決定最好由母子做出）。治療者的說法有「以媽媽的擔心為由，要求兒子住院」的意味，這樣的說法界限並不清楚。所以，若改成邀請的口氣說「當你讓媽媽擔心變小，你們能夠相處得更好時再出院，好不好？」或許更好。

在討論「出不出院」中，母親對於孩子露出笑容做了即時的反應。

治療歷程描述	解　　析
母親（勉勵子）：你笑別人也會（用）笑（來回應）。	兒子笑容更多了，當場氣氛變得相當溫馨。
治療者：你們現在的互動很棒啊！	治療者抓住此時此刻予以回應。症狀可能呈現在此時此刻的微視互動中，同樣的問題解決的端倪也會呈現在此時此刻的互動中；抓住這樣的時機予以回應、增強是很重要的。 母親笑，而兒子變得更放鬆。

在一個時機中，

治療歷程描述	解　　析
治療者向子說：賺幾百萬不是重點……	在此時若去否定個案不切實際「想賺幾百萬」的夢想，對當下的治療關係及治療目標的達成並無幫助。我們不妨先試試肯定的方式，例如，「有要賺一百萬的雄心是很值得肯定的，你現在仍在住院當中，你的第一步會要從何處做起？」如此或許可以形成先從微笑或先從母子溝通或是先從規律的日常生活做起，這些建議都是當下就可實踐的。

　　治療者從母親對兒子說的話當中聽出她訊息的模稜兩可，類似「是的，但是……」形式的「這樣是好的，但是……」句型，例如，「去發海報是很好的，最少是正正當當地賺錢，但是背包重得要命（有反對的意味）……」在治療者澄清之後，她才說出較貼近內心的話：「他做幾天就會辭職，工作沒了，我怕他會對我發脾氣。」後來母親談出她期待他「可從改善人際關係及從社交行為及整潔的儀容做起」。

治療歷程描述	解　析
治療者核對子打招呼的動作。 並問他做起來有沒有困難？ 子回答：沒有困難。	核對個案有沒有困難是很貼心的動作，這是很好的治療舉動（moves）。
治療者讓子來整理他先前說出的四個出院後的目標，子可一一舉出。	將會談中的事件加以回顧整理，也是很好的治療舉動，這樣能使參與者的步調及方向調整得較為一致。
治療者要子去問母，當他怎麼做時，母親的擔心會較為減少。	這也是很好的治療舉動，讓子去澄清當他怎麼做時，母親狀態會如何改變；在此同時讓他練習並促進親子溝通。 在治療中我們的重點並不全在於做出決定，也注重在談話當時的情況（他們是如何談、情緒氣氛如何等），其呈現出來的後設意義如「增進親子溝通」。 促進溝通及改變兒子沉默的初步治療目標在這次治療中已有很大的進展。

439

　　在第二次，治療者又說出「母擔心減少，你才可以出院」時，督導叩應：

治療歷程描述	解　析
叩應：母親並無反對他出院。或可形成在出院前他能夠做到的、早起及微笑以改善人際關係的作業。你回到座位可跟母親說「想必妳相信笑有神奇的效果」，若她同意接著可跟孩子說：「笑笑看，看它的神奇效果。」	因為母親很強調兒子的微笑、穿著等社交的基本動作，所以督導點出此母親「神奇效果」的信念，是肯定母親並擄以鋪陳後面的作業。

後來，

治療歷程描述	解　析
母親又開始焦慮地「說教」，因為卡在孩子仍然要求出院，而母親希望他住院但又不敢強要他留下的僵局。	
叩應：先讓媽媽不要說太多，而提醒她，上次兒子記得他所提出的四項出院後的具體計畫。	讓母親「憶起」個案某些具體的作為，是減輕其焦慮，並使其有力量的方法之一，同時也讓她去肯定子有「更理智地（而非情緒性的吵鬧）決定自己未來打算」的能力。
問他們會否想要這樣的會談（他們上次已曾有很好的經驗），及具體可行的工作訓練計畫，讓個案自己選擇（決定）後續的安排及目標，以及從現在到出院還有一段時間，要從微笑或早起做起嗎？	當然我們希望他們可繼續治療，而母親也希望孩子住院，但兒子出院的意願遠遠強過要續住及治療的意願。形勢比人強，我們也只好接受與祝福。最後或可形成「闖闖看，成功最好，假如失敗，請記取失敗的經驗並回來找我們」；如此治療者在顧及維護個案自主權的情況下，努力維持治療關係，並替他保留更多的可能性。

　　治療者花了些時間查核要否減少一些目標。個案相當好強，很想要全盤都做好。個案在答應早起及微笑的情況下出院試試看，並答應若不成功就再回來住院。

易怒的兒子

　　父親因憂鬱來看診（一般門診），目前已緩解，這次與太太一起帶小學五年級的兒子來門診，是因為老師多次向他們反應，孩子在校容易發脾氣。

　　這是兒子第一次來門診，坐在父母之間。治療者先刻意和他說話（@加入及進入案家）。對於問話，起先他會看看媽媽，而媽媽也會幫

忙他，但後來他就變得能更有自信地表達，而母親也較能放手讓他自己
談。

在建立基本的關係之後，治療者從行爲問題及他對此行爲的理解著
手了解主要問題。他說：「是因爲自己容易生氣，父母才會帶他來這
裡。」而他生氣是因爲同學捉弄他，他一生氣就跑出教室。至於同學欺
負他的原因，他說「看我生氣很好玩」。問他跑去哪？他說：「會跑到
家人及學校的人找不到的地方。」（@跟隨）他是很聰明的孩子，竟能
說出「我跑出去是希望家人會擔心我，這是我的祕密。」

接著，治療者去探詢這行爲在家庭脈絡中的情形。當我們更了解他
在家裡的情形時，就愈發現這「跑掉」的功能。他和哥哥在家裡小衝突
不斷，他常會氣得罵個不停，那時他會希望有人聽，所以常會黏著母親
重複訴說。問他「爲什麼不是去黏父親」時，知道父子並不親近，尤其
當父親憂鬱症嚴重時脾氣很大，他很怕他（爸爸），不敢去招惹他。

在了解問題行爲的種種之後，進入介入處遇的階段。治療者問他：
「你有沒有能力指揮自己的腳？」他回說：「有。」治療者向他說：
「你能跑出去，就能跑回來。這就是自己當自己的主人，這樣老師也就
不會擔心，你也就不會被帶來醫院。」母親肯定他說：「其實最近他已
有些進步了，以前他會跑到校外，這次他只在校園內跑。」治療者肯定
母親的觀察力和正向的態度，之後，在「還有呢？」（@家庭治療中的
詢問）問句的促進下，他能清楚說出好幾個解決辦法，例如，告訴老師
及向老師要電話卡打給媽媽等。在肯定他能想出好多辦法之後，治療者
問他：「那麼，爲什麼會一再發生跑到人家都找不到的地方呢？」他
說：「在同學欺負我的當時，我常會反應不過來。」治療者先肯定他能
察覺到自己的「反應不過來」，之後問他：「願不願意接受治療者所提
出的辦法？」他願意，於是開出的處方爲：要他在覺察到自己「反應不

441

---

[118] 這「逃離」是他固有的能力，這應是他能做到的！

過來」時，就跟在場的人說：「我要去吃藥了！」就逃離[118]現場去喝杯水。

對於父子不夠親的問題，治療者意圖拉近父子關係。好幾次治療者問孩子：「會不會想要知道男人的想法？」「要不要問爸爸他的意見？」以及「問問看爸爸有沒有解決的辦法？」兒子都不願意[119]。於是治療者改變處遇策略，讓他比較父親近來脾氣的變化。他發現近來爸爸的脾氣確實變得比較好，而他也就比較能聽進爸爸所提出的「多去運動」等等建議。治療者肯定父親的改變，以及父子關係已有滿好的進展。治療者問孩子：「有沒有鼓勵爸爸的方法？」後來跟他說：「願意接受爸爸的意見或許就是最好的、鼓勵父親的做法了，這點你已經做得不錯了。」

最後，治療者開了一粒「仙丹」讓他帶在身上，在他覺察到自己「反應不過來」時，就去喝水，那時他再決定要不要吃「仙丹」；另外，在急難時，他也可以決定要不要告訴同學，以及決定告訴他們要去吃「仙丹」或吃藥[120]。

一個月後回診，效果顯著。

缺乏煞車裝置的孩子

兒子，二十歲未婚男性，大二學生，由父親陪同來看診。兒子並不想來，他認為「這些都不是問題」，但父親認為：「怎會這樣？正常的小孩不會這樣！我帶他來要檢查看看他是不是腦子有長東西，還是有什麼心理的毛病，不然怎會做出這麼多讓我們無法理解的事？」

父親提出孩子腦子有問題的證據是，「他小時候會用手去碰同學，

---

[119] 治療者本想利用「小男生或許會有想要被當成大人」的驅力，但在此他並未上勾，孩子真的很怕爸爸。

[120] 這裡留下很多自主的空間給孩子，因為重要的是增進其自主及自我負責的能力。

老師還曾特別向我們家長反應說他有奇怪的舉動」、「他會拿東西不穩、常會摔破東西」。孩子對父親列舉的「證據」持否認或輕忽的態度，說父親所說的那些情況並不常發生，他捉弄同學只是為了好玩等等。治療者澄清發現他並沒有頭部外傷，以及倒地、抽搐、痙攣，或「醒來不知為何身在此處」等失神及癲癇發作的經驗。

父母親都是律己甚嚴的人，抱持「萬般皆下品，唯有讀書高」的價值觀：「若是補習或學業方面的錢，我一毛錢都不會吝惜！」但兒子認為錢不夠用，他要過更優渥的生活。親子的爭執點在於錢，故治療者詳細詢問如零用錢多少、如何給、花在哪等等。在此過程中，他說了好幾次「從來沒用過、沒吃過好東西！所以，他的錢都是花在好吃的東西和穿的名牌衣服上。」父親不贊同他這樣的價值觀，認為一定是有什麼毛病，不然「為什麼父母都不是這樣，會生養出這樣的小孩？」

大一時他曾交女友，但「被父母親逼走，我從此就無法原諒他們」、「我要自由」。那時他因有打工，能「收支平衡」，所以也就沒有因為錢和父母發生衝突。不幸的是，後來因為功課差點被死當，父母就禁止他再打工。後來雖然經過抗爭，零用錢調高了，但他仍覺得不夠花，於是他刷卡、借錢，甚至還將父親給他還債的錢再拿去花掉。父子為了錢，衝突愈演愈烈，孩子甚至揚言搬出去。此時他們來到門診。

治療者說：「有些比較膽小的孩子，會把這成長的路走得更穩些，不會輕言搬出去、自食其力，而有些比較聰明的孩子會利用願意提供幫助的父母、累積自己各方面的能力，等畢業後再獨立。你是怎樣的孩子？」聰明的兒子規避治療者的選項，而帶點不在乎地說他是：「嘗過人間事物美好，而且先前已蹺過家的人。」

治療者除了把他的叛逆重新框架（@重新框架）為正常的「大膽地因應成長議題」之外，也同理其性別及排行的處境：「老大，尤其是男孩，通常都比較辛苦，要去衝撞家規，妹妹常是坐享你努力的成果；父親也是第一次身為二十歲兒子的父親，你會否願意用更成熟的方式好好

443

地跟爸媽討論？或許他們也會願意更改家規，就像剛剛父親也就同意降低他對你學業的要求，只要你不被死當就好了。」

當治療者的言語中暗示了父母親的規則較嚴時，父親有些罪疚地、喃喃說著：「我錯了！」其實治療者的用意並不在引發他的罪疚感，但有此反應是他能夠且願意改變的徵兆之一。這位父親相當想要做個好父親，他相當遵從社會規制及權威（可能從小就是乖乖牌），較少有率性而為的經驗。當我們用這樣的觀點來看問題時，發現一個有趣的現象：孩子常做出父母無法／不敢／壓抑去做的，父母愈是壓抑，孩子反抗的力道就愈強；孩子的行為竟常標示著父母若要發展為更完整的人所欠缺的「能力」，例如，在此案例中，孩子的開創、革命、花錢的價值觀，「提醒」著父母要突破其遵從、保守、守成的價值觀。人的成長是一連串面對及處理彼此差異的過程，小時與父母親、結婚後與配偶，而有了孩子後是跟孩子，只是在面對孩子時，他們的行為常會過激與不成熟，這會讓父母更擔心而引發更大的壓制，但父母可能要留意，孩子行為所指出的方向，可能是值得參考的。

治療者試圖灌注希望和標定問題，跟父親說：「我坐在這位子上聽到各種人生故事，你孩子的問題算是小的，只是他的價值觀跟你的不同，你很擔心他的行為，因為他可能會惹上像是法律問題的麻煩。你們的衝突在於他想要更自主，但你太想要替他避開麻煩，此時反而造成你跟他之間的對立與衝突。」

在此次會談中，治療者與兒子的關係建立得還算不錯，在做整合陳述之後問他：「下次是否願意再來門診？」他爽快地答應。

一週後，父親先進入診間遞給我一封信，信中強調上次父親有提到的「手腳無法搭配」、「常掉東西」、「不自覺地捉弄其他孩子」，以及「我總覺得他的腦中缺乏煞車裝置。」而問道：「是否要轉介到其他『衝動、控制障礙症』的專科？」

父親視問題為「病」（這也正是他之所以會帶兒子來精神科的原

因），但似乎他並不接受我前次治療所提出的框架，而提出打算求助於其他專家。這「治療結構危機」是在接續的治療中要優先處理的。

親職的目的並不僅只是將子代「納入規制」，而是經由兩代間價值觀的衝撞而得以超越的歷程。父親常希望孩子青出於藍，但當孩子跟他不同時，反而又常因自己的擔心、不安而想要去保護／限制孩子。綜觀人類歷史可發現「時代乃在後浪對前浪的挑戰中進步」，用這樣的觀點，我們能看到「親代在與子代的衝突中也會獲益」，以此案例為例，父親或可學到挑戰權威、規制，而能拓展其價值觀、同理孩子而更能勝任父職，甚至更貼近自己的內在。我們或可將親職視為兩代人類之間合作共創人類的未來的歷程。帶著這樣的觀點處理這對父子，就較能以更正向及包容的心情去看待孩子的「脫軌行為」，也較能去對抗父親所傳遞出來的、「孩子是不對的」的壓力，而能讓不同立場的觀點相互對話，進而促成接受或消化對方的觀點而得以持續成長。

對於父親所採取的「病」的觀點，我的處遇描述如下：「剛剛聽了你們的說法，我發現你們都已把自己的觀點說得很清楚，我想我也必須提出我的觀點，我們一起討論（@肉搏戰、@家庭治療中的人稱代名詞）。父親並不是聽不懂孩子所說的，而是認為『正常的』孩子不會這麼做，問題是出在你們的『觀念不同』。這一陣子父親很努力地回想一些你出問題的蛛絲馬跡，來『證明』你得了『病』，這也是他帶你來醫院的原因。我想，不關心的父母是不會這麼用心的；我也很用心地用我醫學方面的知識，來檢查你所提出來的資料，這也就是上次門診我會問他（兒子）是否有頭部外傷、昏倒、抽筋，或是『醒來不知為何會在此』的經驗的原因。當然，我在此並沒有做任何儀器的檢驗，但從他現在的狀況，我會比較注重現在及往後的問題，而非找出先前腦部有什麼問題，當然這也要繼續觀察他（兒子）『是否有能力管理自己的行為，而不是被衝動所控制』而定。如果他無法處理衝動，那麼就會需要更多外力的強制或幫忙。（轉向兒子）不知你現在經過一連串的事件之後，

445

能否克服花錢的衝動？（兒子點頭）所以，你可以用你的行為來累積信用……」

由此形成父親給他固定的零用錢以增進其控制錢（自主）的能力，並答應他去打工賺取不夠花的費用，而兒子則願意以行為來證明自己的能力，並承擔自己行為的後果。

之後，他們間的衝突減少了，兒子繼續當學生、當個「利用父母」的聰明小孩，他把書唸好，又有足夠的錢及空間去追求自己的理想生活。雖然，他的價值觀是父親並不贊同的（老實說，治療者也不贊同）、注重物慾的，但那是他的選擇，只要他能負起自己選擇的責任，如他去打工賺錢又能顧及功課，以及後果如要是他犯法會由法律來處理，那真的是他的「命」（性格形塑命運）；父親要克服的是把自己的價值觀套在孩子身上，以及看到孩子吃苦（付出代價）的不捨。

勒索

446

案例描述

在治療者的帶領之下，原先很堅持「我不要住院，也不要回家，寧願去流浪」的二十九歲兒子，在父親提出一些可行方案之後態度軟化了：「好吧！雖然繼續住院很難受。你要買 DVD 給我喔！」

在會談中，看到父子的互動模式為「父親要孩子服從」，而服從的事項包括不要亂丟菸蒂、要早睡、不該睡時不要睡、不要亂花錢等。用社會交換論的觀點，孩子的服從變成父親的需求，因為服不服從的決定權掌握在孩子手中，父子的權力關係登時主客易位，變成「父親有求於孩子」。此外，治療者也觀察到父親常會出面替孩子回答問題，而當孩子指責、違抗父親（如「我不要住院」）及拋出自己的困難時，父親會很習慣地會順著他、哄勸他、替他解決問題。由此看來，孩子對父親的

予取予求多少是父親自己養成的！

分析

　　如前述的狀況在家庭關係中屢見不鮮，許多家庭都有一不負責任的孩子，他主動地引發父母的擔心，或是被動地將父母陷入不忍（不伸出援手，就得眼睜睜地看他沒頂）的情況而予取予求；相對的，許多父母因擔心（如孩子出軌，讓他們丟臉或陷入麻煩，或是希望孩子滿足自己的慾求）而利用引發孩子的罪疚感來控制他們。前者父母困難於讓孩子學會用自己的腳站立，後者子女常被父母抓住而無法脫離。在上例中，同時可見勒索父母的孩子，以及控制孩子的父母，這兩者常如影隨形。

　　在這樣的互動中，孩子的人生哲學是：「一皮天下無難事」、「擺爛」、「天塌下來總有人頂者」、「總有人會出來擦屁股」，因為父母不會「見死不救」。類似的機轉也發生在並不是那麼「不負責任」的兩個人之間，常見在夫妻雙方做事的標準（如對清潔程度的要求）不一時，會變成愛乾淨的一位「能者多勞」；較會管教孩子的，孩子就變成他專屬的責任。在這互動中，混雜著成就感和埋怨。許多「照顧者」也是因類似的機轉而產生的，因為他無法不伸手去拉住沉淪的人，這應是難能可貴的、愛的情操，但如果他人生的成就感與價值全建立在受助者的依賴時，就可能會出問題（病態依賴）。

　　若清算前面所描述的父子互動的結果，我們會發現：孩子用無中生有的「不去流浪」和本來就在住院中的「繼續住院」來換得DVD，而父親得到孩子「不會出亂子」和未被明言的「做個好爸爸」的需求。兒子真的心想去「流浪」嗎？這像是賭梭哈的唬人，父親不能容許的是「萬一」，那時「好爸爸」的招牌就砸了，也正因此，他一直要孩子順從他的意志「不要出亂子、不要惹麻煩，否則我的臉都給你丟光了」。他失了金錢，其實對他而言這錢是他供給得起的，並不算是太大的損失，更重要的是，他因自己的慾求而沒能如實地看到孩子的狀況，例如，孩子

447

需求安全的住處，以及孩子隱藏在各種不適切的要求（如威脅要去流浪）背後對未來的擔心、害怕、沒自信與沒能力，更沒有看到如此互動的結果是孩子一直依賴他而沒能自主。要如何走出此「勒索關係」？

要走出此「勒索關係」，考驗助人者對界限、權階及情感等議題的處理，以及對被助者主體能力的判斷。助人的目標在於讓對方發揮最大的力量，並提供他憑己力站立不足之所需。達成此目標乃須經一歷程，而對於當提供什麼及提供多少的評估，是隨著歷程而變動的（是一摸索共構的歷程，沒有一固定的標準答案）。

從前面的分析中，我們已看出問題的解決之道在於「幫他長大、自主、負起自己的責任」，也就是主體性的建立。父子必須從這樣的「勒索關係」中解放出來，才能更自由、成長。

第一步是幫助他們看清楚這關係模式；不但了然是怎麼演變到目前的狀態、雙方在此互動中所扮演的角色，而且父親還要能看到兒子所欠缺的，以及自己所握有的權力與資源。

第二步是引出他們各自成長的，以及父親幫孩子成長的動機與意願；檢視他們在關係模式中的感受，特別是負向的感受，可能可增進其改變的動機。

第三步是讓他們在治療中經驗問題的解決：例如，如果他們願意處理「父親替他……」的互動，治療者可切入處理他們間界限的議題（父親「替他」的動作可能違犯了之間的界限及孩子的主體性，孩子若有抗議，而此互動仍一再發生時是一種情形，這之間可能存在著父親的擔心與關心或是孩子的順心；若孩子並不認為這是問題，那又是另一種情形，父子間在眼前似乎配合無間、你情我願，但長久來看此「依賴／照顧」模式的慣性，可能並不利於兒子主體性的培養，以及父親本身議題的因應（周怡利譯，2000）。由治療現場當下（here & now）發生的細微（micro）素材著手，會比談論治療室外發生的巨視（macro）事件有更好的效果，所以，治療者要抓住治療中發生的「行為模式」，幫他們

看到這「行為模式」跟治療室外事件的關聯。當他們看出自己的模式並同意是問題時，就可進入治療階段，因案家已成為自身問題的探索者／研究者／觀察者與改變者，不僅能更增進對彼此內在歷程的了解，也能據以打破與改造。在治療室中的練習能在當下就讓他們經驗，而不會有治療室外事件嚴重的後果。在進行這第三步時，要在後設層次讓他們體驗到第四步中成長性關係相互對待的經驗。第四步是幫助父親使用所握有的權力與資源，將勒索關係轉成成長關係；能更尊重對方的主體性、讓之間的界限更清楚、讓孩子承受他自己選擇的結果；父親能把他放在心裡、陪伴他、隨時準備回應他，甚至能跟他分享自己看到他「不成長」的感受，以及接下去能做的改變等等。

張網

母親和二十四歲的士傑一起出現在門診。母親顯得相當焦慮，士傑則沉默、陰鬱，臉上帶著傷疤。因父子衝突，母親帶著他到處求診。今天是母親費盡九牛二虎之力把他拉來的。

士傑在小學時就有老師說他「自閉」，因為常看到他「呆坐、想事情」而建議家長帶他看精神科。那時他們曾帶他來本院，但初診之後就未再回診。

士傑從小，大小事情都是母親幫他打點，父親對此相當不以為然。士傑有一個小他四歲的弟弟，父母親對他的教養態度跟士傑差不多。父親希望他能在事業上出人頭地，但士傑則志不在此。父母親常會因教養他的做法與期待不同而吵架；父親較嚴，而母親較保護，父子衝突大。雖說父母的親職態度不同是常態（@一致的教養態度），但親職應仍有好壞的判準，我認為這判準要看結果，也就是孩子成長的情況。

士傑在服完兵役之後，曾在母親安排下到親戚的公司工作，同時給他買了輛跑車。這一年多來，因為士傑辭去工作、終日無所事事，無法

449

付車的貸款（家裡掌錢的父親要他自己負責），同時也跟女友吹了，父子衝突加劇。於是今天來看診。

　　治療者「加入」士傑的方式為，說他帥、跟他談女友、工作、談他的疤等等他可能會關心的事情，並藉此澄清家庭關係及成員的狀態，例如問：「你比較帥還是弟弟？」「女友分手事件對你的影響？」「父母親那麼擔心，你認為他們擔心什麼？」「你自己也擔心工作嗎？」「你跟父親的方向有何不同？」「會有壓力嗎？」等，問了這些問句之後，終能化解他的陰鬱而變得更願意說話。當了解到父子已有幾年不講話了，治療者開玩笑地說：「沒有說話，打打也好！」接著士傑表達其實他也很想跟父親更親近，但是父親對他的期望很高，讓他一直認為自己不夠好，而且覺得父親偏愛整天笑臉迎人的弟弟。士傑並不像父母所看到的終日無所事事，其實他是關心自己未來的，如他有想開賽車及相關產品店的想法，但他認為爸爸一定不會答應。

　　母親有些罪疚感地說：「小時應該早些帶他看精神科。」治療者說：「我不確定，因為今天跟他談的時間並不長，但我認為他並沒有精神病；或許他的『真面目』我沒看到，你們相處比較久或許比較知道，但我從今天的談話中，認為只是父子或家人間溝通不良。這並不是說你們父母做得不好，或是有誰錯了，其實每個人都有自己的觀點，不是對錯的問題，若要硬說有對錯，我會說只是錯在你們要一起生活，這樣就發生了困難，因為人都會對密切相處、生活在一起的人有期望。他人的期望對我們影響很大，我們會去符合它，也可能做不到或反對它，尤其是當我們小時候……」「也有可能反而是幸好妳在他小時沒帶去看精神科呢！因為那樣的經驗和標籤對孩子及家庭關係會造成什麼樣的影響，誰知道呢？」治療者旨在撼動母親精神病的框架[121]。

　　在治療者向他們介紹參與家庭治療門診的種種（@附錄：你需要家庭治療嗎？）時，士傑似乎頗有意願處理父子關係，但母親說她已替他找到舅舅處的工作，而他因想要自己賺錢所以也想去。最後治療者讓他

做選擇，他選後者。我說：「恭喜你做了『去闖一闖』的決定，祝你成功，但也希望你失敗。」他有點楞住，母親笑著說：「醫師怎麼會這樣說？」我說：「失敗才有機會來家庭治療處理親子問題啊！」

在前面的會談中，治療者有些刻意地將「父子問題」說成「親子問題」[122]，因為：⑴母子間的保護與黏連也可能是問題，例如，她替他安排自己弟弟處的工作等，以及她用「病」的框架來看孩子的問題，例如「自閉」、要他接受「心理治療」等；⑵擔心說成父子問題時父親可能不會再來治療，說成親子關係問題時即使父親不來治療，而母親及孩子願意來也可解決問題。

在此例中，治療者對孩子要去工作或接受治療的選擇抱持「毋必也、毋固也」的態度，也就是「這樣也好，那樣也不錯」，這樣能讓個案有更大的自主選擇的空間，也像是張了一張網，他們願意「自投羅網」，很好！他們能夠成功而不必回來治療，那更好！怕就怕他們問題沒能解決而又不願回來尋求治療，那就要看在有限的初次[123]接觸中，我們張的網夠不夠大、夠不夠安全（他們願意回來面對問題）。

451

---

[121] 要把問題行為「正常化、去（de-）病化」還是「精神病化」（最近社會有把任何現象都說成是「病」，特別是精神病的傾向，如「網路成癮症」、「指考恐慌症」等）？早期的家庭治療理論家有「去病」的傾向，傾向於把孩子的病說成關係問題，用意在於反對貼上標籤的烙印影響，以及多少有認為「症狀是關係出問題的呈現」或「疾病是社會建構而成」的意味。

[122] 在此有三點需要進一步思考：⑴問題的內容，可說成是「關係」、「相處」或「疾病」等，各有何不同？⑵說成是誰的問題？母親會否接受自己也是「問題」的一部分？被說成是問題的人又會有什麼感受與反應？⑶治療者是否一定要用「問題」這個詞？不論把「出問題」說成要「改善」、「促進」、「提升」都有「出錯」或「不夠好」的意味，這似乎是不可避免的。但換個角度來看，他們尋求治療也正是想要改善，我們為什麼要規避這樣的意涵？這些問題都不是單方面可以決定的，也無法在第一時間就說好或不好，重點是雙方要在互動歷程中澄清、相互了解。經此歷程，話語的不周全性與各種曲解的可能性才會消融在深厚的了解中，如此善意才能被表達與接受，否則容易流為空話。

[123] 有時我們會用「事緩則圓」的緩兵之計來增加讓他們參與治療的可能性，如「下週再來一次，你們各自都再思考，我們可以再花一次的時間討論，這樣會比較周全」。

環境愈改善但卻愈悲慘的人

「環境的好壞與生活的品質不必然成正比」，有些個案在理智上或許能接受這樣的說法，但卻「環境愈改善但卻愈悲慘」。我們或可說這樣的人是「享受受苦」或「奮鬥不懈」，或甚至是「笨蛋」。他們是心理治療的常客。

今天就有這樣的一個「顧客」被轉介上門了。顏太太和精神科打交道已五年，住過院，做過電療。診斷雖是憂鬱症，但吃了很多種藥，甚至包含劑量不低的抗精神病藥物。這現象暗示著她症狀的難度或治療者們的無力感。這麼多年下來，她理智上知道藥物不是根本解決之道，但不舒服還是以身體症狀來表現，她也仍習慣性地「要到藥物才心安」。

今天，她和先生一起來。她長得並不頂漂亮，但穿著講究，而先生就穿著隨便的夾克。他們看起來相當恩愛，但稍微談了一下就嗅出他們之間的互動是，太太「要」先生多點時間陪她，而先生是「盡量給，但總不夠」的一對；太太的「要」，是用「病」來說得很大聲，但先生則是非常負責任的笨牛，只會把她交給醫師；他辛苦的付出，太太是絕對不會滿意的，她說她要的是「他真心的關心我」。這樣的互動模式從他們的排行得到支持：太太是眾多姊妹中間「沒人愛」的，而先生是負責任的長子。

這和常見的「索求／退縮」、「一追一跑」類似，但先生並未太退縮或跑遠，他盡量去符合她的需求，只是總無法滿足〔但最少維持住關係〕。太太所要的「他真心的關心我」，可用「我要你自動自發……」（be spontaneous）的雙重束縛模式 [124] 來說明，亦即，「我求來的都不算，我要你自動（就能猜到我要的是什麼）」。

太太說：「我嫁給他不久就發現，我什麼都不是，我的上面有婆婆，還有一個婆婆的媽媽，我叫她『祖母』。我心裡不舒服，時常期待先生來

關心我，但……」為了維護先生，我問太太說：「當時妳曾向先生說妳要他的關心，妳要他和妳一起面對他的媽媽及祖母嗎？」她的答案是「為了……，所以沒有。」「我在心裡期待著，但是他……」為了平衡，我也問先生：「你真的看不出來太太的需要嗎？」他們也真是絕配，這麼多年了先生確實還沒開竅，真是老實得像根木頭。太太要求他陪，他總是沒時間，但他在物質生活及陪她看病上盡力滿足太太。我向太太說：「看來妳的病最好是不要好起來，不然，他會陪妳做些什麼事？」

他們結婚已近二十年。起先他們與夫家同住，只有在她身體不舒服時，先生才會陪她，直到太太生了場大病之後，先生才勉強答應搬離，組成小家庭。婚前太太期望組成小家庭，而先生則希望討個能好好照顧媽媽及祖母的太太，自然希望大家同住。「但是，想不到搬離了，仍不能解決問題。」太太說：「甚至祖母去世了，原本以為可以輕鬆些，但我反而更不快樂。」為什麼現在會更嚴重，甚至一再想著「活著沒什麼意義」呢？她說：「孩子現在都長大將要成家了，想到將來的日子，實在很想現在就死掉，要不是孩子們都說『媽媽死，我們也跟著去死』，我早就自殺了。」

對於這樣的訊息，我的反應是：(1)反問她：「這樣子好嗎？如果孩子結婚了，妳怎麼辦？孩子怎會放得下心離開妳？將來可能養成另一個護著母親，而不能愛太太的男人。」(2)向先生說：「孩子都是太太的，你很孤單吧！你在外為了家打拚，但是家卻沒了。」再向太太說：「妳有沒有想過，妳們是如何將先生踢開的呢？」讀者或許會問：「怎會跳

453

124　媽媽跟小明說：「你要自動自發地去做功課。」當他做了功課，媽媽罵他說：「我叫你做你才做，你真是被動！」若是小明沒做功課，媽媽就更有話說了。所以，只要媽媽祭出這「你要自動自發」的指令時，小明必定陷入「做也敗、不做也敗」的必輸之境。另外，如先生向太太說：「妳不要太聽我的話！妳也可以反抗啊！」這句話從字面上看似悖論，但先生的非語言訊息是充滿善意與期待的，因此他們或許並不會發生病態雙重束縛的互動，例如，太太在違抗先生時，他又嚴屬地對待她，在她順從時又激她不能自主。

得這麼快？」其實，當治療者有家庭生命週期及互動圖（@治療者對問題的「心像」）在心裡時，就可做到這些，你大可不必擔心他們無法跟上，因為他們浸泡在這生命故事中已很久了。以家庭生命週期的脈絡來看案家的成長故事，會是相當能貼近案家的舉動，甚至一些處遇也將隱然成形，例如：處理她面對空巢期的議題、促進夫妻有共享的生活、促進太太認出先生表達關心的方式、了解先生的家庭觀等等。經過多年的失望，太太劃清夫妻間界限、獨立開來的想法愈來愈強，雖然比較像是猛然切斷，不是良好的分化，而且充滿著猶豫，例如，她說：「我已不期待先生了，我要靠自己成長，但是我一點人生方向都沒有，朋友都說我已到了該享福的日子了，但是……」

在會談中的前期，我一再去了解他們實際生活中時間的安排，先生感到我似乎在要求他花更多時間陪伴太太。在他們卡在「先生總是太忙、沒有時間」的困境，而陷入無解的情緒中時，我向他們說：「我有解決的辦法，但是要你們真的想要改變，我才跟你們說。」他們表現得相當有解決的意願，於是治療者接著說：「先生找個幫手照顧事業，或是太太出去找個『先生』來愛她，不就結了。」太太說：「不瞞你說，幾年前我確實有過外遇，那個男人對我很體貼……」而先生則說出各種不能找幫手的理由，此時我心中浮現的是：「太太重要，還是事業重要？」確實，太太證實她心裡總是如此納悶的，另一個想法是「難道他有外遇？」這點目前所知道的外遇對象是「工作」。到了會談末期，先生說：「我盡量多放些假來陪她就是了。」對此，太太露出不屑的神情：「他做不到的。」我也相信他是做不到的。我向他們說：「我期待的並不是那麼大的改變，在治療中是要促成一些改變，但不是要這麼巨大及勉強的。質比量來得重要，我期待發生的是，在現在的日常安排中就能做到的改變。」此時，太太深表贊同，而先生似乎也鬆了口氣。

在安排正式的家庭治療時，我覺得踢到類似太太所踢到的鐵板，先生堅持：「若碰到臨時加班，我們就不來。」這一點我沒馬上答應，會

談停止在：「你們回去再商量，下週來告訴我，我們再討論。」此時太太拒絕再開藥物，我答應她。因為在會談中雖然她有哭，但她並不是憂鬱症的個案，只是他們在許多方面卡得太死：太太用病、自殺等方式，想要拉近先生，但先生抱住原生家庭及工作死也不肯放手，將他們黏在一起的是味如雞肋的責任。

　　會談結束後，我想要對太太說的是：「她大可利用先生的願意負責任來好好地自我成長。」若是他們不答應一起來，我要不要接案？我想到的是：接受太太一個人來，而目標放在她本人的成長——「找到人生方向」，如此或可帶動先生改變、讓孩子自由。如此做時，我要禁止先生來會談一陣子，恭維他願繼續在外打拚賺錢，提供太太成長的機會。在實戰中，可能會要太太在某些部分繼續保持主動，例如，在感到親密需求 **125** 時，就去抱怨身體的病痛來向先生要求，但要做得跟以前不同的是，要節制自己，不要在先生下班回家一進門就抱怨，而要在先生更有機會給出關心的時候去要；另外，在某些部分則要她放棄主動，例如，治療者說她笨，她「一再用自己的身體跟生命來幫助先生成長（與原生家庭分化），但這樣的方式太笨了、不值得，因為自己的犧牲太大了，而先生一點兒都沒聽懂，也沒有成長。」另外，也可考慮用「反轉」的方式，要太太反而要去催促先生多花時間好好盡長子的責任，照顧媽媽，讓他放心地當孝子，這樣最少他們不會陷於「他要，而她反對」的平衡中，可能會有助於先生重新定位他在母親和太太間的位置。

　　想定了，自己也就感到有能量去迎接他們了。

455

125　這親密需求與獨立自主不但不衝突、矛盾，反而是愈能去要到而且感到親密需求的滿足，就愈能分化、在關係中自主。

賦權使能的實例

治療中的賦權使能是治療者幫助案家成員變得更有能力感，這能力感來自個案內（認知、情感、意向及行動）、個案與他人（關係），及與所處環境（脈絡）間有更大的彈性與空間（楊連謙，2000）。治療者權力的施行在於幫助個案在關係中成長（楊連謙，2004）。但要怎麼做呢？以下我們用家庭治療實例逐字稿（但因礙於篇幅及保護隱私而有稍做修改），來呈現治療者蘇建銘醫師如何在個案做了所交代作業、有所進展之後，讓案家更有能力感。讀者可多留意他所使用的問句及其鋪陳和策略（@家庭治療中的詢問）。

這是張家的第三次治療。兒子仁興，二十八歲，未婚無業。他被診斷為精神分裂症已有十三年，家裡有父母及弟弟，但前來治療的總是父母及他三人。弟弟常不在家，常在家的媽媽較會要他「怎麼做、怎麼做比較好」，而較少在家的爸爸則較會順著仁興，滿足他的需求。仁興在被批評及自覺不如人時會生悶氣，這時母親的話常會引他生氣。這是他們前來治療的主因。

互動過程	詮　釋
父親：仁興這兩週控制得比較好。大概是換了藥的緣故，但他會說日間住院很乏味，從這個月開始就沒有再去參加了。 子：對啊！一個人不知道要去哪，每天生活有點乏味。	治療者選擇不去探究兒子「缺失」（生活乏味）的部分，而回到治療主軸去檢查上次的作業，如此會有延續感。
治療者（問子）：上次談的作業不知你做得如何？ 子親：醫師有交代的，我都有照章執行。 治療者（問父母）：就你們的觀察，你們同意他所説的嗎？	從子的回答及父母的「舉證」中，相信他是有進步的，最少在某些面向上。

互動過程	註　釋
母親：我同意，而且他這一兩個禮拜較會為別人著想。他不僅在爸爸下班時會替他倒水，也希望自己有事情做，會著手安排自己的生活。 子：我可以跟媽媽一起去山上走走。 父親：仁興以前常話聽不清楚就會對媽媽生氣，現在已經比較好了。	
治療者：你覺得是什麼原因呢？ 子：一方面是心情沒有什麼很大的起伏，我也不知道什麼因素。就是心情起伏都平平的。 父親：他跟人家接觸的時候。	讓案家思索、形成「進步原因」的論述。
子：接觸的時候比較少，但是還有接觸啦！ 父親：比較少。 子：（離題故略）	父親「據實」以報，仁興相當「愛面子」，擔心自己不好的部分被揭露。 「愛面子」是個案要表現好的動力，也可能會因此而有所隱瞞與「報喜不報憂」的危險；治療中要擔心的是，他這麼「愛面子」會否限制了其他的論述；另外，因「想表現給外人看」而表現好，此時動機是來自外界，將來要轉成來自自身的內求。
叩應：繼續肯定仁興的改變，並強調母親所說的他會替別人著想。	督導希望多護持萌芽的部分。
治療者：剛剛後面的團隊說，即使我剛剛講的這兩點進步之外，媽媽有補充一點啦，除了說情緒控制比較好，然後可以來這邊自己規劃，這邊結束以後要做什麼，訂一個案，自己的計畫就能夠去實踐出來。除了這兩點進步之	治療者不勝其煩地重複列舉進步之處，這有打樁、鞏固已然發生的改變的效果。 個案真的需要如此「不勝其煩」嗎？在小孩長大的歷程中，是有一階段他必須一再一

457

（續）

互動過程	詮　釋
外，還有一點很重要的進步，那團隊有看到，補充給你知道，還有一點就是，媽媽找出來的，說你有一點很大的進步，開始會，愈來愈會替別人著想了。	再地重複練習，才能養成自信與自性。
子：我以前就有這替別人著想、想要幫忙的心。 治療者：就是說你那種想要幫忙別人，會替人著想的心一直在。	子有些「邀功」的意味，治療者順著他，深植說這心是本然固有的。
子：心在，但是那個…… 治療者：有時候有不從心的時候，但是你還是盡量找機會做，例如說能夠幫爸爸倒水對不對？	子對於肯定有些忐忑，又想回到「yes, but」的句型來 undo（抵消）。治療者則「順水推舟」地接受他的「但是」，但再加一個「但是」，「但是你還是盡量找機會做」，並舉了一個具體事例，讓他無從「狡賴」。
〔兒子提出某位不是很熟的人看他，他會覺得怪怪的。〕 子：就你走過去他眼睛一直瞄著你， 治療者：心情會受到什麼影響？ 子：心情就覺得滿……滿…… 治療者：等一下，我們來讓父母親猜一猜好了。媽媽你覺得仁興，他心情可能會怎麼樣？	治療者讓父母來猜孩子的感受。這「猜」能讓揣測者在心裡換位置，去同理被猜測的對象。
父親：是不是有敵意？ 母親：他心裡上是不是對他，可能就會想比較多……	父母都較著重在「外在」，外面的敵意和他的「行為」是想得比較多，而非「內在」的感受。於是治療者再次提示。
治療者：那心情會變得怎麼樣？哪一種、哪一種？ 母親：他可能會想說，這個人是看我做什	雖然母親仍然是描述子可能的行為，但是能比較貼近他的感受了，兒子馬上就有了被肯定

458

（續）

互動過程	詮　釋
麼？為什麼一直看我？ 子：對呀！ 母親：那種心理…… 治療者：那種心理會是怎麼樣的心情？	到的反應。
母親：懷疑説這個人是怎樣的心理。那我常告訴仁興要往好的方向去想，想你比較不舒服或比較不好的方向，你的心情會跟著起伏。	母親還是老習慣，想要替他解決問題。
治療者：這種事情，以前也有過嗎？ 母親：對，以前有過，但是他會，好像是會往牛角尖鑽。 治療者：哦，那這兩個禮拜呢？ 母親：這兩個禮拜比較不會。	治療者得知以前也曾有過類似經驗之後，治療者將時間做切割問母親「這兩個禮拜呢？」如此與先前做比較，可以看清楚這兩週的進步，而不會被過去的失敗經驗一竿子打翻了。這是比較問句的一種，拿時間前後來比較。
治療者：真的呀？你怎麼發現他這兩個禮拜比較不會？你怎麼發現的？ 母親：因為我跟他談，他在家跟我談話，假設我一句話跟他講，我不知道怎麼跟他講，我怕我跟他講話好還是不講話好，那種心態，我真的會有這種顧慮，那不跟他講話他也會説怎樣不講話，那他現在就，這兩個禮拜沒有。而且這兩個禮拜我比較忙，出去回來他也不會怪我説「媽，妳這麼晚回來？」 治療者：哦，真的呀。 母：我就很快樂。	在「比較問句」之後接著把差異具體化，如「你怎麼發現的？」「你看到什麼（讓你做出這樣的判斷）？」這也有把個案推到後設的位置上，讓他去評估、審視自己為什麼會有這樣的變化的效果。
治療者：哦，仁興也讓媽媽快樂。 母親：對。	治療者在功勞簿上又記上一筆，並將仁興的行動與母親的心情做連結，希望如此能增加此行為發生的頻率。

（續）

互動過程	註　釋
治療者：我想問爸爸，你觀察比較清楚哦，你想想看，這倒底是誰的改變呢？是誰改變了，怎麼會變成這樣？怎麼會有這樣的結果？ 父親：他這個哦…… 治療者：這兩個禮拜到底是誰改變了？ 父親：我不確定是藥物，還是跟人家接觸，還是天候，他有時候會起起伏伏啦！假使他不能控制的時候呀，他什麼事情都不順眼，怎樣都會找出問題來。 治療者：他的反應沒有像過去那樣。 父：對！	在問完母親之後，治療者轉而問父親。治療者用了幾個「你」，如「你」觀察比較清楚、「你」想想看。這樣「你一我」的說話方式（@家庭治療中的人稱代名詞）能促進他內省、肯定他的主體性，以及視他為平等。 另外，值得注意的是，其實最好要避免這樣連珠炮式的問法，一個一個問，急與快常會失去許多有意義的材料。
治療者：那仁興的反應也讓媽媽覺得快樂，仁興你知道自己有這樣的改變讓媽媽比較快樂嗎？ 子：應該有。 治療者：應該有，你怎麼發現的？你怎麼知道媽媽比較快樂？ 子：她心理表現在心情上面。 治療者：哦，你看得出媽媽這兩個禮拜有不一樣？ 子：嗯，她有跟我講…… 治療者：哦，她有跟你講？她跟你講之前你知道嗎？ 子：跟我講之前？好像，好像可以隱隱約約地看出來。 治療者：但是講了以後更確定？ 子：嗯！	問完父母，治療者轉到孩子身上，問同樣的問題，這是「循環詰問」。讓他們比較對方觀點的差異，並強化這差異。接著是把差異具體化的問句。
治療者：哦，那你覺得媽媽這兩週有改變嗎？ 子：嗯。 治療者：那媽媽改變在哪裡？你看到媽媽有什麼改變嗎？	問完父母及子對子的觀察，治療者掉轉方向問子對母親改變的觀察。

（續）

互動過程	詮　釋
子：就是那個，她會，她會那個，說我比較進步。	
治療者：哦，她會說你比較進步？ 子：對對對！ 治療者：以前不會這樣嗎？ 子：以前哦？以前也會說啦！ 治療者：也會說。 子：嗯！	子又將焦點拉回到自己身上。治療者跟隨。先確定「母會說子比較進步」是最近的變化嗎？
治療者：那媽媽說你進步的時候，你心情怎麼樣？ 子：心情不錯。 治療者：不錯？是怎麼樣的心情？ 子：嗯，就是覺得自己好像有進步呀！ 治療者：哦，你喜歡媽媽說嗎？ 子：是還可以。 治療者：還可以，是喜歡還是還可以？ 子：喜歡。 治療者：喜歡是吧？你會說「還可以」是不好意思，是不是？ 子：不知道，應該是喜歡。 治療者：喜歡媽媽這樣說你進步是吧？ 子：嗯！	治療者探索孩子的心情。
治療者：那媽媽怎麼會說你進步呢？ 子：就比較少為小事發脾氣。 治療者：哦，真的哦？所以的確你有一些不一樣囉？ 子：對。 治療者：你不一樣，媽媽才說你進步的嘛？ 子：對。 治療者：那我剛要問你們說，進步的因素是什麼？好像，我不知道問到哪裡忘	治療者問「媽媽怎麼會說你進步呢？」如此同時肯定了母及子。

461

（續）

互動過程	註　　釋
記了？怎麼會有這樣的進步？ 〔父親沒有切題回答，說出更多仁興進步之處，之後仁興提到爲某病就醫的負向經驗。〕 子：進去診間看也沒幾分鐘，也不幫我做 　　檢查。	
治療者：那時你是哪種情緒？ 子：心裡非常不舒服。 治療者：哪一種情緒？會生氣嗎？ 子：生氣，生氣是。 治療者：來，我一個一個問好了。 子：好。 治療者：會覺得受到傷害嗎？ 子：傷害，這…… 治療者：會不會覺得受到傷害？ 子：會覺得他沒有醫德，有失望的感覺 　　　啦！失望跟無奈加有一點點不高興。 治療者：有生氣嗎？ 子：生氣，倒還不是，小生氣啦。 治療者：小生氣。 父親：呵，不是很嚴重。 治療者：哦！哦！聽起來是無奈嘛哦，失 　　　　望，小生氣嘛，不高興，生氣，會不 　　　　會，我現在只是一個一個問啦，有些 　　　　可能沒有啦哦，所以沒有覺得受傷害 　　　　啦？ 子：受傷害倒不至於。 治療者：會那個，會覺得沒有安全感嗎？ 子：安全感嗎？不會呀。 治療者：會覺得被忽略，被輕視嗎？ 子：會覺得說他看我以前有精神科的病 　　　歷，他就會這樣。	治療者利用負向經驗來教個案辨識情緒。

（續）

互動過程	詮　　釋
治療者：會覺得被忽視、被看不起嗎？ 子：有一點點。 治療者：會難過？ 子：難過還可以，還沒有。 治療者：還沒有？會害怕嗎？ 子：不會，不會。 治療者：會孤單嗎？ 子：不會。 治療者：會緊張嗎？ 子：不會，孤單是我回去不知道做什麼事情就會孤單。	
治療者：好，聽起來就是幾個嘛，一個是，失望，還有被……小生氣，還有那個什麼？被忽視……，對不對？好像你對自己情緒也覺察得很清楚嘛，我們要控制情緒的第一個步驟就是要覺察自己的情緒，對不對？你們同意嗎？同意嗎？如果一個人要控制一個人的情緒，那第一步是不是要了解，我現在覺察是什麼情緒？ 父親：要自己了解。 治療者：對對對，仁興這一點做得不錯呀，情緒方面。	治療者肯定仁興對自己情緒的覺察能力，並說明覺察的重要性。
〔仁興再提自己的身體問題〕 子：我心裡總是覺得說，怎麼會那麼久還不好呀？ 治療者：那這個時候心情會怎麼樣？ 子：這個時候心情會有那個，有一點好像是，一直不好，我是抱著希望啦，然後心情是抱著希望，期待啦，還是，就是想要好啦，就對了。 父親：他這個來講，他這個也是困擾。	治療者藉題發揮；仁興說他的身體，治療者藉此題材再次要他練習辨識情緒。

463

（續）

互動過程	詮　　釋
治療者：現在問說阿姨這樣跟你講，你心情有沒有受到影響？ 子：沒有。 治療者：不會？ 子：沒有給人家看到。	
治療者：我記得仁興好像上禮拜結束之前提了一個建議說，以後我們來這邊是不是要訂一兩個主題嘛。 父親：對對對。 治療者：第一個是說情緒控制嘛，第二個是說生活規劃的問題嘛，好像你這兩個目的，你這兩個禮拜做得都滿有進步的啊！ 父親：生活規劃。 治療者：然後，會談的目標裡面好像也達到一個共識嘛，你們三個還記得嗎？你們會談的目標。	治療者回歸治療主軸。鎖定治療主軸的好處之一是大家會比較有方向感。
父親：對，他那個，他那個規劃來講，他現在目前來講，他一個人的話，他有心理的依賴性。 治療者：好，對，等一下，好！好的，我想那個，爸爸好像很希望說，那個仁興所有的，不是很理想的部分，通通變得非常理想哦。 父親：沒有，這…… 治療者：所以，所以一直會提這個部分，我想比較重要是說，現在我們看到那個，我們再回顧一下我們來這邊的目標，跟仁興比較關心的部分，包括上禮拜提到的……	父親沒能跟隨治療者拋出的「談治療目標」，此時治療者說出父親的用意是「很希望說仁興變得非常理想哦」，但仍堅持回顧治療目標。 或許治療者的打斷有些急，而所提出的詮釋「很希望說仁興變得非常理想哦」，也未被父親所接受。

（續）

互動過程	詮　釋
治療者：還滿快樂的。然後爸爸希望仁興能夠更上一層樓，哦，對吧，那既然這樣，就什麼通通都解決了。那我剛剛是問說，仁興上禮拜提到兩種，一種是控制，一種是未來規劃的問題，乃至於我又想到說，我們在會談的時候，我們都有一個，三個人好像都有一個共識嘛，這通常好像都跟仁興人際相處有關。 母親：對，人際相處。 治療者：人際相處，然後爸爸補充一點，是鑽牛角尖，會不會思考這個部分，那然後聽到媽媽說，這兩個禮拜好像，耶，這個兒子鑽在負面思考的狀況比較好了。 母親：這兩個禮拜比較好了。 治療者：我們剛剛的，我們一開始的會談目標是不是就這樣？ 子：對。	前面父親似乎不接受治療者的說法，這多少會損及治療關係，因此治療者「抹了些粉」讓氣氛緩和些，他重提母親的「媽媽對仁興這兩個禮拜的改變好像滿高興的」，以及父親的「希望仁興能夠更上一層樓」；前者一再被治療者引用，用來證明「仁興有進步」，這有彌補治療關係之效。
治療者：然後你提了人際關係，你最想改善跟家人嘛，你覺得目前跟家人的關係有改善嗎？ 子：有有有，有改善了。 治療者：怎麼說？ 子：就，不會發脾氣啊，不會鑽牛角尖。	在確定「人際關係」的治療目標之後，治療者問子關於親子關係的改善情況。
治療者：你覺得，是你的改變還是爸爸媽媽的改變讓你比較不會發脾氣、不會鑽牛角尖？ 子：其實我都沒有注意那麼多耶，應該大家都有，都有。 治療者：大家都有！	在子承認有改善之後，治療者問：「是誰的改變讓他改變」，接著再問：「那你發現父母親改變的是什麼？」這些像是問句套餐（@其他詢問的套餐）。

465

（續）

互動過程	詮　釋
子：我是小細節比較不會強調。 治療者：哦哦，沒關係、沒關係，你是說大家都有改變哦，那你發現父母親改變的是什麼？ 子：沒有，就差不多是說，他看我心情好他也會好。 〔父親插入談話，故治療者跟子的對話被打斷。〕	
治療者：那你（父親）發現仁興的改變是什麼？媽媽的改變是什麼？ 父親：媽媽講話有的很直，她講話的技巧啊，各方面。 治療者：媽媽的改變是說話的部分？ 父親：我覺得她在這方面有改變。	父親相當保留地談論太太說話的特點，尚聽不出是恭維還是批評。治療者將之抽象化，用「媽媽的改變是說話的部分」來回應，而非以直及技巧不好。
治療者：從什麼變成什麼？ 父親：就問仁興的時候或怎麼樣，不要直接講。 母親：因為這兩個禮拜我在家的時間沒有那麼多，我晚回來，他也沒有什麼生氣。 治療者：那你同意你先生所說的，你這方面有改變？	治療者要父親具體談改變，「從什麼變成什麼」，母親舉出實例。
母親：有，我先生叫我不要直接跟仁興，直接講他比較不能接納我的話，順著他這樣講，他心裡也高興，我覺得這兩個禮拜可能是這樣子的互動，那感覺會比較好。 治療者：所以你同意你先生的話，表示你可以接受他的意見，你甚至講話也有些改變。 母親：對。	在母親的內容中，治療者聽到夫妻互動的部分，先生會勸太太跟仁興講話不要太直，太太能夠接受；她與仁興的互動改善，她也喜歡這樣的結果。治療者反映他所聽到的。

（續）

互動過程	詮　釋
治療者：所以你們夫妻好像也都為了這個小孩子，讓他愈來愈好，就會有一些彼此的討論，會互相討論，怎麼共同來幫忙這個小孩子。 母：希望是這樣。	治療者肯定夫妻間的討論。母親表示歡迎父母間的討論。
治療者（對母說）：好，先生有觀察到妳的一些改變嘛哦。 母親：嗯。 治療者：那你有觀察到先生有什麼不一樣嗎？在這兩週？	治療者開始問妻，夫是否看到她這兩週的改變，妻似乎還不太了解治療者的問話，治療者遂改為較簡單的問話，問她所看到夫的變化。
母親：我先生回來，仁興會迎接他爸爸下班，他會比較包容爸爸下班很累，以前他會說爸爸下班我們去哪、去哪，可是他現在回來不會，有時候幫他倒水，或是買個什麼果汁給他。 治療者：真的哦？ 母親：我是這兩個禮拜這樣觀察，我自己的觀察。	母仍回答父子關係的變化，而非先生本人的變化。
治療者：另外呢，母子之間好像相處也比較不一樣了。 母親：對！我是覺得仁興最近比較，我沒有空他也能接受，他能自己去安排自己的一個規劃。	問完妻對父子的觀察，再問她對母子的觀察。
治療者：仁興，爸爸跟媽媽說的，你跟爸爸的互動、跟媽媽的互動都有些不一樣了，是這樣嗎？ 子：對呀！ 治療者：對哦，那你有觀察到爸爸媽媽他們的互動有沒有什麼不一樣？ 子：比較沒有觀察。 治療者：沒有觀察，沒有注意到這一點。爸爸媽媽在這兩個禮拜上……	治療者轉向子，並問他父母間的互動有何不同。當子說「比較沒有觀察」之後，治療者堅持再問一次，這堅持的動作是很好的，因為此處有點像是披荊斬棘探索他未曾想過之境，促其思索。

467

（續）

互動過程	詮　釋
子親：有啊有啊！爸爸會早點睡。 治療者：耶，那你們家都是誰最晚睡？ 子親：都是我或爸爸比較晚睡。 治療者：那爸爸這兩個禮拜都幾點睡？ 父親：這兩個禮拜，最近的話，大概有時候十點半、十一點。 治療者：哦？那以前呢？ 母親：最近。 父親：以前都十一點半呀，十二點，假日的話都一點多。 治療者：那你們好像，家裡兩個男人的睡眠有些相關性，爸爸早睡仁興就早睡，爸爸晚睡仁興就晚睡。 父：我是晚上要看他吃完藥。 母：仁興差不多睡了他才去睡。	也可去探索爸爸早睡對於家庭的影響。 在答話中常會聽到非預期的答案，這就是新的區域，像此處的睡覺，治療者從「睡覺」探索家庭互動生活結構。
治療者：哦，真的哦，哦，是這樣子的哦，那爸爸的睡眠時間是跟仁興互動的。那你，還是仁興的睡眠跟爸爸？ 父親：是我跟他。 治療者：仁興，是爸爸跟你，還是你跟他？ 子親：爸爸跟我。 治療者：哦，所以好像現在聽起來，你的改變讓家裡改變不少哦，是嗎？ 子：對。	看出子是「中心」（恆星），父母是隨著他動（的行星）；中心改變全家都跟著改變。
治療者：這週聽起來好像，你好像做了一些改變，然後讓爸爸媽媽都比較高興，然後也比較早睡，那你做這些改變，心裡心情會不會委屈呀？犧牲呀？ 子：不會、不會。	探索「進步」現象的對話在問他會否委屈（或被強迫）中告結。

468

（續）

互動過程	詮　　釋
治療者：不然、不然這樣好了，因為我們還有一些時間嘛，你們再討論一下，然後我聽聽看，過程裡面有沒有一些經驗可以跟大家一起分享，好不好？你們再討論一下，因為上次這樣討論好像仁興自己做了一個定案，那個定案回去就能實踐，這樣可以嗎？ 子：可以 治療者：你們再討論一下好不好？ 〔以下略〕	治療者利用剩下的時間引發家庭互動，並用上次仁興「做了定案，就能實踐」作為「引發互動」的理由，此舉也有肯定仁興的附加作用。另外，值得注意的是，治療者在做介入時，先取得到他們的同意。

　　讀者可以再看一次詮釋欄中的講解。治療者抓緊已然發生的「進步」，促進他們對內在的覺察，對其他人（知情意行）及其關係的觀察，以及對其他人的（知情意行、關係）影響，更重要的是，將討論出來的實踐在行動上。

參考文獻

周怜利譯（2000）。Erikson 老年研究報告。台北市：張老師。

洪志美譯（1991）。人際溝通分析。台北市：張老師。

陳華、黃新美譯（1992）。醫學人類學。台北市：桂冠。

楊添圍、周仁宇譯（1999）。人我之間：客體關係理論實務。台北市：心理。

楊連謙（2000）。婚姻治療中賦權使能的歷程：一病態嫉妒個案的經驗。應用心理研究，5，213-250。

楊連謙（2004）。關係發展：從階層關係到成長關係。諮商與輔導月刊，224，40-46。

葉光輝（2000）。家庭共親職互動文化類型之探討。中華心理衛生學刊，13(4)，33-76。

Miermont, J. (1995). *The dictionary of family therapy*. UK: Blackwell Publishers Ltd.

附錄

你需要家庭治療嗎？

關於家庭

　　在談到嚴肅的家庭治療之前，讓我們先閉上眼睛想想家庭是什麼，及家庭對我們的影響。家庭好像是空氣一般，我們身處其中，卻很少去想到前面的兩個問題。你有沒有想過「家庭」是活的？它有它的生命及發展，它有它的誕生、成長、生病，也會死亡。你可曾想過父母也有他們年輕的歲月，他們是來自兩個不同的家庭，他們剛成立他們的家庭時，曾面對哪些問題，他們是如何做出他們建立這個家的種種決定的？他們當時的生活難題是什麼，他們是如何克服的？他們是如何協調的呢？接著，你們兄弟姊妹一個個出生，家庭的組成一再改變，你們手足每個人對你們家的看法與感受都必定會有相當大的差異。人們在家庭中成長，每個人又處於不同的成長階段；父母有他們年齡的成長問題，例如，面對中年危機、職業成就等；而小孩也有自己成長所要面對的，如升學壓力和角色與性別認同、身體的變化等等。所以，若以家庭整體來看這些問題時，你會發覺家庭是隨時在變化的，而家庭是很複雜的現象。

危機與轉機

　　在家庭的發展過程中必定會遭遇許多危機，它可能來自家庭內或外，也可能是可預期或突發的。家庭內的危機是指如某個成員生病、生

471

產、長大了（如青少年）、結婚、失業或死亡等等；家庭外的是指來自
社會的，如戰爭、地震、經濟蕭條等等。若是可預期的壓力，成員會有
時間做心理準備，而若是突發的，則會措手不及；若這壓力是短暫的，
家庭若能度過危難則可回復到原有的狀態，而若這壓力是長期的（如某
人生了慢性病），那麼整個家庭必定會做結構上的調整。面對這些壓力
與變動時，家庭會形成面對或解決的方式。

　　什麼時候家庭會來尋求協助呢？當家庭面對危機或壓力，而試圖解
決問題的方式無法奏效，此時會有成員產生症狀。所以，當有人覺得在
家裡生活不愉快，他被「鎖」在重複且僵化的互動模式之中無法超脫出
來，而在要完成自己生命階段任務遇到阻礙時，就可能會來求助。

關於「症狀」

　　家庭治療者視「症狀」為互動模式出了問題的警訊，而這僵化的模
式是家庭中每個人都有份的；你可想想看，家庭這緊密連結的團體，只
要任一個人表現得與原來不同，整個家庭就會不同。或許你曾有過與先
生吵架的經驗，當你不以慣有的方式回應（例如，你平常是以生氣，而
改以幽默、調侃的方式）時，你會注意到，你們接下來的互動會多麼的
不同。家庭治療者相信兩個親密的人的互動，很難也不必要去尋找孰因
孰果，俗話說「一個巴掌拍不響」是很好的描寫；人的行為常是被對方
發出的訊號及自己的慣習所制約的。當我們解決了這僵化的互動時，每
個家人都被釋放而得以成長。所以，症狀也可說成是上天給家庭很好的
禮物呢！因為症狀給了家庭重新檢視他們之間關係及更圓滿解決問題的
機會，這正是老生常談所說的「危機正是轉機」！

　　家庭治療的目標就在於使家庭中的每個人都能更自由、更負起自己
人生的責任。值得強調的是，「每個人」是以不犧牲任何一個成員為原
則，因為有些家庭在解決問題時會犧牲了某個人，如代罪羔羊、太吃苦

的母親、過度負責任的父親等，這「用犧牲某人來解決問題」的做法，在短期內似乎有速效，但長期來看對家庭是不好的。

家庭治療能處理什麼問題呢？

家庭治療比較不去理會為什麼會產生「症狀」，而較注重如何去調適或解決因症狀而產生的不良解決問題的互動模式。所以，舉凡人生階段遭遇的危機（小孩的教養、青少年的問題行為、婚姻問題、空巢期的過渡等）、人與人（夫妻、親子、原生家庭、包括與自己）相處的問題、病態的行為（如口吃、夜尿、酒癮、藥癮、厭食症、身體化症狀等等），都可應用家庭治療的理論及方法來加以處理。

你來我們家庭治療門診之前要知道的事

在選擇要利用這個門診之前，請先慎重考慮：

1. 你本身準備好要為了使自己活得更好而做某些改變了沒？我們認為在你們痛苦的互動關係中，只要任何一人的改變，必然能引發對方的改變。對於自己要做改變而感到有些遲疑，是很正常的反應。我們相信你們在來到這門診之前已做了許多的努力，但結果是挫折的；改變是相當困難的事，也會引起很大的恐懼，因為你已選擇了你認為最好的因應當前困擾的方式，而也已經習慣了。

2. 要來門診十到二十次，是需要相當恆心與毅力的，也需要克服相當多的現實困難。因為這個家庭治療門診是相當特別的，我們是採取團隊合作的方式來與你整個家庭一起工作。我們都是家庭治療方面很有心得的專業人員，有醫師社工師、心理師等，我們之中會有一位治療者與你的家庭在會談室中進行治療，而其他的人則會在單向鏡之後觀察會談的進行，並且利用對講機和治療者傳達單向鏡後面團隊的意見。

3. 為了我們會談後的討論及對你的家庭有更大的幫助，我們會將治療的情形錄影，這些錄影會由楊醫師保管，絕對會做好保密工作。

家庭成員要如何善用這個治療時間呢？

在家庭中的每一個成員要如何善用這個治療時間呢？先要有的體認是：當你真的想改變，而讓全家每個人都過得更好時，你會認真執行治療者所交代的「家庭作業」，若遇困難則可與治療者一同來解決；這時，你會發覺治療的效果。我們並不是來門診評斷誰是誰非的，我們的目標是在於解決你當前的問題，在家庭複雜的互動中，每個人都受其他人的影響，而問題之所以會持續存在，當然，每個人都有或多或少的責任在裡面。短短的十到二十次，你不可期待解決所有的問題，但是你能學會解決問題的方法來因應日後的困難，這是我們團隊衷心企盼的。

最後，希望你已下定決心，也希望我們合作愉快。在治療期間，你若有要事可與我們聯絡。

另外，你會需要了解如何為你和你的家人安排這樣的家庭治療門診，首先你或許會需要有一個小小的家庭會議，溝通每個家庭成員的意願，以及可能要有的心理準備，這部分或許會需要冒點險的，因為這溝通的過程可能就會牽動一些衝突或舊痛，但這也絕對是全家人彼此關心、共同為這個家努力的寫照。原則上在治療開始時，家人可以到的愈多，效果應該會比較好，但我們相信要某些家人來是很困難的，但別忘了，經由你個人的改變還是會影響他人而造成改變的，這些邀請某人來的困難可以作為與治療者討論的議題。

我要如何才能被轉介到家庭治療？

只要你（和家人）願意來接受家庭治療及願意接受錄影，你可以請

求門診醫師轉介到我（楊連謙）週四早上的複診（九點開始看診）或週五早上的初診時間（需要找我拿特別約診單）；或請你的醫師將你的電話及病歷號交給我，我就會幫你安排治療的時間，通常會需要等到有個案結束才會有機會安排上。我們家庭治療特別門診的時間是每週三上午（每天早上三個家庭，9:20、10:20 及 11:20），隔週進行（所以共有六個家庭治療的時段）。

費用問題

　　家庭治療門診和醫院裡的其他門診一樣，要掛號才能看診，看完診要批價，這個門診健保會給付。

我們的聯絡方式是：打電話（02）2726-3141 轉 1121 找 董秀珠 小姐（若她不在座位上，可請接聽者留話）或 E-mail: DAF49@tpech.gov.tw 給楊連謙。

名詞索引

名詞	章次	頁數
成人依附會談（AAI；Adult Attachment Interview）	12	340
適應（accommodation）	1,4	29,104,133,138
行動化（acting out）	1	34
成人依附理論（adult attachment theory）	7	215
矛盾依附（ambivalent attachment）	8,12	223,337
進路（approach）	4	118,121
激惹（arousal）	1	31
宛如（as if）	14	419
依附理論（attachment theory）	12,14	337
依附／照顧（attachment/caregiving）	10	268-269,275,277
自閉（autistic,autism）	10,14	269,414
自主（autonomous）	4	107,119-121,123,134,136,137
自我衍生的（autopoietic）	4	137
規避依附（avoidant attachment）	12	337
自動自發（be spontaneous）	14	453
貝塔朗菲（Bertalanffy）	4	136
雙向取徑（bi-directional approach）	10	267
生物／心理／社會／靈性（bio-psycho-social-spiritual）	2	62
兼容並蓄（both and）	2	62,65-67
界限（boundary）	4	132,137

名詞	章次	頁數
鮑溫（Bowen）	1	33,37
叩應（call in）	13	366-367,389,390,397,402-403
類別的（categorical）	2	62
關鍵改變事件（change events）	10	243
循環詰問（circular questioning）	3,11	82,289,293,308-309
親近（closeness）	4	130-131
病態依存（co-dependent）	開場,4,13	14,106,381
習氣（coherent identity）	1,4	29,138
合作語言系統（collaborative language systems approach）	4,11	122,304,312
互補（complementary, complementarity）	1,10	29,27,268,270
一致（congruent）	1,4	29,32,42,123,138,141
意識察覺（conscious awareness）	12	340
共親職（co-parenting）	14	423
反轉移（counter-transference）	3	79
生產（create）	4	137
創造界限（creating boundary）	8	234
斷絕（cut-off）	13	380-381
此有（Dasein）	1	26
去（de-）	14	451
去中心（de-center）	10	269
匱乏性動機（deficiency motivation）	1	38
缺陷（deficit）	5	165
要求／退縮（demand/withdraw）	1,3	33,84
否認（denial）	2	51

名詞	章次	頁數
分化（differentiation）	11,13	289,294,308,371,380,396
困難（difficulty）	12	325-326,328,334
向度的（dimensional）	2	62
論述分析（discourse analysis）	12	340
孤離依附（dismissing）	12	339
混亂依附 （disorganized attachment）	13	353
對偶（dyad, dyadic）	1,10	27,36,270
爭平等的抗爭 （egalitarian struggle）	10	270
自我功能（ego function）	2	64
非此即彼；不是這樣就是那樣 （either or）	2,10	62,65,67,267,267
湧現（emerge）	開場	12
情緒焦點治療 （emotion focused therapy）	1,8	37,236
神入（empathy）	2,11	46,296,297,310
賦權使能（empowering）	開場,4	7,20,103,118,120,140
引發互動、促成互動、使上演 （enactment）	3,13	75,88,352,383,383,350-351, 363,375,378
持久的人際系統 （enduring interpersonal systems）	10	268
糾葛（enmeshment）	1,2,4	35,49,107,131
關係系統的漸成模式（epigenetic model of relational systems）	10	268,278
存在焦慮（existential anxiety）	1	32
外在化 （externalized, externalization）	13,14	370,432
畏懼依附（fearful attachment）	12	338

名詞	章次	頁數
回饋（feedback）	14	411
第一序（first order）	12	326
相容（fit）	9	249
整合陳述（formulation）	2,6	65,175,177–178
弗朗克（Frankl, Vikotor）	1	39
夠好的（good-enough）	5	147
紮根理論（ground theory）	開場	19
成長模式（growth model）	10	266–268,271
成長性動機（growth motivation）	1	38
群論（group theory）	7	213
孵化（hatching）	14	414
當下（here & now）	14	413,430
階層（hierarchy）	10	265
整體觀（holistic）	4	132
以家庭為基底的服務（home-based services）	9	249
荷妮（Horney Karen D）	1	31
認同（identity）	10	266,270,277–278
特異的（idiosyncratic）	11	300
個體化（individuation）	12	321
同化（induction）	13	394–395,400
內言（inner voices）	3	91
洞識（insight）	4	104,121
整合（integration）	14	412,415,417,418–419,421,437
相互依賴（inter-dependent）	10	271,276
界面（interface）	9	249
代間（intergenerational）	7	201,212

名詞	章次	頁數
代間家庭系統理論 （intergenerational family systems model）	8	224
互相鎖住（inter-locking）	12	336
內在組織（internal organization）	4	137
內在運作機制 （internal working models）	12	337
主體間性、互為主體性 （inter-subjectivity）	開場,14	14,25,418
侵入（intrusiveness）	4	131
加入（joining）	3	70,72,78
協同解決問題 （joint problem-solving）	10	268–269,274–275,277–278
做中學（learning by doing）	11	284
落失（loss）	12	330,337,343
大、巨視（macro）	2,14	48,448
操控力（maneuverability）	4	118–120,122,126–127
操縱（manipulate）	4	119
馬斯洛（Maslow）	1	23,38,44
馬杜拉那（Maturana.Humberto）	4	137–138
醫療模式（medical model）	2	59
後設（meta-）	開場	8,17,19
心理呈現（metal representation）	12	337
小（micro）	2,14	48,448
形體發生（morphogenesis）	12	331
舉動（moves）	14	439,443,454
多家屬團體 （multiple family group）	開場	11
相互性（mutuality）	10	268–269,275

481

名詞	章次	頁數
迷思（myth）	3	81,82
敘事（narrative）	4,13	122,370
協商（negotiation）	10	269–271,274,277–278
神經單位（neural unit）	4	137
神經質需求（neurotic needs）	1	31
由比較得來的新知（news of difference）	7	209
非介入（not-intervention）	開場	10–11,15
客體恆久性（object constancy）	14	414–415,417–418,421
客體永久性（object permanence）	5,14	161,415
運用操作（operant）	3	95
腳步（pacing）	4	108,128
範式（paradigm）	2,12	63,313–314
悖論（paradox，paradoxical）	開場,4	15,114,116,121–122,125,144
親職（parenting）	10,13	266–267,348,382,396,403
病理性的（pathological）	14	429
自我維續（perpetuate）	4	137
個人的（personal）	開場	8,11,16,17,19
費城兒童輔導中心（Philadelphia Child Guidance Center）	開場	12
正向意涵（positive connotation）	5	165
施權（power over）	6	198
加權（power to）	6	198
自我的實踐（practices of self）	8	226
練習（practicing）	14	414,433
實務的（pragmatic）	開場	18
預測（predictions）	開場	34,52

名詞	章次	頁數
盤據依附（preoccupied attachment）	12	338
準備（prepare）	4	105,110,128-129
開立症狀處方 （prescribe the symptom）	4	121-122
問題（problem）	12	314,318,322-330,335,342
專業的（professional）	開場	8,19
投射性認同 （projective identification）	3	79,81
偽相互性（pseudo-mutuality）	12	336
精神病理學（psychopathology）	4	141
創傷後症候群〔PTSD (posttramaticstress disorder)〕	8	223
斷句（punctuation）	3	88
投桃報李（quid pro quo）	12	342
復合（rapprochement）	14	414-415
相互促進的（reciprocal）	7	210,218
反思（reflexivity）	10	265,270,278
重新框架（reframing）	13	347,358,364,382
掌管（regulate）	3	80
浪漫愛（romantic love）	12	337,340
薩提爾（Satir）	0	18
互動圖式（schema）	5	153,157,167
第二序（second order）	7,12	206,213,326
次發性獲得（secondary gain）	2	60
安全依附（secure attachment）	12	337-338
自體恆久性（self constancy）	14	415
自我效能（self-efficacy）	6	198
自我意象（self-image）	6	198

名詞	章次	頁數
自體心理學（self-psychology）	12	313
自我指涉（self-reference）	1	32
分離－個體化 （separation-individuation）	14	414
共有妄想（shared delusion）	2	49
齊穆爾（Simmel, Georg）	10	265, 267
單純的混亂（simple confusion）	3	92
歪斜（skewed）	12	336
尋解導向（solution focused）	4, 11	122, 304
分裂（splitting）	12, 13	316, 323, 327, 329, 364, 379, 385, 386, 387
構設舞台（staging）	3, 5	83, 87, 148
立場（stance）	12	321, 331, 332–336
心理狀態（state of mind）	12	340
陌生情境（strange situation）	12	337
力量（strength）	開場, 5	11, 13, 16, 145, 149, 151, 165, 166
強化（strengthening）	9	247, 249, 252, 255, 257, 263
構配（structural coupling）	1, 2, 4	29, 48, 137–139
結構－決定（structure-determined）	4	137
主體實踐治療 （subject practice therapy）	開場	7, 14, 20
主體性（subjectivity）	12	313, 321–322
共生（symbiosis）	14	414
對等（symmetric）	270	10
同情（sympathy）	2, 4, 7, 8 9, 13, 14	42, 58, 118–119, 208, 234, 255, 258, 372, 380, 386, 416
溝通分析〔TA（Transactional Analysis）〕	開場, 1	12, 18, 23, 27

名詞	章次	頁數
自我的技術（techniques of self）	8	226
支配理論（theory of domination）	8	226
跟隨（tracking）	3,11	75,294,298,305-306
學習者（trainee）	開場	7,9-13,16-18,20,21
轉化（transform）	12	314-315,341
過渡期（transition）	2	63

國家圖書館出版品預行編目資料

主體實踐婚姻／家庭治療：在關係和脈絡中共構主體性
　楊連謙,董秀珠著. -- 初版. --
　臺北市：心理, 2008.05
　　面；公分. --（心理治療；95）

　　ISBN 978-986-191-141-0（平裝）

　1. 家族治療　　　　2. 婚姻治療法

　178.8　　　　　　　　　　　　　97006102

心理治療 95　　**主體實踐婚姻／家庭治療：**
　　　　　　　　在關係和脈絡中共構主體性

作　　　者：楊連謙、董秀珠
執行編輯：林怡倩
總　編　輯：林敬堯
發　行　人：洪有義
出　版　者：心理出版社股份有限公司
社　　　址：台北市和平東路一段 180 號 7 樓
總　　　機：(02) 23671490　　傳　　真：(02) 23671457
郵　　　撥：19293172 心理出版社股份有限公司
電子信箱：psychoco@ms15.hinet.net
網　　　址：www.psy.com.tw
駐美代表：Lisa Wu　tel: 973 546-5845　fax: 973 546 7651
登　記　證：局版北市業字第 1372 號
電腦排版：龍虎電腦排版股份有限公司
印　刷　者：東縉彩色印刷有限公司
初版一刷：2008 年 5 月

ISBN　978-986-191-141-0